최고의 공부는 집에서 시작된다

THE LEARNING HOUSEHOLD:
How to Help Your Child Get More out of School
by Ken Bain with Marsha Marshall Bain
Originally Published by The Belknap Press,
an imprint of Harvard University Press, Cambridge.

Copyright ⓒ 2025 by the President and Fellows of Harvard College
All rights reserved.

Korean Translation Copyright ⓒ 2025 by The Business Books and Co., Ltd.
Published by arrangement with Harvard University Press, Cambridge
through BC Agency, Seoul.

이 책의 한국어판 저작권은 BC에이전시를 통해
저작권자와 독점 계약을 맺은 (주)비즈니스북스에게 있습니다.
저작권법에 의해 국내에서 보호를 받는 저작물이므로 무단 전재와 복제를 금합니다.

· 스스로 묻고 끝까지 생각하는 아이로 키우는 법 ·

최고의 공부는
집에서 시작된다

켄 베인 · 마샤 마셜 베인 지음 | 정윤미 옮김

THE
LEARNING
HOUSEHOLD

북라이프

옮긴이 | **정윤미**

경북대학교 영어교육학과를 졸업하고 외국어고등학교에서 교편 생활을 했다. 현재 번역 에이전시 엔터스코리아에서 번역가로 활동하고 있다. 옮긴 책으로는 《틀을 깨는 사람들》, 《완벽에 관하여》, 《미래의 나를 만난 후 오늘이 달라졌다》, 《어떻게 팔지 막막할 때 읽는 카피 책》, 《7번의 대전환》, 《위대한 투자자 위대한 수익률》, 《스파크》, 《크로스오버 씽킹》, 《테슬라 전기차 전쟁의 설계자》, 《월마트, 두려움 없는 도전》, 《2050 패권의 미래》 등 다수가 있다.

최고의 공부는 집에서 시작된다

1판 1쇄 인쇄　2025년 11월 17일
1판 1쇄 발행　2025년 11월 24일

지은이 | 켄 베인 · 마샤 마셜 베인
옮긴이 | 정윤미
발행인 | 홍영태
발행처 | 북라이프
등　록 | 제2011-000096호(2011년 3월 24일)
주　소 | 03991 서울시 마포구 월드컵북로6길 3 이노베이스빌딩 7층
전　화 | (02)338-9449
팩　스 | (02)338-6543
대표메일 | bb@businessbooks.co.kr
홈페이지 | http://www.businessbooks.co.kr
블로그 | http://blog.naver.com/booklife1
페이스북 | thebooklife
인스타그램 | booklife_kr
ISBN　979-11-24002-01-8　03370

* 잘못된 책은 구입하신 서점에서 바꾸어 드립니다.
* 책값은 뒤표지에 있습니다.
* 북라이프는 (주)비즈니스북스의 임프린트입니다.
* 비즈니스북스에 대한 더 많은 정보가 필요하신 분은 홈페이지를 방문해 주시기 바랍니다.

비즈니스북스는 독자 여러분의 소중한 아이디어와 원고 투고를 기다리고 있습니다.
원고가 있으신 분은 ms2@businessbooks.co.kr로 간단한 개요와 취지, 연락처 등을 보내 주세요.

교육을 받으면 증거를 가려내고 판단하며
진실과 거짓, 현실과 비현실, 사실과 허구를
구별할 수 있어야 한다.
그러므로 교육의 기능은 깊이 사고하고
비판적으로 바라보는 법을 가르치는 것이다
효율성만 추구하는 교육은
오히려 사회에 가장 큰 위협을 가할 수 있다
지적 능력은 뛰어나지만 도덕성이 결여된 사람이
가장 위험한 범죄자가 될 수 있다.
- 마틴 루서 킹

교육이 거둘 수 있는 최고의 성과는 관용이다.
- 헬렌 켈러

일러두기
- 인명과 지명 등 고유명사의 표기는 국립국어원의 외래어 표기법을 따르되 일부 예외를 두었다.
- 본문에 숫자로 표기한 미주는 저자 주, *로 표기한 각주는 옮긴이 주다.
- 국내 출간된 도서는 한국어판 제목을, 미출간·절판된 도서는 번역 제목과 원서명을 병기했다.

책을 펴고 펜을 들자.
이는 우리가 가진 가장 강력한 무기다.
한 명의 아이, 한 명의 교사,
한 권의 책 그리고 한 자루의 펜이
세상을 바꿀 수 있다.
…
교육은 교육일 뿐이다.
우리는 모든 것을 배운 다음에
어느 길로 나아갈지 선택해야 한다.
교육은 동양도 서양도 아닌
인간의 것이다.
— 말랄라 유사프자이|Malala Yousafzai[*]

---

* 파키스탄 출신의 여성 교육 운동가이자 노벨평화상 수상자.

추천의 글

출판사로부터 이 책의 추천사를 요청 받았을 때 그저 그런 학습 책이구나 싶어 시큰둥했다. 안 그래도 불안한 부모들에게 최고의 공부에 대한 책임까지 지라니 저 책을 보고 얼마나 많은 부모들에게 죄책감을 유발시킬까 싶었다. 빠르게 거절 의사를 표했다가 담당자에게서 재고 요청을 받고 차례와 들어가는 글을 읽어보았다. 그리고 본문에 인용된 연구자의 이름을 본 순간 제대로 쓴 책이구나 하는 느낌이 들었다.

특히 《양육쇼크》NurtureShock라는 쇼킹한 책에 인용된 캐럴 드웩Carol Dweck의 연구는 내가 본격적으로 아동 환자를 진료하기 시작한 시기에 큰 영향을 주었다. 당시 부모들의 육아 지침을 한마디로 요약하면 '칭찬은 고래도 춤추게 한다'는 것이었다. 그렇지만 캐럴 드웩은 과도한 칭찬이 독이 될 수 있음을 입증했다. 칭찬을 많이 받은 아이들은 실패가 두려워 새로운 과제에 덜 도전한다는 연구 결과는 충격적이었다. 좋은 음식을 많이 먹일수록 영양 상태가 나빠진다는 말처럼 들렸다.

이후 나는 드웩의 연구를 모두 찾아보았고, 새로 나오는 논문을 주기적으로 검색했다. 이 책은 드웩의 '마인드셋'을 공부의 기반으로 강조했다. 성장 마인드셋과 창의적 마인드셋이 공부의 핵심이라는 것을 강조하면서 이 두 가지 마인드셋이 심층 학습의 기반이 된다고 하였다.

심층 학습은 미래세대가 반드시 갖춰야 할 역량이다. 입시용 학습은 전형적인 피상적 학습이다. 점수를 얻는 데만 골몰한 아이들은 사회에 나가 길을 잃는다. 스스로 학습하는 능력을 갖지 못하면 변화에 적응하지 못한다. 우리는 내일을 알 수 없을 정도로 빠르게 변하는 세상을 살고 있다. 그런데 학교는 심층 학습을 가르치지 않는다. 할 수 없이 부모의 몫이 된다. 이 책의 장점은 마인드셋이나 심층 학습을 이해하는 과정에서 마인드셋이 바뀌고 심층 학습이 이루어지게 된다는 것이다.

지금까지의 내용이 어렵다면 들어가는 말을 꼼꼼하게 읽어보는 것만으로도 도움이 된다. 최근 들어 정신적 문제를 겪는 아이들과 청소년들이 부쩍 늘었다. 아이들이 병드는 이유는 부모 세대에 비해 세상살이가 힘들어졌기 때문이 아니다. 예전에는 좌절이라고 생각하지 않았던 것을 요즘 아이들은 좌절로 받아들인다. 내신등급이 조금만 떨어져도 친구에게 조금만 기분 나쁜 소리를 들어도 아이들은 세상이 끝난 것처럼 무너져 내린다. 좌절의 역치가 매우 낮아졌고, 감정이 우선이라는 생각은 나이에 상관 없이 팽배해졌다.

놀랍게도 전 세계에 같은 방향의 변화가 일어나고 있다. 가장 풍요로운 시대에 가장 피폐한 영혼들이 양산되고 있는 것이다. 들어가는 글에서는 이런 변화의 원인을 다각도로 조망한다. 저자의 지레짐작이 아니고 세계적인 심리학자들의 연구를 근거로 드는데 이들의 주장은 하나로 수렴된다. 어른의 개입

없이 자유로운 놀이가 줄어들면서 자연스럽게 배울 수 있었던 문제해결 능력과 갈등해소 능력이 과거에 비해 취약해졌다. 교육의 목표를 뛰어난 학업 성취에 두다 보니 최고권에 들지 못하면 무기력감을 느끼게 되고 제대로 된 인생이 시작되기도 전에 자신을 실패자로 낙인찍는다.

힘들어하는 아이를 이해하기 위해서, 이들을 조금이라도 도와주기 위해서 그리고 보다 나은 학습으로 이끌어주고자 하는 부모는 반드시 이 책을 읽어볼 것을 권한다. 내용을 이해하면 할수록 불안이 줄어들고 아이에 대한 믿음이 생기며 기꺼이 미래를 맞이하게 될 것이다.

— 조선미, 아주대학교 의과대학 정신건강의학과 교수

이 책에 대한 찬사

이 책은 독자에게 새로운 영감과 실용적인 조언을 제공한다. 과학적 연구에 기반한 이 책을 활용한다면 집을 아이들이 앞날을 준비하는 발판으로 삼을 수 있을 것이다. 또한 이 책은 인생에 대한 중요한 질문을 던지는 데 필요한 호기심과 용기를 기르는 다양한 방법을 알려준다. 정말이지 부모에게 더할 나위 없이 훌륭한 지침서다. 켄 베인과 마샤 마셜 베인에게 진심으로 감사를 전한다.

― 대니얼 시겔Daniel J. Siegel, UCLA 의과대학 교수
소아정신과 최고 권위자 · 〈뉴욕 타임스〉 베스트셀러 작가

켄 베인과 마샤 마셜 베인은 가족이 서로 존중하고 질문하며 생각을 나누고 토론할 수 있는 공간을 어떻게 만들 수 있는지 따뜻하고 사려 깊게 탐구한다. 이 책은 엄격한 육아 지침서가 아니다. 배움의 기쁨과 발견을 위한 책이다.

― 《포브스》

이 똑똑한 지침서에는 아이들의 타고난 호기심을 북돋아 공부를 좋아하도록 독려해야 한다는 강력한 주장이 담겨 있다. 아이들이 학습에 대한 열정을 더욱 키우도록 도우려는 학부모와 교사라면 반드시 읽어야 할 책이다.

― 《퍼블리셔스 위클리》

요즘 많은 아이들은 지식을 제대로 이해하기보다 점수를 높여야 한다는 압박에 시달린다. 이 책은 아이들이 단지 학교생활만 잘하는 것을 넘어 어른이 되어서도 반드시 필요한 창의적·비판적 사고 능력을 쌓도록 도와줄 필독서다! 두 저자는 자녀가 타고난 배움에 대한 열정을 키우도록 도와줄 수 있는 놀라운 방법들을 알려준다. 설득력 있는 연구 결과와 실제 사례를 기반으로 제시하는 심층 학습과 성장 마인드셋을 추구하는 실용적인 방법을 통해 부모라면 누구나 아이의 호기심을 키워주고 좌절이나 실패를 성장의 기회로 활용하는 환경을 갖춰줄 수 있음을 보여준다. 이 책은 학교 성적만 중시하는 편협한 사고에서 비롯된 완벽주의와 학습 소외 현상을 극복하는 데 해독제와 같은 역할을 할 것이다.

― 로라 마컴 Laura Markham, 《부모 멘탈 수업》Peaceful Parent, Happy Kids 저자

이 책은 호기심을 자극하는 방법, 효과적인 학습 전략, 감정 조절, 기술과 소셜미디어의 영향력과 위험 등에 대한 여러 가지 유용한 정보를 제공한다. 베인 부부는 오랫동안 교육 분야에서 얻은 경험과 실용적인 연구를 바탕으로 훌륭한 조언을 제시한다. 나는 진심으로 이 책을 꼭 읽어보라고 권하고 싶다.

― 헨리 뢰디거 Henry L. Roediger III, 《어떻게 공부할 것인가》 공동 저자

매우 효과적인 아이디어와 우아한 문체, 흥미로운 이야기, 역사, 연구, 과학 지식이 한데 어우러져서 읽는 사람의 시야를 확 넓혀준다. 이 책은 자녀 양육 분야의 대표적인 필독서로 자리 잡을 것이다. 두 저자가 알려주는 대로 배움이 자라는 가정 분위기를 만든다면 아이는 학교생활을 잘해내는 것은 물론이고 성공적인 인생을 살아갈 것이다.

― 제임스 랭James M. Lang, 《산만한 아이들》Distracted 저자

대학 첫 학기에 켄 베인 교수의 수업을 들었는데 당시 그가 전해준 훌륭한 가르침은 나에게 큰 도움이 되었다. 세월이 흘러 나도 교수가 되었지만 그 수업은 지금도 학생들을 가르치는 데 많은 영향을 주고 있다. 부모가 된 지금, 이 책은 또 한 번 나에게 가르침을 주었다. 아이의 타고난 호기심을 끌어내는 방법이 아이가 평생 배우며 성장하는 사람으로 살아가는 데 얼마나 중요한지 말이다.

― 존 칼슨John Carlson, 애리조나주립대학교 종교갈등연구소 소장

이 책은 매우 실용적이며 수많은 연구 자료에 기반한 안내서다. 부모를 비롯한 모든 양육자가 아이들의 학습에 딱 맞는 환경을 조성하는 데 큰 도움이 될 것이다.

― 리디아 올사크Lydia Olszak, 《라이브러리 저널》

차 례

추천의 글	8
이 책에 대한 찬사	11
들어가는 글	18

아이들이 다시 호기심을 갖게 하려면

동기부여의 과학   53
기본 욕구란 무엇인가? 56 | 다시 흥미를 갖게 하려면 60
학교에 들어갈 때가 되면   61
예상치 못한 문제 62 | 훌륭한 교사는 어떻게 행동하는가? 64 |
모든 순간이 배움의 기회가 된다 69
질문으로 호기심을 자극하는 법   71
학교에서 더 배울 수 있는 것들 75 | 아이 스스로 나서지 않는다면 81
`더 생각해보기`   83

아이들이 성공과 실패에 현명하게 대처하려면

성장 마인드셋 접근법 92
성장 마인드셋이란 95 | 경험하기 전에는 알 수 없는 것들 101 |
스스로 한계를 만드는 아이들 103 | 지능에 대한 사고방식의 차이 104

IQ 테스트는 어떻게 탄생했을까? 105
칭찬은 어떻게 독이 되는가 108 | 성장할 수 있다는 믿음이 아이의 태도를 바꾼다 113

타고난 능력이 모든 것을 결정하지 않는다 117
실패를 배움의 기회로 만들다 120

학습을 학습하라 126
우리가 세상을 이해하는 방식 128 | 우리는 모두 각자의 세상에서 살아간다 130 |
지능은 높아질 수 있을까? 131 | 지능에 대한 고정관념을 바꾸는 연습 135

`더 생각해보기` 136

배움이 자라는 집으로 만들려면

아이의 열정을 발견하는 부모의 힘 145
열정이 열정을 부른다 148 | 자연에 관한 대화에 매료된 아이 155 |
지나친 완벽주의가 불러오는 것 156 | 아이들이 직접 해본다는 것 159 |
꽃에서 찾은 배움의 즐거움 164

다양하고 풍부한 사고를 하려면 169
함께 즐기며 생각하는 법 174 | 철학적 사고는 어떻게 시작되는가 175 |
아이들과 함께하는 아이들을 위한 철학 179 | 집에서 할 수 있는 사고 훈련 182 |
학생들의 삶을 변화시킨 샌델의 교수법 182

제4장
창의적인 아이로 키우려면

창의적 마인드셋을 발전시키는 법   192
창작의 모든 것은 내면에서 나온다 194 | 창의성을 키우는 언어 198 |
창의력을 불어넣는 다섯 가지 조각 맞추기 201

창의력이 샘솟는 환경 만들기   209
모든 경험이 아이의 길이 된다 214 | 더 많이 볼수록 더 많이 발견한다 215

창의적 의사결정 과정   217

신체활동은 사고력을 향상시킨다   220

> 더 생각해보기   222

제5장
심층 학습을 하도록 도와주려면

피상적 학습 마인드셋과 VS 심층 학습 마인드셋   231
피상적 학습과 심층 학습 구분하기 233 | 전략적 학습의 함정 235 |
스스로 질문하는 아이 237 | 심층 학습이 일어나는 순간 239 |
심층 학습력을 길러주려면 240

심층 학습을 가능하게 하는 부모의 역할   245

깊이 있는 공부를 위한 학습법   252
연결하고 또 연결하라 255 | 질문하고 테스트하라 256 | 자유롭게 추론하라 256 |
열정은 필수다 256 | 암기 대신 인출 연습을 하라 257 | 시간을 두고 학습하라 259 |
교차학습을 시도하라 259 | 마음챙김을 활용하라 261

지금까지의 내용을 아이 공부에 적용하는 법   264
프로젝트 기반 학습을 학교에 도입하려면 267

> 더 생각해보기   269

학교에서 겪을 진짜 어려움에 대비하려면

완벽주의를 다루는 현명한 방법 278
아이와 함께하는 시간이 길수록 좋은 걸까? 284 | 팬데믹이 완벽주의에 미친 영향 285 | 완벽하길 강요하지 않아도 아이는 스스로 해낸다 287

아이가 괴롭힘을 당할 때 부모가 해야 할 일 289
학부모와 학교의 역할 290 | 사회심리학자들이 제시한 것 295 | 능동적 학습의 힘 300 | 무관용 정책은 전혀 효과가 없다 305 | 감사 일기의 효과 307

편견과 차별로부터 아이를 지키는 법 310
다양성은 우리 모두에게 도움이 된다 317 | 대화와 소통으로 아이의 관점 바꾸기 323

제7장

인생에 도움이 되는 고등교육을 받게 하려면

STEM만 중요한가? 331
아이의 인생을 풍요롭게 만드는 교양 교육 337
대학에서 놓치지 말아야 할 것 339
선택의 주도권은 언제나 아이에게 있다 339
훌륭한 교수와 강의를 선택하는 법 340 | 좋은 수업을 판단하는 법 344 | 모든 것은 질문에서 시작되어야 한다 346

성적은 중요한 피드백이 될 수 있다 349
성적이 만들어낸 악몽 353

`더 생각해보기` 357

감사의 글	368
주	371

들어가는 글

매년 여름 저녁 6시쯤, 로어노크와 그 근처에 사는 아이들은 구부러진 대로와 11번가 골목이 교차하는 모퉁이에 모여 소프트볼을 했다. 거대한 느릅나무, 플라타너스, 단풍나무가 인도를 따라 늘어서 있었고, 교차로에 다다르면 탁 트인 하늘이 펼쳐졌다. 높은 지붕도 없어서 제대로 맞힌 공이 높이 날아오르는 데 아무런 방해물이 없었다. 아이들은 저녁을 먹은 뒤 이곳에 와서 소프트볼 경기용 다이아몬드 모양의 필드를 그렸다.

감독하는 어른 없이 아이들은 꿈의 경기장을 만들어냈다. 6~14세까지 약 열여섯 명이 함께 어울렸는데 매일 밤 돌아가면서 두 명이 각각 팀의 주장이 되어 팀원을 선택했다. 가장 어린아이도 순번이 돌아오면 주장이 되어 팀원을 직접 고를 수 있었다.

처음에는 아이들이 직접 경기를 심판했지만 얼마 지나지 않아 제삼자가 판정을 내려주면 좋겠다고 생각했다. 그때 한 아이가 로어노크에서 두 집 떨어진 곳에 사는 베크 씨를 추천했다. 그는 프리스코 철도의 은퇴한 노동자였다. 일고여덟 명의 아이가 그의 집을 찾아가 뒷문 초인종을 눌렀다. 베크 씨는 어리둥절했지만 아이들을 다정하게 맞아주었다. 아이들의 부탁은 단 한 가지였다.

"오늘 밤 저희 경기에 와서 심판을 맡아주세요."

그는 흔쾌히 승낙했고, 그 후로도 매일 저녁 아이들이 찾아오면 기꺼이 심판을 맡았다.

어른인 베크 씨에게 심판을 맡겼지만 아이들은 놀이에 대한 주도권을 놓지 않았다. 베크 씨는 감독이나 코치가 아니었다. 아이들은 매일 밤 스스로 경기를 운영했다. 아주 드물지만 굉음을 내며 다가오는 차를 발견하면 "자동차 온다!"라고 소리쳐 다른 아이들에게 알려주었다. 그중 가장 자주 나타나는 방해꾼은 밥 바커Bob Barker라는 대학생이었다. 그는 훗날 유명한 텔레비전 게임쇼 진행자가 되는데 그 시절엔 로어노크 거리를 따라 어머니 집으로 향하곤 했다.

아이들이 길거리에서 공놀이를 하기 전에는 여름마다 묘지에서 모험을 펼치곤 했다. 제퍼슨 애비뉴 맞은편 방향으로 한 블록 떨어진 곳에 공동묘지가 있었는데 아이들은 이곳을 놀이터 삼아 묘비 사이에서 뛰어놀았다.

소프트볼 시즌이 끝날 때마다 아이들은 마을 건너편에 있는 돌링 공원에서 축하 소풍을 열었다. 심판을 봐준 베크 씨에게 감사 선물을 주기 위해 돈을 모았고, 나이가 많은 몇몇 아이들이 시내버스를 타고 퍼블릭 스퀘어에 가서 선물을 사왔다.

한 아이가 공을 잡으려다 뒤로 넘어지면서 연석어 머리를 부딪힌 일이 있었다. 놀랍게도 그 순간에도 아이들은 의식을 잃은 아이를 둘러싸고 침착하게 행동했다. 당시 베크 씨가 자리에 없었기 때문에 아이들은 힘을 합쳐 쓰러진 아이의 팔다리를 붙잡아 들어올린 다음, 로어노크를 따라 한 블록 거리에 있는 아이의 집에 데려다주었다. 이동하는 동안 가끔 다친 아이의 등이 땅에 쓸리기도 했다.

여자아이 두 명이 매일 있었던 일을 바탕으로 신문을 발행하기 시작했다. 둘 중 한 아이의 아버지 덕분에 필요한 기술적 도움을 받을 수 있었다. 그 아버지는 타자기와 등사기를 포함해 필요한 용품을 모두 마련해주었고 작동법도 가르쳐주었다. 그러나 이 프로젝트는 후원을 받거나 이를 제안한 어른들이 있었던 건 아니었다. 아이들의 부모 중에 기사를 편집해주거나 등사판에 내용을 타이핑하기 전에 어떤 기사를 쓸지 관여한 사람도 없었다. 오롯이 아이들 힘으로 이 저널리즘 프로젝트를 진행했다. 자기들이 원해서 하는 일이었기에 직접 아이디어를 내고 신문을 발행했다. 아이들은 마을을 돌아다니며 직접 만든 신문을 배달한 후에 저녁이 되면 다시 모여 소프트볼을 했다.

아이들이 직접 놀이의 주도권을 쥐고 어른의 개입 없이 자유롭게 놀 때, 그들이 얻는 것들은 엄청나다. 심리학자 피터 그레이Peter Gray는 이러한 놀이의 긍정적인 효과에 대해 연구했다. 그는 이렇게 주장한다.

"놀이는 아이들이 내적 흥미와 역량을 키우는 주요한 수단이다."

놀이의 장점은 이것이 전부가 아니다. 아이들이 야외에 모여 스스로 놀이를 만들고 규칙을 정하면서 "의사결정을 하고, 문제를 해결하며, 자기 통제력을 기르고, 규칙을 따르는 법"을 배운다. 그리고 자유롭게 노는 동안 "감정을 조절하는 능력을 키우고, 친구를 사귀고, 다 같이 평등하게 어울리는 법을 익히며, 순수한 기쁨을 경험"한다.

로어노크 애비뉴에 모여 놀던 아이들도 이러한 장점을 모두 누렸다. 1940~1950년대 미주리주 스프링필드에서는 여름이면 아이들이 거리에서 노는 모습을 흔히 볼 수 있었으며, 그들의 사회적 상호작용에는 이런 요소가 두드러졌다(그곳의 아이들은 사회적 '재료들'을 함께 끓이며 관계의 '수프'를 만들어갔다). 이를 통해 얻는 궁극적 혜택에 관해 그레이는 이렇게 표현했다.

"이 모든 효과를 통해 놀이는 아이들의 정신을 건강하게 해준다."[1]

수백 년 동안 아이들은 자유롭게 놀았다. 적어도 어른들이 허락해줄 때는 항상 그랬다. 하지만 로어노크 아이들은 이러한 전통에서 조금 벗어났다. 이전 세대 아이들처럼 돌이나 나뭇가지를 찾아서 즉흥적으로 노는 것이 아니라 공과 배트를 사용하는 19세기 어른들의 게임을 모방해 자신들만의 놀이로 만들었다. 비록 베크 씨가 볼, 스트라이크, 파울, 수비수와 주자가 접전을 벌일 때 누가 먼저인지 깐깐하게 판정했지만 전체적인 주도권은 아이들이 쥐고 있었다. 누가 뭐래도 그들만의 게임이자 그들만의 리그였으며 아이들도 그 점을 잘 알고 있었다.

이 책의 목적은 아이들이 학습과 배움에 더 깊은 관심을 갖도록 돕는 것이기에 로어노크 아이들의 이야기로 시작했다. 이 이야기는 아이들에게 숨 쉴 여유와 자율성을 주는 것이 얼마나 중요한지를 보여준다. 로어노크 아이들의 놀이 환경을 그대로 재현할 수는 없지만 아이들이 스스로 무언가를 상상하고 만들어가도록 도울 수는 있다. 아이의 배움을 돕되, 그것이 지나치게 간섭하고 통제적인 헬리콥터식 양육으로 흐르지 않게 할 수 있다.

로어노크의 아이들이 직접 만든 놀이를 한 이후 약 70년 동안 일어난 변화를 고려해보면 이 점이 얼마나 중요한지 알 수 있다. 그레이에 따르면 1950년대 이후 아이들의 놀이 방식과 특성에는 상당히 큰 변화가 있었다. 지금도 아이들은 여전히 공놀이를 하지만 이제는 어른이 감독하는 리그에 참여하며 중요한 결정은 아이들이 아닌 어른들이 내린다.

이 글을 비롯해 책 전체에서 말하고자 하는 바가 과거의 어떤 황금기로 돌아가야 한다는 것은 아니다. 그동안 변화는 다양한 발전으로 이어졌다. 우리는 이제 인간의 학습과 동기를 더 잘 알며 최신 연구를 활용해 과거의 잘못된 관행을 개선할 수 있다. 또한 당시 깊이 뿌리내렸던 사회적 불평등을 해결하는 방법도 배워왔다.

놀이 방식이 변하면서 로어노크에서 경험한 것보다 더 나은 점이 생겼다. 요즘 세상에서는 의식을 잃은 아이의 사지를 붙들고 질질 끌고 가는 일이 절대 용납되지 않는다. (물론 그 아이는 크게 다치지 않았고 현재 이 책의 공동 저자가 되었지만 다친 아이를 그렇게 주먹구구식으로 집에 데려가는 것은 누구에게도 권하고 싶지 않다.) 이제 동네마다 놀이터가 있어 아이들은 그곳에서 안전하게 놀 수 있으며 인종차별의 장벽을 없애는 조처도 시행되었다. 그렇다고 모든 장벽이 완전히 사라진 것은 아니다.

지난 수십 년 동안 몇 가지 소중한 것들도 사라져버렸다. 21세기에 아이들이 노는 방식을 들여다보면 직접 결정하는 법을 배우지는 않은 것 같다. 문제해결, 참을성, 자신의 감정 들여다보기 같은 경험도 많이 해보지 못한다. 그리고 자기주도 학습에 필요한 내적 동기를 발전시키지도 못한다.

어른이 감독을 맡으면 그가 누가 어떤 포지션에서 경기에 참여할지 결정한다. 학교에서 조직적인 스포츠 경기를 하는 것은 19세기에 시작되었는데, 21세기에 들어 미국은 물론이고 다른 여러 나라에서도 '놀이의 형식화'가 매우 흔한 일이 되어버렸다. 요즘 특히 부유한 지역의 학부모는 직접 리그를 만들고 유니폼을 구매하며 전문가 못지않은 수준의 심판을 고용한다. 이들은 사이드라인에서 적극적으로 움직인다. 지난 반세기 동안 우리가 관람했던 모든 리틀 리그 경기나 어린이 농구 경기에서 두 세대에 걸친 가족 구성원들, 특히 부모들이 관중석에서 큰 소리로 지시를 내리고 때로는 아이들에게 거침없이 비판을 퍼붓는 모습을 볼 수 있었다.

이를 통해 무엇을 얻었는가? 그레이는 놀이 방식이 달라지는 동안 아이들의 정신 건강도 달라졌다고 본다. 불안, 우울, 구력감, 자기중심주의가 급격히 늘어난 것이다. 그는 놀이 방식의 변화가 이러한 심리 문제를 초래했다고 주장한다.

그렇다면 이것이 우리에게 무엇을 말해줄까? 창의성과 비판적 사고가 가족생활의 중심이 되는 '좋은 배움의 가정'을 만드는 데 있어서 말이다.

이는 많은 것을 시사한다. 아이가 학교에서 최대한 많은 것을 배우고 얻도록 돕기 위해 이 책을 집어 든 부모라면 반드시 던져보게 되는 근본적인 질문과도 맞닿아 있다. '아이들이 배우도록 돕는 것'과 '스스로 열정을 발견할 수 있는 자유를 주는 것' 사이의 올바른 균형은 어떻게 이룰 수 있을까?

부모의 적절한 지도가 없다면 아이들은 배움을 지지하는 가정 분위기에서도 살아가는 데 필요한 핵심 요소들을 놓칠 수 있다. 하지만 자유가 없다면 항상 배우는 태도를 유지하는 주체성을 제대로 기르지 못할 수도 있다. 자기주도 학습과 주체성은 이 책에서 강조하는 핵심 주제다.

이 이야기는 20세기 중반에 아이들이 자유롭게 놀던 모습을 추억하면서 시작했다. 당시의 놀이 방식은 교육 전반에 굉장히 중요한 메시지를 전달하기 때문이다. 학교와 아무런 관련이 없어 보이는 것이 어떤 점에서 아이들의 학습 태도와 관계되는 걸까? 이 질문은 이 책에서 수없이 반복될 것이다. 심지어 울고 있는 아기를 언제 안아서 달래줄지, 아기 스스로 안정을 찾도록 내버려두어야 할지를 정할 때도 이 질문이 떠오를 것이다. 아마 많은 독자가 이 책에서 제시하는 답을 보고 깜짝 놀랄 것이라 확신한다.

학교에서 더 많이 배운다는 것의 의미

우리 두 사람이 운동을 끝내자 체육관 건너편에 있던 마이클 브라운과 샬럿 퍼크스가 손짓하며 우리를 부르더니 커피를 마실 생각이 있냐고 물었다.[2] 사실 우리는 20년 넘게 커피를 마시지 않았지만 여기서 무엇을 마시느냐는 중요한 사안이 아니었다. 친구들의 제안은 "시간 있으면 이야기 할까?"라는 의미였다.

우리 넷은 인도까지 테이블을 늘어놓은 근처 카페로 걸어갔다. 마이클은 가로수가 늘어진 거리의 연석 근처에 빈 테이블을 발견하고는 우리를 손짓해서 불렀다.

우리가 사는 뉴저지의 작은 마을은 강가의 작은 계곡을 끼고 펼쳐지다가 해발 180미터 언덕으로 이어졌다. 날씨가 맑으면 언덕 위에서 맨해튼의 마천루를 볼 수 있었다. 마을 사람들은 누구나 따뜻하게 환영해 주었고 교육을 중시하는 문화를 매우 자랑스럽게 여겼다.

키가 큰 스코틀랜드-아일랜드 혈통인 마이클은 지역 커뮤니티 대학을 거쳐 럿거스대학교를 졸업했다. 이후 그는 MIT에서 공학 학위를 취득했다. 그의 아내 샬럿은 변호사로 앨라배마에서 유년 시절을 보냈다. 그녀의 가족은 부모 세대에 아이티에서 미국으로 이주했다. 두 사람이 만났을 때, 샬럿은 하버드대학교에서 법학을 공부하는 중이었으며, 마이클은 공학 학위 과정을 마무리하고 있었다. 두 사람은 현재 열다섯 살 아들과 아홉 살 딸을 키우고 있다.

이 부부는 우리에게 세 시간 넘게 현재 자녀들이 받는 교육에 관해 이야기하면서 종종 궁금한 점을 물었다. 우리 아이들은 과연 이 험난한 세상을 살아갈 준비가 되어 있을까? 사실 우리는 이 주제로 두 사람과 여러 번 대화한 적이 있었다. 그날 우리는 교육받는다는 것의 더 깊은 의미에 대해 폭넓은 대화를 나누었다.

초반에 켄은 부부에게 이렇게 물었다.

"아이들이 인생에서 무엇을 할 줄 알게 되기를 바라나요?"

그는 단순히 아이들의 미래 직업을 물은 게 아니었다. 아이들이 갖춰야 할 사고력과 논리적 판단력, 감정적·신체적 역량, 소중히 여길 가치관, 문제해결 능력과 창의성, 다양한 대화에 참여할 수 있는 능력 그리고 앞으로 살아갈 삶의 방향에 대해 질문한 것이었다. 그에 더해 켄은 아이들이 즐겁게 할 만한 활동에 대해서도 궁금해했다. 과연 샬럿과 마이클의 자녀들은 급변하는 세상에서 여러 가지 문제에 맞설 상상력과 끈기, 기술, 호기심, 지식을 잘 갖출 수 있을까?

샬럿은 "우리는 아이들이 경제적으로 성공했으면 좋겠어요."라고 하더니 이렇게 덧붙였다. "하지만 두 아이가 세상의 아름다움을 감상할 줄 알고 때로는 어려운 도덕 문제를 해결하는 방법도 배워야 하지 않을까요?"

마샤가 베이글을 주문하고 마이클이 커피 리필을 요청하는 동안 켄은 노트에 간단하게 메모를 했다.

이 부부는 자녀들이 앞으로 길러야 할 자질을 하나씩 생각해냈다. 그러다가 그중 많은 단어가 'C'로 시작하는 것을 깨닫고는 재미있어하면서 나머지 자질도 모두 'C'로 시작하는 단어로 표현하려 했다. 비교적 짧은 시간에 아홉 가지 자질을 정리했다. 그들은 자녀들이 어떤 직업이나 진로를 선택하든 창의적이고Creative, 호기심 많으며Curious, 비판적 사고를 할 줄 알고Critically reasoning(끊임없이 질문하는 태도), 유능하며Competent(풍부한 지식을 갖춘), 배려심 많고Compassionate(윤리적이며 공감할 줄 아는), 자신감 넘치고Confident, 협동적이며Collaborative, 만족스럽고Contented(행복한), 원활하게 의사소통하면서Communicative 살아가길 바랐다.

샬럿은 말했다.

"원활하게 의사소통하는 것 말인데요. 아이들이 자기 생각을 스스로 정리하고 다른 사람에게 효과적으로 전달할 줄 알면 좋겠어요. 그리고 그 능력이 얼마나 가치 있는 것인지 반드시 이해해야 해요."

마이클은 손을 뻗어 켄의 노트를 집더니 커피를 마시며 말없이 메모를 읽었다. 그러다가 마침내 입을 열었다.

"제가 중요하다고 생각하는 특성이 몇 가지 더 있는데 'C'로 시작하는 단어로 표현할 수 없네요."

우리는 웃으며 그냥 편하게 말해보라고 했다.

"심도 있게 배우는 것이죠. 자신이 모르는 게 얼마나 많은지 알아야 해요. 정답을 외우는 방식으로는 인생을 살아갈 수 없어요. 자신이 가진 생각을 끊임없이 의심하고, 왜 그렇게 생각하는지 계속 스스로에게 질문해야 합니다."

잠시 아무 말이 없더니 마이클은 이렇게 덧붙였다.

"그리고 아이들이 공감할 줄 아는 사람이 되었으면 해요. 다른 사람을 진정으로 배려할 수 있는 사람이요."

우리 둘은 미소를 지으며 고개를 끄덕였다.

마이클은 마지막으로 이렇게 말했다.

"저는 요즘 주체적인 태도를 기르는 것에 관한 책을 읽고 있어요. 주체성은 어떤 의미에서 자신의 교육을 스스로 책임지는 것임을 알게 됐죠. 자신이 누구인지, 무엇을 가치 있게 여기는지, 어떤 목표를 향해 나아가고 싶은지 알아야 해요."

그가 커피를 한 모금 마시자, 샬럿이 한마디 덧붙였다.

"주체성은 무력함의 반대 개념이죠."

마이클은 자녀들에게 바라는 바를 정리해서 이렇게 말했다.

"아이들이 창의적이면 좋겠어요. 주변에 있는 것을 활용해 문제를 해결하고, 계속 더 큰 목표를 설정하고, 꾸준히 노력해야 하죠. 스스로 동기를 부여할 줄 알고, 실패나 좌절을 겪어도 빨리 회복할 수 있어야 합

니다."³

그 순간 산들바람이 불어와 우리는 서둘러 냅킨이 날아가지 않게 붙잡았다. 다들 얼굴을 스치는 상쾌한 공기를 잠시 즐겼다. 누군가 농담처럼 말했다.

"이 순간이 마치 축복 같네요."

방금 나눈 뜻깊은 말들이 더욱 또렷이 마음에 새겨지고, 이를 실천하겠다는 우리의 다짐이 한층 굳어지는 듯했다.

변덕스러운 세상에서 살아가는 법을 배우려면

지난 6년 동안 우리는 자녀의 교육과 미래에 대해 비슷한 고민을 하는 수백 명의 부모와 만나 이야기를 나누었다. 인터뷰에 참여한 부모들의 배경은 다양했다. 어떤 부모는 학교 교육을 거의 받지 않았고 어떤 부모는 학위가 여러 개 있었다. 하지만 하나같이 세상이 점점 더 불확실하고 변덕스럽다며 불안해했다. 최근에 한 인터뷰 참여자는 여러 대화에서 드러난 공통적인 마음을 이렇게 요약했다.

"저는 제 딸이 재능을 최대한 발휘할 수 있으면 좋겠어요."

많은 부모가 이렇게 말한다.

"무엇보다 창의성을 길러야 해요."

"취업 준비만 해서는 평생 행복하게 살 수 없어요."⁴

털사 출신의 한 여성은 이렇게 경고하기도 했다.

"학교를 졸업할 즈음이면 전공 분야가 이미 시대에 뒤처진 것이 될 수도 있어요."

그녀의 남편도 이렇게 덧붙였다.

"게다가 인생은 직업을 얻어서 일하는 게 전부가 아니에요. 우리는 살아가면서 부모, 시민, 특정 가치를 가진 사람 등 여러 역할을 수행하게 됩니다. 그런 역할 하나하나를 잘 해내려면 교육이 필요합니다."

아이들이 새로운 세상에서 성공하려면 깊고 폭넓게 배워 과거에는 소수에게만 요구되던 성취 수준에 도달해야 한다. 물론 쉽지 않은 일이다. 다행히 요즘 교육자들은 더 많은 아이가 높은 기준을 달성할 수 있도록 지도하는 방법을 알고 있다. 이제 남은 과제는 교육을 발전시키기 위해 부모, 교사, 연구자 그리고 아이들 모두가 함께 논의하고 협력하는 것이다.[5] 만약 유아 교육이나 대학, 대학원에 이르기까지 교육 현장에서 일하고 있다면 이 책이 자신과는 별로 상관없다고 판단하기 전에 다시 한번 고려해보기를 바란다.

부모에게는 이 책이 '배움이 있는 가정', 즉 아이들이 자신의 관심과 열정을 발견하고, 그에 따라 성장하고 발전하는 가정환경을 구축하는 데 도움이 될 거라고 약속드린다. 이 목표를 철저히 탐구하기 위해 우리는 다양한 사례와 연구에 근거한 조언을 제공할 것이다.

우리 둘은 오랫동안 서로 도우면서 배움의 본질과 그 발달 과정에 대한 방대한 연구와 이론적 문헌을 살펴보았다. 지난 백여 년간 세계 각지의 과학자들은 인간의 두뇌를 연구하여 두뇌의 작동 방식에 대해 새로운 점을 밝혀냈다. 덕분에 교사, 부모, 학자 들은 한층 넓어진 시각으로 아이의 배움과 성장, 더 나은 세상에 이바지할 수 있는 역량을 바라보게 되었다. 뇌과학 분야의 연구를 통해서는 아이들의 학습 역량과 잠재력이 얼마나 풍부한지도 알게 되었다. 또한 창의적인 교육자 및 부모의 관찰과 실험, 실제 경험으로 밝혀진 중요한 개념들이 등장했다. 우리는 이전 연구에서 '훌륭한 교사'와 '우수한 학생'에게 어떤 습관이 있는지 보여주려고 노력했는데,[6] 이번에는 부모에게 초점을 맞췄다. 앞서 해왔던 연구에 최근 인터뷰 내용을 더하고, 흥미로운 경험담을 통해 독자들이 좋은 아이디어와 정보를 얻을 수 있도록 구성했다.

학교 교육의 가치를 재정립하다

이 책은 학생 개개인의 필요와 잠재력에 초점을 맞추는 방향으로 교육의 목적을 새롭게 정의할 것이다. 우리의 연구는 부모들이 더 궁극적인 배움의 목표, 학교를 졸업한 후에도 여전히 지식 습득 능력이 중요해지는 본질적인 이유를 이해하는 데 도움을 줄 것이다. 다시 말해 이 책은 교육의 가치를 재정의하며, 학생들이 다양하듯 교육 목표도 다양할 수 있음을 보여주면서도, 모든 사람에게 공통으로 중요한 몇 가지 핵심적인 특성이 무엇인지 알려준다. 모든 개인이 자신의 잠재력을 최대한 발휘하도록 돕는다는 개념은 다소 진부하게 들릴 수 있지만 21세기에는 그 의미를 재확인할 가치가 있다. 그렇다면 부모는 아이가 잠재력을 실현하도록 돕는 데 어떤 역할을 할 수 있을까?

그리고 아이들이 겉보기에는 관계가 없는 생각들을 서로 연결할 수 있도록 돕는 '심층 학습'deep learning 개념도 살펴볼 것이다. 심층 학습은 아이들의 삶과 행복에 큰 변화를 가져올 수 있으며 아이들이 어떤 직업을 선택하든 성공할 수 있는 기반이 되어줄 것이다. 더 중요한 것은 심층 학습이 아이들의 인생을 한층 풍요롭게 만든다는 점이다. 아이들과 부모가 이러한 능력을 기르는 데 주의를 기울인다면 아이들은 더 행복해지고, 더 창의적으로 사고하고 행동하며, 자기 삶을 주도적으로 이끌고 성장할 준비를 갖추게 될 것이다.

　내 아이가 이처럼 강력한 학습 역량을 갖추는 동시이, 교육의 목적을 좁게 정의하는 학교에서 우수한 성적을 받는 게 가능할까? 물론 가능하다. 하지만 생각보다 훨씬 어려울 수 있다. 자칫하다 잘못된 방식으로 학업에서 성공하려고 하면 오히려 학습에 방해되는 씨앗을 뿌려 가치 있는 학습을 방해하는 잡초가 삽시간에 자랄 수 있다. 성적이 높다고 해서 반드시 유의미한 학습을 경험한 것은 아니다. 결국 새로운 것을 배우는 방법을 모르거나 배우고자 하는 진정한 의지가 꺾인 채 학업을 마칠 위험이 있다. 이 책에서는 시험에서 좋은 점수를 받고 성적을 올리는 데 지나치게 집중하는 태도가 어떻게 아이들의 배움에 대한 의욕을 떨어뜨리고 궁극적으로 해가 될 수 있는지를 알아볼 것이다.

　진정한 교육을 받은 사람들은 스스로에게 질문할 줄 안다. 자신이 왜 그런 믿음을 갖게 되었는지 탐구하며, 새로운 도전에 갖게 사고를 다듬는 법을 안다. 반면 단순히 성적을 올리려고 정답을 외우는 데만 집중하는 학생들은 깊이 있는 학습자로 성장하지 못한다.

　서점에 가서 아이에게 도움이 될 책을 찾아보라. 어려운 시험에 합격하는 방법이나 성적을 올리는 방법을 다룬 책만 가득하고 앞서 말한 잡초가 아예 자라지 않게 하거나 잡초를 제거하는 방법을 다룬 책은 거의 찾을 수 없다. 하지만 이 책은 바로 그런 방법을 소개할 것이다.

이 책의 세 가지 요점

이 책은 주요하면서도 서로 긴밀히 연결된 세 가지 요점을 제시한다.

첫째, 아이들이 뛰어난 학업 성취를 이루는 데 실제로 도움이 되는 요인과 큰 영향을 미치지 않는 요인 그리고 오히려 해가 되는 요인에 대한 확실한 경험적 근거를 갖추고 있다. 이런 아이디어들을 실천하는 데에는 돈이 필요하지 않다. 가정의 경제적 여건과 무관하게 비교적 쉽게 적용할 수 있는 방법들이다.

둘째, 부모는 아이들이 창의적이고 윤리적인 삶을 살아가도록 돕는 데 더 많은 관심을 기울여야 한다. 많은 부모들이 아이의 성적을 올리는 데만 관심이 있고, 일부는 그렇게 하는 데 효과적인 방법을 찾아내기도 한다. 이에 반해 아이의 창의성과 독창성을 길러주는 방법을 알고 있는 부모는 많지 않다.

셋째, 아이들은 심층 학습을 할 수 있으며 이런 깊이 있는 배움을 통해 많은 유익을 얻을 수 있다.

두 번째 요점을 좀 더 들여다보자. 핵심은 모든 아이가 그 누구와도 비교할 수 없는 고유한 존재라는 사실을 인식하는 데 있다. 아이 한 명 한 명의 삶의 경험은 인류 역사상 단 한 사람에게만 주어진, 유일한 조합이다. 이런 독특한 배경과 경험이 아이들에게 그 누구도 똑같이 만들어낼 수 없는 관점을 발전시킬 기회를 준다.

이처럼 각자의 관점이 다르다는 사실은 인간의 창의성과 독창성이 어떻게 생겨나는지에 대한 우리의 이해에도 큰 의미를 던진다. 결국 모든 학생이 서로 다른 존재라면 우리는 서로의 경험과 생각 그리고 인류가 쌓아온 다양한 관점으로부터 끝없이 배울 수 있는 것이다.

아이들이 창의적 과정의 핵심이란 훌륭한 아이디어를 알아보는 능력과 이를 자신의 생각과 융합하는 능력에 있다는 것을 깨닫기 시작할 때, 세상은 그들에게 무한한 가능성으로 가득한 무대가 된다. 이러한 관점을 갖추면 교육은 창의성 전문가인 폴 베이커Paul Baker가 말한 정신의 '역동적 힘'dynamic power을 기르는 길이 된다. 이 책에서는 베이커 교수가 말한 역동적 힘을 '창의적 마인드셋'creative mindset이라 부를 것이다.[7] 창의적 마인드셋은 자신의 내면을 들여다보며 지금까지 쌓은 삶의 경험과 취향을 이해하는 데서 시작해 궁극적으로는 외부 세계로 나아가 인류의 풍부한 창의성을 함께 활용하는 과정이다.

한 가지 짚고 넘어갈 점이 있다. 여기서 말하는 창의적 삶을 배우는 일은 예술적인 능력을 키우거나 예술 활동에 참여하는 것만을 의미하지 않는다. 사실 창의성이 필요한 상황이나 이를 발휘할 기회는 인생의 모든 영역에서 나타난다. 사업 운영, 직장 생활, 자녀 양육, 위기 대응, 연구 활동 등 수많은 분야에서 창의성을 발휘할 수 있다.

이 책에서 말하는 창의성의 개념에는 레멀슨-MIT 프로그램The Lemelson-MIT Program에서 말하는 '발명 교육'invention education도 포함된다. 이 프로그램은 차세대 기술 혁신가들이 필요한 준비를 하도록 도와주는 기관이다.[8] 발명 교육은 학생들에게 공학 기술을 가르치고, 새롭고 가치 있는 해결책을 찾아내 판매할 기회를 제공하는 데 주력한다. 이 책에 나오는 조언도 이러한 접근방식을 따르지만 그저 시장에 출시할 만한 제품이나 서비스만 개발하는 것을 넘어 우리 인생의 모든 영역에서 이루어지는 다양한 창조 활동을 포괄한다.

창의적 마인드셋을 기르려면 '적응형 전문성'adaptive expertise도 갖춰야 한다. 이는 심리학자 하타노 기요오波多野誼余夫와 이나가키 가요코稻垣佳世子가 제시한 개념으로, 새로운 문제에 지식을 적용하는 전문성을 말한다.[9] 적응형 전문성은 어느 부분에 혁신이 필요한지 인식하고 새로운 것을 발명하는 기회를 즐기는 것에서 출발한다. 하지만 많은 학생이 이러한 수준까지 올라오지 못한다.

아이가 이처럼 야심 찬 사고를 할 준비가 되어 있지 않다고 생각하는가? 다시 한번 생각해보기를 바란다. 아이의 잠재력을 과소평가하면 안 된다. 적어도 이 책에서 제시하는 아이디어들을 한번 시도해보라. 아이들이 자신의 열정을 발견하고, 그 열정으로 삶을 만들어가는 좋은 출발점이 될 것이다.

아이가 학교에서 무엇을 배우기를 바라는지 물으면 많은 부모는 친구들에게 인기를 얻을 때의 기쁨을 맛보고, 운동이나 토론을 잘하고, 평생 이어지는 우정을 쌓거나 좋은 사회적 습관을 기르면 좋겠다고 답한다. 부모의 바람대로 아이들이 그런 것을 잘할 때 어떤 장점이 있는지 이 책에서도 알려줄 것이다. 특히 아이가 좋은 사회관계를 맺는 방법을 배우는 것은 매우 중요하다. 이는 학습 효과를 높이고 아이가 창의적으로 살아가는 데 큰 도움이 되기 때문이다.

심층 학습의 이해

앞서 언급한 세 번째 요점은 아이들이 심층 학습에 집중하는 것이 가능하며, 그렇게 하면 장점이 많다는 것이었다. 이 점에서는 중립 입장이 있을 수 없다. 부모가 의도적으로 심층 학습을 적극적으로 지원하지 않으면 (아무리 그럴 의도가 없더라도) 사실상 집에서 심층 학습을 금지한 것과 같은 결과가 나온다. 이에 대해서는 뒤에서 더 자세히 설명할 것이다.

학교에서는 종종 아이들에게 그냥 외워야 할 정보를 제공한다. 아이들이 외운 것을 오래 기억할 수 있는 방법은 무엇일까? 더 중요한 것은 그들이 기억한 정보를 활용해 중요한 질문에 대해 생각하고, 문제를 해결하며, 서로 다른 개념들 사이의 연관성을 찾는 방법을 배울 수 있느냐다.

어떻게 하면 아이들이 자신이 가진 기존 지식을 활용해 겉으로 전혀 관련 없는 아이디어나 프로젝트에 적용할 수 있을까? 아이는 언제 모든 지식이 서로 연결되어 있다는 점과 그 점을 이해하는 것이야말로 창의적으로 살아가는 비결의 첫걸음임을 깨닫기 시작할까? 학습 이론에서는 이를 가리켜 '원거리 전이 문제'far transfer problem라고 한다. 이 책에서는 독자들이 가족에게 쉽게 설명할 수 있도록 원거리 전이 문제를 심도 있게 분석할 것이다.

위기의 시대, 적응형 전문가가 필요하다

인류는 21세기에 들어 팬데믹, 경제 및 정치적 혼란, 전쟁, 사회적 불안, 기후 변화와 같은 새로운 위협과 문제에 직면했다. 그렇다면 이처럼 급격한 변화와 커지는 위험 속에서 우리 아이들은 어떻게 살아가는 방법을 배워야 할까?

몇 년 전, 멕시코 해안과 가까운 해저에서 갑자기 기름이 폭발하는 사고가 발생했다. 그로 인해 거대한 화염과 검은 연기가 솟아오르고 바다에 커다란 구멍이 생겼다. 한마디로 전례를 찾아볼 수 없는 대규모 재난이었다. 이런 위기에 대응하는 방법에 대해서는 정해진 절차가 없었기에 새로운 문제에 적합한 해결책을 제시할 수 있는 특별한 전문가, 즉 '적응형 전문가'가 필요했다.[10]

요즘 세상은 대기권에만 구멍이 난 것이 아니라 사회적·지적·국제적 구조, 경제, 문화에도 수많은 허점이 존재한다. 이처럼 다양한 필요와 도전에 대응하려면 최신 기술로는 부족하며 더 고차원적인 해결책이 필요하다. 그렇다면 우리 아이들은 기존 문제에 대해 표준적인 해결책만 아는 일반적인 전문가가 아닌 새로운 상황에 적응하고 창의적으로 문제를 해결하는 적응형 전문가로 성장할 수 있을까?

지금은 변화하는 환경에 적응하고 정해진 답이 없는 새로운 문제도 해결할 수 있는 사람들을 필요로 하는 상황이다. 가치를 둘러싼 갈등은 어떻게 해결할 것인가? 자원이 충분하지 않은 상황을 잘 이겨내 결국 성공하는 방법은 무엇인가? 급변하는 세상에서 아이들은 어떻게 미래를 준비해야 하는가? 아이들이 취업할 시기가 될 무렵 지금은 없는 직업이 등장할 텐데 이에 대해서는 어떻게 대비해야 할까? 더 나아가 아무도 상상하지 못한 완전히 새로운 산업이 등장하면 어떻게 적응해야 할까? 부모는 이러한 창의적 마인드셋을 기르는 데 핵심 역할을 할 수 있다.

1929년 아인슈타인은 베를린 자택에서 진행된 인터뷰에서 자신의 지식보다 상상력을 더 신뢰하느냐는 질문을 받았다. 그는 이렇게 답했다.

"저는 예술가라고 충분히 자부할 정도로 상상력을 자유롭게 펼칠 수 있습니다. 상상력은 지식보다 더 중요하죠. 지식은 한계가 있지만 상상력은 온 세상을 아우르니까요."[11]

아인슈타인의 말은 배움의 과정에서 진정으로 길러야 할 것이 무엇인지에 대한 깊은 통찰이었다. 이 말은 수많은 이들에게 자주 인용되었으며 이 책에서도 그의 조언이 지닌 의미를 계속 강조할 것이다.

그런데 지식과 상상력 중 하나를 선택해야 하는 상황이라면 어떨까? 확실한 점은, 아인슈타인은 지식과 상상력이 상반된 개념이라고 생각하지 않았다는 것이다. 우리도 아이들이 둘 다 가질 수 있다고 생각한다. 따라서 아이들이 방대한 지식을 축적하는 과정에서 상상력과 창의력을 더욱 확장하고 다양하게 활용하도록 돕는 방안을 살펴볼 것이다.

우리는 사실마저도 계속 변화하는 세상에서 살아가고 있다. 모든 분야에서 지속적인 연구가 이루어지며 한때 전문가들이 굳게 믿었던 것이 뒤집힐 때가 많다. 즉, 우리 아이들은 앞으로 지식을 끊임없이 업데이트하며 살아가야 한다는 의미다. 해묵은 문제를 새로운 시각으로 바라보고, 그러한 문제를 해결하는 새로운 접근방식을 배워야 한다.

그렇다면 부모와 교사는 아이들이 평생 배우며 살아갈 수 있도록 어떤 준비를 시켜야 할까?

택시를 운전하든, 기업을 운영하든, 잔디를 깎든, 실험실을 관리하든 우리는 때때로 반복되는 일상을 헤쳐나가는 듯한 느낌을 받는다. 많은 사람이 삶에서 의미와 즐거움을 찾고, 어려운 결정을 내리며, 웃고 울며, 때로는 울지 않으려고 애써 웃는 얼굴을 한다. 우리의 아이들도 마찬가지다. 이 아이들이 삶의 다양한 굴곡과 어려움을 잘 헤쳐나가도록 하기 위해서는 어떻게 준비시켜야 할까?

생각해볼 질문이 하나 더 있다. 아이들이 우리보다 더 깊고 폭넓게 배우려면 어떻게 해야 할까? 훌륭한 교사들이 이 과정에서 핵심 역할을 한다. 그러나 최근 들어 많은 교육자들과 연구자들은 부모가 할 수 있고 또 해야 하는 역할이 매우 크다고 말한다.

내 아이는 다를 거야

어떤 아이도 똑같지 않다. 각자 고유한 생각, 취향, 습관을 지닌다. 모든 아이는 특정한 장소와 시대에 태어나며, 신앙을 아예 갖지 않는 경우도 있지만 대부분 특정한 가치관과 종교적 신념 속에서 자란다. 또한 다양한 야망과 열정을 물려받아 성장한다.

모든 아이는 저마다 개성이 다르고 자신만의 성향을 드러낸다. 그리고 이 세상에서 유일무이한 특별한 시각으로 세상을 바라본다. 같은 집에서 자란 쌍둥이는 마치 두뇌가 연결된 듯 비슷한 사고방식과 행동 패턴을 갖지만 종종 판이한 모습을 보여서 사람들을 놀라게 한다.

그렇다면 어떻게 하나의 교육 방식이 모든 아이의 필요를 채워줄 수 있을까? 난독증이나 주의력 결핍 같은 다양한 신경 관련 문제를 가진 아이들, 또 저마다 다른 특성을 지닌 아이들까지 모두 자신의 잠재력을 최대한 발휘하도록 도울 수 있을까? 그리고 그런 교육이 어떻게 각 아이의 고유한 장점을 살려줄 수 있을까? 사실 이 과정에서 부모가 해줄 수 있는 역할은 아주 크다.

시간이 지나 성적이나 학교에서 받은 상장이 더 이상 의미가 없어졌을 때, 아이는 여전히 스스로 배우는 법을 알고 '나는 배울 수 있다'고 믿을 수 있을까? 예술과 과학 속에 담긴 아름다움과 지혜를 발견하고 즐길 수 있을까? 또 세상에 남아 있는 미지의 영역과 불확실함에 끝까지 호기심을 가질 수 있을까? 변화하는 시대에 적응하고, 어려운 상황에서 빠르게 회복하며, 패배나 실패를 겪더라도 그 경험을 통해 더 강해지고 지혜로워질까? 쉽게 포기하고 더는 노력하지 않으려 할까? 아니면 더 나은 학습 방법, 더 나은 업무 방식, 더 즐겁게 일하는 법을 계속 찾으려고 할까?

부모가 지금 아이의 성공과 실패에 어떻게 반응하느냐에 따라 그들이 앞으로 살면서 크고 작은 문제를 겪을 때 나타내는 반응이 결정된다고 해도 과언이 아니다. 어떤 목표나 난관에 직면했을 때, 아이는 쉽게 포기할까? "나는 수학을 못 하니까 이런 문제는 못 풀어."라고 생각할까, 아니면 "아직 안 배웠으니 어려운 거야."라고 여기건서 계속 노력할까? 부모의 사고방식과 애정 어린 격려는 아이의 회복력과 학습 의지를 형성하는 데 큰 영향을 준다.

학교 교육은 아이들이 삶을 즐기도록 도울 수 있을까? 잠시 상상해 보자. 세상의 아름다움을 발견하지 못하고, 좋은 이야기나 흥미로운 퍼즐, 아름다운 음악 혹은 유쾌한 농담조차 제대로 즐기지 못하며, 깊은 도덕적 문제와 씨름하지 못하는 존재를. 인간은 다른 어떤 생명체도 경험할 수 없는 방식으로 세상을 누릴 수 있는 놀라운 능력을 지닌다. 하지만 모든 사람이 삶이 품고 있는 이러한 잠재력을 온전히 실현하는 것은 아니다. 그렇다면 이를 실현하도록 도와주는 것이야말로 양질의 교육이 아닐까? 부모는 그런 과정에서 어떤 역할을 할 수 있을까?

아이들이 학업 성취도를 높이도록 동기를 부여하는 가장 효과적인 방법은 무엇일까? 성취도의 기준이 무엇이든 말이다. 또 우리는 어떻게 아이 스스로 학습을 주도하며 더 의미 있는 목표를 향해 나아가도록 격려하고 도울 수 있을까?

　오늘날 점점 더 많은 연구들이 이러한 질문들에 새로운 해답을 내놓고 있다. 간단히 말하면 우리 모두는 언제 어떻게 한발 물러나 아이들이 스스로 날아오를 수 있도록 해야 하는지를 늘 고민한다. 그에 대한 충분한 답은 앞으로 이어질 내용에서 찾아볼 수 있을 것이다.

　거대한 사회적·경제적·정치적 요인이 아이들의 교육 기회에 영향을 미친다. 누구나 변화를 시도하면 만만치 않은 장애물에 직면하게 된다. 하지만 이 책은 거대한 교육 체제와는 관계없이 개인과 가족이 할 수 있는 일에 초점을 맞출 것이다. 전 세계적으로 존재하는 극심한 교육 불평등을 극복하는 방법이나 빈곤이 초래하는 문제는 다루지 않지만 이상적인 학습 환경과 거리가 먼 상황에서 아이를 키우는 이들을 포함하여 모든 부모를 위한 여러 가지 자료를 제공한다. 쉽게 말해 이 책이 존재하는 모든 불평등을 해소해주지는 못하지만 보편적으로 유용하고 가치 있는 아이디어는 알려줄 것이다.

　심층 학습을 지속하고 창의적인 삶을 꾸려가는 것은 일종의 장기 프로젝트다. 따라서 아이가 유아기부터 대학을 졸업할 때까지 단계마다 활용할 수 있는 자료를 소개하려고 한다. 물론 일찍 시작할수록 유리하지만 아이가 태어나자마자 이 책의 조언을 적용하지 못했다고 해서 실패는 아니라는 점을 강조하고 싶다. 아이가 이미 10대 청소년이거나 그보다 더 나이가 많다고 해도 부모는 아이가 학교생활이나 학습에 대한 생각과 태도를 개선하도록 도와줄 수 있다.

　우리는 아이들에게 부모, 이모 또는 삼촌, 가까운 친구, 교사 또는 이웃일 것이다. 그렇다면 어떻게 아이에게 평생 긍정적인 영향을 미치는 자기 신념을 갖도록 도와줄 수 있을까? 좋은 습관과 실천 방식, 바람직한 태도와 개념, 이상적인 가치와 목표를 어떻게 길러줄 수 있을까? 아이들은 자기가 가진 능력이 발전할 수 있다고 믿는가, 아니면 자신의 지능은 태어날 때 이미 정해져 있고, 타고난 천재만이 정신적 능력을 크게 펼칠 수 있다고 생각하는가? 성실하고 회복력을 갖추고 있는가? 창의적인 사고에 필요한 주체성을 가지고 있는가, 아니면 절망감에 빠져 쉽게 포기하는가? 속임수나 기만에 쉽게 휘둘리는가?

어떻게 해야 우리 아이들이 쉽게 포기하지 않고 실패를 겪어도 끈기를 지닌 사람으로 성장할까? 또한 어떻게 키워야 적절한 시점에 새로운 길을 선택하거나 실패에서 얻은 교훈을 새로운 도전 과제에 적용하는 사람이 될까? 자신감을 키우고 주체성을 갖게 하려면 자신의 실수를 통해 교훈을 얻는 법도 배워야 할 것이다.

이 책에서 알려주는 내용에 따라 주변 커뮤니티를 강화한다면 이 책을 읽는 독자뿐만 아니라 가족에게도 큰 도움이 될 것이다. 이 점을 학교 교사와 이웃에 알려줄 수 있다. 토론 모임을 만들어 다른 사람들과 함께 새로운 아이디어를 논의하면서 의견이 일치하는 부분과 그렇지 않은 부분을 확인할 수도 있다. 교사가 이런 논의에 참여한다면 풍부한 전문 지식과 관련 자료를 제시하여 토론을 풍요롭게 해줄 것이며, 이는 아이들에게 많은 도움이 될 것이다.

일곱 가지 핵심 주제

이 책은 일곱 가지 핵심 주제로 나뉘며 각 장은 아이들이 학교 교육에서 더 많은 것을 얻도록 돕는 실질적인 방법을 다룬다.

1 아이의 호기심을 자극하는 법[12]
2 아이에게 성공과 실패를 가르치는 법[13]
3 가정에서 학습 분위기를 조성하는 법[14]
4 아이의 창의성을 강화하여 새로운 세상에서 살아가도록 준비시키는 법[15]
5 더 효과적인 공부 습관을 갖도록 도와주는 법[16]
6 아이가 인생의 역경과 어려움에 대처하도록 준비시키는 법
7 아이가 자신에게 도움이 되는 고등교육을 받게 하는 법[17]

이러한 일곱 가지 주제는 배움을 소중히 여기고 평생 배우는 일을 멈추지 않도록 아이를 키우는 데 있어 전부라고는 할 수 없지만 적어도 90퍼센트를 차지할 것이다. 분명한 점은 부모가 이 일곱 가지 주제에서 아이에게 좋은 영향을 주면 아이가 교육과 자신의 삶을 대하는 방식이 달라진다는 점이다. 이어지는 내용에서는 부모의 역할을 심도 있게 다루면서 아이가 어떤 과목을 공부하든, 어떤 직업을 목표로 하든 학교에서 더 많은 장점을 얻도록 도와주는 실질적인 방법을 소개할 것이다.

더 생각해보기

일곱 가지 핵심 주제 중 기본 주제에서 살짝 벗어나 추가로 강조할 필요가 있는 중요한 아이디어에 대해서는 몇 문단 또는 몇 페이지에 걸쳐 따로 살펴볼 것이다. 이렇게 주제에서 살짝 벗어난 이야기를 '더 생각해보기'라 붙인 후 독자들이 궁금해할 만한 내용을 다루거나 잠깐 살펴볼 만한 새로운 아이디어를 소개하려고 한다.

첫 번째 '더 생각해보기'에서는 겉으로는 아이 및 학교 교육과 무관한 것 같지만 우리가 전달하려는 가장 중요한 교훈을 담고 있는 사례를 소개한다.

인류 역사를 통틀어 우리의 중요한 학습 목표를 가장 극명하게 외면한 사람은 토머스 미즐리Thomas Midgley일 것이다. 오하이오 출신의 대담한 엔지니어이자 아마추어 화학자인 그는 자신의 가정假定을 신중하게 검토하거나 결론을 재고하려 하지 않았다. 이는 우리가 아이들에게 가르치려는 사고방식과 전혀 다르다. 또한 그는 자신의 연구 결과를 실제로 적용할 때 어떤 문제가 생길지 예측하려 하지도 않았다. 작가 스티븐 존슨 Steven Johnson은 《뉴욕 타임스 매거진》에서 그를 이렇게 설명했다.

"정말이지 역사를 통틀어 인간의 건강과 지구에 이만큼 막대한 피해를 초래한 사람은 없을 것이다."[18]

1920년대부터 1930년대에 걸쳐 약 10년 동안 미즐리는 두 가지 혁신적인 발명을 내놓았고 이는 중요한 문제들을 해결해주는 것처럼 보였다. 하나는 엔진 노킹을 줄여주는 새로운 가솔린 혼합물이었다. 당시 자동차 엔진은 종종 덜컹거리는 소음이나 노킹 현상을 일으켜 차체가 흔들리면서 승객에게 불편을 주었고, 동시에 출력이 저하되었다. 특히 오르막길을 오르거나 이차선 도로에서 다른 차량을 추월하려 할 때 이러한 문제는 치명적일 수 있었다.

당시 제너럴모터스에 근무하던 미즐리가 찾은 해결책은 연료에 납과 테트라에틸을 섞는 것이었다. 1923년부터 이렇게 만든 연료를 사용하자 자동차 운행이 한결 부드러워졌다. 그 후 수년간 미국 내 자동차 수는 세 배로 증가했다. 제너럴모터스는 이 연료를 '에틸'이라고 명명했지만 사실 이 연료에서 다량의 납 성분이 대기로 방출되었다. 고농도 납에 노출되면 신장 기능이 손상되며, 일부 사람들은 환각을 일으킬 우려가 있었다. 심지어 어린이들의 인지 발달을 저해할 위험도 존재했다. 그런데도 미즐리와 그의 동료들은 자신들이 만들어낸 해결책을 전혀 의심하지 않았고 일부 보건 전문가들이 1928년부터 보낸

경고조차 무시해버렸다.

　1920년대 후반, 미즐리와 제너럴모터스는 또 다른 시급한 문제에 눈을 돌렸다. 바로 음식을 식히고 얼리는 방법이었다. 식품은 물론 백신의 안전까지도 이 문제에 달려 있었다. 이를 해결하려면 냉매로 사용할 수 있는 적절한 가스가 필요했다. 그때까지 냉장고에 사용되던 가스들은 종종 심각한 폭발 사고를 일으켰고, 미국의 일부 주州에서는 냉장고 자체를 불법화해야 한다는 논의까지 나오기도 했다. 깔끔한 옷차림과 세련된 스타일을 고수하며 종종 사람들의 이목을 끌었던 미즐리는 그 누구도 고려하지 않았던 독성 가스를 냉매로 활용하는 방법을 찾아냈다. 바로 '플루오린'Fluorine이었다.

　그는 염소와 탄소를 결합하여 프레온freon이라는 새로운 무독성 물질을 만들어냈다. 세계 최대 규모의 자동차 회사인 제너럴모터스의 경영진은 미즐리가 개발한 가스가 '인간이나 동물에게 전혀 해를 주지 않는다'고 판단했고, 급기야 프리지데어Frigidaire라는 소규모 냉장고 업체를 인수했다.

　오랜 시간이 지난 후에야 프레온 가스가 지구를 태양의 치명적인 방사선으로부터 보호하는 오존층을 서서히 파괴한다는 사실이 밝혀졌다. 오존층이 사라지면 몇 분만 야외에 머물러도 피부에 암을 유발하는 궤양이 잔뜩 생길 수 있다. 1970년대에 와서 프레온과 유연 휘발유 사용을 금지한 결정은 매우 시급한 조치였다. 사실 손상된 오존층은 21세기 후반에야 완전히 복구될 수 있을 것이다. 여전히 세계 곳곳에서 많은 사람, 특히 아이들이 납에 중독되고 있다.

미즐리는 1944년에 세상을 떠났지만(자살일 수도 있다) 그가 초래한 결과와 영향은 여전히 남아 있다. 그는 자신이 몸담았던 대기업과 함께 인간의 사고가 지닌 두 가지 한계를 보여줬다.

첫째, 미즐리와 그의 동료들은 구시대적인 탐욕에 빠졌다. 그들은 처음부터 납의 위험성을 알았으며 에틸 대신 사용할 수 있는 대체 물질도 보유했다. 하지만 그 대체 물질은 에틸처럼 특허로 보호하거나 독점할 수 없었다. 결국 이들은 자신의 이윤을 우선시했고 납의 위험성을 알면서도 에틸을 계속 생산했다.

둘째, 미즐리와 그의 동료들은 검증되지 않은 가정을 그대로 받아들이는 오류를 범했다. 프레온을 개발할 당시 엔지니어들에게는 쉽게 대체할 수 있는 물질이 없었다. 결국 그들은 자신이 안다고 믿었던 것들을 의심하지 않았고, 이러한 태도는 결국 심각한 문제를 초래했다.[19]

다들 내 아이는 이와 같은 실수를 저지르지 않기를 바랄 것이다.

앞서 언급한 것처럼 카페에서 자녀에게 바라는 좋은 특성을 말할 때 마이클은 C로 시작하는 단어를 찾을 수 없다며 이렇게 설명했다.

"심층 학습을 하려면 자기가 모르는 것이 얼마나 많은지 절실히 느껴야 합니다. 정답만 외우는 방식으로는 인생을 살아갈 수 없어요. 자신이 가진 생각을 끊임없이 의심할 줄 알아야 합니다."

아마도 '보수적'이라는 단어를 들으면 교육을 잘 받은 사람들은, 변화하라는 제안을 받을 때 잠시 멈추어 그 제안이 윤리적으로 어떤 의미를 갖는지 생각해보고 대안이 될 만한 다른 아이디어도 고려해야 한다는 점을 떠올린다. 특히 자연에 영향을 끼치는 변화라면 더욱 그렇게 할 것이다.

어떻게 하면 아이가 이런 방식으로 생각하는 습관을 갖게 도와줄 수 있을까? 교육에 관한 결정이나 이성에 근거한 결정을 내릴 때 돈만 생각해서는 안 된다는 점을 강조해야 한다. 아이에게 새로운 관점을 찾아보고, 정치·경제·사회·종교적으로 자신과 입장이 반대인 사람들과 대화해보라고 권할 수 있다. 이렇게 하면 교육받은 사람이란 그저 정답만 잘 외우는 것이 아니라 끊임없이 자신의 생각을 의심하고, 다시 생각해보며, 자신이 중요하게 여기는 아이디어에 어떤 문제가 발생할 수 있는지 검토하는 습관을 가졌음을 깨달을 것이다.

심리학자 애덤 그랜트Adam Grant의 말을 빌린다.
"우리가 옳다고 주장할 이유가 아니라 우리가 틀릴 수도 있음을 보여주는 이유를 찾아야 한다."[20]

인공지능, 유전자조작, 나노봇을 비롯해 현재 개발 중인 혁신적인 신기술이 어떤 변화를 가져올지 상상해보라. 지금은 거의 주목받지 못하는 특정한 형태의 보수적 사고방식이 앞으로 엄청난 변화를 초래할지 모른다. 만약 미래의 과학자와 사람들이 미즐리와 그의 동료들보다 더욱 철저하고 지혜롭고 신속하게 미래의 기술 혁신이 가져올 영향과 잠재적 위험을 깊이 분석하고 신중히 평가한다면 말이다.

제1장

아이들이 다시 호기심을 갖게 하려면

THE LEARNING HOUSEHOLD

아이가 타고난 호기심을 잃어갈 때
부모는 어떻게 해야 할까?
아이들이 학교에서 더 많은 것을 배우려면
자신의 흥미와 관심을 발판으로
스스로 배움을 추구해야 한다.

말을 배우기 시작한 아이를 오래 지켜보면 아이가 끊임없이 재잘거린다는 점을 알게 된다. 정말이지 이 시기의 어린아이는 끝없이 질문을 쏟아낸다. 이들이 가장 좋아하는 말은 '왜요?'일 것이다. 우리 아이들은 물론이고 지금까지 만난 수백 명의 아이들 모두 그랬다.

한번은 우리의 두 아이들과 함께 차를 타고 오클라호마를 지나가는데 아이들이 별의별 질문을 다 하며 차에 함께 있던 어른들을 잠시도 가만두지 않았다. "저 나무 이름이 뭐예요?", "구름은 왜 저렇게 폭신해 보여요?" 눈에 보이는 거의 모든 것에 관해 물어보다가 이제는 더 물어볼 것이 없겠다는 생각이 들 무렵 두 아이는 서로에게 질문을 하기 시작했다.

큰아이가 여동생에게 아주 심오한 질문을 던졌다.

"네가 진짜 너 자신이라고 어떻게 믿을 수 있어? 어쩌면 내가 너고, 네가 나일지 모르잖아. 지금은 우리 둘 다 꿈꾸는 중일 수도 있어. 이 세상에 우리가 확실하게 알 수 있는 게 있을까?"

이런 질문은 르네 데카르트의 호기심을 자극하여 철학을 크게 발전시킨 원동력이었다. 고작 다섯 살짜리 아이의 입에서 그런 깊이 있는 질문이 나오다니, 놀라웠다.[1]

또 한번은 다섯 살 정도인 조카를 데리고 텍사스주 오스틴에서 샌안토니오까지 125킬로미터 정도 되는 먼 거리를 여행하며 경험한 일이다. 꼬마 소녀는 적어도 200개가 넘는 질문을 던졌다. 그중 대부분은 하늘을 보다가 생각난 것이었다.

조카는 그날 어른들과 대화하면서 처음으로 '천문학'이라는 단어를 배웠다. "밤에는 태양이 어디에 있어요?", "별은 낮에 어디에 가 있는 거예요?"와 같은 질문이 쉴 새 없이 이어졌다. 분명 모든 질문은 천문학과 깊은 관련이 있었다. 사실 조카는 오래전부터 하늘에 호기심이 많았고 긴 시간 자동차 여행을 하면서 그동안 궁금했던 것들을 속 시원히 쏟아낸 것이었다.

고속도로를 달리는 내내 조카의 질문 공세가 이어졌다.

"별은 왜 흰색이에요?"

"달빛에 올라타고 다른 곳으로 가볼 수 있어요?"

마치 아인슈타인의 영혼이 우리 차의 배기구를 통해 차에 들어와 있는 것 같았다.

이런 일은 그리 특별하고 놀라운 경험이 아니다. 널리 알려진 한 연구에서 심리학자가 어린아이들과 부모가 상호작용하는 모습을 관찰해 아이들이 평균적으로 1분당 두 개 이상의 질문을 한다는 점을 알아냈다.[2] 하지만 이 아이들이 몇 년 후에도 여전히 호기심 넘치는 모습으로 대화할 거라고 기대하면 실망하기 쉽다. 세상을 더 많이 경험할수록 아이들의 호기심이 더욱 깊어질 것 같지만 사실 그렇지 않다. 사춘기가 되면 아이들이 너무 무심해져서 처벌 외에는 반응하지 않는다고 걱정하게 될 수도 있다. 어린 시절에는 궁금증이 마구 샘솟는 듯해도 학교에 다니기 시작하면 호기심이 점차 희미해지고 사라지는 경우도 있다.

아이들은 학교에 가기 싫다고 투정을 부리거나 공부에 대한 열정이 전혀 없는 것처럼 보일지 모른다. 스스로 책을 읽거나 새로운 책을 찾으러 도서관에 가는 일에 전혀 관심이 없을 수도 있다. 학교는 그저 지루한 곳으로 전락한다. 하루하루 억지로 버티다 보면 어린 시절 머릿속에 가득했던 수많은 궁금증과 호기심은 점점 사라질 것이다. 물론 어떤 아이는 주어진 과제를 전부 또는 대부분 성실하게 해내며 좋은 성적을 유지해야 한다는 의무감으로 공부를 이어갈 수도 있다. 하지만 그렇게 하다 보면 새로운 주제를 탐구하려는 열정을 잃고, 배움 그 자체를 위한 학습 프로젝트는 아예 시작도 하지 않을지도 모른다.

아이 스스로 학교에서 더 많은 것을 배우려고 애쓰는 학생으로 자라길 바란다면 어린 시절에 흘러넘쳤던 호기심을 되찾도록 도와주어야 한다. 가정에서 아이들이 처음 느낀 놀라움과 타고난 호기심을 다시 불러일으키거나 그 불씨가 꺼지지 않게 하려면 먼저 동기부여에 관한 중요한 연구 결과들을 살펴봐야 한다.

동기부여의 과학

아이를 데리고 장을 보러 가거나 그랜드캐니언과 같은 곳으로 여행을 가보면 한 가지 특별한 점을 알게 된다. 바로 모두가 적극적으로 참여하고 싶어할 때 어떤 일이든 가장 즐겁고 원활하게 진행된다는 것이다. 이처럼 적절한 동기부여는 매우 중요한 요소로 작용하며 지금부터 본격적으로 살펴보려 한다.

오랫동안 사람들은 어떤 행동을 유도할 때 가장 효과적인 방법은 잘하면 보상을 주고 그렇지 않으면 벌을 주는 것이라고 여겼다. '당근과 채찍'을 쓰는 방식은 학습과 교육에서도 널리 쓰였다. 19세기 들어 학교에 성적을 매기는 제도가 생기자 당근과 채찍은 학생들에게 학습 동기를 부여하는 수단이 되었다. "시험에 나올 거야."라는 말로 학생들이 새로운 내용을 배우도록 자극했으며 시험 점수가 낮은 아이는 점수를 높이도록 유도했다. 이런 방식은 점차 교육계에 깊이 뿌리내렸다.

우리는 이 문제를 생각할 때면 미국 남부의 농촌에 살았던 켄의 가족에게 들은 이야기를 떠올리곤 한다. 그의 삼촌은 젊은 시절 앨라배마의 한 학교에서 교사로 일하며 겪었던 일을 여러 번 이야기해주었다. 한번은 뒷줄의 한 학생이 집중하지 않자, 삼촌은 곧장 넓적한 허리띠를 빼들고 그 아이에게 달려가서 여러 차례 매질을 했다고 한다. 그 이후로 켄의 머릿속에는 불쌍한 애팔래치아 농촌 출신의 남학생에게 몸을 날리는 삼촌의 모습이 지워지지 않았다.

그러다가 20세기 중반쯤에 채찍보다 당근을 중시하면서 처벌보다 보상을 해주는 방식을 선호하게 되었다. 하버드대학교의 버러스 프레더릭 스키너Burrhus Frederic Skinner 교수(B. F. 스키너로 널리 알려져 있다)와 그를 따르는 학자들의 연구가 이러한 변화에 어느 정도 이바지했다고 할 수 있다. 이 용감한 사회과학자들은 쥐를 미로에 넣고 다양한 조건에서 변화를 관찰하여 많은 데이터를 확보했다.

쥐들은 아무런 보상이 없을 때보다 최적의 탈출 경로에 치즈 간식이 놓여 있을 때 훨씬 빠르게 그 길을 익혔다. 스키너가 이끄는 연구팀은 쥐와 인간이 모두 포유류이므로 이 연구 결과를 인간에게도 적용할 수 있다고 판단했다. 그리고 보상과 처벌을 기반으로 형성된 사회에서 이러한 가설은 자연스럽게 받아들여졌다.

그러나 스키너가 은퇴를 준비할 무렵 일부 학자는 그의 연구에 의구심을 품기 시작했다. 그와 같은 젊은 회의론자 중에는 빅토리아풍의 집들이 레이스 장식처럼 거리를 수놓은 작은 마을인 뉴욕주 클리프턴 스프링스 출신의 에드워드 데시Edward Deci도 있었다. 그는 동기심리학에서 두각을 드러낸 후 뉴욕주 북부에 있는 로체스터대학교 교수로 채용되었으며 스키너의 이론에 맞서는 대표적인 학자가 되었다.

물론 데시가 인정한 것처럼 우리는 보상을 제안하거나 처벌로 위협해서 사람들을 행동하게 할 수 있다. 하지만 장기간 당근과 채찍 방식에 노출되면 사람들의 마음속 깊이 자리 잡은 내적 관심은 어떻게 달라질까? 여러 해가 지나도 여전히 호기심을 가지고 배우려는 동기가 유지될까? 그들의 열정은 그대로 남아 있을까? 그 열정은 줄어들까 커질까? 보상이나 처벌을 제시하면 오히려 동기가 훼손되거나 점점 사라지지 않을까?

데시와 그의 지도 학생이었던 리처드 라이언Richard Ryan은 쥐가 아닌 사람을 대상으로 한 정교한 실험을 진행한 후에 동기부여 과정에 대한 포괄적인 설명을 제시했다.[3] (이 점은 자녀를 둔 독자에게 매우 중요할 것이다.) 두 심리학자는 인간은 세상에 대한 타고난 호기심을 지닌 존재라고 주장했다. 하지만 누군가는 이렇게 반문할 수도 있다.

'누구나 배움에 대한 자연스러운 욕구가 있다면 몇몇 학생들이 학교를 지루하게 여기는 것은 어떻게 설명할 겁니까?'

두 심리학자는 광범위한 연구를 근거로 이 질문에 대한 답을 제시했다. 사람은 누구나 선천적으로 호기심을 갖고 태어나지만 부정적인 경험 때문에 호기심이 줄어들거나 사라질 수 있다는 것이었다.

데시와 라이언의 연구는 인간의 행복에 신체적 안정만큼이나 중요한 세 가지 기본적인 심리적 욕구를 찾아냈다는 점에서 큰 의미가 있다. 이러한 욕구가 충족된 사람은 아주 행복하며 새로운 아이디어와 지식을 쌓을 기회를 적극적으로 수용한다. 반면 심리적 욕구가 충족되지 않으면 타고난 호기심은 점점 자취를 감추게 된다.

기본 욕구란 무엇인가?

첫째, 사람들은 무력감을 느끼는 것을 싫어한다. 살아가는 데 필요한 것을 배울 수 있다고 믿고 싶어 하며 어떤 일을 잘 해냈을 때 큰 만족감을 느낀다.[4] 어찌 보면 사람들은 성공할 수 있다는 믿음이 없으면 시도조차 안 하는 경향이 있다. 때로는 성공 자체가 하나의 보상이 된다. 새롭고 흥미로운 것을 배울 때 기분이 좋아진다.

둘째, 사람들은 훌륭한 조언은 감사하게 받아들이지만 꼭두각시처럼 타인에게 좌우되는 것은 원하지 않는다. 남에게 조종당한다고 느끼거나 자기 의견이 무시당할 때 불쾌해진다. 성장하면서 점점 더 자기가 하는 일과 자신에게 일어나는 일을 직접 통제하려는 욕구가 커진다. 데시와 라이언은 이를 가리켜 '자율성'이라고 했다. 부모라면 누구나 '미운 네 살'을 경험했을 것이다. 이 시기의 아이들이 얼마나 자기 방식대로 행동하려는 욕구가 매우 강한지를.

마지막으로, 사람들은 자신보다 더 큰 무언가에 소속되거나 연결되기를 바란다. 그래서 가정을 꾸리고, 동아리에 가입하며, 친구를 사귀고, 다양한 활동에 참여하여 다른 사람들과 유대감을 형성한다. 사람들과 사회적으로 연결되길 원하기 때문에 기꺼이 서로 도우며, 그와 동시에 스스로 목표를 세우고, 자신만의 방식으로 프로젝트를 진행하며 언제, 어디서, 누구와 함께 작업할지 직접 결정하기를 원한다.

사회과학자들은 자신의 연구 결과를 설명하기 위해 종종 포괄적이고 추상적인 명사를 사용하길 좋아한다. 데시와 라이언도 마찬가지였다. 그들은 인간의 기본 욕구를 유능성competence, 자율성autonomy, 관계성relatedness이라고 정리했다. 그들의 연구에 따르면 이 세 가지 정신적 즐거움이 모두 충족될 때 우리의 호기심은 활발하게 유지되고 자유롭게 확장되지만 그렇지 않다면 호기심이 약해지다 아예 사라질 수도 있다고 한다.[5]

이러한 심리적 기본 욕구가 충족되지 않으면 기분이 가라앉거나 우울해지고 흥미를 잃으며 호기심이 점차 사라진다. 그러므로 보상과 처벌에 크게 의존하는 동기부여 방식은 역효과를 낳는다. 그런 방식은 개인의 유능성, 자율성, 관계성을 약화시켜 장기적인 의욕이나 동기를 떨어뜨린다.

그렇다고 아이들에게 예의나 친절, 연민과 같은 가치를 가르치지 말라는 뜻은 아니다. 다만 가치를 주입식으로 가르치는 몇 가지 전통적인 방식을 버려야 한다는 의미다. 오랫동안 부모들은 아이들이 말을 듣지 않거나 규칙을 어기면 가벼운 체벌을 하거나 때로는 따끔한 매질도 서슴지 않았다. 남부 애팔래치아 지역 출신인 켄도 어릴 때 체벌을 받았다. 하지만 이제 사람들은 신체 처벌보다 더 효과적인 방법을 알고 있다. 예를 들어 올바른 행동 방식에 대해 아이와 대화를 나누거나, 가정에 규칙이 왜 존재하는지 설명해주거나, 왜 형제자매를 때리거나 음식으로 장난치면 안 되는지 이유를 생각해보게 하는 '타임아웃'time out 시간을 갖게 하는 것이다.

무엇보다 학습과 호기심을 어린 시절의 잘못된 행동과 같은 것으로 분류해서는 안 된다. 좋아하는 장난감을 하나씩 팔아버리겠다고 위협한다고 해서 아이의 호기심이 높아질 리 없다. 또한 관심을 보이는 것에 보상을 주는 방식도 호기심을 키우는 데 도움이 되지 않는다. 아이들은 잘 훈련된 조랑말이나 원숭이와 다르다. 아이들이 그렇게 되기를 바라는 부모는 없다. 부모의 양육 방식이 다소 합리적이지 않더라도 아이는 의욕이 넘치고 창의적이며 지식이 풍부한 성인으로 자랄 수 있다. 하지만 이것이 아이들이 무언가를 배우려면 신체적 또는 정신적 억압을 가해야 한다는 근거가 되지는 않는다.

대부분의 학교 교육이 어떠한지를 떠올려 보면 그것이 왜 때때로 아이들의 타고난 배움에 대한 열망을 해치는지 알게 된다. 학교는 학생들에게 자신의 배움에 대한 주도권을 늘 쥐어주지는 않는다(부모들 역시 마찬가지다). 심지어 우리가 사용하는 언어만 봐도 개인적인 호기심은 별로 중요하지 않다는 인식을 심어준다. 교사는 '과제'를 부여하고 '할 일이나 규칙'을 알려줄 뿐 배움을 격려하거나 아이가 도전적인 질문을 할 때 칭찬해주지 않는다. 우수 교사라고 인정받는 사람들조차도 흔히 이런 실수를 저지른다. 결국 언제나 학생 본인이 아닌 다른 사람이 학습의 주도권을 쥐게 된다.

　큰 교실에 아이들을 모아놓으면 언제라도 엉망진창이 될 수 있다. 이런 상황에서 질서를 유지하기 위해 교장과 교사들은 규칙과 규정을 시행한다. 수많은 아이를 관리하는 과정에서 인생의 경이로움을 추구하고 자유로운 탐구 정신을 발휘하도록 북돋는 일은 뒷전으로 밀려난다. 그러나 외적 보상과 처벌은 아이들에게 스스로 행동할 주도권을 뺏겼다고 느끼게 하므로 결국 아이들은 흥미를 잃게 된다. 그러면 교사들은 아이들을 다시 집중시키려고 더 강한 보상과 처벌을 사용하면서 점점 더 심한 악순환으로 이어진다.

　학교에서 규칙을 만들면 안 된다는 의미는 아니다. 아이들에게 그 규칙이 왜 필요한지 이해하도록 설명해주고, 때에 따라 아이들이 직접 규칙을 정하게 해야 한다는 뜻이다. 부모도 이러한 과정에 도움을 줄 수 있다. 우선 사용하는 언어부터 바꾸면 좋다. '숙제' 대신 '배움의 기회'라고 표현하고, 아이들에게 호기심을 자극하는 질문을 하며 아이들이 무엇을 궁금해하는지 잘 들어주어야 한다.

　호기심은 사라지지 않았지만 학교를 싫어하는 아이도 있다. 가령 친구들에게 괴롭힘을 당하면 다시는 학교에 가고 싶지 않을 것이다. 교사나 다른 학생들이 위압적인 태도를 보이거나, 자신이 단순한 실수를 저지르거나, 말을 잘못해서 창피를 당했기 때문에 학교에 가길 꺼릴 수도 있다. 하지만 이런 어려움을 겪더라도 여전히 배움에 대한 열정을 유지하는 아이들도 있다.

　학교를 싫어하지만 여전히 배우기를 좋아하는 경우라면 신뢰할 만한 또래 친구나 교사와의 특별한 관계가 크게 작용할지 모른다. 그리고 부모의 역할도 큰 영향을 줄 수 있다.

다시 흥미를 갖게 하려면

아이가 타고난 호기심을 잃어갈 때 부모는 어떻게 이를 되살릴 수 있을까? 이는 매우 중요한 문제다. 아이들이 학교에서 더 많은 것을 배우려면 자신의 흥미와 관심을 발판으로 스스로 배움을 추구해야 한다. 부모는 이러한 학습 의욕을 불러일으키는 데 중요한 역할을 하지만 때로는 안타깝게도 부모가 오히려 방해꾼 노릇을 하기도 한다.

우리의 첫 번째 제안은 성적에만 집착하지 말라는 것이다. 성적보다는 새로운 것을 배우는 즐거움과 흥미에 집중해야 한다. 일부 우수한 학교들은 입학 후 처음 5~6년 동안 성적을 매기지 않는다. 만약 자녀가 다니는 학교가 그렇지 않다면 직접 나서서 배움 그 자체를 즐기는 모습을 보여주어야 한다.

아이에게 어떤 것에 흥미를 느끼는지, 어떤 과목을 가장 좋아하는지 물어보거나 스스로 관심사를 발견하고 탐구하도록 권해보자. "마법 양탄자를 타고 어디든 날아갈 수 있다면 어디로 가고 싶어?"와 같은 질문으로 상상력을 자극할 수도 있다. 저녁을 먹으며 자연스럽게 수학이나 역사에 관해 이야기하거나 열정적인 표정으로 학교에서 무엇을 배우는지 흥미를 보이며 왜 그렇게 생각하는지, 어떤 근거가 있는지 물어보자. 다만 증인을 심문하듯이 압박감을 주는 분위기를 조성해서는 안 된다. 부모와의 대화를 즐거운 경험으로 만들고 늘 웃는 얼굴로 놀이를 하듯이 진행하면 좋다.

학교에 들어갈 때가 되면

—

켄의 어머니는 아이가 네 살이 되자마자 읽기와 쓰기를 가르쳤다. 그녀는 켄이 태어나기 전까지 10년 넘게 초등학교 교사로 근무했다. 켄이 다섯 살이 되었을 때, 어머니는 아이가 펠프스초등학교에서 하루를 보내도록 했다. 이날 켄에게 주어진 가장 큰 과제는 남자 화장실을 찾는 일이었다.

학교 계단을 오르락내리락하며 한참을 특별하고 사적인 공간을 찾아 헤매다가 결국 켄이 어떤 참사를 겪었는지는 대충 짐작할 수 있을 것이다. 켄은 지금도 그날을 기억한다. 그가 계단참에서 벽에 기대어 있었는데 어떤 여자아이가 다가와서 물었다.

"너는 왜 물웅덩이 한가운데 서 있니?"

그는 오후 내내 자신의 실수를 감추려고 무진장 애를 썼다.

그 시절 미주리주 스프링필드에는 보편적인 유치원 교육이 없었고 부유한 지역에만 몇 가지 프로그램이 제공되는 상황이었다. 켄의 가족이 사는 곳은 부유한 동네가 아니었지만 그의 어머니는 도시 반대편에 있는 라운트리유치원에 그를 보내려고 온갖 애를 썼고 결국 입학시키는 데 성공했다(이 방법은 재정 자원이나 정치적 영향력이 부족한 지역의 모든 가정에서 가능한 일은 아니다).

지금 사는 지역에 유아교육 기관이 없더라도 아이에게 일찍부터 풍부한 배움의 기회를 줄 수 있다. 아이에게 책을 읽어주고 그림을 보여주고 사물을 가리키며 설명해주면 된다. 언어부터 산수까지 일상 속에서 자연스럽게 가르칠 수 있다. 또래 아이들과 함께 놀이할 기회를 만들어주는 것도 중요하다. 하지만 유치원, 초등학교 또는 헤드스타트 Head Start[*] 같은 프로그램에 다닌 아이들이 그렇지 않은 아이들보다 나중에 훨씬 더 성공적으로 성장한다는 증거가 많다. 따라서 가능하다면 아이에게 양질의 교육 기회를 마련해주려고 애쓰는 것도 중요하다. 어쩌면 아이를 어떤 고등학교나 대학교에 보낼지 고민하는 것만큼이나 중요한 문제일 수 있다.[6]

예상치 못한 문제

켄의 어머니가 갖은 노력을 쏟았음에도 켄은 라운트리유치원에 입학하기 몇 주 전 펠프스초등학교 계단참에서 창피한 일을 겪었다. 유치원에 입학하던 날 켄은 겉으로는 태연한 척했지만 속으로는 불안과 두려움으로 가득 차 있다는 사실을 부모에게는 숨기려 했다. 그가 유치원 첫날에 대해 가장 생생하게 기억하는 것은 구겨진 휴지를 손에 움켜쥐고 있다가 바닥에 떨어뜨린 일이었다. 그 장면을 묘사하는 이유는 아이들이 몰래 숨기고 있을지도 모르는 감정에 세심한 관심을 기울이도록 당부하기 위해서다.

다행히도 1년 후 켄이 초등학교에 입학할 무렵에는 창피했던 감정이 말끔히 사라졌다. 켄은 큰 기대를 안고 등교했다. 학교에는 전 세계 모든 나라가 그려진 지구본, 아주 작은 것을 볼 수 있는 현미경이 있었다. 그리고 형형색색의 블록 장난감과 스프링필드 동물원에서 보지 못했

---

[*] 미국 정부가 저소득층 가정의 영유아를 대상으로 조기 교육, 건강, 영양, 부모 참여 서비스 등을 제공하는 프로그램.

던 온갖 동물들을 담고 있는 그림책도 켄의 눈길을 사로잡았다. 새로운 친구를 사귀고 서로에 대해 알아가는 설렘과 즐거움을 생각하니 켄은 기분이 매우 좋았다. 이처럼 새로운 것을 배우거나 알아가고 싶다는 흥미가 생기면 주변 아이들에게도 전염된다. 부모는 이 점을 명심하면서 아이 주변의 모든 것에 관심을 가져야 한다.

우리 두 사람은 선생님이 칠판에 적어준 수식에 흥미를 느꼈던 기억이 있다. 부모님이 집에서 덧셈과 뺄셈을 가르쳐준 덕분에 사람들이 숫자로 노는 것과 숫자를 이리저리 더해서 결과를 만들어내는 과정을 재밌다고 느꼈다. 마치 요즘 아이들이 '마인크래프트' Minecraft 같은 디지털 게임에 푹 빠지듯이 우리가 이미 알고 있던 기본적인 것으로 새로운 구조를 만드는 일은 정말 흥미진진해 보였다.

일부 아이들은 배우는 속도가 훨씬 빨라서 다른 아이들보다 어린 나이에 특정한 도전 과제를 해낼 준비가 되어 있을 것이다. 어쨌든 우리는 아이가 유치원이나 초등학교에 입학하기 훨씬 전부터 계산 과정을 익히도록 도와줄 수 있다. 처음에는 천천히 가르쳐야 한다. 그리고 덧셈, 뺄셈, 곱셈, 나눗셈 같은 계산 과정을 놀이처럼 접근하도록 한다. 아이가 잘 이해하지 못해도 걱정할 필요는 없다. 중요한 것은 이해할 때까지 반복하는 것이며 배우는 과정에서 하는 실수는 아무런 문제가 되지 않는다.

사실 아이가 실수할 때 부모가 어떻게 반응하느냐는 아이들의 학습에 큰 영향을 미친다. 아이가 틀린 답을 내놓을 때 조바심을 내거나 아이를 꾸짖지 않도록 주의해야 한다. 이런 경우는 실패가 아닌 배움의 기회로 삼아야 한다. 사실 이 점은 우리가 부모에게 알려주고 싶은 가장 중요한 메시지 중 하나이며 이에 관해서는 나중에 더 심도 있게 살펴볼 것이다.

결국 선생님들이 우리가 얼마나 아는지 평가하고 큰 붉은색 글자로 점수를 매긴다는 사실을 알게 되었다. 초등학교 3학년쯤 되자 '숙제'나 '과제'라는 말을 들으면 한숨이 절로 나왔다. 그 말을 듣기만 해도 속이 상했다. 예외인 선생님이 딱 한 분 있었지만 대다수 선생님은 우리가 스스로 배울 기회를 잡거나 흥미로운 방식으로 지식을 넓히도록 이끌기보다 단순히 무엇을 언제까지 배워야 하는지만 정해주었다. 미묘하지만 끊임없이 반복되는 메시지가 차차 명확하게 드러났다. 바로 우리 자신이 배움의 주체가 아니라는 점이었다. 데시와 라이언이 쓰는 용어로 말하면 우리는 자율성을 가지고 배울 수 없었다.

훌륭한 교사는 어떻게 행동하는가?

켄은 초등학교 4학년 때 매우 특별하고 생소한 경험을 했다. 맥도널드 선생님은 학생들이 자신의 관심사를 탐구하게 해주었는데 흥미로운 질문을 포함해 여러 주제를 보여준 뒤 더 알고 싶은 사람이 있는지 묻는 방식이었다. 규칙을 미리 정해놓고 아이들에게 따르도록 한 게 아니라 아이들 스스로 올바른 행동 규칙을 정해서 자신의 행동 지침으로 삼게 했다(집에서도 이 방법을 시도해보라. 이 단순한 행동이 가져오는 아주 큰 변화에 깜짝 놀랄 것이다). 또한 학생들을 처벌하기보다는 바람직한 행동이 무엇인지 이해하도록 돕는 데 주력했다.

맥도널드 선생님은 아이들의 못마땅한 행동을 지적할 때도 있었지만 개별적인 인격체인 아이들을 공격하거나 부정하는 말은 하지 않았다. 착한 아이나 나쁜 아이로 단정 짓지 않았으며 절더 화내지 않는 훌륭한 교사였다. 아이의 학교에 맥도널드 선생님과 비슷한 교사가 있을 수도 있고 없을 수도 있다. 그와 상관없이 부모가 집에서 맥도널드 선생님처럼 아이들을 대해주면 된다. 실제로 어느 교사코다 부모의 행동과 태도야말로 아이들의 인생과 배움에 큰 영향을 준다.

맥도널드 선생님은 새로운 질문을 소개할 때 종종 해당 주제와 관련된 사진이나 짧은 필름스트립filmstrip을 보여주었다(당시는 1950년대라서 필름스트립을 사용했다. 요즘은 기술이 훨씬 발달했으므로 더 좋은 방법을 사용할 수 있다). 그리고 나서 더 알고 싶어 하는 학생들에게 자발적으로 참여할 기회를 주었다. 신청서를 게시해두면 학생들은 마지막 줄까지 이름을 채워 넣었다. 그해에 모든 학생이 4학년 학습 목표에 포함된 거의 모든 주제를 여러 번 심도 있게 탐구할 수 있었고 원한다면 더 많은 것을 배울 수 있었다.

당시 켄은 대수학을 탐구했다. 사실 이 과목은 학교에서 몇 년 후에나 가르칠 내용이었지만 그의 부모는 이미 밥을 먹을 때 켄에게 수학 문제를 내곤 했다. 물론 식탁에는 남부식 프라이드치킨, 오크라, 강낭콩, 넓은 뒷마당 정원에서 갓 수확한 탐스러운 붉은 토마토로 만든 요리가 푸짐하게 차려져 있었다.

아이가 어릴 때부터 이와 비슷한 경험을 하도록 도울 수 있다. 우선 아이가 작은 정원을 직접 가꾸도록 해보자. 상황이 여의찮다면 창가에 작은 화분을 두고 식물을 키우면 된다. 아이들과 도서관에 가서는 책을 최대 두 권까지 고르게 한다(아이에게 최소 기준을 제시하는 것보다 상한선을 정해주는 것이 더 효과적이다. 그 이유는 데시와 라이언의 연구 결과와 이론에서 확인할 수 있다). 가족 여행을 떠나거나 휴가를 계획할 때도 아이에게 이런 기회를 줄 수 있다. 이를테면 가볼 만한 곳을 직접 찾아보거나 선택하게 해주는 것이다. 재정 상황이나 업무 일정상 아이들과 멀리 휴가를 떠나기가 어렵다면 당일치기 여행을 계획해볼 수 있다(도시에 산다면 버스로 도심 곳곳을 돌아봐도 좋다). 이렇게 하면 아이들은 새로운 것을 조사하고 발견할 기회를 갖는다.

아이와 함께 시트콤이나 영화를 보다가 난처한 상황이 나오면 이를 활용할 수 있다. 어떤 영화는 재미있게 감상하기에 좋고 동시에 아이가 훌륭한 철학적 질문을 생각해볼 계기도 제공한다. 대표적으로 영화〈트루먼 쇼〉를 꼽을 수 있다.[7] 주머니 사정이 빠듯해서 여행을 떠날 수 없더라도 이야기를 들려주면 아이들은 마법 양탄자를 타고 더 멀리 더 넓은 세상으로 떠날 수 있다.

아이가 직접 무언가를 판단하거나 결정을 내려야 하는 활동이라면 무엇이든 훌륭한 배움의 기회가 된다. 결국 탁월한 의사결정 능력은 반복적인 연습과 부모의 온화한 피드백을 통해 길러진다. 아이들은 다양한 자극이 있는 환경에서 토론하고 자신이 한 선택과 결과를 확인하면서 많은 것을 배운다.

경험을 통해 배우도록 도와주는 한 가지 방법은 어떤 일을 경험한 후에 돌이켜보게 하는 것이다. 어떤 부모는 가족 행사를 열거나 여행을 떠날 때 아이에게 주요점을 기록하게 한다. 디즈니랜드 방문과 같은 특별한 순간은 물론이고 지역 명소에서 소풍을 즐기거나 가까운 마트에 다녀오는 것도 모두 기록할 수 있다. 아이들은 새로운 모험을 일기 소재로 활용한다. '놀이터에서 있었던 일'처럼 별것 아닌 경험도 좋은 소재가 될 수 있다. 아이가 쓴 일기를 부모가 고쳐주거나 점수를 매길 필요는 없다. 하지만 일기 내용을 함께 이야기하고 공유하면 아이에게 좋은 피드백을 해줄 기회가 생긴다.

이렇게 어릴 때부터 기록하는 습관을 들이면 나중에 관심이 가는 대상에 대해 자발적으로 일기를 쓰게 된다. 자신이 관찰한 점을 토대로 새로운 궁금증이 생길 수도 있고, 의문을 해결하기 위해 여러 가지 가능성을 고민할지 모른다. 직접 실험을 고안하거나 관련 자료를 수집할 수도 있고 더 크면 저명한 과학자나 작가가 쓴 글을 탐독하려는 마음이 생길 수 있다. 요즘은 인터넷 검색만으로 찰스 다윈의 포켓 다이어리, 마리 퀴리의 실험 노트와 도표 등 다양한 자료를 금방 찾을 수도 있다.[8]

장시간 차로 이동할 때는 아이들의 사고력을 자극할 수 있도록 게임을 하는 것도 좋다. 오랫동안 인기 있는 게임 중 하나는 아이들에게 창밖 풍경을 보면서 A로 시작하는 것, B로 시작하는 것을 차례로 찾아내게 하는 것이다. 이 게임은 그저 알파벳 익히기에 불과하지 않다. 주변 환경에 대한 관찰력을 높일 뿐만 아니라 지루해 보였던 도로가 즐거운 놀이의 장으로 바뀔 수 있음을 가르쳐준다.

아이에게 더 많은 의사결정권을 주어야 하지만 그렇다고 위험한 아이디어까지 허용해야 하는 것은 아니다. 다만 아이가 커갈수록 아이의 생각에 반대하거나 고치려는 시도를 줄이려고 노력해야 한다. 단순히 부모의 관심 대상이 아니라는 이유만으로 아이의 결정을 반대하지 말고, 더 나은 선택이 있다면 그 이유를 명확히 설명해야 한다.

아이가 생각한 것보다 더 흥미롭거나 덜 위험하거나 성공 가능성이 더 큰 활동이 있다는 생각이 들어도 일단 아이에게 이유를 설명할 때는 긍정적인 태도를 유지하는 것이 중요하다. 부모는 단순히 개인 취향을 앞세워 제안하지 말고 합리적인 근거나 정보를 제시해야 한다. 그리고 열린 마음으로 아이들의 생각을 있는 그대로 받아들이거나 부모의 생각과 합쳐 결론을 낼 방안이 있는지 찾아보려고 노력해야 한다.

이런 분위기를 조성하려면 어린이 도서 권장 목록을 만들어 아이들에게 직접 책을 선택할 기회를 주는 것이 좋다. 권장 목록을 만들 때 도서관 사서와 교사에게 도움이나 조언을 구할 수 있다. 철학학습및교육기구 Philosophy Learning and Teaching Organization, PLATO [*]에서 제공하는 어린이 도서 추천 목록도 있다. 추천 도서를 한 권씩 읽다 보면 이 단체의 추천 도서 목록이 얼마나 훌륭한지 깨달을 것이다.[9]

무엇보다 아이들이 편안하게 질문하도록 해주어야 한다. 자녀가 대답하기 어려운 질문을 하면 부모는 밝은 표정으로 이렇게 말할 수 있다.

"정말 좋은 질문이구나. 함께 좋은 답을 찾아보자."

어떤 아이들은 자기가 어떤 점을 모른다는 사실을 드러내면 바보처럼 보일까 봐 아예 질문을 하지 않는다. 때때로 나이가 많은 아이가 자신보다 어린 아이에게 그런 부정적인 느낌을 받는다. 그러므로 부모는 이러한 가능성이 없는지 주의 깊게 살펴보되 질문하는 것은 자연스럽고 바람직한 행동임을 이해하도록 도와주어야 한다. 가능하다면 자주 미소를 지어 보이며 자녀가 편안하게 질문하도록 유도하고 언제든 질문을 환영하는 분위기를 만들길 바란다.

---

[*] 미국을 중심으로 활동하는 비영리 단체. 초중등학교 학생들을 대상으로 철학과 윤리 교육을 하고 있다.

모든 순간이 배움의 기회가 된다

해변에서의 하루를 떠올려보자. 아마 가장 먼저 드는 생각은 '햇볕에 타지 않고 얼마나 오래 야외에 있을 수 있을까?'일 것이다. 자외선 차단제는 어떻게 피부를 보호하는 걸까? 자외선 차단제를 얼마나 발라야 할까? 야외로 나가기 전에 아이들과 함께 이러한 질문들에 대한 답을 찾기 위한 탐험을 떠나보자. 물론 인터넷에는 쓸모없는 정보가 많다. 그중 상당수는 도무지 믿기 어려운 기적의 치료법을 홍보하는 내용이지만. 그래도 인터넷에는 신뢰할 만한 연구 조사에 기반한 자료도 많으며 그중 상당수는 유명한 의과대학에서 발표한 것이다.

어떻게 하면 아이들이 질 좋은 자료를 찾도록 도와줄 수 있을까? 가장 중요한 점은 자연스럽게 질문을 던지는 것이다. 마치 아이스크림 가게 드라이브스루에서 자동차 뒷좌석에 앉은 아이들에게 "무슨 맛을 주문할까? 딸기 샌드위치 먹어본 적 있어? 맛있을 것 같지 않아? 혹시 다른 거 먹고 싶니?"라고 묻는 것과 같다.

금방 외울 수 있는 명확한 정답이 항상 존재하는 게 아니라는 점을 아이들이 이해하도록 도와주어야 한다. 그러므로 정답이 단 하나인 문제를 내서 결국은 답을 암기하게 하는 방식은 바람직하지 않다. 그보다는 어떤 질문은 정말 중요하며 그런 질문일수록 답을 찾기가 어렵다는 점을 깨닫게 해주어야 한다. 그리고 아이가 철학적 질문에 대해서도 생각해보게 해야 한다. 이 점에 대해서는 뒤에서 자세히 다룰 것이다.

아이들에게 통제권을 주는 것도 좋다. 가족 여행 중 함께 방문한 장소가 왜 흥미로운지 설명할 때, 아이들도 참여하도록 유도한다.

"엄마가 빠뜨린 점이 있을까? 산 시미언 캐슬San Simeon castle*에 대해 궁금한 점이 있니?"

이런 식으로 질문할 수 있다. 또는 아이들이 관련 자료를 읽고 조사한 후에 발표할 기회를 주거나 지역에서 운영하는 역사 협회나 기관에서 제공하는 역사적인 명소 목록을 참고해 직접 조사하게 할 수도 있다. 공식 목록에 빠진 인물이나 장소를 알아보길 권하는 것도 좋은 방법이다.

아이가 고등학교와 대학교에 진학하면 실질적인 과학 연구나 역사 연구에 도움이 되는 프로젝트를 찾도록 도와줄 수 있다.[10] 그러면 학습은 무조건 교과서와 인터넷으로 이루어진다는 고정관념을 차차 극복해나갈 것이다. 우리가 지금까지 인터뷰한 많은 사람이 입을 모아 '좋아하는 것을 배우는 가장 효과적인 방법은 직접 뛰어들어 경험하는 것'이라고 말했다. 이와 관련된 몇 가지 흥미로운 사례는 뒤에서 살펴보기로 하자.

아이가 대학생이 되면 교수 연구실에 찾아가 어떤 연구를 하는지 물어보고 진행 중인 연구에 관심이 있으면 자발적으로 참여해보라고 할 수도 있다. 추가 학점이나 금전적 보상이 없더라도 말이다.

이 모든 활동은 아이들의 호기심을 자극하고 '배움이 자라는 가정'을 만드는 중요한 요소다. 부모 또한 배움에 대한 열정을 보여주면서 아이가 자신의 호기심을 따라가도록 격려하는 것도 중요하다. 부모가 책을

---

* 미국의 미디어 그룹 허스트 커뮤니케이션즈 창업주인 윌리엄 랜돌프 허스트William Randolph Hearst가 지은 대저택.

읽거나 새로 알게 된 내용을 이야기하는 모습을 보면서 아이도 자연스럽게 배움에 대해 긍정적으로 생각하게 된다.

때로는 아이들이 관심을 보이는 대상이 부모에게는 지루할 수도 있다. 그래도 아이들의 열정을 인정하고 수용해야 한다. 단 한 번의 비웃음, 찡그린 얼굴, 무관심한 표정만으로도 아이들의 열정은 영원히 식어버릴 수 있다. 아이의 열정을 존중하고, 실수나 실패를 절대로 조롱하지 않는 환경을 만들어주어야 한다.

아이가 현관 가장자리에서 발견한 거북이를 몹시 좋아하게 되었을 때 부모가 보인 반응은 아이의 인생에 오랫동안 큰 영향을 줄 수 있다. 우선 부모는 책임감 있게 아이가 위험하지 않도록 보호하는 모습을 보여야 한다(거북이는 사람을 물 수 있으므로 조심히 다뤄야 한다). 하지만 동시에 아이의 감정이나 호기심을 무시해서는 안 된다.

한 가지 명심할 점은 아이가 부모의 표정이나 행동을 다 지켜보고 파악한다는 것이다. 부모의 표정이나 손짓 등에 생명체에 대한 경외감이 드러나지 않으면 이제 막 싹트기 시작한 자녀의 호기심은 큰 상처를 받을지 모른다.

질문으로 호기심을 자극하는 법

1944년에 노벨물리학상을 수상한 이지도어 아이작 라비Isidor Isaac Rabi는 왜 과학자가 되었냐는 질문에 이렇게 대답했다.

"저는 어머니 덕분에 과학자가 되었습니다. 브루클린의 다른 어머니들은 아이가 학교에서 돌아오면 '오늘은 뭘 배웠니?'라고 물으셨죠. 하지만 제 어머니는 그렇게 하지 않으셨어요. 항상 '아들아, 오늘 학교에서 좋은 질문을 했니?'라고 물으셨죠. 그 덕분에 저는 과학자가 되었습니다."[11]

아이들에게 좋은 질문을 하는 법을 가르치려면 먼저 질문을 던져야 한다. 단순하게 예/아니오로 답할 수 있는 질문이 아니라 다양한 추측과 설명을 이끌어내는 열린 질문을 하는 것이 좋다. 과학자나 여러 분야의 학자들이 연구를 거듭했음에도 여전히 미스터리로 남아 있는 주제에 대해 질문한 다음, 아이의 의견을 들어보자. 그리고 아이가 어떤 근거로 그런 의견을 갖게 되었는지 물어보자.

"이 세상에는 왜 이렇게 다양한 동식물이 있을까?"

"왜 겨울엔 날씨가 추워지고 여름에는 다시 더워질까?"

아이와 함께 뒷마당에서 시간을 보내거나 공원을 산책하며 이렇게 물어볼 수 있다. 그런가 하면 가치관이나 세상을 나은 방향으로 바꾸는 방법에 대해서도 질문할 수 있다. 예를 들어 "어떻게 하면 정치를 통해 사랑이라는 가치를 더 많이 실천할 수 있을까?", "왜 역사 수업에는 연민이 부족한 걸까?"와 같은 모호한 질문은 고학년 아이들의 창의적인 사고를 자극한다.

무엇보다 중요한 건 아이들의 질문과 대답에 귀 기울이는 일이다. 아이들이 어떤 주제에 흥미를 가지는지 살펴보자. 스포츠나 예술에 대해 이야기하는 것을 좋아하는가? 둘 다 좋아할지도 모른다. 종교나 가치관에 관심이 있는 아이도 있고 친구나 적에 대해 말하는 걸 좋아하는 아이도 있다. 아니면 지금까지 말한 모든 것에 전부 관심이 있을지 모른다. 그리고 답은 아이의 나이에 따라 달라질 수 있다. 부모가 좋아하는 것을 아이에게 주입하기보다는 아이가 보여주는 흐름을 따라가는 게 좋다. 아이의 관심이 자라날 시간을 준 다음, 천천히 철학이나 과학 분야에 대한 질문으로 아이의 시야를 넓혀준다. 아이 스스로 깊이 있는 질문을 할 때까지 기다려줄 수도 있다.

50년 전 켄이 처음으로 교사 생활을 시작했을 때, 그는 어떤 자료에서 가져온 질문 유도법을 사용했다. 그 자료의 출처는 기억에서 희미해졌는데 최근 우리는 그 기법을 올바른질문연구소Right Question Institute의 연구 자료에서 다시 발견했다. 이 연구소는 교사와 부모에게 '단 하나만 바꿔보라'고 권하는데 댄 로스스타인Dan Rothstein과 루스 산타나Luz Santana가 2011년에 출간한 멋진 책《한 가지만 바꾸기》에서도 이를 강조한다.[12]

1990년대에 밴더빌트대학교와 노스웨스턴대학교 교수진을 대상으로 한 워크숍에서 이 방법을 사용했다. 그리고 나중에 책을 다시 펼쳐보니 기억 속 내용이 거의 그대로 정리되어 있었다. 로스스타인과 산타나의 탁월한 통찰과 관점, 세련된 언어가 더해져 새로운 생명력을 얻은 모습이었다. 마치 아끼던 개가 오랜 시간 밖을 떠돌다 돌아와 뒷문을 열어달라고 긁는 것 같았다.

동네 도서관 직원이 구겨진 갈색 종이봉투에 책을 넣은 후 직접 우리 집에 가져와 앞마당 의자 위에 놓아두었다. 우리는 마치 생일을 맞은 아이들처럼 포장지를 신나게 벗기고 책을 읽기 시작했다.

모든 과정의 시작점에는 '흥미로운 무언가'가 있다. 질문을 불러일으킬 수 있다면 무엇이든 가능하다. 돌이나 깃털, 조각품이나 색이 화려

한 천 조각, 역사 문서의 복사본, 향기나 시 혹은 소란스러운 소리 뒤에 이어지는 매우 아름다운 음악일 수도 있다. 한마디로 거의 모든 것이 가능하다. 자연법칙을 거스르는 것처럼 보이는 마술도 알고 보면 충격적인 통계일 수도 있다. '1970년 미국에서 감옥에 수감된 사람은 10만 명이었다. 하지만 현재는 300만 명이 넘는다. 그동안 무슨 일이 있었던 걸까?'와 같은 질문을 던지게 하는 수치가 그 사례다. 올바른질문연구소는 이와 같은 흥미로운 대상을 가리켜 '질문 초점'Question Focus이라고 한다.[13]

다음 단계에서는 아이들이 할 수 있는 질문에 관해 브레인스토밍을 한다. 브레인스토밍의 규칙이 그러하듯이 머릿속에 떠오르는 것을 그대로 말하면 된다. 아무도 추가 설명을 요구하거나 반대 의견을 내놓을 수 없다. 생각이 떠올라서 말하면 누군가가 그것을 적는다. 이렇게 아무런 판단을 내리지 않고 계속 질문을 만든다. 아이들이 자라면서 주제는 달라지겠지만 아이가 몇 살이든 이 과정은 동일하다.

마지막 단계에서는 참여한 모든 사람이 질문 목록을 검토한다. 질문들을 개방형 질문과 폐쇄형 질문으로, 관찰을 통해 해결할 수 있는 질문과 추상적인 개념이 필요한 질문으로 나눈다. 이 질문은 아직 해결되지 않은 가정을 포함하는가(이런 질문을 종종 '이중 질문'이라고 한다)? "어느 그림이 더 좋은가?"와 같이 가치 판단이나 선호가 포함된 질문인가? 가장 먼저 하고 싶은 질문은 무엇인가? 두 번째, 세 번째로 하고 싶은 질문도 뽑아본다.

전체 목록을 확인하고 나면 이렇게 묻는다.

- 더 검토하고 싶은 질문이 있는가?
- 몇 개의 질문을 하나로 합치고 싶은가?
- 질문을 더 명확하게 수정하거나 표현되지 않은 의미 또는 숨겨진 내용을 끌어낼 필요가 있는가?

로스스타인과 산타나는 이러한 마지막 단계를 가리켜 '메타인지'meta-cognition라고 이름을 붙였다. 쉽게 말해 메타인지란 자신의 사고를 되돌아보는 과정이다. 아이들이 자신의 생각을 분석하고 분류하며 판단하는 것이 바로 메타인지다. 이를 '비판적 사고'라고 말하기도 하지만 명칭은 그리 중요하지 않다. 메타인지는 아이들이 잘 배우도록 우리가 도와줘야 하는 중요한 능력이다. 우리는 수년 동안 이 접근법을 반복적으로 활용해왔다.

학교에서 더 배울 수 있는 것들

맥도널드 선생님의 수업은 신청서가 금방 채워졌다. 선생님은 아이들을 대여섯 명씩 묶어 그룹을 만들었다. 교실은 금세 활기가 넘쳤다. 교실 곳곳에서 소규모 그룹이 함께 모여 작업을 했는데 다양한 작업 공간과 전시물이 있는 거대한 박물관에 온 것 같았다.

집에서도 아이가 다양한 관심 분야를 탐구할 수 있는 공간을 마련할 수 있다. 한 가족은 거실 한쪽에 작은 작업대를 마련했다. 여섯 살 아이가 원하는 대로 톱질하고 망치질하며 손수 장난감을 만들도록 해준 것이다. 또 다른 가족은 아이들이 자유롭게 탐구 활동을 하도록 창가에 현미경과 망원경을 설치했다.

아이가 흥미를 보인다면 부모도 적극적으로 관심을 보여야 한다. 아이에게 이러한 도구를 어떻게 사용하는지 보여달라고 하면 된다. 그러면 온 가족이 함께 탐험하고 모험하는 문화를 만들 수 있다. 아이가 도구를 잘못 만져서 망가뜨리더라도 부주의하게 행동했다고 나무라지 않는다. 실수를 통해 배우도록 차분하게 도와주는 편이 낫다. 다음에는 도구나 장비를 사용하기 전에 어떤 것이 깨지거나 망가지기 쉬운지 미리 알려준다.

이런 효과를 내는 데 기기가 꼭 필요한 것은 아니다. 수수께끼를 내거나 질문을 던지는 것만으로도 얼마든지 가능하다. 두뇌 퀴즈 책을 한 권 준비해두었다가 가끔 꺼내어 활용해보면 어떨까? 단, 이 책으로 아이들의 지능을 시험해서는 안 된다. 그저 게임처럼 다루어야 한다. 문제의 난이도는 아이들의 나이에 맞추거나 그보다 아주 조금 높은 수준을 유지한다. 이 책에서는 아이와 함께 질문을 사용해서 보다 원활하게 탐구 활동을 진행하는 데 도움이 되는 점을 알려줄 것이다.

우리가 좋아하는 퍼즐 중 하나는 컴퓨터과학과 관련된 것이다. 친구에게 아주 중요한 비밀 메시지를 보내야 한다고 가정해보자. 메시지를 상자에 넣고 자물쇠로 잠그면 아무도 그 안을 볼 수 없다. 상자를 우편으로 보냈을 때, 받는 사람은 열쇠가 있어야만 열 수 있다. 그런데 자물쇠와 열쇠를 함께 우편으로 보내면 누군가가 둘 다 가로채거나 훔쳐 갈 수 있다. 어떻게 하면 더 안전하게 열쇠를 전달할 수 있을까?

이 퍼즐을 아이들에게 보여준 뒤 해결 방안을 생각해보게 하자. "이런 상황에서 어떻게 할래?"라고 물어보며 답을 찾는 과정 자체를 즐기도록 하면 된다. 틀린 답을 말해도 바로 지적당하는 분위기가 만들어지지 않도록 한다. 정답을 맞히는 것보다 새로운 방법을 떠올려보는 게 중요하다는 점을 알려주자.

- 첫 단계에서는 어떤 방법을 시도할 수 있을까?
- 그다음에는 어떤 일이 일어날까?
- 만약 다른 방법을 택하면 어디로 이어질까?

이런 질문을 던지며 놀이처럼 이어가자. 함께 웃고 즐기면서 모험을 이어가는 분위기를 만드는 게 핵심이다. 이 모든 경험은 아이의 지능을 평가하는 기회가 아니라 흥미진진한 탐험 활동이다. 퍼즐이나 수수께끼 책을 아이에게 건네면서 엄마 아빠도 풀지 못할 것 같은 답을 찾아보게 할 수 있다.

비밀 메시지 퍼즐의 정답을 이제 공개할까 한다. (아이들이 조르지 않는 한) 아이들에게는 알려주지 않아도 된다. 메시지를 상자에 넣어 자물쇠를 채워 친구에게 보내되 열쇠는 그냥 보관한다. 상자가 친구 집에 도착하면 친구가 상자에 자신의 자물쇠를 추가로 채운 뒤 상자를 되돌려보낸다. 그러면 상자를 받아서 내가 처음에 설치한 자물쇠를 없애고 상자를 다시 친구에게 보낸다. 이제 친구는 남아 있는 자물쇠를 자기가 가진 열쇠로 열어서 비밀 메시지를 확인할 수 있다.

상자가 두 사람 사이를 오가는 동안 자물쇠를 하나 또는 두 개를 사용한다. 아이가 이 해결 방안을 오래 기억하도록 도와주려면 실제로 이 방식으로 친구와 비밀 메시지를 주고받게 하면 된다. 그리고 인터넷에서 암호화된 메시지를 전달하는 원리도 이와 같다는 점을 알려줄 수 있다.

또 다른 퍼즐을 생각해보자. 크기가 같은 공이 여덟 개 있다. 그중 하나는 다른 일곱 개보다 약간 무겁다. 양팔 저울을 사용해 더 무거운 공을 찾아야 하는데 저울은 딱 두 번만 사용할 수 있다. 어떻게 해야 무거운 공을 찾을 수 있을까?

저울의 양쪽 접시에 공을 네 개씩 올리면 어느 쪽이 더 무거운지 금방 알 수 있다. 하지만 더 무거운 공이 포함된 쪽을 구별한 후에는 어떻게 해야 할까? 손으로는 공의 무게 차이를 구별할 수 없다.[14]

상당히 흥미로운 퍼즐이다. 답을 찾으려면 상상력을 한껏 발휘해야 한다. 이제 퍼즐의 답을 공개하겠다. 단, 이번에도 아이들이 답을 알려달라고 조르기 전에 먼저 말하는 일이 없길 바란다. 가능하다면 양팔 저울을 구해서 퍼즐을 푸는 과정을 직접 보여주거나 아이가 직접 풀이 과정에 참여하게 하자.

먼저 여덟 개 중에서 세 개를 골라 한쪽 접시에 올리고, 또 다른 세 개를 반대쪽 접시에 올린다. 만약 저울이 균형을 이루면 이 여섯 개 공은 모두 무게가 같으며 우리가 찾는 무거운 공은 없다는 의미다. 그러면 공을 전부 내려놓고 남은 공 두 개를 저울의 양쪽 접시에 하나씩 올린다. 이렇게 하면 둘 중 어느 공이 무거운지 금방 알 수 있다. 저울을 두 번만 사용해 퍼즐을 풀 수 있는 것이다.

그런데 양쪽 접시에 공을 세 개씩 올렸을 때 저울이 한쪽으로 기운다면 문제해결 과정이 조금 달라진다. 우선 아래로 기운 접시에 무거운 공이 포함되어 있으므로, 기울어진 접시에 올렸던 공 세 개 중 두 개를 임의로 골라 양쪽 접시에 하나씩 올린다. 저울이 한쪽으로 기울면 무거운 공을 금방 알아볼 수 있다. 저울이 평형을 이루면 접시에 올리지 않은 나머지 공이 무거운 공임을 유추할 수 있다.

이 두 가지 퍼즐은 상상력을 발휘해야 하는 문제다. 퍼즐이 재미있었다면 또 다른 퍼즐을 더 찾아보기 바란다. 교실 밖에서도 배움을 북돋는 방법은 수학이나 과학에 국한되지 않는다. 역사, 철학, 고전문학, 정치, 사회학, 예술 등 다양한 학문과 주제로 아이와 대화할 수 있다. 좋은 학습자료나 예시가 필요하면 지역 도서관 사서나 학교 교사에게 도움을 청해도 된다. 〈뉴욕 타임스〉는 일요일마다 일곱 개의 사건을 연대순으로 배열하는 게임을 제공한다. 이것도 아이와 함께 풀어보기 바란다.

데이비드 그랜트 David Grant가 뉴저지주에 있는 제럴딘도지재단 Geraldine R. Dodge Foundation 회장으로 재직할 당시, 시 $_{poet}$ 축제를 만들었다. 그는 집에서도 시에 대한 자신의 사랑을 적극적으로 표현하곤 했다. 아내 낸시와 함께 저녁식사 시간에 가족을 위한 시 축제를 열어 두 아들에게 각자 시 한 편을 읽고 그에 대한 감상을 발표하게 했다.

우리가 아는 어떤 가족은 수학 문제를 논하거나 시에 대해 대화하며 식사를 시작한다. 물론 가족 구성원의 배경과 나이에 맞게 난이도를 조정해 모두가 참여하는 이상적인 환경을 조성한다. 이때 큰아이가 어린 동생과 한 팀을 이뤄 함께 문제를 풀기 위해 고심하거나 학습 방향을 제시할 수 있다. 정답을 그냥 알려주기보다는 질문을 잘 사용해서 도와주는 것도 중요하다.

퍼즐을 풀거나 시를 읽을 때는 재미를 반감시키거나 부정적인 영향을 줄 수 있는 무의식적인 편견에 주의해야 한다. 모든 아이에게 따뜻한 미소, 섬세한 눈길, 긍정적인 비언어 동작으로 반응해야 한다. 사실 우리는 모두 어느 정도 타인에 대한 선입견이 있는데 이 때문에 우호적인 분위기를 망칠 우려가 있다. 모든 자녀에게 같은 수준을 기대하거나 성별에 따라 다른 기대를 품는 것은 그리 바람직하지 않다. 예를 들어 아들이 특정 유형의 문제를 더 쉽게 해결할 거라고 믿거나 딸은 다른 문제를 더 잘 풀 거라고 어림짐작하기 쉽다.

잠시 멈춰 새로운 자극을 주는 환경이라고 여겨지는 곳에서도 생길 수 있는 모든 변수를 생각해보기 바란다. 아이 한 사람 한 사람이 가진 특별한 부담감이나 장점, 독특한 배경, 삶을 변화시키는 미묘한 요소들을 면밀히 살펴볼 필요가 있다. 뒤에서 이러한 차이점을 긍정적으로 활용하는 방법을 따로 다룰 것이다. 또한 아이들의 학습을 방해할 수 있는 시련과 장애물도 심층적으로 살펴볼 것이다.

우선 지금은 같은 부모에게서 자라는 형제자매조차도 경험의 차이가 매우 클 수 있다는 점을 인식해야 한다. 모든 사람이 똑같은 방식으로 성장하지 않으며 출생 순서와 성별도 성장 과정에 큰 영향을 준다. 한 예로 가까운 친척의 사망과 같은 사건이 각 자녀에게 미치는 영향은 매우 다르다. 그리고 지난 100년 동안 남녀의 삶과 학습 환경에는 매우 큰 변화가 있었다. 과거에는 남자에게 기회의 문이 활짝 열렸기에 대학과 대학원에 진학하고 법학·공학·의학을 공부할 가능성이 훨씬 높았다. 또한 과거에는 여성이 박사학위를 받는 경우가 극히 적었다. 지금은 이 모든 것이 크게 달라졌다. 그럼에도 일부 사람들은 세상이 전혀 달라지지 않은 것처럼 생각하고 행동한다.

여성들은 이제 대학 교육을 받을 가능성이 더 커졌다. 고등교육을 받는 학생의 남녀 비율은 거의 같지만 2024년 기준으로 약 60퍼센트가 여성이며, 졸업 가능성도 여학생이 더 높게 나타난다.[15] 코로나19 팬데

믹 기간에 대학을 중퇴하는 비율도 여성보다 남성이 훨씬 높았다.[16]

이러한 현상은 여성의 학교 성적이 더 우수하기 때문일까, 아니면 남성이 석박사학위 없이도 급여가 높은 직업을 얻을 가능성이 크거나 돈에 더 쉽게 좌우되기 때문일까? 이러한 질문의 답이 무엇이든 우리가 논의하려는 더 중요한 핵심에는 큰 영향을 주지 않는다. 가족 내에서 모든 아이에게 동등한 교육 기회를 제공하기란 쉬운 일이 아니다. 그리고 부모는 아이들이 어떤 장애물이나 어려움에 직면하는지 항상 파악해야 한다. 이 점에 관해 부모에게 도움이 되는 방법은 나중에 따로 소개할 것이다.

아이 스스로 나서지 않는다면

어느 날, 맥도널드 선생님은 '우주'라는 제목의 단원을 시작한다고 발표했다. 선생님은 다른 주제를 가르칠 때처럼 변함없이 열정적으로 수업을 진행했지만 그 단원에 참여하려는 학생들은 그리 많지 않았다. 켄도 신청서를 내지 않은 학생 중 하나였다.

아직도 그 이유를 정확히 이해하지 못하지만 당시 아홉 살이었던 켄은 우주를 떠올리면 왠지 모르게 으스스했다. 선생님은 마치 '핫도그에 마요네즈를 빼주세요'라는 말처럼 찬성이나 반대하는 기색 없이 아이들의 반응을 자연스럽게 받아들였다. 한편 신청한 학생들은 스터디 모임을 만들고 광대한 우주를 본격적으로 알아가기 시작했다. 나머지 학생들은 기존의 익숙한 학습 주제에 집중했다.

어느 날, 켄은 교실을 돌아다니며 여기저기 둘러보고 있었다. 그러다 한가운데 동그랗게 모여 앉아 있던 행성과 별을 연구하는 그룹을 지나가다 잠시 발걸음을 멈췄다. 머뭇거리는 켄의 모습에 맥도널드 선생님이 고개를 들고는 "우주 탐험 그룹에 너도 참여하고 싶니?"라고 물었다.

거창한 환영 인사 같은 것은 없었다. 아주 조용한 초대였다. 거절했던 일에 재도전할 기회였다. 켄이 계속 머뭇거리자 편견 없이 열린 태도로 아이를 대해주던 선생님은 벌떡 일어나 켄이 앉을 의자를 가져다주었다. 그렇게 그는 순식간에 그룹에 참여하게 되었다. 하지만 누구도 "진즉에 신청하지 그랬어. 지금 합류하면 다른 친구들보다 너무 뒤처지잖아."라며 핀잔을 주지 않았다.

며칠이 지나자 켄처럼 참여를 망설이던 다른 학생들이 하나둘 합류하기 시작했고, 그 다음 주 초반이 되자 반 전체가 참여했다. 얼마 지나지 않아서 행성, 달, 별, 혜성에 대한 논의는 더욱 확장되어 로켓공학과 뉴턴의 물리 법칙까지 다루게 되었다.

수업마다 아이들에게 추측하고 상상할 기회가 주어졌다. 그 기회를 가장 적극적으로 활용한 아이들은 부모를 통해 식사 시간마다 배움의 창의적인 측면을 접한 아이들이었다. 그러니 누구든 아이에게 같은 방식으로 배움의 즐거움을 전할 수 있다.

아이들에게 다양한 숫자의 제곱근을 찾아보라고 하면 어떨까? 정치적 사건이나 전쟁, 경제 위기의 원인에 대해 이야기를 나눌 수도 있다. 이런 식으로 아이들의 자연스러운 호기심이 사라지지 않도록 긍정적으로 지지하는 가정 분위기를 조성해야 한다.

더 생각해보기

어린 자녀를 둔 부모에게 아이를 학교에 보내는 가장 중요한 이유를 물어보면 '대부분 읽는 법을 배우기 위함'이라고 답할 것이다. 미시간주에 사는 어느 어머니는 읽기가 "인생의 모든 측면에 영향을 준다."라고 했다.[17] 하지만 많은 교사와 학부모가 모르거나 인정하지 않는 '숨겨진 진실'이 하나 있다. 사실 수백 개의 학교(와 일부 부모)가 가르치는 읽기 교육법은 아이들의 읽기 실력을 키우는 데 별로 도움이 되지 않는다.

인지 연구에서 이러한 교육 방식과 근간이 되는 이론이 틀렸음을 밝혔음에도 수많은 학교에서 여전히 기존 방식을 포기하지 않을 뿐 아니라 그러한 교과서와 학습자료를 그대로 사용하고 있다. 교육전문기자 에밀리 핸포드 Emily Hanford는 이렇게 말한다.

"전국 곳곳의 초등학교에서 아이들에게 나쁜 독서 습관을 가르치고 있습니다."[18]

그 결과는 참담하다는 점이 드러났다. 2022년 미국의 4학년 학생 중 3분의 2가 최저 읽기 능력 기준에 도달하지 못했다.[19] 이 문제는 교육 시스템의 근본적인 구조와 관련이 있다. 수년 전 교육 행정가와 자문단이 내린 결정들이 지금까지 영향을 미치기 때문이다.

출판사들은 가장 효과적인 방법이 무엇인지 제대로 연구하지 않고 단순히 추측만으로 인기 있는 교재를 제작해 판매했다. 그리고 1960년대부터 학교들이 이러한 교재를 구매하는 데 수백만 달러를 지출한 덕분에 출판사들은 막대한 수익을 올렸다. 교재를 수정하고 대체하는 데는 큰 비용이 들기 때문에 일부는 여전히 효과가 없는 기존 방식을 고집하고 있다.

수많은 교사 양성 프로그램이 미래의 교사에게 여전히 입증되지 않은 방식으로 읽기 교육을 가르치고 있기도 하다. 현직 교사를 대상으로 하는 직무 연수도 마찬가지다. 요즘 학교들은 개선할 점이 많지만 이를 감당할 재정적 여력이 없다. 그리고 이미 과로에 시달리는 교사들이 연구 기반의 읽기 교육법을 익히려면 상당히 긴 시간이 필요하다. 결국 이러한 부담이나 비용을 감당할 수 있는 것은 부유한 지역과 부유한 학부모뿐이다.

더 나은 대안은 없을까?

인지과학자들이 여러 차례 반박한 기존 교육 방식은 여러 가지 이름으로 불린다. 그중 특히 큰 영향을 미친 것이 '통글자' whole word 교수법이다. 이 방법은 책을 읽어주면 아이들이 쉽고 자연스럽게 읽기를 배울 거라고 가정하지만 실제로는 그렇지 않다. 읽기는 사람에게 자연스러운 과정이 아니다. 인류는 20만 년 이상 존재해왔고 원시 인간이 600만 년 전에 지구를 걸어 다녔지만 최초의 문자 언어는 불과 5,000여 년 전에 등장했다. 그 시점에 인간의 두뇌는 이미 상당히 발달해 있었으나 읽기를 쉽게 받아들이는 상태는 아니었다.

지난 100년 동안 과학자들은 체계적이고 실증적인 읽기 교육법인 파닉스phonics*를 개발했다. 파닉스를 기반으로 읽기를 배우는 아이들은 읽기와 쓰기 능력이 훨씬 뛰어나다. 더 나은 방식으로 나아가는 과정을 쉽게 만들고자 일부에서 통글자 교수법과 파닉스를 합치려 했지만 그 결과는 마치 정성껏 내린 아침 커피에 오렌지주스를 섞는 것과 같은 조합이 되고 말았다.

이해를 돕기 위해 핸포드가 운영하는 팟캐스트 'Sold a Story'를 들어보길 바란다. 이 팟캐스트는 통글자 교수법의 배경과 이 교수법이 어떻게 널리 보급되었으며 어떤 문제점이 있는지 설명해준다.[20] 핸포드는 읽기 과정의 특정 부분에 초점을 맞추어 비판한다. 그녀에 따르면 학생들은 배워야 할 단어를 어디선가 이미 들어본 적이 있으며 그 의미를 알고 있다고 가정한다. 이런 경우 읽기는 인쇄된 글을 학생이 이미 알고 있는 소리로 변환하는 과정이라고 할 수 있다. 하지만 만약 학생이 그 단어를 한 번도 들어본 적이 없어서 어휘를 새로 배워야 한

---

* 각 알파벳이 내는 소리를 배우는 것.

다면 어떨까? 이 경우 파닉스 교수법만으로는 충분한 도움이 되지 못할 수도 있다.

핸포드에게 아이들이 새로운 단어를 배울 때 어떻게 도와야 할지 물었다. 그녀는 학생들이 파닉스를 배워 이미 아는 단어를 소리 내어 읽을 수 있으면 사전에서 새로운 단어의 의미를 찾아보며 배울 수 있다고 제안했다. 'Word of the Day'라는 플래시카드 앱이 유용할 수도 있다.[21] 또한 그녀는 집에서 부모가 직접 파닉스를 가르쳐야 한다고 말한다. 실제로 부모들을 인터뷰해보면 수백 명 이상이 핸포드와 같은 의견을 제시한다.

어린 꼬마가 발견한 것

약 20년 전, 두 살 된 나의 손자는 엄마가 컴퓨터로 인터넷 검색을 하는 모습을 지켜보았다. 어느 날 엄마가 방을 비운 사이, 아이는 인터넷 검색을 직접 해보다가 starfall.com이라는 사이트를 발견했다. 엄마가 사이트를 열어두고 가서 우연히 본 것일 수도 있다. 아이는 화면에 있는 여러 아이콘을 클릭하다가 게임과 노래를 찾았다. 그 후 며칠 동안 자주 아이가 그 사이트에 들어가서 노는 모습을 볼 수 있었다.

이 활동들은 손자가 읽기를 배울 때 사용한 놀라운 파닉스 과정에 이미 포함된 것이었다. 손자가 세 살 무렵, 유치원 교사는 몇몇 아이들을 지도하는 동안 손자에게 다른 친구에게 책을 읽어주라고 했다. 아이가 발견한 사이트는 여전히 무료로 운영되며 'Starfall Learn to Read'라는 앱을 통해 접근할 수 있다.[22] 이 사이트는 아이들이 읽기를 배우는 데 유용하다. 물론 어떤 아이는 배우는 속도가 빠를 것이다. 하지만 그것은 크게 중요한 문제가 아니다.

난독증이 있는 아이

캐럴 그라이더Carol Greider는 난독증이 있었다. 파닉스 교육법이나 어휘 학습으로도 쉽게 해결할 수 없었다. 글자를 보고 소리와 의미로 변환하는 뇌 기능이 제대로 작동하지 않는 것이다. 하지만 과거에 일부 사람들이 오해한 것처럼 그라이더의 지능이 낮거나 시력이 나쁘다는 뜻은 아니었다. 실제로 난독증이 있는 사람에게 읽기 활동은 매우 느리고 지루한 일이 될 수 있다(사실 읽기는 누구에게도 자연스러운 활동이 아니다). 그녀는 난독증 때문에 초등학교 때 보충 수업을 받아야 했다.

"그때 정말 창피했어요. 2학년과 3학년 때 누군가 교실에 와서 저를 보충 수업에 데려갔어요. 너무 부끄러웠죠."

당시의 경험은 그라이더에게 큰 영향을 주었다.

"저는 다른 아이들보다 똑똑하지 않다고 생각했어요. 그래서 그냥 더 열심히 해야겠다고 마음먹었죠."

다른 사람들은 포기할 수도 있는 상황이었지만 그라이더의 부모는 좋은 본을 보였다. 두 사람은 일상생활에서 독서가 매우 중요한 활동임을 보여준 것이다.

그라이더는 대학에 가기 위해 열심히 노력한 끝에 캘리포니아대학교 샌타바버라 캠퍼스의 창의연구학부College of Creative Studies에 입학했다. 지도 교수는 그라이더에게 연구실에서 일할 기회를 찾아보라고 권했다.

"저는 단순히 연구 자료를 읽는 것만으로는 배울 수 없었어요. 직접 연구에 참여해 경험을 해야 했어요."

이러한 경험은 그라이더의 삶을 크게 바꿔놓았다. 학부 시절부터 의학 연구에 참여했고 대학원을 마친 이후에도 계속 경력을 쌓았다. 지금도 난독증을 앓고 있는 그라이더는 2009년에 생리학 및 의학 부문에서 노벨상을 받았다.

어떤 아이든 처음에는 읽기를 어려워할 수 있다. 하지만 결국 깊이 사고하는 능력을 기르고 궁극적으로 보람찬 인생을 살아갈 수 있다.

제2장

아이들이 성공과 실패에 현명하게 대처하려면

THE
LEARNING
HOUSEHOLD

'실수해야만 배울 수 있다'라는 말이 있다.
지능은 끊임없이 변화하며 타고난 능력이
모든 것을 결정하지 않는다는 점을
늘 기억해야 한다.

몇 년 전 일이다. 펜실베이니아 브린모어대학의 앤드루멜런교수학습연구소Andrew W. Mellon Teaching and Learning Institute는 켄을 최초의 방문 연구원으로 임명했다. 필라델피아 외곽에 오랜 역사를 자랑하는 평온한 분위기의 캠퍼스가 있었다. 켄이 연구원으로 근무하는 동안 우리는 일곱 번에 걸쳐 그곳에 직접 가서 교수진을 대상으로 세미나를 진행했다.

첫 시간에 만난 사람 중에서 영어과의 어느 교수는 "전 켄의 새 책이 마음에 들지 않아요."라고 직설적으로 말했다. 우리는 화들짝 놀라서 왜 그렇게 생각하는지 물었다. 적어도 활발한 토론으로 이어지는 좋은 계기가 될 것 같았다.

"그 책은 '실패'라는 말을 너무 많이 사용해요. 교수는 수업할 때 그 불쾌한 단어를 쓰지 않아요. 오히려 성공을 강조하죠. 제가 가르치는 학생들은 실패하지 않아요. 저는 학생들에게 자신감을 가지고 성공을 향해 노력하라고 가르칩니다."

긍정적인 태도를 유지하려는 그 교수의 마음은 이해할 수 있었다. 하지만 그 짧은 만남을 돌이켜 보면서 예전에 노벨상 수상자인 더들리 허슈바크Dudley Herschbach와 나눴던 대화를 떠올렸다. 허슈바크는 실패 없이는 아무것도 배울 수 없다고 강조했다. 과학 세계에서는 자연이 어떻게 움직이는지에 대한 어떤 생각이나 가설로부터 출발한다. 실험을 통해 가설을 검증하고, 실패하면 새로운 가설을 세워 더 나은 방향으로 발전시킨다. 이러한 과정을 반복하다 보면 점점 더 깊은 통찰에 도달하게 된다.

"자연은 변하지 않습니다. 사람이 실수하는 동안에도 자연은 묵묵히 기다리고 있죠."

허슈바크는 이렇게 말하며 과학자들이 마침내 정확한 이해에 도달하는 이유는 "우리가 특별히 똑똑해서가 아니라 끈질기게 노력하기 때문"이라고 덧붙였다.[1]

이번 장을 다 읽으면 부모들이 허슈바크의 현명한 조언을 마음에 새기고 아이들이 건전한 고집을 키우도록 돕는 것이 왜 중요한지 알게 될 것이다. 사실 이 고집은 인류 발전의 견인차 구실을 했다. 그러니 아이가 실수를 받아들이고 실수에서 배울 수 있기를 바란다.

성장 마인드셋 접근법

인간 학습human learning을 연구하는 누군가가 아이들이 실패를 강하게 떨쳐내고 다시 일어서는 새로운 방법을 발견했다고 가정해보자. 이 방법은 매우 효과적이어서 값비싼 신기술도 필요하지 않다. 학생들은 스스로 새로운 능력을 개발해 내면을 단단하게 다지며 새로운 학문을 온전히 정복해 아무도 상상하지 못했던 수준의 놀라운 성취를 개인적으로 이룰 수 있다.

실제로 지난 50년 동안 사회심리학자들은 이러한 발견을 해냈다. 이는 '성장 마인드셋'Growth Mindset 접근법으로, 지능이 계속 높아질 수 있다는 전제를 바탕에 둔다. 그렇다면 우리는 왜 이렇게 좋은 방법을 제대로 활용하지 않는 걸까?

사실 우리는 이미 이를 잘 활용하고 있다. 적어도 일부에서는 그렇다. 전 세계 수백 개의 학교에서 교육자들은 이 혁신적인 방법으로 놀라운 성과를 거두었다. 성장 마인드셋 접근법은 주로 인간 학습에 대한 철저한 연구를 기반에 두지만 일부 가족들은 우연히 이러한 원칙을 발견하거나 이전 세대로부터 전수받아 이를 발전시켜왔다. 그리고 많은 연구자, 교육자, 가족이 함께 협력하며 이 방법을 더욱 효과적으로 활용하는 새로운 방안을 계속 모색 중이다.

그러나 성장 마인드셋 접근법에는 적어도 두 가지 큰 맹점이 있다. 미국인 수백만 명이 이에 관해 어느 정도 알고 있지만 깊이 이해하는 사람은 드물다. 성장 마인드셋의 중요성은 학부모 모임과 학교 토론은 물론이고 기업 이사회, 직원 교육 및 수십 개의 다양한 포럼에서 인기 있는 주제로 다루었다. 하지만 이렇게 높은 관심을 받았다고 해서 이해의 폭도 넓어진 것은 아니다. 오히려 몇몇 사람이 이 접근법의 핵심 아이디어를 왜곡하는 사례도 있었다.

비즈니스 분야에서는 이 접근법의 기본을 '언제나 더 잘할 수 있다'You can always do better.라는 짤막한 격언으로 표현한다. 이 문구는 직원 모임에서 나누어주는 컵, 모자, 기념품에 새기기도 하며 업무 동기를 높이기 위해 전략적으로 사무실 벽에 게시하는 포스터에도 자주 등장한다. 그러나 이렇게 짧은 한마디로는 성장 마인드셋에 포함된 넓고 깊은 의미를 온전히 전달하기 어렵다.

일부 비평가들은 성장 마인드셋을 단순히 더 열심히 노력하라는 충고에 지나지 않는다고 여긴다. 하지만 모든 사람에게 본질적인 변화를 불러올 능력이 있다면 실패한 학생(그리고 그들의 부모)은 그저 열심히 노력하지 않았다는 뜻이 된다. 그래서 반대론자들은 '노력하면 다 된다'라는 사고방식이 아이들에게 해로울 수 있다고 말한다. 그러나 우리는 이러한 반대 의견이 왜 잘못되었는지 설명할 것이다.

성장 마인드셋을 키우려는 노력과 연구는 더욱 정교하고 깊이 있는 형태로 발전해왔다. 이는 잘 설계되고 충분한 지원을 받은 다양한 실험 덕분이다. 이러한 실험들은 최신 연구를 기반으로 성장 마인드셋을 만드는 최적의 방법을 실제 프로젝트에 적용하고 그 효과를 측정하기 위해 진행되었다. 신중하게 연구를 실행한 덕분에 주목할 만한 결과를 얻긴 했지만 여전히 해결해야 할 과제가 남아 있다.

이 방법들은 모든 사람에게 쉽게 적용하기 어려운 면이 있다. 좋은 학습 환경은 매우 복잡하므로 효과가 더 잘 나타날 때도 그렇지 않을 때도 있다. 게다가 새로운 방법을 사용하면 학교도 더 나아지겠지만 학교의 모든 문제가 해결되는 것은 아니다. 바로 이 때문에 가족의 역할이 중요하다. 이 책은 이처럼 중요한 변화를 이해하고 아이에게 이 변화를 어떻게 적용할지 배우는 데 도움이 된다. 그러면 궁극적으로 아이의 인생에 큰 변화를 줄 수 있다.

이 방법을 친구와 이웃에게 알려주는 것도 아이들에게 긍정적인 영향을 준다. 수백만 명의 부모, 이모, 삼촌이 이를 실천한다면 사회 전반에서 교육에 대한 인식과 대화가 달라질 테고, 거의 모든 사람이 더 나은 학습 환경을 경험할 수 있다. 특히 성장 마인드셋 접근법을 이 책에서 논의한 다른 주요 개념들과 연결하면 더욱 효과적이다.

여기서 한 가지 유의할 점이 있다. 이 방법은 어린아이에게 가장 효과적인 것 같다. 청소년에게 적용하여 유의미한 결과를 얻은 적도 있지만 이 방법이 만능 해결책은 아니다. 모든 인간 활동이 그러하듯이 특정 지역사회에서는 다양한 사회 요인 때문에 효과가 떨어질 수도 있다.

이 방법은 교사, 학생, 부모 등 거의 모든 사람이 이를 수용하는 곳에서 더 효과적이다. 앞으로 계속 강조하겠지만 폭넓은 공동체를 꾸려 이 방법을 계속 논의하고 장단점을 파악하며, 방해하는 사회 요인들을 알아내는 것이 중요하다. 학생들이 성장하고 성공할 수 있도록 교사, 부모, 친구, 지역사회가 힘을 합쳐 지원하는 공동체를 형성해 많은 부모가 우려하는 교내 괴롭힘이나 심각한 폭력 위협을 포함해 여러 가지 사회·심리 문제를 해결할 수 있다.

성장 마인드셋이란

2021년에 우리가 출간한 《슈퍼 코스》Super Courses에서 고정형 사고방식과 성장형 사고방식에 관한 연구를 이미 다루었지만 여기서 그 연구 배경을 다시 살펴보면 좋을 것 같다.[2] 이야기를 시작하기 위해 여러 관점을 생각해볼 수 있지만 우선 제2차 세계대전 이후의 사건부터 살펴보기로 하자.

스탠퍼드대학교의 젊은 심리학자였던 앨버트 밴듀라Albert Bandura는 어느 축제에서 난생처음 뱀을 다루게 된 사람들을 관찰했다. 잠시 후 밴듀라는 사람들의 행동에서 중요한 점을 발견했다.

훈련사는 자원한 참가자들에게 뱀의 목덜미를 잡아서 들어올리는 방법을 보여주었다. 참가자들은 먼저 장난감 뱀으로 연습했는데 대부분 성공적으로 해냈다. 그러나 살아 있는 뱀을 다룰 때는 다들 실패를 거듭했다. 완벽하게 요령을 이해했고 장난감 뱀으로는 성공했음에도 스스로 잘 해낼 수 있다는 확신이 부족했던 것이다.

밴듀라는 훌륭한 뱀 훈련사가 되려면 올바른 절차를 잘 알아야 하지만 그에 더해 성공적으로 해낼 수 있다는 믿음도 필수적이라고 했다. 자신을 믿지 않으면 충분한 노력을 기울이지 않기 때문이다. 이는 피터팬과 비슷하다. 피터팬은 하늘을 날려면 요정 가루(이는 기술을 온전히 익혔음을 의미한다)를 뿌려야 했을 뿐만 아니라 자신이 날 수 있다고 믿어야 했다.

"날 수 있을지 의심하는 순간, 영원히 날 수 없게 되기 때문이다."[3]

밴듀라는 뱀을 다루는 모습을 관찰한 것이 비록 간단하지만 인생을 성공으로 이끄는 데 도움이 될 수도 있다고 생각했다. 그가 보기에 제대로 노력하면 삶의 어려움을 극복하거나 적어도 문제를 관리할 수 있다고 믿는 사람도 있지만 패배와 실패를 당연하게 받아들이고 빠르게 체념하는 사람도 있는 것 같았다.

밴듀라와 같은 심리학자들은 간결하게 관찰한 이점을 발표하고 그것이 인간 행동에 널리 적용되는지 검증하는 실험을 설계하며 생계를 이어간다. 이론이 옳다고 검증되면 연구자는 새롭게 입증된 현상에 이름을 붙여 마치 처음 밝혀진 것처럼 보이게 한다. 이러한 과정을 거친 사회과학자는 연구심리학자로서 성공적인 경력을 쌓아나갈 수 있다.

밴듀라는 '인지된 자기 효능감'perceived self-efficacy이라는 용어를 만들었다.[4] 그리고 뛰어난 뱀 훈련사들이 지닌 특성을 설명하는 데 이 표현을 사용했다. 스탠퍼드대학교 교수인 그는 문제해결력이 뛰어난 사람들이 일반적으로 인지된 자기 효능감을 지닌다고 주장했다. 그들은 올바른 기술을 알고 있으며 이를 성공적으로 활용할 수 있다고 생각한다. 그리고 대담하게 문제해결에 집중한다. 그렇지 않은 사람들은 자신이 할 수 없는 것에 대해 두려워하거나 답을 찾는 과정이 얼마나 어려울지 걱정하느라 주저하기만 한다. 그래서 자기 효능감이 부족한 사람들은 종종 너무 빨리 포기하는 경향이 있다. 이에 반해 자기 효능감이 충분한 사람들은 끈기와 자신감이 매우 강해서 좀처럼 실패를 인정하지 않고 도전을 거듭한다.

이러한 고집, 즉 자기 효능감이 아주 강한 사람이 있는 반면 그렇지 않은 사람도 있다. 이런 차이는 왜 생기는 걸까? 잠시 빠르게 몇십 년 전으로 되돌아가보자. 밴듀라가 뱀 훈련사들을 관찰하던 바로 그 전후 시대로 말이다. 미래에 스탠퍼드대학교 심리학자가 될 어느 소녀가 뉴욕시에서 성장하고 있었다. 이 학생은 학교 성적이 우수했고 맨해튼에 있는 바너드대학교에 진학했다. 바로 캐럴 드웩이다.

바너드대학교를 졸업한 후, 드웩은 예일대학교에서 사회심리학 박사 과정을 밟았다. 대학원 과정을 마칠 무렵 아직 20대 중반이었던 드웩은 한 가지 연구 주제에 깊이 매료되어 자신의 평생을 바쳤다. 여러 면에서 드웩의 연구는 밴듀라의 뒤를 잇는 것이었다.

드웩은 어떤 사람들이 실패했을 때 쉽게 무너지는 이유가 궁금했다. 무엇 때문에 자신이 성공에 필요한 정신적 능력이나 역량이 부족하다고 결론을 내리는 걸까? 그런가 하면 좌절하더라도 금방 툭툭 털고 일어설 뿐만 아니라 그 경험을 활용해 생각을 바꿔 훨씬 잘 해내는 사람도 있다. 어떤 이는 창피한 실수마저 디딤돌 삼아 보란 듯이 성공하는데 어떤 이는 별것 아닌 실수를 언급하는 것조차 힘들어한다. 이런 차이는 왜 생기는 걸까?

지금까지는 정신적 능력에 따라 달라진다고 생각했다. 어떤 아이들은 지능과 능력, 결단력과 재능, 실패를 극복할 수 있는 자기 효능감과 끈기가 있지만 어떤 아이들은 사람들이 흔히 말하는 '필요한 특성'을 갖추지 못했다. 하지만 드웩은 이렇게 단순하게 설명하는 것으로는 충분하지 않다고 느꼈고 이 문제를 더 잘 파악하기 위해 새로운 접근법을 찾기 시작했다. 드웩이 이끄는 연구팀은 오랜 연구와 깊은 고민 끝에 사람들 '지능이 어떻게 작동하는지에 대한 생각'이 이 문제의 출발점임을 알게 되었다.

어떤 아이들은 기억, 이해, 문제해결, 중요한 질문을 제기하는 능력, 수학 문제를 풀 때 필요한 정신적 능력이 태어난 후 크게 변하지 않는다고 생각한다. 종종 그들의 부모도 그런 생각을 고수한다.

한 부모는 이렇게 말했다.

"미적분과 고등수학을 할 수 있는 두뇌는 타고나는 것이지 후천적으로 바꿀 수 있는 게 아닙니다. 기본적인 IQ는 변하지 않아요. 두뇌도 마찬가지죠."

이런 사람들은 지능이 고정불변하며 타고난 능력의 유무에 따라 지능이 좌우된다고 생각한다. 타고난 지적 능력이 평균치보다 더 많든 더 적든 타고난 범위 내에서 평생 활용해야 한다는 것이다.

이런 관점으로 보면 몇몇 특별한 아이들만 영재고 대다수는 그렇지 않다는 결론이 나온다. 그러므로 인지적으로 어려운 문제에 실패하면 자신이 그리 똑똑하지 않다는 의미로 받아들이게 된다. 우리는 이러한 추론이 옳지 않다고 본다.

그 이유를 설명하기에 앞서 또 다른 중요한 점을 살펴보자. 학교에서 우수한 성적을 받을 가능성이 없다고 생각하는 아이들은 그런 편견을 깰 정도의 노력을 기울이지 않는다. 이는 단지 자신감이 부족한 아이들에만 국한되지 않는다. 스스로를 똑똑하다고 여기는 아이들도 인지 능력은 고정불변이라서 바꿀 수 없다고 믿을지 모른다. 이런 아이들은 부족한 역량이 드러날 수 있는 어려운 과제를 피해버림으로써 자신이 유리한 위치에 있다는 이미지를 지키려는 경향이 있다. 대신 이미 능력을 인정받고 있는 분야에서는 자기가 해낼 수 있는 과업을 선택해 재능 있는 학생이라는 평판을 유지하려고 노력한다. 그 이상의 새로운 도전은 아예 시도조차 하지 않는다.

이런 아이들이 게으르거나 더 많이 배우는 데 무관심한 것은 아니다. 문제는 이 아이들이 지능이 작동하는 방식을 어떻게 가정하느냐다. 사람은 누구나 한 번쯤 중요한 일에서 실패하는데, 이런 경험을 하면 단지 그 상황에서 좌절할 뿐만 아니라 새로운 도전을 시도하려는 의욕마저 꺾일 수 있다. 그러면 지적 능력을 쓰는 탐구 범위가 점점 줄어지고 결국 지나친 자기 의심과 소극적 태도에 압도되어 무력감에 빠질 수 있다. 한때 우수했던 학생도 불안에 휩싸여 위축될 수 있으며 겉으로는 자신감 있는 척해도 마음속에는 자신에 대한 의심이 자랄지 모른다. 이런 심리 상태에서는 학교 공부에 최선을 다하기가 쉽지 않다.

드웩은 학습자가 자신의 지능을 과대평가하거나 포스터와 머그잔에 적혀 있는 긍정적인 문구를 보며 더 노력하겠다고 마음먹어야 한다고 주장하는 게 아니다. 드웩은 재능과 능력이 경험을 통해 어떻게 발전하는지에 대해 갖고 있는 근본적인 관점을 바꿔야 한다고 강조했다. 물론 상당히 어렵게 들릴 수 있다. 하지만 드웩은 이 문제를 누구보다 깊이 파악했다. 우선 드웩의 연구에서 진정한 통찰을 얻으려면 우리는 다음의 핵심적인 사실부터 인정해야 한다.

세상이 어떻게 돌아가며 지능은 어떻게 발달하는가에 대해 대부분의 사람들이 의식적으로 생각하지 않는다. 그러나 그런 믿음들은 언제나 사고 과정의 기저에 깔려 있어서 우리가 세상을 해석하고 결정하는 데 영향을 준다.

드웩은 이러한 믿음이 그 바탕에 깔려 있다고 설명했다. 즉, 직접적으로 표현되지 않지만 행동으로 뚜렷하게 드러난다는 것이다. 만약 가정 내에서 아이가 학교에서 더 많이 배우고 성장하도록 돕고 싶다면 먼저 '타고난 지능'에 대한 뿌리 깊은 편견부터 해결해야 한다. 다시 말해 사람이 똑똑하거나 둔한 것은 이미 정해져 있다는 생각을 버려야 한다.

여기에는 피터팬 같은 대담함이 조금 필요할지 모른다. 아직 시도해 보지 않은 일이어도 할 수 있다는 믿음을 가져야 한다. 이것이 바로 자신감이며 적절한 수준의 자기 효능감이다.

드웩은 사람들이 잘못된 편견을 갖게 되는 이유와 그러한 편견을 바꾸는 방법에 대한 몇 가지 아이디어를 제시했다. 그녀는 밴듀라의 이론

을 한 단계 발전시켜 '성공의 새로운 심리학'을 정립했다.[5]

경험하기 전에는 알 수 없는 것들

드웩은 일리노이대학교에서 대학원생인 캐럴 디너Carol Diener와 함께 한 가지 실험을 진행했다. 두 사람은 열 살 어린이들을 두 그룹으로 나누었다.[6] 일대일 면담을 통해 아이들에게 학교에서 겪었던 여러 가지 속상했던 일, 이를테면 시험에서 점수가 낮았거나 과제에서 좋지 않은 평가를 받은 경우를 말하게 한 다음, 그때 왜 실패했다고 느꼈는지 물었다.

마지막 질문에 일부 아이들은 '무기력한' 태도를 보였다. 자신이 실패한 것은 타고난 인지 결함과 같이 스스로 통제할 수 없는 요인 때문이라고 여기는 경향이 있었다.

"나는 기억력이 나빠."
"나는 글쓰기에 소질이 없어."
"나는 수학에는 도무지 재능이 없어."

드웩은 이러한 사고방식을 '고정 마인드셋'fixed mindset의 증거라고 여겼다. 이런 아이들은 성공할지 실패할지는 자신이 통제할 수 없을 뿐 아니라 선천적인 능력의 결과이므로 바꾸기 어렵다고 믿고 있었다.

한편 어떤 아이들은 실망했던 순간에 대해 자신이 충분히 준비하지 못했거나 실수를 해서 그런 결과가 나왔다고 설명했다. 이 아이들은 자기 두뇌가 주어진 과업을 해내기에 부족하다고 여기지 않았다. 단지 과업을 제대로 파악하지 못했거나 성공할 정도로 충분하게 노력하지 않았던 것뿐이라고 말했다. 이러한 아이들은 '숙달 지향적'mastery oriented 으로 분류했다. 그들은 머리를 많이 써야 하는 과제도 충분히 몰입하면 결국 해결 방법을 찾거나 배울 수 있다고 확신했다. 또한 지능을 포함하여 자신이 가진 다양한 능력을 더욱 발전시킬 수 있다고 믿었다.

연구자들은 먼저 지능은 변하지 않는다고 믿는 아이들과 그렇지 않다고 믿는 아이들(드웩은 이들의 사고방식을 '성장 마인드셋'이라고 이름 붙였다)을 두 집단으로 나누고 퍼즐을 풀도록 했다. 처음 여덟 개의 두뇌 게임은 꽤 어려웠지만 결국 모든 아이가 해결해냈다. 고정 마인드셋을 가졌든 성장 마인드셋을 가졌든 모두 즐거워하며 만족스러워했고 몇몇 아이는 문제를 더 달라고 요청하기도 했다. 이 과정을 통해 모든 아이가 자신만의 효과적인 전략을 사용해 문제를 해결하는 것을 직접 관찰할 수 있었다. 드웩과 디너는 실험 과정에서 아이들에게 자신의 사고 과정을 말로 표현하도록 요청했기 때문에 아이들이 문제를 해결하는 방식과 사고 패턴을 더욱 명확하게 분석할 수 있었다.

방 안 분위기는 점점 고조되었고 모두의 시선이 퍼즐에 집중되었다. 이제 네 개의 퍼즐을 더 꺼내 아이들에게 도전해보라고 했다. 이번 퍼즐은 어떤 아이도 풀 수 없게 만든 것이었다. 일부러 실패를 맛보게 한 다음, 아이들이 어떻게 반응하는지 확인하려 했다.

타고난 지능은 바뀌지 않는다는 고정 마인드셋을 가진 아이들은 갑자기 전혀 다른 환경에 놓인 듯한 반응을 보였다. 마치 누군가가 차가운 물에 그들을 밀어 넣은 것처럼 "나는 형편없는 학생"이라며 위축됐다.

이 아이들은 문제해결 활동에 금세 흥미를 잃고 자신은 능력이 부족하다며 볼멘소리를 했다. 몇몇은 이제 이 활동이 재미가 없다고 말했다. 또 몇몇은 실패한 것을 숨기려는 듯 문제와는 무관한 말을 하며 관심을 다른 데로 돌리려 했다. 예를 들면 앞으로 며칠 동안 자기가 뭘 할지 이야기하는 식이었다. 그런데 이들은 첫 번째 퍼즐을 멋지게 해결하고 나서 퍼즐을 더 달라고 했던 바로 그 아이들이었다. 안타깝게도 고정 마인드셋을 가진 아이들은 실패를 견디지 못했다. 드웩은 지능은 변하지 않는다는 고정관념 때문에 아이들의 행동이 달라졌다고 분석했다.

경험을 통해 지능이 향상하고 실패를 통해 가치 있는 교훈을 배울 수 있다고 믿는 집단은 어떨까? 그들은 끊임없이 시도하며 문제해결 방법을 계속 바꿨다. 실수를 두려워하지 않았고 사실 실수 덕분에 더 즐거운 경험을 할 수 있었다. 어려운 문제에 도전하는 것을 즐겼고 실제로 재미있다고 말하기도 했다. 수치심을 느끼며 뒤로 물러서기보다 퍼즐을 시도하면서 활력을 얻었고 해결 과정에서 새로운 것을 배울 수 있다는 점을 긍정적으로 받아들였다.

실험 과정에서 연구자들은 아이들에게 마지막 네 개의 퍼즐이 왜 그렇게 어려웠냐고 물었다. 무력감을 느낀 아이들은 대개 자신의 한계를 넘어서는 문제라고 답했다. 하지만 디너와 드웩이 숙달 지향적이라고 정의한 아이들, 다시 말해 두뇌가 더 좋아질 수 있다고 믿는 아이들은 그런 식으로 변명하지 않았다.

스스로 한계를 만드는 아이들

가장 우려스러운 점은 지능이 달라질 수 없다고 믿는 아이들은 즉시 해결하기 어려운 문제를 접했을 때 능력을 제대로 발휘하지 못한다는 것이다. 모든 아이가 어려운 퍼즐을 해결하지 못했지만 해결 과정에서 자기 생각을 말로 표현했기 때문에 연구자들은 아이들이 어떤 전략을 썼는지 알 수 있었다.

성장 마인드셋을 가진 아이들은 다양한 접근방식으로 계속 시도했다. 시간이 더 있었다면 그중 몇 가지 방법으로 문제를 해결했을지도 모른다. 하지만 다른 집단의 아이들은 그렇게 행동하지 않았다. 무력감에 빠진 집단은 문제를 해결하려 애쓰다가 실패를 경험했고 그 과정에서 실제로 능력이 떨어졌다. 이들 중 절반 이상은 어느 순간 다섯 살 아이들이 흔히 쓸법한 문제해결 방식으로 퇴행했다. 한편 통제할 수 없는 요인이 자신을 방해한다고 생각하지 않은 아이들은 더 고차원적인 접근방식을 꾸준히 시도했다.

놀랍게도 자신이 성공할 만큼 똑똑하지 않다고 믿었던 아이들은 주어진 과제에 대한 흥미를 잃었지만 자기 능력을 향상할 수 있다고 생각한 아이들은 포기하지 않고 도전을 거듭했으며 그 과정에서 즐거움을 얻었다.

지능에 대한 사고방식의 차이

드웩과 그녀의 동료들은 지능에 대한 사고방식을 바꾸면 아이의 역량을 더 키우고 학교 성적도 올릴 수 있음을 깨달았다. 더욱 중요한 점은 그러한 변화를 통해 아이들은 창의성, 비판적 사고, 공감력, 삶을 이끌어가는 역량도 더 확장할 수 있었다는 것이다. 성공 비결은 바로 성장 마인드셋을 갖는 것이었다. 그러나 이러한 변화가 어떻게 가능했는지 이해하려면 먼저 왜 그렇게 많은 아이가 고정된 사고방식에 사로잡혀 있는지 알아야 한다. 심리학자들도 바로 이 점을 궁금해했다.

지능이 작동하는 방식에 대해 아이들이 갖고 있던 고정관념은 어디에서 비롯된 것일까? 어떤 아이들은 마음속에서 저절로 생겨나고 어떤 아이들은 그렇지 않은 것일까? 이 고정관념은 타고난 것일까, 아니면 환경으로부터 영향을 받은 것일까? 또한 성장 마인드셋을 가진 아이들은 어떻게 그러한 신념을 갖게 된 것일까? 이러한 질문에 답하기 위해 20세기 초에 있었던 일을 살펴보자.

IQ 테스트는 어떻게 탄생했을까?

1903년 알프레드 비네Alfred Binet는 프랑스의 주요 대학에서 활동하며 저명한 심리학자로 인정받고 있었다. 바로 그 무렵 파리 교육부에서 연락이 왔다. 교육부는 당시 47세였던 비네 교수에게 훗날 학교에서 어려움을 겪을 가능성이 있는 어린아이들을 구분하는 일을 도와달라고 했다. 교육부의 목적은 이런 아이들이 나중에 교실에서 힘들어하지 않도록 조기에 개입하겠다는 것이었다. 이는 성장 마인드셋과 매우 유사한 개념으로 보인다.

그때 전 세계의 교육자들은 타고난 본능과 후천적인 양육 중에서 어느 것이 우수한 학생을 결정하는가를 놓고 열띤 논쟁을 벌이고 있었다. 비네는 이 사안에서 양육이 더 큰 요소라고 생각했지만 그의 업적은 오히려 수많은 사람을 자신과 반대로 생각하게 했다.

비네는 교육부의 요청에 동료와 함께 새로운 테스트를 고안했다. 이후 비네의 테스트는 개인의 지적 능력을 같은 연령대의 평균치와 비교하여 측정하는 방법으로 널리 쓰였다.

얼마 지나지 않아 이 사안에 관심을 가진 또 다른 인물이 나타났다. 캘리포니아에 새롭게 설립된 스탠퍼드대학교의 심리학 교수인 루이스 터먼Lewis Terman은 테스트 결과를 '지능 지수'IQ로 변환하면 어떨까 생각했다. 그는 개인의 '정신 연령'을 실제 나이로 나눈 값에 100을 곱해 IQ를 계산하는 방식을 도입했다. 제1차 세계대전 동안 미군 병사 100만 명 이상을 대상으로 'IQ' 점수를 계산해 공지한 후 지능 수준을 단순한 숫자로 표현할 수 있다는 개념이 자리 잡았고, 세월이 흐르면서 이를 중심으로 IQ 문화와 관련 산업이 점차 확장되었다. 많은 사람이 단 하루의 테스트 결과만으로 사고력이 우수한지 혹은 열등한지를 파악할 수 있으며 이러한 수치는 평생 변하지 않는다고 믿게 되었다.

모든 과정은 마치 키를 측정하거나 감자 자루의 무게를 재는 것처럼 진행됐다. 소아과 의사라면 여섯 살 아이를 보고 또래 평균보다 얼마나 키가 큰지를 말할 수 있다. 마찬가지로 IQ 테스트 관리자도 아이가 나이에 비해 얼마나 똑똑한지를 말할 수 있었다. 마치 키와 지능을 같은 방식으로 측정할 수 있으며, 그 측정 결과가 유의미한 것처럼 말이다.

터먼 교수는 우생학이 인간사회를 발전시키는 데 중요한 역할을 한다고 굳게 믿었기에 인간이 더 발전할 수 있는 가장 좋은 방법은 자녀 계획을 잘해서 똑똑한 사람이 더 많이 태어나는 것이라고 보았다. 특히 뛰어난 재능을 가진 사람을 빨리 식별할 수 있다면 그들에게 결혼해 자녀를 많이 낳도록 장려하고 재능이 뛰어나지 않은 사람은 결혼 가능성을 낮춰야 한다는 것이 그의 지론이었다. 한마디로 우수한 사람들을 모아 더 나은 사회를 건설하자는 것이었다. 터먼 교수와 그의 추종자들은 높은 지능은 학교나 부모의 노력을 통해 얻어지는 결과가 아니라 유전자가 좌우하는 것이라고 주장했다.

나치는 1940년대에 바로 이러한 개념을 이용해 홀로코스트를 정당화했다. 그전까지는 우생학을 신봉하는 사람이 수백만 명이었다. 그러다 20세기 후반에 우생학이 쇠퇴한 이유는 히틀러와 연관되었기 때문만은 아니다. 성공 가능성이 높아 보였던 수많은 아이에게 좋지 않은 영향을 주었기 때문이었다. 자세한 내용은 잠시 후에 살펴보기로 한다.

이제 학교에서는 비네의 테스트나 스탠퍼드 테스트를 사용하지 않지만 IQ가 고정불변이라는 생각은 우리의 문화 속에 깊이 자리 잡았다. 아이들도 이런 말을 자주 듣기 때문에 대여섯 살이 되견 자신이 똑똑한지 아닌지 궁금해한다. 21세기 초에는 여섯 살 아이들이 학교에 다녀와서 "나는 똑똑한 것 같아", "나는 바보인가 봐"라고 말하는 것을 쉽게 볼 수 있었다. 우리는 다양한 문화권 출신의 부모 수백 명을 만나 이야기를 나누었는데 그들의 자녀도 이와 비슷한 말을 했다고 전했다.

켄은 미주리주 스프링필드에서 어린 시절을 보냈다. 당시 그는 누나들과 함께 매주 시카고에서 방송되는 〈퀴즈 키즈〉Quiz Kids라는 인기 많은 라디오 프로그램을 즐겨 들었다. 이 프로그램에는 IQ가 높은 다섯 아이들이 출연해 뛰어난 두뇌와 방대한 지식을 뽐냈다. 그들은 켄이 들어본 적 없는 단어의 철자를 막힘없이 말했고 역사적 사건과 과학 연구에 대해 깊이 있는 지식을 풀어놓았다. 프로그램에서 직접적으로 표현한 적은 없지만 재능 있는 아이와 그렇지 않은 아이가 크게 다르다는 생각이 암묵적으로 설파됐다. 결국 대중은 '어떤 아이는 비범한 능력을 타고나지만 대부분의 아이들은 그렇지 않다'라고 생각하게 되었다.

고정 마인드셋이 형성된 원인을 우생학이나 IQ 문화 때문만으로 볼 수는 없다. 아이의 삶에서 중요한 역할을 하는 어른도 자신도 모르게 지능에 대한 고정관념을 강화할 수 있다. 연구자들은 고정관념의 해로운 영향이 가족 내로 스며들 수 있으며 아이의 자존감을 높여주는 과정에서도 이런 문제가 발생할 수 있음을 밝혀냈다.

칭찬은 어떻게 독이 되는가

잠시 아이를 칭찬하는 두 가지 방법을 생각해보자. 첫 번째 방법은 아이가 해낸 일에 대해 칭찬하는 것이다.

"이번 과학 프로젝트를 정말 열심히 했구나."

이를 '과업 칭찬'task praise이라고 한다.

두 번째 방법은 아이가 가진 특성에 관해 이야기하는 것이다.

"넌 수학과 과학을 아주 잘하는구나."

이는 '인물 칭찬'person praise에 해당한다. 방금 언급한 두 가지 상황에서 부정적인 평가나 조언을 할 수도 있다. 이를테면 "엄마가 더 효과적인 과학 공부법을 알려줄게."라든가 "너는 과학엔 영 재능이 없어."가 그것이다.

두 번째 방식으로 비판했을 때 아이에게 좌절감을 준다는 점은 누구나 금방 이해할 것이다. 따라서 인물 칭찬은 될 수 있는 한 피해야 한다. 어른들이 아이들에게 "너는 정말 똑똑하구나."처럼 지능과 같은 특성을 칭찬하면 많은 아이가 그 특성을 평생 변하지 않는 고정된 것으로 받아들인다. 그래서 '나는 똑똑해' 또는 '나는 똑똑하지 않아'와 같은 이

분법적 사고에 빠질 수 있다.

아이들은 자신이 똑똑하다는 것을 증명하려고 행동하며 그에 방해가 되는 행동은 피한다. 나중에 어려움에 직면하거나 실패를 경험하면 '나는 정말 똑똑하지 않은가 봐'라고 결론을 내릴 가능성이 크다. 더 나아가 실패할 가능성이 있으면 아예 시도조차 하지 않을지도 모른다. 만약 실패하면 어리석어 보일까 봐 두렵기 때문이다. 어떤 아이들은 좀처럼 질문을 하지 않는다. 질문하는 것은 답을 모른다는 뜻이니, 질문하는 사람은 별로 똑똑해 보이지 않는다고 믿기 때문이다.

인물 칭찬을 들으면 아이들은 지능이 변하지 않는 특성이라고 생각하게 되며, 이는 성장 마인드셋을 형성하는 데 방해가 된다. 이 점을 뒷받침하는 연구가 계속 늘고 있다. 따라서 아이의 지능을 칭찬하는 것보다 다음과 같은 칭찬을 하는 것이 더 바람직하다.

"글을 정말 열심히 썼구나."
"문제를 해결하는 방법이 아주 좋았어."
"그 방법들을 잘 기억해두면 다음에도 써먹을 수 있을 거야."

이런 피드백을 받으면 대부분의 아이들은 자기가 무엇을 해야 하는지에 집중하게 된다. 결과는 아이가 무엇을 하고 어떤 노력을 하느냐에 달려 있는 것이지 타고난 특성처럼 변하지 않는 요소에 좌우되지 않는다. 중요한 것은 성실한 노력과 올바른 전략이다.

인물이 아닌 과업에 초점을 맞추는 방식으로 칭찬을 조금 바꿨을 때 아이가 실패나 성공에 대처하는 자세가 크게 달라질 수 있다는 것이 믿어지지 않는다면 관련 연구를 찾아보기 바란다. 어느 연구팀은 아이들을 두 집단으로 나누고, 인물 칭찬("너는 똑똑한 아이야."와 같은)과 과업 칭찬("정말 열심히 노력했구나."와 같은)을 각각 짧게 들려준 다음, 두 집단을 한데 모아 실패를 경험하게 했다. 그러자 지능이 높다는 칭찬을 들었던 아이들은 "난 못하겠어. 이걸 해낼 만큼 똑똑하지 않아."라고 말했다. 반면 노력에 대한 칭찬을 들었던 아이들은 실패를 거듭하면서도 주어진 과업을 쉽게 포기하지 않았다. 이 아이들은 "이거 정말 어렵다. 해결 방법을 찾아내야겠어."라고 말하면서도 중도에 그만두거나 이번 경험에 대해 부정적인 태도를 보이지 않았다.[7]

어른들은 자신감이 부족한 아이를 만나면 아낌없이 칭찬 세례를 퍼붓는 경향이 있다. 그러나 어른들이 주로 사용하는 칭찬 방식이 오히려 아이에게 가장 해로운 영향을 미칠 수 있다. 아이가 자신감을 잃을까봐 걱정하는 어른은 "그래도 너는 똑똑하잖아."라는 말을 샘물이 끝없이 솟아오르듯 반복해서 말한다.

독자들은 '이 책을 읽었으니 앞으로는 그런 칭찬을 안 할 거야'라고 생각할지 모른다. 연구 결과를 보면 인물 칭찬은 더운 여름날에 시원한 음료를 마시는 것만큼이나 쉽게 입 밖으로 나온다고 한다. 이 책을 집필하면서 부모들에게 인물 칭찬과 과업 칭찬에 관한 내용을 보여주었는데 상당수가 이렇게 반응했다.

"아이들에게 자신감이 있으면 문제가 없죠. 자신감이 부족하면 자신감부터 길러줘야 한다고요."

그러나 잘못된 방식으로 '자신감부터 길러주려고' 하면 악순환을 초래해 역효과를 낳는다. 부모가 인물 칭찬을 지나치게 많이 하면 아이는 고정 마인드셋이 강화되어 결국 실패를 인정하고 받아들이기 어려워한다. 그러면 그 아이는 도전적인 과제를 시도하지 않고 학습량이 감소해 또래보다 뒤처진다. 이런 경험이 쌓이면 자존감은 더욱 낮아지고 부모는 다시 인물 칭찬을 퍼붓는다. 이제는 "너는 똑똑한 아이야."에서 끝나지 않고 더욱 과장해서 "너는 정말 대단해. 아주 놀라워!"라고 강조한다. 이는 악순환의 시작일 뿐이다.

아이들이 다른 방식으로 반응하는 경우는 없을까? 아이들은 "잘했어."를 어떤 의미로 받아들일까? 아주 어린 아이들은 큰 문제가 없다. 과업을 칭찬해주면 아이들은 으쓱해하며 여러 번 제대로 시도하면 훨씬 더 잘할 수 있다고 생각한다. 하지만 사춘기가 시작되는 중고등학생부터는 주의해야 한다.

초등학교 교사들은 개인의 성장을 강조하며 다른 사람과 비교하기보다는 아이들 각자의 발전에 초점을 맞춘다. "정말 잘했어."와 같은 칭찬은 아이들이 성장하고 배우는 과정에 안정감을 더해준다. 다른 의미로 해석될 여지가 없으므로 안심해도 된다. 하지만 아이들이 11세 무렵 사춘기에 접어들면 학교도 달라지기 시작한다. 특히 미국과 서유럽에서는 이러한 변화가 크게 나타난다.

오랜 전통을 가진 고등학교는 학생들을 등급으로 나누거나 특별반을 운영해 아이들이 매우 똑똑한지(영재이거나 대학 준비 과정을 감당할 정도인지) 아니면 기대에 미치지 못하는지를 판단한다. 이러한 '성과 지향적' 세계에서는 시험 점수를 학생 개인의 성장보다 더 중요하게 여긴다. 그리고 성취도가 낮다고 평가받은 학생들은 어차피 최고 수준을 달성할 거라고 기대받지 않기에 작은 과제만 잘 수행해도 칭찬받으며, 이는 다른 아이들도 눈치챌 수 있다. 이러한 평가 방식은 학생들에게 각기 다른 의미로 다가올 수 있다.

고등학교에서 "잘했어."라는 말을 들었다면 교사들은 그 학생이 과업이나 활동에서 긍정적으로 평가받을 만한 것이 없기 때문이라고 생각할지 모른다. 승자와 패자를 가려내려는 문화에서 "잘했어."는 아쉬움이 담긴 위로에 불과하다.

피츠버그대학교의 심리학자 제이미 아메미야Jamie Amemiya와 밍테 왕Ming-Te Wang은 이렇게 주장한다.

"(몇몇 아이들의 경우) 노력에 대한 칭찬은 본의 아니게 그들의 능력에 대한 부정적인 메시지로 해석된다. 결국 열심히 배우고 실패를 극복하려는 동기를 꺾을 수 있다."[8]

그렇다면 어떻게 해야 좋을까? 일반적으로 아이에게 계속 인물 칭찬만 하는 것은 어느 부모나 꺼릴 것이다. 어쨌든 부모는 아이에게 가장 적합한 방법을 찾아야 한다. 우선 아이의 반응을 면밀히 고려해야 한다. 자존감이 낮은 아이들은 성장 마인드셋이 형성되기 전에는 다른 아이들보다 훨씬 더 오랜 기간 적절한 피드백(과업 칭찬)이 필요하다. 이런 아이들의 경우, 부모나 다른 어른이 인물 칭찬을 하면 오히려 위축되거나 부정적으로 받아들이는 경우가 종종 있다. 부모는 인내와 끈기를 가져야 하며 주변 사람들도 적극적으로 도와줘야 한다.

그렇다면 한 명도 빠짐없이 주변의 모든 사람에게 이 책을 선물하면서 특히 이 부분을 빨강 펜으로 잘 보이도록 표시해줘야 할까? 그것도 나쁘지 않은 방법이다. 하지만 더 중요한 점은 단순히 아이들이 개선할 점을 찾기보다는 해결책과 발전할 수 있는 방법을 모색하는 습관을 기르는 것이다. 아이에게 학습이나 공부 습관을 개선하는 방법을 알려주되 어떠한 비판도 덧붙이지 않아야 한다. 수학이나 글쓰기에 관해 질 높은 피드백을 주기 어렵다면 지역사회에서 무료로 도움을 받을 수 있는지 찾아보는 것도 방법이다. 친구나 이웃에게 도움을 받아도 좋다. 부모가 주저하거나 부끄러워하지 않고 적극적으로 도움을 구하는 모습을 보여주면서 아이도 그렇게 행동하도록 가르쳐야 한다.

성장할 수 있다는 믿음이 아이의 태도를 바꾼다

모든 사람에게 효과적인 방법은 없다는 점이 더욱 명확해지는 것 같다. 아이의 나이, 학교에서 경험하는 학습 환경, 본인에 대한 자신감 그리고 어쩌면 출생 순서에 맞춰 피드백 방식을 조정해야 할지 모른다. 무엇을 해야 할지 확신이 서지 않을 때마다 시도해볼 만한 좋은 방법이 있을까?

스탠퍼드대학교의 심리학자 클로드 스틸Claude Steele이 이끄는 연구팀이 이 딜레마를 극복할 방법을 발견했을지 모른다. 1990년대에 스탠퍼드 연구진은 아이를 도울 방법을 알아내고자 한 가지 실험을 진행했다. 이 실험에서는 어떤 피드백이든 어른들이 아이들의 잠재력을 믿어주고, 그들이 실력자로 성장할 수 있다는 확신을 심어주어야 한다. 스틸, 제프리 코언Geoffrey Cohen, 리 로스Lee Ross는 대학생 몇 명에게 학부생 특별 저널에 실릴 만한 글을 써서 제출하게 한 후,[9] 세 가지 방식의 피드백을 제시했다. 그런 다음 학생들이 피드백을 집에 가져가 수정해 다시 제출하도록 해서 가장 효과적인 피드백 방식이 무엇인지 확인해보았다. 비교집단은 총 세 개였다.

첫 번째 집단에는 '샌드위치 방식'을 사용했다. 즉, 칭찬해주고 개선할 점을 지적한 다음, 다시 긍정적인 면을 언급했다. 이는 마치 호밀빵 위에 바비큐 연어를 얹은 것만큼이나 기분 좋게 받아들일 수 있었다.

두 번째 집단에는 '핵심만 짚어'주었다.

"학생이 쓴 에세이에서 고쳐야 할 부분을 전부 표시해두었으니 집에 가서 고쳐 오렴."

두 방법 모두 효과적이었지만 여전히 몇몇 학생들은 피드백을 적용하지 않았다.

세 번째 집단의 경우, 거의 모든 학생이 피드백을 진지하게 받아들였으며 에세이를 거의 새로 쓰다시피 하는 수고를 아끼지 않았다. 학생들은 수정한 글을 다시 스틸과 그의 동료들에게 제출했다. 이 방법은 분명 아이들에게 도움이 될 것이다.

과연 연구진은 세 번째 집단에게 어떤 피드백을 제시했을까? 핵심만 말하면 이런 식이었다.

"이 글쓰기에 대해 우리는 상당히 높은 기준을 설정했습니다. 학생이 이 기준에 도달하거나 심지어 더 잘할 수도 있다고 생각합니다. 하지만 그렇게 되려면 약간의 수정이 필요합니다. 학생의 글에 고쳐야 할 중요한 부분을 표시해두었습니다."

이 방식은 학생들에게 한 가지 뚜렷한 메시지를 전달한다. 올바른 접근 방식을 배워서 적용하면 더 좋은 글을 써낼 능력이 있다고 믿는다는 것이다.

"쉽지는 않을 거야. 하지만 올바른 방식으로 성실하게 노력하면 더 발전할 수 있어."

이처럼 학생들에게 문제를 적절히 해결하는 방안을 알려주면 학생들은 이를 기반으로 자신의 문제를 개선할 수 있다. 이에 대해 스틸은 이렇게 말했다.

"높은 기준을 제시하면서 확신한다는 점을 알려준 것은 마치 메마른 땅에 내리는 단비와 같은 효과가 있었다."[10]

이 방법은 특히 기존에 좋은 평가를 얻지 못했던 학생들은 물론이고 모든 학생에게 효과적이었다.

그런데 일부 연구진과 기자들은 중요한 점 하나를 간과했다. 이 방식의 성패 여부는 학생들이 불공정한 고정관념에 따라 평가받는 일이 없을 거라는 확신을 심어주는 데 달려 있다는 것이다. 이 문제를 해결하는 데 있어 신뢰는 매우 중요한 요소다. 아이들은 어른들이 자신에게 유리하든 불리하든 어떠한 편견도 갖지 않을 것이라고 굳게 믿어야 한다.

이 실험의 결과를 재현하는 데 실패한 심리학자들은 신뢰가 핵심 요소라는 점을 알지 못했다. 또 다른 연구에서는 연구자들이 처음부터 이 방법은 효과가 없다고 단정했고, 그러한 부정적인 태도가 피실험자에게 그대로 전달되었다. 이는 마치 체리 파이를 만들면서 체리를 넣지 않은 것처럼 치명적인 실수였다.[11]

아이를 칭찬하는 것은 부모에게 특히 신중함이 필요한 부분이다. 부모가 "이 수업(과제)은 기대 수준이 매우 높지만 제대로 성실하게 노력하면 충분히 해낼 수 있어."라고 말해도 아이가 그 말을 곧이곧대로 받아들이지 않을 수도 있다. 부모니까 자식인 나에게 저렇게 말하는 거라며 넘겨버리는 것이다. 이럴 때는 다음과 같이 덧붙이는 것도 좋다.

"선택은 네 몫이야. 하지만 올바른 방법으로 노력해야만 성공할 수 있어."

아이의 신뢰를 얻기 위해 노력하고 두뇌가 어떻게 작동하는지 이해하도록 아이를 도와준다면 분명 좋은 결과를 거둘 수 있다(이 점에 관해서는 책 후반부에 더 자세히 다룰 것이다). 아이를 대할 때 정직하면서도 긍정적인 태도를 유지하고, 다정하고 세심하게 아이의 감정을 읽으려고 노력하면 성공 가능성은 커진다. 그러나 부모가 '지능은 평생 변하지 않으며 바꿀 수 없다'라는 오래된 편견에 젖어 있다면 이런 결과를 기대하기 어렵다. 가족 모두가 성장 마인드셋을 갖기 위해 노력해야 한다.

아이와 아이의 반 친구들을 모아서 커뮤니티를 형성하는 것도 좋은 방법이다. 집에 친구들을 초대해서 함께 공부하고 책을 읽는 자리를 마련해주고 사회적 교류의 장으로 만들면 된다. 이 과정은 아이가 아주 어릴 때부터 시작해야 한다. 주변 사람들과 생각을 나누고 교육 문제를 함께 고민할 수도 있다. 무엇보다 중요한 것은 기본적인 능력은 키울 수 있으며 올바른 방법으로 깊이 이해하려고 노력해야만 더욱 성장할 수 있다는 점을 아이에게 꾸준히 전하는 것이다. 여기에 더해 두뇌가 어떤 방식으로 발달하는지에 대해서도 알려주어야 한다.

이 책의 후반부에서 아이들이 심도 있는 학습을 하도록 도와주는 방법을 살펴볼 것이다. 지금은 가족 전체를 변화시킬 수 있는 특별한 방법을 알아보자.

타고난 능력이 모든 것을 결정하지 않는다

2016년에 스탠퍼드대학교에서 대학원 과정을 밟던 카일 하이모비츠Kyla Haimovitz는 가족을 변화시킬 수 있는 혁신적인 연구를 시작했다. 먼저 하이모비츠는 아이들의 학습 태도를 이해하는 접근 방식부터 아예 틀린 것은 아닌지 고민했다. 지능의 작동 방식에 대한 잘못된 믿음 외에 또 다른 요소가 진짜 이유일 가능성은 없을까?

대부분 가정에서 부모가 지능을 성장 가능하다고 보는지 고정불변이라고 보는지 아이들은 전혀 알지 못한다. 아침식사 시간에 자주 등장하는 주제가 아니기 때문이다. 부모들은 따뜻한 봄비를 맞으면서 무럭무럭 자라는 아이오와의 옥수수처럼 지능도 발달한다고 믿을 수도 있고, 반대로 IQ는 외부 환경과 관계없이 영원히 변하지 않는다고 믿을 수도 있다. 그러나 많은 경우에 부모가 어떻게 생각하느냐는 아이에게 명확하게 전달되지 않는다.

확실히 고정 마인드셋(고정형 사고방식)은 겉으로 드러나는 개념이 아니라 마음속 깊이 자리 잡은 암묵적 생각이다. 그래서 많은 부모는 자신이 지능에 대해 어떻게 생각하는지 명확히 표현하지 않는다. 아이들이 부모에게 "넌 원래 바보로 태어났어. 그리고 평생 바뀌지 않을 거야."라거나 그 반대말을 직접 듣는 경우는 거의 없다. 물론 그런 일은 절대 없어야 한다.

그렇다면 부모는 아이들에게 지능이 향상될 가능성에 대해 직접적으로 이야기하고, 그 증거를 제시하며, 어떻게 하면 좋은지 직접 보여줘야 할까? 물론이다. 이제 부모가 성장 마인드셋(성장형 사고방식)에 대한 믿음을 아이들에게 어떻게 전달할지 설명할 것이다. 다만 먼저 부모가 아이들에게 하는 말 때문에 두뇌는 변할 수 있다는 아이들의 믿음이 약해질지 모른다는 점을 고려해야 한다. 성장 마인드셋을 강조하면서 다른 대화를 할 때는 '그건 불가능한 일이야'라는 신호를 보내고 있을지 모르니 말이다.

여기서 말하는 '다른 대화'란 무엇일까? 하이모비츠와 드웩은 우리가 '실패에 대해 드러내는 태도'라고 말한다.[12] 앞서 언급했던 브린모어대학의 교수가 한 말을 기억하는가? 그녀는 실패를 부정적인 것으로 여겼다. 사실 그렇게 생각하는 부모가 아주 많다. 지능이 바뀔 수 있다고 믿는데도 실패를 부정적으로 보는 것이다. 게다가 이런 사고방식은 아이에게 매우 쉽게 전달된다. 어떻게 전달될까?

아이가 수학 시험에서 D를 받았다고 가정해보자. 부모로서 어떤 반응을 보일 것인가? 다른 사람들처럼 성적이 안 오르면 벌을 주겠다고 으름장을 놓을 것인가? 아니면 '우리 애는 원래 수학을 못 하나 봐'라고 생각하며 "모든 사람이 모든 과목을 잘할 필요는 없어. 너는 친구를 잘 사귀잖아."라고 위로할 것인가?

'다른 시험에서 좋은 성적을 받으면 만회할 수 있을 거야'나 '일단 다른 아이들은 시험을 어떻게 봤는지 기다려보자'라고 생각할지 모른다. 아니면 아이의 '부족한 능력'에 대해 안타까워하면서 이게 얼마나 어려운지 잘 아니까 부모마저 '약간 긴장할지' 모른다.[13]

벌을 주겠다고 으름장을 놓는 것은 (처벌이라는) 외적 동기로 내적 동기인 흥미를 저해할 우려가 있다. 하지만 다른 방법도 저마다 단점이 있다. 이러한 태도는 아이에게 시험 '성적'이 장기적인 심층 학습이나 깊은 이해를 얻는 것보다 더 중요하며, 나쁜 성적은 아이에게 꼭 필요한 능력이나 기능이 부족한 것이라고 말하는 것과 같다. 한마디로 "지능은 바뀌지 않아. 그런데 넌 지능이 별로 좋지 않구나."라는 말과 다를 바 없다.

이제 아이의 실패에 대해 긍정적으로 반응할 때 아이에게 어떤 영향을 주는지 한번 생각해보자. 쉽게 말해 '실수는 배울 수 있는 좋은 기회'라는 점을 아이에게 알려주는 것이다. 성적이 낮다고 부끄러움을 느끼게 하거나 동정하거나 충격받은 표정으로 반응하는 대신 '실패는 학습과 성장을 촉진한다'라는 믿음을 심어줄 수 있다.

"학교에서 기대만큼 잘하지 못했던 경험을 떠올려보세요. 그때 어떤 생각이 들었나요?"

만약 어떤 심리학자가 아이에게 이렇게 물었을 때, 실패를 통해 배우려고 노력한 아이는 "실패를 경험하는 것은 성적이나 수행 능력을 높이는 데 도움이 된다."라고 대답할 가능성이 크다. 이는 마치 노벨상 수상자가 몸집이 작아진 상태로 아이의 어깨 위에 앉아 새로운 방식을 시도하고 계속 도전해보라고 격려하는 것과 같다. '실수해야만 배울 수 있다'라는 말이 있다. 지능은 끊임없이 변화하며 타고난 능력이 모든 것을 결정하지 않는다는 점을 늘 기억해야 한다.

일부 가정에서는 무언가 잘못되었을 때 반드시 책임질 사람을 찾으려고 하는 어른의 행동이 아이에게 강력한 메시지로 전달되기도 한다. 이런 어른들은 누구의 잘못인지, 누가 책임져야 하는지 밝히는 데 엄청난 에너지를 소모한다.

예를 들어 부모 사이에 다툼이 벌어져 아버지가 어머니에게 "전부

네 잘못이야."라고 말하는 것을 아이가 보고 들을 수도 있다. 문제를 해결하는 데 집중하는 것이 아니라 잘못을 저지른 사람을 찾아내고 벌 주기를 더 중요하게 여기는 것이다. 이런 식으로 '누구의 잘못인지 따지는' 방식은, 특히 아이의 학교 성적을 둘러싸고 갈등이 생길 때는 더욱 해로울 수 있다. 마찬가지로 아이들이 어떤 일에 실패했을 때 부모는 "네가 직접 책임져야 해."라고 말할지 모른다. 이는 책임감을 느끼게 하는 합리적인 말처럼 들릴 수 있지만 상심한 아이에게 이런 말부터 내뱉거나 이런 식의 반응을 자주 보여서는 안 된다. 사실 '해결책을 찾는 데' 집중하는 것이 가장 중요하다.

실패를 배움의 기회로 만들다

　마턴은 중학교 첫 학기 성적표를 들고 집에 왔다. 수학에서 D학점을 받은 것은 매우 충격적이었다. 마턴은 항상 숫자에 강했고 어려운 문제를 푸는 데 흥미를 느끼는 듯했다. 앞서 언급했던 아이들처럼 까다로운 퍼즐을 보면 "우와, 재밌겠다!"라는 반응을 보이곤 했다.

　엄마 모데이는 아들의 성적표를 보고 여러 가지로 대응할 수 있었다. 켄의 남부 출신 사촌들의 표현을 빌리자면 '요란한 히스테리 발작'을 일으켜서 아들에게 소리를 지르고 벽에 물건을 던질 수도 있었다. 반대로 냉정한 표정으로 "성적이 오를 때까지 네가 좋아하는 기차 장난감을 하나씩 해체해서 버릴 거야."라며 가혹한 벌을 내리거나 가벼운 텍사스 억양으로 비난하면서 아이를 부끄럽게 할 수도 있었다.

　"이런 성적으로 두 번 다시 엄마를 창피하게 만들지 마!"

　이런 식의 대응으로 모데이는 실패는 절대 용납할 수 없는 매우 수치스러운 일이라는 메시지를 아이에게 전할 수도 있었다. 하지만 이런 대응들은 사실상 아이가 고정 마인드셋을 갖도록 등을 떠미는 것이나 다름없다. 다행히 모데이는 그런 식으로 반응하지 않았다.

모데이는 차분하게 아들에게 이번 성적표를 보고 무엇을 배웠는지 물었다.

"이건 아주 소중한 교훈을 배울 수 있는 좋은 기회란다."

그녀는 아들에게 미소 지으며 이렇게 말했다.

"우리가 해야 할 가장 중요한 일이 있어. 그건 바로 네가 틀린 문제들의 개념을 이해하려고 노력하는 거야."

모데이는 아들과 대화를 이어가면서 수학 수업에서 어떤 유형의 문제를 풀고 있냐고 물었다. 마턴은 우물쭈물하며 대답했다.

"아, 뭐, 그냥… 덧셈과 뺄셈, 곱셈과 나눗셈 같은 것이에요."

모데이는 그 순간 깨달았다. 아들은 지나치게 부담을 주는 선생님 때문에 주눅이 든 게 아니었다. 사실 그런 산수 계산은 아이가 초등학교 1학년 때부터 계속해오던 것이었다. 문제는 수업이 너무 쉽고 이미 아는 것을 반복해 가르쳐서 지루함을 느끼는 데 있었다(물론 성적이 낮은 아이들이 항상 이런 문제를 안고 있는 것은 아니다. 하지만 요점은 같다. 부모가 아이의 실패에 어떻게 반응하느냐에 따라 아이가 느끼거나 받는 영향이 달라진다).

모데이는 아들에게 지루함에 대해 직접 언급하지 않았지만 이번 일을 배움의 기회로 만들자고 약속하며 대화를 마무리했다.

"너는 수학을 늘 좋아했잖아. 성적보다는 수학을 깊이 있게 배우고 더 발전하는 것이 훨씬 중요하단다. 일단 선생님은 어떻게 생각하시는지 물어보자. 분명 좋은 말씀을 해주실 거야."

며칠 후 모데이는 아들의 담임인 던 선생님을 만났다. 그는 수업에서 기본 연산 문제를 풀고 있다고 말했다. 모데이가 빙그레 웃으며 "대수학은요?"라고 물었더니 던 선생님은 이렇게 답했다.

"크로켓중학교에서는 대수학을 가르치지 않습니다. 학생들이 그만한 실력이 안 되거든요."

던 선생님은 물론이고 학교 행정가도 고정 마인드셋을 가진 사람 같았다. 그런데 더 심각한 문제는 고정 마인드셋에 다른 편견이 맞물려 있었다는 점이다. 다른 중학교에서는 대수학을 가르치고 있다는 사실을 알았기에 모데이가 의아하다는 반응을 보이자 던 선생님은 이렇게 변명했다.

"저도 알아요. 하지만 제퍼슨중학교의 학생 구성은 우리 학교와 다르잖아요. 우리 학교의 많은 학생은…."

던 선생님은 잠시 말을 끊었다가 이렇게 말했다.

"수학을 못하는 특정 인종 출신이 많습니다."

인디애나대학교 심리·뇌과학과의 메리 머피Mary Murphy 교수와 엘리자베스 캐닝Elizabeth Canning 교수는 과학 과목을 수강한 약 1만 5,000명 학생들의 성적을 분석했다. 지능은 타고나는 것이라고 믿는 교사가 가르치는 수업에서는 인종별 성취 격차가 평균적으로 두 배나 더 컸다. 그러나 '사람의 능력은 유연성이 있으며 끈기와 효과적인 전략, 양질의 멘토링을 통해 개발될 수 있다'라고 생각하는 교사가 가르치는 수업에서는 성취 격차가 상대적으로 미미했다.

이 결과를 보면 과학 교육에서 흔히 볼 수 있는 '고정형 사고방식의 천재 문화'에 사로잡혀 있는 교육자는 학생에게 해를 끼칠 수 있다. 즉, '어떤 학생은 선천적으로 지적 능력이 뛰어나지만 다른 학생은 그렇지 않다'라고 생각하는 교사의 편견과 지능에 대한 고정관념은 학생들의 학습과 성장에 부정적인 영향을 줄 수 있다.[14]

모데이는 아들이 다니는 학교의 상황을 알게 되자 진취적인 엄마답게 잠시 멈춰 차분하게 어떻게 대처할지 생각했다. 심장이 빠르게 뛰는 것을 느꼈지만 그녀는 긍정적인 태도를 유지하려고 애썼다. 성적이 낮다고 아이를 나무랄 게 아니라 그 또한 배움을 위한 과정으로 여기는 것이 옳다고 판단했다. 모데이는 성적표에 나오는 점수보다 심층 학습에 더 관심이 있다는 점을 던 선생님에게 알리고 싶었다.

"조금 특별한 제안을 하고 싶습니다."

그녀가 마침내 입을 열었다.

"마턴에게 제퍼슨중학교에서 쓰는 대수학 교재를 주고 교실 뒤에서 스스로 더 어려운 내용을 공부하도록 허락해주세요. 필요하면 개인 과외 교사를 찾아보겠습니다. 그리고 이번 학기가 끝날 때, 제퍼슨중학교의 시험지로 기말고사를 치르게 해주세요. 그 시험 결과를 올해 우리 아들의 수학 성적으로 간주해주시면 좋겠습니다."

던 선생님은 한참 망설였지만 결국 그녀의 제안을 수락했다.

며칠 후 모데이는 크로켓중학교에서 수학 수업을 힘들어하는 아이들이 더 있다는 것을 알게 되었다. 그런 아이들이 전부 1학기부터 실망스러운 점수를 받은 것은 아니었다. 하지만 1년을 더 기다리기보다 지금 대수학을 배우고 싶어한다는 공통점이 있었다. 결국 다른 부모도 학교를 찾아가서 마턴과 같은 기회를 달라고 요청했다.

얼마 지나지 않아 학급의 절반 이상이 개별적으로 대수학을 공부하기 시작했다. 부모들은 힘을 합쳐 돈을 마련해 과외 교사 여러 명을 구했고 각 가정의 형편에 맞게 수업료를 부담하기로 했다. 아이들은 대수학 공부를 활용해서 여러 가지 사회 활동을 직접 기획했다. 야외로 소풍을 떠나자 거의 모든 학생이 참여했고 소규모 그룹을 만들어 친구 집에서 함께 공부했다. 그리고 매일 밤 전화로 친구와 어려운 문제를 논의하면서 학습에 더해 서로 협력하는 경험을 쌓아갔다.[15]

이 실험은 40여 년 전에 진행했지만 지금 같은 프로그램을 시행한다면 온라인 자료와 게임을 포함할 수도 있을 것이다. 2011년 장바티스트 후인Jean-Baptiste Huynh과 그의 동료들이 시작한 프로젝트도 크게 보면 비슷한 시도라고 할 수 있다. 그들은 아이들이 대수학 개념을 쉽게 이해하도록 돕기 위해 수줍음이 많아 다른 사물과 함께 있기를 싫어하는 용이 주인공인 온라인 게임을 개발했다. 게임의 목표는 방정식에서 미지수를 혼자 남기는 대수학 계산법을 활용해 용을 분리하는 것이었다.[16]

크로켓중학교에서는 한 학년이 끝날 무렵, 마턴처럼 대수학을 배우기로 한 아이들이 제퍼슨중학교의 대수학 시험지로 기말고사를 치렀다. 85점 이하를 받은 아이는 한 명도 없었다. 모두 한 단계 더 어려운 수학을 계속 공부했고, 마턴도 수학에 대한 흥미를 잃지 않았다. 그는 대학과 대학원을 거친 후, 수학을 많이 활용하는 분야에서 경력을 쌓았다.

이 이야기는 실제 인물과 사건을 바탕으로 한 실화다. 개인 정보를 보호하고 핵심 내용을 명확하게 전달하기 위해 이름과 몇 가지 세부 사항만 변경했다. 요점은 부모와 아이가 함께 행동할 때 공동체가 큰 힘을 발휘할 수 있다는 것이다. 교실 뒤에서 혼자 공부하는 방식이 대수학을 배우는 최선이었을까? 아닐 것이다. 당시 상황에서 선택할 수 있었던 실질적인 방안이었으며 덕분에 아이들은 성적보다 얼마나 깊이 있게 배우느냐가 중요하다는 점을 깨달았다. 이러한 관점을 갖게 된 것은 아이들의 학습 과정에서 큰 진전이었다. 이 사례를 통해 다양한 방식으로 아이들을 가르칠 수 있다는 점을 기억하길 바란다.

최소한 모데이와 마턴의 경험은, 아이가 실패했을 때 가장 생산적인 대응이란 누구의 잘못인지 따지기보다 아이 스스로 창의적인 해결책을 고민하도록 이끄는 것임을 알려준다. 또한 이 이야기는 학생은 물론, 교사와 부모에게도 성장 마인드셋이 중요함을 잘 보여준다. 시험 점수와 성적에 지나치게 집착하면 과목에 대한 심층 학습에 방해가 되며 고정 마인드셋을 계속 강화해 지속적인 피해를 낳을 수 있다.

부모가 아이의 성공이나 실패를 어떻게 받아들이냐에 따라 아이는 지능에 대한 자기만의 생각을 형성하게 된다. 더 나아가서는 아이가 성공과 실패를 받아들이며 학교에서 무엇을 배울지 결정짓는 요소가 된다. 아이가 '나는 더 똑똑해질 수 있다'라고 믿으면 더 많은 것을 배우고 더 생산적인 사람으로 성장할 수 있다.

하지만 꼭 아이가 무언가에 실패할 때까지 기다렸다가 도움을 주어야 할까? 그보다 먼저 지능은 고정된 것이 아니라 더 향상될 수 있다는 사실을 아이에게 가르치고 인지 능력은 바뀌지 않는다는 편견을 허물어줄 방법은 없을까? 수십 년간 교육자들이 이러한 질문과 씨름하고 있다. 그들은 학생에게 '더 똑똑해질 수 있다'는 믿음을 심어주려고 여러 가지 방법을 시도했다. 안타깝게도 정해진 틀에 맞춰 실천할 수 있는 단계별 지침은 만들어내지 못했다. 그래도 몇몇 아이들이 지능을 더 높일 수 있다는 점을 깨닫도록 도와주는 과정에 대해 중요한 점을 몇 가지 알게 되었다. 부모가 아이들의 실패에 지혜롭게 대처해야 한다는 사실은 변함없다. 지금부터 살펴볼 내용은 그 목표를 달성하는 데 도움이 될 것이다.

앞서 언급했듯이 일부 연구자들은 마인드셋의 연구 결과를 재현하는 일이 어렵다는 것을 알게 되자 약간의 논란을 일으켰다. 이와 관련해 드웩과 데이비드 예거David Yeager는 중요한 문제를 제기했다.

"아이들 스스로 자신의 능력을 개발할 수 있다는 생각이 왜 논란이 되어야 할까? 그리고 이를 믿으면 아이들이 더 많이 배우도록 영감을 줄 수 있다는 사실마저 왜 논란거리인가? 모든 아이는 각자의 지적 능력이 더 성장할 수 있다고 믿으며 그렇게 되도록 아낌없이 도와주는 사람들이 있는 학교에서 공부할 자격이 있지 않은가?"

하지만 이 중에 쉬운 일은 하나도 없다. 두 사람은 이렇게 결론지었다.

"모든 학습자에게 지원을 아끼지 않는 환경을 만드는 것은 상당히 어렵지만 의미 있는 일이다. 우리는 마인드셋에 관한 연구가 그러한 환경을 만드는 데 의미 있는 역할을 하리라 기대한다."[17]

학습을 학습하라

배움이라는 여정을 떠난다는 것은 어떤 의미일까? 아이들이 고정된 사고방식의 굴레를 벗어나게 도와주려면 우리는 이 질문에 답해야 한다.

이해를 돕기 위해 학습 과정의 출발점으로 돌아가보자. 배움은 어떻게 시작될까? 이 질문을 곰곰이 생각해보면 아이들이 학교나 그 밖의 환경에서 성공적으로 배우도록 도와주는 데 필요한 중요한 점을 알게 된다.

아이가 지금 몇 살이든 모든 아이들은 태어날 때 공통된 경험을 한다. 지금 시점에서 아이들을 제대로 도우려면 우리는 그 경험을 이해해야 한다. 이 책을 읽는 사람들의 아이는 이미 10대 청소년이거나 어린아이일 수도 있고 갓난아기나 아장아장 걷는 아기일 수도 있다. 이런 차이는 전혀 문제가 되지 않는다. 모든 사람은 인생 초기에 몇 가지 공통된 경험을 하며 그 경험이 이후의 배움과 성장의 토대가 되기 때문이다.

물론 엄마의 배 속에 있을 때 이미 이루어지는 학습도 있다. 하지만 지금은 우리가 매년 기념하는 마법 같은 날인 생일에서 시작해보자. 그렇게 큰 사건을 겪은 직후에 요람에 눕혀 놓은 아기에게 어떤 일이 일어나고 있었을까? 아이는 태어난 날에 어떤 일을 겪었을까? 강렬한 빛, 소리, 촉감, 맛, 냄새가 아기의 모든 감각을 쉴 새 없이 자극하며 폭풍처럼 몰아쳤을 것이다. 그것이 바로 갓난아기가 외부 세계와 접촉하는 유일한 방법이다.

세상에 나오기 전 아기의 작은 두개골에는 이미 수십억 개의 뇌세포가 존재한다. 태어난 직후에는 귀, 코, 눈, 혀, 피부를 통해 다양한 감각 정보를 받아들이며 주변 환경을 인식하기 시작한다. 청각이나 시각이 다소 제한된 채 태어나는 아이들도 있지만 기본 원리는 같다. 감각 자극은 아기가 세상에 적응하고 학습을 시작하며 유지하는 역할을 한다.

그러면 아이는 이렇게 밀려드는 감각 정보를 어떻게 처리할까? 아이는 주변 환경을 이해하려고 노력했을 것이다. 이를 어떻게 해냈을까?

인간의 뇌가 매우 잘할 수 있는 활동 덕분에 가능했을 것이다. 바로 패턴을 인식하고 정신 모델mental models, 즉 패러다임을 구축하면서 세상이 어떻게 작동하는지 배우는 것이다. 예를 들어 '울면 분유를 먹을 수 있구나', '울면 기저귀를 갈아주는구나' 하고 하나씩 깨달았을 것이다.

갓난아기는 아직 언어를 이해하는 능력은 갖추지 못했지만 감각과 느낌을 통해 단순한 정신 모델을 만들었을 것이다. 그러다 시간이 지나면서 점점 더 복잡한 정신 모델을 만들고 여기에 정교하거나 방대한 아이디어를 결합한다. 특정 시기가 되면 주변에서 들리는 소리를 자신의 정신 모델과 연결해 듣고 말하는 언어 능력을 갖춘다.

무엇보다 중요한 것은 아이들이 스스로 만든 정신 모델을 활용해 새로운 감각 정보를 이해하기 시작한다는 점이다. 아이들의 머릿속에 우리가 의자라고 부르는 사물에 대한 모델이 있었다. 새로운 장소에 가서 같은 형태의 물체를 보면 이미 머릿속에 그 모델이 있기에 그 물체가 무엇인지 즉시 이해하는 것이다.

우리가 세상을 이해하는 방식

준후이는 중국의 어느 시골에서 태어나 생후 18개월 동안 오직 중국어만 들으며 자랐다. 때때로 덩치가 크고 털이 많고 친근한 동물이 자기 얼굴을 핥아주거나 음식을 훔쳐갔는데, 그것을 부르는 단어가 고우gǒu라고 배웠다. 그러나 생후 18개월에 미국으로 오면서 활달한 그 동물을 가리키는 단어가 바뀌었다. 이제는 도그dog라고 불러야 했다. 하지만 쉽게 적응했고 모국어를 완전히 익히기도 전에 이미 제2언어를 배우기 시작했다.

준후이는 여러 가지 생각의 틀을 계속 구축했고 그러한 틀을 사용하여 새로운 감각이 입력되는 것을 이해했다. 그는 고우나 도그 중 어느 단어를 사용하든 네발 달린 동물이 같은 범주의 생물임을 인식할 수 있었다. 심지어 사고를 당해서 다리를 잃은 콜리를 보았을 때도 워싱턴 D.C.의 새 보금자리에서 만난 복서 boxer* 와 같은 종류의 동물임을 알아보았다.

정신 모델, 즉 사고의 틀을 전이하고 이를 미세하게 조정할 수 있는 능력은 인간의 뇌가 별도의 교육을 받지 않고도 해낼 수 있는 가장 놀라운 기술 중 하나다. 우리는 매우 낯선 나라에 가더라도 기존 정신 모델을 바탕으로 새로운 감각 정보를 이해할 수 있다. 처음 가보는 장소에 들어가더라도 그곳이 방이며, 저기 보이는 것들이 의자나 탁자임을 알아본다. 물론 그런 사물을 어떤 언어로 지칭하느냐는 전혀 문제가 되지 않는다.

우리가 빛이라고 부르는 것은 사실상 전자기장이다. 이것이 눈의 망막을 자극하면 우리는 이를 '시각'으로 인식한다. 우리가 눈에 보이는 것을 이해하는 방식은 그저 신경계를 통해 들어오는 빛에 의존하는 게 아니라 이전에 구축한 정신 모델을 기반으로 이루어진다. 청각이나 촉각 등 다른 감각을 인지하는 과정도 크게 다르지 않다. 이와 같은 감각 인식은 모든 학습이 이루어지는 경로이며 우리가 세상과 소통하는 방식이다.

정신 모델은 우리에게 더없이 편리하고 효과적인 시스템이지만 아

---

* 독일에서 유래한 중·대형견.

이가 학교에서 더 많이 배우도록 돕고 싶다면 이 시스템이 가진 한 가지 작은 문제점을 반드시 이해해야 한다. 우리의 정신 모델은 직접 경험한 패턴을 통해 형성되므로, 처음에 접하는 몇 가지 예시만으로는 전체에 대한 대표성이 부족한데도 그러한 예시를 기반으로 정신 모델을 형성할 우려가 있다. 이는 마치 봄 시즌 훈련 중에 뉴욕 양키스를 상대로 호보컨Hoboken* 출신의 아마추어 야구선수들이 승리하는 것을 보고, 이 팀이 브롱크스 바머스Bronx Bombers** 보다 더 뛰어나다고 확신하며 내기에 참여하는 것과 같다.

더 심각한 것은, 이 문제는 생각보다 훨씬 크게 번질 수 있다는 점이다. 일단 정신 모델이 만들어지면 우리는 그것에 애착을 가져 좀처럼 이를 포기하거나 바꾸려 하지 않는다. 익숙한 사고방식을 그대로 유지하는 것이 매우 쉽고 편하기 때문이다. 따라서 우리가 새로운 패러다임을 형성하는 방식은 아무리 좋아 보여도 사실 잘못된 고정관념과 악의적인 편견의 출발점이 될 수 있다.

우리는 모두 각자의 세상에서 살아간다

트루먼 버뱅크라는 가상인물이 겪은 역경에 대해 잠시 생각해보자. 여기서 짐 캐리Jim Carrey는 젊은 모험가인 버뱅크를 연기했다. 앞서 추천한 〈트루먼쇼〉는 코믹 영화임에도 매우 중요하고 복잡한 점을 시사한다.

버뱅크는 일평생 유명한 리얼리티 텔레비전 프로그램의 주인공으로

---

* 미국 뉴저지주의 도시.
** 뉴욕 양키스의 별칭.

살았다. 하지만 정작 본인은 자기 인생이 방송 프로그램의 일부라는 점을 전혀 몰랐다. 태어난 직후부터 텔레비전 프로그램에 투입되었으므로 주변 사람이 모두 각자의 역할을 연기하는 배우라는 것도 깨닫지 못했다. 그가 사는 마을은 사실 거대한 텔레비전 스튜디오이며 숨겨진 카메라들이 그의 모든 행동을 촬영해 전 세계 시청자들에게 실시간으로 방송했는데 이 사실을 버뱅크 본인만 몰랐던 것이다.

중요한 의미에서 우리는 모두 자신만의 스튜디오 환경 속에 갇혀 있다. 우리의 뇌는 때로는 매우 정교한 정신 모델을 구성하며 우리는 이러한 모델을 이용해 세상을 바라보고 세상이 돌아가는 방식을 이해한다. 심도 있는 학습의 한 가지 목표는 기존 패러다임에 의구심을 갖고 새로운 패러다임을 구축하거나 적어도 또 다른 대안이 가능하다는 점을 깨닫는 것이다. 이 점이 바로 이 책을 통해 우리가 함께 탐구할 주제다.

지능은 높아질 수 있을까?

이러한 사고방식이 작동하는 방식은 우리가 정리해둔 지능의 작동 방식과 연결해 설명할 수 있다. 수백만 명의 아이들은 여러 가지 이유로 지능이 변하거나 더 나아질 수 없다는 고정관념을 가지고 있다. 이런 아이들은 누군가의 두뇌는 '똑똑하고', 또 다른 누군가의 두뇌는 '평범'하거나 심지어 '멍청하며', 이러한 기본적인 능력 수준은 절대 바꿀 수 없다고 생각한다. 그리고 이러한 고정관념을 기반으로 자신이나 다른 아이가 학교에서 특정 과목을 잘하거나 못하는 것이라고 결론짓는다.

많은 경우 아이들은 여러 요인에 의해 그런 사고방식을 갖게 된다. 일단 어떤 개념이 형성되면 접착제로 붙인 것처럼 인간의 정신에 고정

된다. 사실 이러한 사고방식은 삶에서 경험하는 것들에 대한 답을 찾게 해주는 도구가 된다. 하지만 정신에 너무 깊숙이 자리 잡거나 단단하게 고정되어서 거의 무의식적으로 이를 사용하게 된다.

한 번 형성한 사고의 틀을 바꿀 일이 있을까? 물론 있지만 이는 상당히 큰 작업이다. 그렇게 하려면 학습 이론가들이 말하는 '모델 실패'model failure를 경험해야 한다. 다시 말해 기존 사고방식을 적용할 수 없는 장소에 가거나 기존 사고방식을 무용지물로 만드는 상황에 부딪쳐야 한다. 그리고 그러한 실패를 중요하게 생각해야만 변화할 수 있다.

구체적으로 기대했던 결과가 있었으나 그러한 결과를 얻지 못하는 상황도 필요하다. 다시 말해 기존 사고방식에 맞지 않는 개념이나 정보를 직면해야 한다. 만약 기존 패러다임으로는 현재 상황이나 문제를 제대로 설명하지 못하는데도 이러한 문제를 중요하게 여긴다면 그때부터는 새로운 문제에 대해 고민하기 시작하고 이리저리 변형해서라도 서로 맞춰보려 애쓸 것이다. 그 과정에서 전혀 다른 패러다임을 구축할 수도 있다.

일부 과학자는 유아를 관찰하면서 두뇌와 지능이 바뀌지 않는다는 기존 이론에 의문을 품었다. 신생아는 어떤 언어로도 읽거나 쓰거나 말하거나 이해하지 못한다. 그런데도 신생아가 멍청하다고 생각하는 사람은 없다. 아기가 성장하면서 점차 달라질 거라고 생각하기 때문이다. 갓난아기의 능력도 발전할 수 있다면 더 큰 아이나 성인도 시간이 지날수록 능력이 더 발전하지 않을까?

그것이 뇌가 변화하고 더 똑똑해질 수 있다는 유일한 증거는 아니었다. 놀랍게도 어떤 사람들은 동물원에서 찾은 증거에 주목했다. 사자,

호랑이, 원숭이 등 큰 포유류가 죽으면 일부 수의사는 그들의 뇌를 해부하여 연구하는데 여기에서 매우 놀라운 사실을 발견했다.

일생 대부분을 동떨어진 우리에서 외롭게 보냈고 주변에 흥미를 끄는 장난감이나 경쟁 대상도 없었던 동물의 뇌는 동물원에 있던 다른 동물들과 큰 차이를 보였다. 고립된 동물들은 뇌세포의 상호 연결이 적었다. 뇌세포의 연결은 생각하고, 장난감의 작동 원리를 배우고, 다른 동물들이 자기 먹이를 빼앗으려 할 때 적절히 대응하게 도와준다. 따라서 이러한 연결을 활성화하고 성장시키려면 문제해결 능력을 발휘할 기회가 있어야 한다.

이에 대해 심리학자 리사 블랙웰Lisa Blackwell은 이렇게 말했다.

"장난감을 갖고 놀거나 친구와 함께 어울리며 뇌를 활발하게 사용한 성체 동물들이 더 똑똑하며, … 문제해결 능력이 뛰어나고 새로운 것을 배우는 데 더 능숙했다."[18]

'뇌와 지능은 더 발달하지 못한다'라는 기존 이론으로는 설명할 수 없는 연구 결과였다.

그러나 가장 결정적인 증거는 저글링을 할 줄 모르는 사람들의 두뇌 연구에서 나왔다.[19] 연구자들은 먼저 모든 참가자의 뇌를 스캔한 후, 절반의 참가자에게 저글링을 어떻게 하는지 알려주었다. 몇 달 동안 연습한 후, 모든 참가자를 다시 연구실로 불러 뇌를 재조사했다. 저글링을 배우지 못한 참가자들(아무도 그들에게 저글링을 가르쳐주지 않았거나 연습하지 않은 사람들)의 뇌는 처음과 비교했을 때 전혀 달라지지 않았다.

저글링을 배워서 집에서 열심히 연습해 온갖 재주를 부리는 코미디언처럼 능숙해진 사람들은 어땠을까? 예상대로 그들의 뇌는 크게 달라져 있었다. 공 세 개를 공중에서 회전시키는 데 필요한 운동 능력과 시각 능력을 조절하는 부분에 큰 발전이 있었다. 그들이 새로운 것을 배울 때 뇌가 어떻게 변했는지를 '눈으로 확인'할 수 있었다. 만약 지능이 뇌가 기능을 얼마나 잘 수행하는지를 나타내는 지표라면 'IQ는 변할 수 없다'라는 기존 이론은 이제 바꿔야 한다.

하지만 전 세계 모든 심리학자와 신경과학자가 갑자기 "맙소사, 내가 틀렸구나. 제대로 도움을 받아서 배운 것을 연습하면 지능이 높아질 수 있네요!"라고 선언했을까? 어떻게 생각하는가? 이번 장을 읽기 전까지 고정형 사고방식을 믿고 있었는데 방금 몇 문단을 읽었다고 해서 생각이 달라졌는가? (오래전에 형성되어 깊이 뿌리내린 사고방식을 바꾸고 싶지 않을 것이다. 답답한 마음에 이 책을 탁 덮어버리고 싶을지도 모른다.)

몇 년 전, 켄은 주립대학교를 직접 운영했던 의사와 이러한 연구 내용을 공유했다. 그러나 그는 단호하게 "저는 이런 자료를 믿지 않습니다."라고 말했다. 그의 판단은 옳지 않았다. 단지 오랫동안 믿어온 이론이나 사고방식을 쉽게 버리지 못하는 것이다. 다른 경우에도 우리는 사람들이 자신이 듣거나 읽은 것의 의미를 깊이 생각하지 않는다는 느낌을 받았다.

뇌는 달라질 수 있고 노력도 발전할 수 있다는 점을 받아들이는 것이 논리적으로 타당한 상황에서도 여전히 기존 사고방식이 사람들을 지배했다. 이러한 사람들은 아이들이 똑똑하거나 어리석거나 둘 중 하나이며 그렇게 정해진 대로 살 거라고 생각한다. 그들이 보기에 아이들은 매우 성실하고 의지가 강한 부류와 그렇지 않은 부류, 또는 재능이 뛰어난 아이와 그렇지 않은 아이로 나뉜다.

지능에 대한 고정관념을 바꾸는 연습

아이의 정신 모델이 고정된 상태라면 어떻게 변화시킬 수 있을까? 만약 아이가 인지 기능과 발달에 심각한 제약이 있는 극소수의 특수 아동이 아니라면 지능이 높아지도록 도와줄 수 있다. 기존 사고방식이 틀렸음을 보여주는 상황을 경험하게 하고 그 실패를 중요하게 여기도록 해야 한다. 이미 이를 성공적으로 해낸 프로그램이 있으니 참조하면 된다.

지난 20년 동안 수많은 노력 덕분에 지능은 불변한다고 생각하는 사람들이 지능은 발달한다고 인정하도록 도와줄 수 있었다. 이 과정을 통해 사람들의 학습 능력도 향상되었고 실패를 극복하는 힘도 기를 수 있었다. 이러한 연구 결과를 활용하려면 우선 배움이 자라는 가정을 만들어야 한다. 이미 수많은 가족이 이러한 제안을 실천하고 있다. 이제 그런 가정을 실제로 어떻게 구현할지 이해할 수 있도록 좀 더 깊이 있는 예시와 함께 살펴볼 것이다.

더 생각해보기

아마 어떤 독자는 지금 이렇게 생각할지 모른다.

"공부 습관을 개선하고 더 나은 학습법만 있으면 학생들이 더 발전하지 않을까?"

사실 학교에서 우수한 성적을 받는 방법을 알려주는 수많은 책은 그 점만 지겹도록 강조한다. 물론 학습과 공부에는 상대적으로 더 나은 방법이 있다. 이 책에서도 최신 연구 결과를 살펴보고 활용법을 공유할 것이다. 그러나 많은 연구에서 밝혀진 바에 따르면 아무리 공부 습관이 좋아도 그것만으로는 원하는 결과를 얻기 어렵다.

약 40년 전 미국의 심리학자 수전 보빗 놀런Susan Bobbitt Nolan은 어른이 학생에게 숙제를 가장 잘하는 방법을 가르칠 수 있지만 학생들이 학교 성적만 중요하다고 여기면 좋은 방법을 배워도 일관되게 사용하지 않는다는 사실을 알았다.[20] 만약 어떤 학생이 최고 점수를 받는 것(기본적으로 시험에서 다른 학생들을 이기는 것)을 목표로 삼는다면 효과적인 학습법을 가르쳐주어도 실제로 공부할 때는 그 방법을 거의 활용하지 않는다. '배움 자체의 가치'를 중요하게 생각하는 학생들만 그 학습법을 꾸준히 사용했다.

성장 마인드셋이 가져오는 분명한 차이

2007년에 연구팀은 7학년* 학생들을 대상으로 8주 동안 최적의 학습 기술을 가르치는 실험을 진행했다.[21] 첫 번째 그룹은 성장 마인드셋이나 학습에 심도 있는 목표를 설정하는 것에 대해 전혀 교육받지 않았다. 반면 두 번째 그룹에는 변화를 주었다. 이 그룹은 더 우수한 읽기, 이해, 문제해결법을 배웠으며 성장 마인드셋에 대한 연구를 접할 기회도 얻었다. 둘 중 어느 그룹의 성과가 더 높았을까?

7학년과 같은 인생의 큰 전환점에 해당하는 시기에 성장 마인드셋으로 무장하지 않으면 배움도 성적도 흔들리기 시작한다. 2007년 실험에서도 그런 현상이 나타났다.

두 그룹 모두 초반에는 성적이 떨어졌다. 이를 가리켜 흔히 '7학년 슬럼프'라고 하는데 이 나이대 학생들에게 자주 나타난다. 하지만 일부 학생들이 '두뇌는 더 발달할 수 있다'는 점을 알게 되자 성적이 점차 나아지기 시작했다. 학년 말이 되자 그 학생들은 초반에 떨어진 성적을 모두 회복했을 뿐 아니라 성적이 크게 올랐다. 대조적으로 그저 더

---

* 한국 기준 중학교 1학년.

나은 학습법에 대해서만 들어본 학생들은 계속 성적이 떨어지는 악순환을 겪었다.

결국 우리 뇌는 성장할 수 있으며 실제로 성장하는 중이라는 점을 깨닫는 것이 단순히 효율적인 학습법만 익히는 것보다 훨씬 더 바람직하다는 점이 또 한 번 증명되었다.

오해는 하지 않기를 바란다. 연구를 통해 전통적인 학습법보다 훨씬 나은 효과적인 방법이 발견되었으며 새로운 방법을 다루는 책도 많이 나와 있다. 앞으로 이어지는 내용에서 아이의 심층 학습을 어떻게 도와줄 수 있는지 설명할 것이다. 하지만 성장 마인드셋의 지대한 영향력과 이를 활성화하는 방법을 다루지 않는다면 아무리 좋은 학습법을 알려줘도 아이는 학교에서 제대로 배울 준비를 하지 못할 것이다. 아이들은 확고한 의지와 더불어 자신의 지능이 향상할 수 있다는 점을 제대로 이해해야 한다. 그래야만 최적의 학습법을 효과적으로 사용할 가능성이 커진다.

제3장

배움이 자라는
집으로 만들려면

THE
LEARNING
HOUSEHOLD

지식의 소비자가 아닌 '창조자'가 되는 순간,
아이의 세계는 완전히 달라진다.
학교에서 더 많은 것을 배우길 바란다면
삶에 대한 경이로움,
무언가를 스스로 만들어내는 기쁨
그리고 아이들의 열정을 중심에 두어야 한다.

어떤 가정은 아이의 배움이 활짝 피어나는 역동적인 환경을 만든다. 함께 종교 경전을 읽고 토론하며 학습 분위기를 조성하는가 하면 스포츠에 대한 열정을 기반으로 교육 환경을 구축한다. 자연, 역사, 인간의 뇌 연구 등의 주제를 중심으로 그런 환경을 만들기도 한다. 정치나 시도 좋은 주제가 될 수 있다. 아이들의 관심을 사로잡는 어떤 주제든 그것을 중심으로 집을 배움의 공간으로 만들 수 있으며 우리도 그 과정을 적극적으로 도울 것이다.

자녀가 여러 명이라면 다양한 관심사를 다뤄 아이들이 열린 환경에서 서로 자극을 주고받도록 해야 한다. 아이들은 나이에 따라서, 새 친구를 사귀거나 다양한 경험을 하면서 좋아하는 과목이 바뀔 수 있다. 이러한 다양성과 변화 과정은 축하할 일이다. 부모는 아이가 좋아하는 것을 다른 분야와 연결할 수 있도록 계속 응원하고 도와주면 된다.

아이는 부모가 제시하는 모든 것에 크게 호응하지 않을 수 있다. 그래도 포기하지 말고 계속 시도해보길 바란다. 아이에게 새로운 주제를 던지고 그들의 관심사와 연결되는 부분을 찾아보자.

가정을 배움의 공간으로 만들기 위해 노력하는 부모는 이렇게 일상의 모든 순간에 학습 과정을 자연스럽게 녹여낸다. 독서, 공부, 연습, 새로운 프로젝트 도전(예를 들어 새로운 언어 배우기), 목표에 대해 편안하게 이야기하거나 극복해야 할 어려움이 있을 때 그에 대해 솔직하게 대화를 나누면서 아이에게 학습을 실천하는 모습을 보여줄 수 있다. 자신의 관심 분야를 깊이 탐구하고 중요한 아이디어를 함께 논의하는 것도 아이에게 좋은 본을 보여주는 방법이다. 이처럼 새로운 것을 탐구하는 분위기가 일상에서 계속 이어져야 한다.

물론 부모는 아이에게 기본적인 것도 가르쳐야 한다. 자주 책을 읽어주고, 수학 문제를 함께 풀며, 글을 써볼 기회도 마련한다. 무턱대고 과제를 던져주는 게 아니라 발음을 중심으로 가르치는 파닉스나 성장 마인드셋까지 다양한 연구 결과를 바탕으로 신중하게 접근해야 한다.[1] 아이를 가르치다 어떤 분야에 대한 배경지식이 부족할 때는 해당 분야를 공부할 기회로 삼는다.

"엄마, 아빠가 네 나이였을 때는 사람의 뇌가 어떻게 작동하는지 제대로 배우지 못했어. 그런데 이번 기회에 우리 가족이 다 같이 뇌에 관해 공부할 수 있어서 참 좋구나."

"이번에 나온 새 책 말이야. 정말 좋더라. 책에 나오는 사진과 그림이 너무 멋지지 않아?"

이런 식으로 대화를 이어갈 수 있다. 아이가 열정적인 자세로 배우길 바란다면 부모가 먼저 그런 모습을 보여주어야 한다.

무엇보다 중요한 것은 아이의 잠재적인 열정을 알아차리고 관심사를 자유롭게 탐구할 수 있도록 도와주는 것이다. 아이의 관심 분야가 일반적으로 생각하는 우수한 교육에 꼭 필요한 요소가 아니더라도 말이다. 그리고 어떤 분야나 주제를 소개할 때, 아이에게 '~을/를 해야 한다'는 식의 요구사항으로 제시하는 것이 아니라 흥미를 자극하는 질문 형태로 소개해야 한다.

아침식사나 저녁식사를 하며 이렇게 대화를 시작해보는 것도 좋다.

"오늘 어떤 글을 읽었는데 많은 사람이 자신이 똑똑하게 태어났다거나 반대로 그렇게 태어나지 않은 사람이라고 여기대. 사실 새로운 것을 배우는 능력은 시간이 지나면서 크게 달라질 수 있고 스스로 그 능력을 키울 수도 있다고 해. 어떻게 하면 그런 능력을 키울 수 있을까? 너는 어떻게 생각하니?"

처음에는 아이가 엉뚱한 대답을 하거나 단순하게 "몰라요."라고 반응할 수 있다.

부디 인내심을 가지길 바란다. 일단 미소를 잃지 말자. 해당 주제에 대한 아이들이 이해하기 쉬운 짧은 글을 주고 읽게 한 다음, 어떤 생각이 드는지 물어볼 수 있다.[2] 우리는 글을 읽을 줄 안다면 다섯 살 정도의 어린아이들에게도 이 방법을 적용해왔다.

'성장 마인드셋'에 관한 이야기를 예로 들어보자. 켄은 예전에 한 학생이 초등학교 1학년 때 읽었던 오래된 기사를 꺼내 고등학교 졸업반이 된 아이에게 다시 보여주었다. 그 학생은 어린 시절에 그 글을 읽었다는 사실을 기억하지 못했지만 '뇌는 성장할 수 있다'라는 개념은 확실하게 이해했다(아마 여러 해 동안 반복적으로 들었을 것이다). 그 후로 이 학생은 성장 마인드셋을 가지고 다양한 주제와 활동에 참여했으며 새로운 도전을 받아들이고 계속 성장하려는 태도를 보였다.

아이가 기사를 읽어본 후에 유의미한 대화를 시도해볼 수 있다. 이를테면 그 기사에서 주제를 뒷받침하기 위해 어떤 증거를 제시하는지 물어보는 것이다.

"너는 그 주장이 옳다고 생각해?"

"옳다고 생각하는 이유는 뭐야? 그 주장에 동의하지 않는다면 반대하는 이유는?"

이렇게 질문하면 아이가 논리의 강점이 무엇인지 파악하는 데 도움이 된다. 시간이 좀 지난 후에 다시 그 기사를 꺼내서 그 주제가 타당한지 생각해보게 하는 것도 좋다.

편안한 대화를 통해 학습자의 관심을 자극하는 방식은 대단한 아이디어를 논하거나 전 세계적인 문제를 다룰 때만 사용하는 것이 아니다. 간단한 기술이나 요령을 읽힐 때도 활용 가능하다. 예를 들어 영어 발음을 배울 때를 떠올려보자. 일반적으로 어떻게 발음하는지를 가르칠 때 아이들에게 반복적으로 연습을 시킨다. 이럴 때 더 재미있는 방식으로 가르칠 수 있다. 먼저 아이에게 책을 자주 읽는지, 책을 잘 읽는지 물어보자. 철자를 잘 아는지도 물어봐야 한다.

어떤 부모는 이렇게 대화를 시작한다.

"사실 엄마도 철자 공부를 좀 더 하고 싶어."

"책을 읽다가 새로운 단어가 나올 때 어떻게 발음하는지 안다면 참 좋을 것 같아. 그러면 다른 사람한테 일일이 발음을 물어볼 필요가 없잖아."

이렇게 말하고 나서 아이에게 다음과 같이 제안한다.

"그러니까 발음에 대해 배우면 좋겠지? 엄마랑 같이 해볼까?"[3]

아이의 열정을 발견하는 부모의 힘

몇 년 전, 어느 라디오 쇼 진행자가 켄을 아침 방송의 게스트로 초대했다. 심층 학습의 핵심에 관한 대화가 시작되자 켄은 학생들이 자신의 관심 분야를 적극적으로 탐구하며 더 깊이 이해하고 싶은 주제를 공부하도록 북돋아야 한다고 강조했다. 하지만 진행자는 학생들이 먼저 동기부여를 받아야 한다는 점과 그 동기부여가 주로 학습해야 할 내용에 대한 긍정적 태도와 감정에서 비롯된다는 사실을 쉽게 받아들이지 않았다. 진행자는 학생들이 졸업 후 취업할 수 있는 기술을 갖추었는지 아닌지에 초점을 맞췄고 교육 방식의 강제성 여부에는 관심을 두지 않았다.

진행자의 반론은 우리가 종종 들어본 주장이었다. 이 진행자는 엉뚱하게도 '물속에서 바구니 짜기'underwater basket weaving[*]라는 주제를 끄집어냈다. 이런 활동을 굉장히 좋아하는 사람도 있겠지만 그런 기술로는 생계를 유지할 수 없으므로 학교에서 이런 활동을 받아주면 안 된다는 내용이었다.

"학생들이 자신의 관심 분야만 파고들도록 내버려두면 안 되죠. 아이들에게 실용적인 기술을 가르쳐야 합니다. 학생들이 좋아하든 싫어하

---

* '쓸모없고 비생산적인 활동'을 가리키는 영어 관용구.

든 필수 과목을 반드시 이수하게 해야 합니다."

하지만 진행자가 한 가지 이해하지 못한 점이 있었다. 열정적이고 유능한 학습자로 성장한 아이는 어떤 일이나 공부를 하더라도 잘 해낼 가능성이 크다는 점이다. 그런 아이는 학교나 직장에서 새로운 과제를 마주했을 때, 도전하는 과정에서 즐거움을 얻고 자신이 이루고자 하는 목표에 열정을 쏟을 줄 안다. 왜냐하면 이미 그런 경험을 해본 적이 있기 때문이다.

그렇다면 그들은 어떻게 그런 경험을 쌓았을까? 과거에 특정 영역을 온전히 탐구에 몰두하며 즐겁게 배운 기억이 있을 것이다. '열정은 또 다른 열정을 낳는다'는 말이 있다. 열정적으로 무언가를 배우는 경험은 열정을 갖는 방법을 알려준다. 마찬가지로 자기가 진짜 관심이 있는 분야에서 점차 발전하는 데 만족을 느껴본 적이 없거나 온 마음과 열정을 다해 주어진 문제를 해결해본 경험이 없으면 그런 경험을 찾아나설 엄두조차 내지 못한다.

우리는 네이트라는 청년을 알고 있다. 그는 초등학교 시절 색소폰에 푹 빠졌다. 유튜브에서 무료 강의를 찾아 연습했고, 곧이어 온 집 안을 찰리 파커$_{\text{Charlie Parker}}$*의 선율로 가득 채우며 학교 밴드에서 첫 번째 연주자가 되었다. 아무도 그에게 색소폰 연주를 강요하지 않았다. 그 열정은 누구의 강요도 아닌 순수한 끌림에서 비롯된 것이었다.

같은 시기에 네이트는 그림에 진지하게 몰두했다. 연필을 마법 지팡이처럼 다루며 복잡한 장면에 등장하는 인물과 표정을 그리는 법을 배

---

* 20세기를 대표하는 유명한 색소폰 연주자 겸 작곡가.

웠다. 이번에도 인터넷에서 찾은 자료로 독학했다. 이후 네이트가 새로운 것에 관심이 생길 때마다 처음에 가졌던 열정은 그에게 큰 도움이 되었다. 그는 자신이 몰두했던 것들을 통해 보람과 성취를 맛보았고 끈기를 가지고 배울 때 기쁨을 맛볼 수 있다는 사실도 깨달았다. 고등학생이 된 네이트는 역사, 창의적 글쓰기, 통계학, 농구 등 다양한 활동과 학문에 깊이 몰입했다.

부모는 교육자보다 더 자유롭게 아이 내면에 이러한 감정이 자연스럽게 생기도록 도와줄 수 있다. 우선 아이의 말을 귀 기울여 듣고 아이의 눈빛과 행동, 표정과 어깨 움직임을 관찰해보자. 그리고 아이가 무엇을 좋아하는지 물어보자. 아이가 좋아하고 관심 있는 것을 말하면 있는 그대로 받아들여야 한다.

잊지 말자. 우리는 정해진 교육과정을 따르는 게 아니다. 가정에는 '커리큘럼'이 없다.

아이들이 잠시라도 푹 빠져드는 관심 분야가 있다면 관심사에 집중하도록 도와주어야 한다. 다양한 활동을 통해 과연 그 분야가 자신에게 잘 맞는지 스스로 판단하게 해주면 나중에 아이가 마음을 바꿀 수도 있다. 부모는 아이에게 열정을 마음껏 펼치고 즐길 기회를 주어야 한다. 그리고 지속적으로 관심을 키우고 호기심을 넓히도록 도울 수 있다. 특정 주제에 깊은 흥미를 보일 때, 다른 여러 분야와 어떻게 연결되는지 깨닫도록 안내하는 것도 부모의 몫이다.

그러다 보면 아이는 자신의 관심사를 따라가며 새로운 것을 배우거나 그 분야에서 역량을 키우며, 그 과정에서 느끼는 열정과 즐거움을 더욱 소중히 여길 것이다. 어떤 학습 과제는 처음에 흥미가 생기지 않을 수 있다. 하지만 그런 과제에 직면할 때도 스스로 열정을 만들어낼 수 있는 능력을 키울 것이다.

열정이 열정을 부른다

토요일 오전에 진행되는 네 시간짜리 수업이 있다고 생각해보자. 출석을 강제하지 않는데도 아이들은 절대 수업에 빠지지 않으며 배우는 것을 정말 좋아하고 열정적으로 참여한다. 더욱 놀라운 사실은 이 수업을 듣는 아이들이 이전까지 학교에서 공부에 관심이 없거나 잘하지 못했고, 배움에 대한 의지도 거의 없었다는 점이다. 하지만 이 수업을 계기로 아이들의 태도가 완전히 바뀌었다. 이 사례에서 한두 가지 배울 수 있지 않을까?

스티브 리스Steve Rees는 전직 건축가이자 아마추어 자동차경주 선수다. 그는 린다 부흐너Linda Buchner와 함께 이 수업을 개설했다. 어느 날 그는 드라샐교육센터De La Salle Education Center에 점심을 먹으러 갔다가 우연한 계기로 창의성과 기업가 정신에 관한 수업을 자원해 맡게 되었다. 캔자스시티 남부에 위치한 차터고등학교에 다니는 학생 대부분은 문제 행동이나 부진한 성적 때문에 공립학교에서 외면당한 아이들이었다. 하지만 창의적인 건축가였던 리스와 부흐너는 그들의 아이디어로 수백 명이 넘는 아이들의 인생을 바꿀 수 있다고 생각했다. 실제로 두 사람이 만들어낸 놀라운 성공 사례에서 우리는 부모가 아이에게 적용할 수 있는 훌륭한 교훈을 찾을 수 있다.

리스는 아이들을 가르친 경험도 없고 교육 연구 자료를 접해보지도 못했지만 사람들을 효과적으로 학습하도록 돕는 일에서 중요한 점을 깨달았다. 그중 대부분은 본인의 인생 경험과 창의적 사고를 키우려는 노력에서 비롯되었다(자세한 내용은 잠시 후에 다룬다) 우리는 리스에게 어린 시절을 들려달라고 했다. 그의 이야기는 다른 창의적인 사람들이 어린 시절을 회상하며 들려준 이야기와 비슷했다.

리스의 부모는 리스가 직접 무언가를 만드는 놀이를 하도록 적극적으로 도와주었다. 심지어 차고를 '일종의 실험실'처럼 꾸며서 리스가 친구들과 직접 만들고 실험하고 상상하며 다양한 시도를 할 수 있도록 했다. 아이들은 좋은 성적을 받기 위해서가 아니라 순수한 배움의 즐거움을 맛보고 자신의 역량을 발전시키기 위해 리스의 실험실에 모였다.[4] 그들의 프로젝트는 흥미롭고 도전적이었으며, 새로운 것을 만드는 기회 자체가 동기부여와 보상이 되었다. 자랑할 만한 새로운 것을 만든다는 성취감이 어린 리스와 친구들을 이끌었다.

리스는 2008년 드라셀교육센터에서 수업을 시작했다. 다양한 인종 출신의 아이들이 모였고 남녀 비율은 각각 절반 정도였다. 그는 이 프로그램을 '마인드드라이브'MindDrive라고 명명했다. 당시 건축 회사를 은퇴한 그는 여유롭게 아이들과 시간을 보낼 수 있었다. 처음에는 아이들에게 간단한 것들을 만드는 방법을 가르쳐주었다. 주로 주변에서 쉽게 접하는 사물의 모형을 만들었는데, 가령 이쑤시개를 붙이거나 금속 조각을 용접해서 건물과 교각의 미니어처를 제작했다. 하지만 거의 첫날부터 아이들은 실물 크기의 자동차를 직접 만들기를 원했다.

아이들은 왜 자동차에 관심이 많았을까? 아마 그들 주변 세상과 현대 산업 문화에서 자동차가 매우 중요한 요소였기 때문일 것이다. 아니면 자신들이 사회적·경제적 계급 구조에서 가장 낮은 곳에 놓인다는 사실을 누구보다 잘 알고 있으며, 성공과 권력의 상징인 고급 자동차를 구입할 형편이 아니었기 때문일 수도 있다. 어쩌면 그들은 리스가 아마추어 자동차경주 선수이며 배우 폴 뉴먼Paul Newman을 포함한 다른 자동차경주 선수들과 친분이 있다는 점을 알아서 그랬는지 모른다.

이유가 무엇이든 중요한 것은 아이들이 열정을 보여주었다는 점이다. 리스와 그의 동료 부흐너는 이를 날카롭게 포착했고, 그로 인해 수업 방향을 전부 수정해야 했다. 앞으로 더 자세히 살펴보겠지만 두 사람의 결정은 여러 측면에서 성공을 거두었다. 열정적인 아이들이 만들어낸 자동차는 그들이 자랑스럽게 여길 만한 것이었을 뿐만 아니라 주변 환경을 오염시키지 않는 친환경 차량이었다. 또한 이 프로젝트에 대한 아이들의 강한 몰입과 해결 의지는 그들을 이전에는 알지 못했거나 흥미를 느끼리라 예상하지 못했던 새로운 학습 영역으로 이끌었다.

여기서 잠시 두 사람이 내린 결정이 얼마나 의미심장했는지 되새겨볼 필요가 있다. 논리적으로 당연한 선택이라고 생각할지 모른다. 학생들이 개인적으로 중요하고, 흥미롭고, 보기에 멋지고, 재미있다고 느끼는 질문에 답하거나 문제를 해결할 때 가장 심층적인 학습이 이루어진다는 것을 누가 모르냐고 반문할 수도 있다. 하지만 우리는 안타까운 현실을 상기할 필요가 있다. 많은 경우에 학교 교육은 그런 이상적인 상태와는 거리가 멀다.

대부분 아이들이 답해야 할 모든 질문을 교사가 제시한다. 교사는 과제를 나눠주고 과제를 수행할 때 지켜야 할 점을 알려준다. 이런 방식 때문에 학교 교육은 심층 학습에 필요한 조건을 거의 충족하지 못한다. 물론 학교에서 아이들이 탐구해야 할 질문 대부분을 교사와 부모가 통제해야 한다는 주장도 일리가 있다. 어른이 더 지혜로우므로 아이들이 미처 생각하지 못한 질문을 제시할 수 있다. 하지만 아이들에게 질문을 만드는 역할을 아예 부여하지 않는 것은 적잖은 허점으로 작용한다. 이 허점을 어떻게 메우느냐에 따라 전반적인 교육과정과 아이들이 학교에서 더 큰 도움을 얻는지 아닌지가 좌우된다.

다시 본론으로 돌아가보자. 리스와 부흐너는 어떤 특별한 행동을 한 것일까? 건축가에서 교사로 전향한 리스와 부흐너는 귀한 기회가 찾아오자 이를 놓치지 않았다. 아이들이 수업에 열정을 보였고, 리스는 그런 태도야말로 원래 계획했던 방식보다 더 빠르게 심도 있는 학습으로 이어질 수 있는 계기임을 깨달았다. 두 사람은 교육과정을 수정하고 아이들의 목표를 최우선시했다. 그들이 할 일은 아이들의 프로젝트를 지원하는 전문가이자 적절한 조력자가 되어주는 것이었다. 동시에 더 넓은 개념을 가르치는 계기가 될 만한 순간을 찾기 위해 끊임없이 집중하고 노력했다.

어쩌면 자동차경주 선수의 본능이 도움이 되었을 수 있다. 리스에게는 오른쪽으로 갈지 왼쪽으로 갈지, 속도를 높여 추월할지 아니면 다른 차들과 비슷한 속도를 유지할지 즉각적으로 판단하는 것이 몸에 배어 있었다. 이러한 능력이 어떻게 발전할지는 사람마다 다르지만 리스처럼 창의적인 사람들은 다른 사람이 쉽게 놓치는 가능성을 포착하는 능력이 있는 것 같다. 리스와 부흐너는 학습 과정은 무엇보다 아이들의 열정을 토대로 세워야 하며, 이를 통해 아이들의 관심사가 더욱 넓어지도록 도와야 한다는 점을 이해했다. 이 점이 바로 이 책에서 강조하는 주요 개념 중 하나다. 아이가 학교에서 더 많은 것을 얻도록 도와주려면 아이들의 현재 위치를 기점으로 새로운 것에 적응하고 성장할 수 있게 준비시켜야 한다.

차터고등학교 아이들의 시작점은 자동차였지만 마인드드라이브 프로그램을 통해 그들의 목표를 이루려면 과학, 수학, 공학, 커뮤니케이션, 환경학, 문제해결, 역사 등 다양한 분야를 이해해야 한다는 것을 깨달았다. 아이들은 강렬한 내적 동기를 따라가는 과정에서 자연스럽게 새로운 길을 탐험하며 즐거워했다. 그리고 새로운 분야에도 깊은 관심이 생겼는데 처음에 자동차에 관심을 보이지 않았다면 자신이 그럴 거라고는 상상조차 못했을 것이다.

이와 같은 교육과정을 통해 아이들은 다양한 분야를 깊이 있게 탐구했으며 여러 교과목의 학업 성취도가 크게 향상되었다. 정규 수업이 아닌 데다 완전히 자발적인 참여로 시작된 수업이었지만 아이들의 학교생활 전반에 지대한 영향을 주었다.

무엇보다 학생들은 어떤 일이나 분야에서 성공하는 법을 배웠고, 성취와 보람을 맛보았다. 새로운 분야를 배울 때 성공을 거두는 것이 어떤 느낌인지 깨달았으며, 성공할 수 있다는 자신감을 경험한 것이었다. 우리도 자녀에게 바로 그런 경험을 선물할 수 있다.

리스는 폐차 직전의 인디카Indy car[*]를 사들인 다음, 아이들에게 연비가 좋은 전기자동차로 개조해보라고 제안했다. 쉽지 않은 도전이었지만 이 과정에서 아이들은 환경 문제를 배우고 프로젝트의 과정과 의미를 효과적으로 전달하는 방법을 익혔다.

---

[*] 미국 인디카 시리즈에서 사용되는 고속 오픈 휠 레이스 자동차.

처음부터 리스와 부흐너는 마인드드라이브 프로그램에 관심을 끌기 위해 노력했다. 교실 밖 복도에 참여한 모든 아이들의 사진을 게시하여 이 특별한 프로젝트에 대한 자부심과 소속감을 심어주었다. 또한 학교 관리자들과 협력해 마인드드라이브의 넓은 비전을 설정하고 프로그램의 인지도를 높이고자 노력했으며, 이와 동시에 프로젝트의 성과를 널리 알리는 프로그램을 개발했다. 두 사람은 웹사이트를 통해 다음과 같이 선언했다.

"우리의 사명은 멘토링과 프로젝트 기반 학습을 통해 학생들에게 학습 동기를 부여하고, 학생들이 미래에 대한 더 넓은 시각을 가지도록 도와주며, 지역사회에 긍정적인 영향을 미치는 것이다."

그들은 전국 곳곳을 돌아다니는 내내 이 주제를 강조했다. 리스가 아이들에게 캘리포니아주 샌디에이고에서 플로리다주 잭슨빌까지 갈 수 있는 충전식 전기차를 개발해보라고 했을 때, 아이들은 이론적인 성취만으로는 만족하지 못한 상태였다. 자기들이 만든 자동차가 정말 국토를 횡단할 수 있는지 직접 주행해보고 싶어했다. 낡은 인디카야말로 아이들에게 딱 맞는 실험 대상이었다. 차체는 이미 가벼운 상태였지만 아이들은 이를 더 가볍게 만들고자 했다.

아이들은 전국을 횡단하는 여정을 시작했고 가끔 배터리를 충전하려고 차를 세웠다. 그들은 사전에 지역 학교, 동아리, 가끔은 대학 및 기타 단체에서 자신들의 프로젝트를 발표할 계획을 세웠다. 이를 통해 아이들은 의사소통 능력, 대중 앞에서 말하는 기술, 자신의 이야기를 전달하는 능력을 키워나갔다. 이후 그들은 미주리주 캔자스시티에서 워싱턴 D.C.까지 이동하며 정부의 고위 관계자들과 교류할 기회를 얻었다. 덕분에 그들은 정치학도 공부하기 시작했다.

앞으로도 창의성과 열정에 관한 다양한 사례를 소개할 것이다. 그때마다 이 경험담과의 공통점을 찾아보기 바란다. 창의적인 사람은 자기가 어떤 식으로 학습하고 공부하는지 스스로 검토하고 확인한다. 창의성 교육의 대가로 알려진 폴 베이커 교수는 강의 시간에 이렇게 말하곤 했다.

"생각이나 상상력이 작동하는 방식, 아이디어가 떠오르는 흐름을 이해하고 익숙해지세요. 하루 중 언제 가장 잘 집중하고 어떤 일이나 대상이 자신에게 의욕을 주는지 잘 생각해보세요."[5]

배움을 중시하는 가정 분위기를 조성하려면 아이가 자기 내면에서 잠재력을 찾도록 도와주어야 한다. 진부하고 낡은 생각은 과감하게 버리고 독창적이고 아름답고 유용한 것을 더 발전시키거나 잘 활용하도록 이끌어주어야 한다. 그리고 집안일에 아이를 참여시킨다. 이를테면 요리, 장보기, 청소, 식사 준비, 먼지 털기, 잔디 깎기, 정원 가꾸기, 꽃 심기와 같은 일을 거들게 할 수 있다.

아이들이 무엇에 흥미를 느끼는지 스스로 탐색하도록 격려하자. 어떤 것을 보거나 경험할 때 의욕이 생기는지 돌아보고, 스스로 생각하며, 여러 사람과 대화를 나눠보는 것도 좋다. 그리고 자신이 일하는 모습을 그려보고, 창의성을 발휘하려면 어떤 조건이 필요한지도 고민해보게 한다. 특정한 기분이나 태도, 때론 신체 활동이 아이디어를 떠올리는 데 도움이 될 수도 있다. 창의적인 생각과 활동을 꾸준히 기록하는 습관을 들이고, 이를 위해 필요한 도구와 환경도 갖춰주기를 바란다.

자연에 관한 대화에 매료된 아이

1930년대, 훗날 실리콘밸리가 될 지역에서 한 아이가 성장하는 모습을 잠깐 상상해보자. 당시는 휴렛팩커드 Hewlett-Packard도 없었고 애플과 같은 첨단기술 기업들이 등장하기 한참 전이었다. 허슈바크는 어린 시절에 혼자 길을 걸으며 공상에 잠기곤 했다.[6] 그는 날아다니는 새들이나 물웅덩이를 상상하거나 나뭇잎이 바람에 흩날리는 모양을 그려보았다.

마샤의 어린 시절도 한번 떠올려보자. 그녀는 텍사스 북부의 작은 마을에서 오후의 포근한 햇살을 만끽하곤 했다. 때로는 집 근처 도로를 따라 이어진 긴 도랑에서 가재를 잡으며 시간을 보냈다. 좋은 이야기를 구상하거나 공상에 빠지기 딱 좋은 시기였다. 그런 상상을 하는 데 도시와 시골의 중간 정도인 환경이 꼭 필요한 것은 아니었다. 브루클린과 같은 도시나 사람이 많은 지역에 사는 아이들도 마샤와 비슷한 놀이를 하고 상상의 나래를 펼쳤다. 여기서 중요한 점은 이런 경험을 과거의 일로만 치부해버릴 게 아니라는 것이다. 부모가 그런 환경을 의도적으로 만들어주면 지금도 아이들 스스로 자연 속에서 자유롭게 탐구하고 놀 수 있다. 구체적인 일정을 정하지 않고 아이와 함께 야외로 나가 도심을 거닐며 주변을 관찰하거나 개울가를 따라 걸으던 아이는 자연에서 흥미로운 점을 발견하고 인간이 환경에 어떤 영향을 미치는지 알게 될 것이다.

아이와 함께 이야기를 이어가는 게임을 해볼 수 있다. 부모가 먼저 45초 정도 이야기를 전개한 다음, 아이에게 뒷부분을 지어보게 한다. 새로운 인물을 추가하거나 반전을 주거나 세부 묘사를 더 할 수 있다.

아이가 원하는 방향으로 자유롭게 이야기를 풀어가도록 내버려두어야 한다. 1분쯤 지나면 아이가 직접 이야기를 넘겨받을 다음 사람을 지목할 수 있다. 이런 식으로 한 명씩 이야기를 넘겨받아 게임을 이어간다. 좋은 아이디어가 생각나지 않으면 잘 알려진 이야기로 게임을 시작할 수 있다. 우리는《샬롯의 거미줄》*,《생쥐와 인간》**을 활용하기도 했다. 아이의 나이에 맞는 작품을 선택하면 방금 설명한 게임 방식에 따라 즐겁게 진행할 수 있다.

이 책을 통해 배움이 활짝 피어나는 집을 만들기 위한 많은 것들을 얻을 수 있을 것이다. 하지만 이에 관해 본격적으로 이야기하기 전에 한 가지 더 살펴보자. 세상에는 많은 변화가 일어났고, 그 변화를 잘 이해해야만 아이들이 배우며 성장할 수 있는 가정을 만들 수 있다.

지나친 완벽주의가 불러오는 것

허슈바크에게 행복한 기억을 만들어준 캘리포니아 시골 지역이나 로어노크 애비뉴에서 아이들이 직접 놀이를 만들고 돌링 공원에서 동굴을 탐험했던 20세기 중반 미주리주의 환경을 지금 여기서 그대로 재현하기는 어렵다. 하지만 불안과 걱정 없이 심층 학습을 가능하게 했던 핵심 요소들은 충분히 재현할 수 있다.

아이에게 더 좋은 성적을 받게 하려고 공부만 강조하는 가정 분위기를 조성한다면 그런 의도가 부모의 말이나 행동에 그대로 드러난다. 이

---

* 엘원 브룩스 화이트의 유명한 어린이 문학작품.

** 존 스타인벡의 대표작 중 하나로, 미국 대공황 시대를 배경으로 한 두 노동자의 이야기.

런 가정에서 자란 아이는 완벽주의를 추구할 가능성이 크다. 이는 바람직하지 않다. 중요한 시험을 치기 직전이나 중요한 과제를 할 때만 부모가 개입한다면 그건 "엄마와 아빠는 너의 성적에만 관심이 있어."라고 아이에게 소리치는 것과 같다. 이 역시 좋은 태도는 아니다. 그보다는 일상생활에 배움이 자연스럽게 스며들게 해야 한다. 이를테면 클루Clue처럼 논리적으로 생각해 결론을 도출해낼 수 있는 추리형 보드게임을 아이와 함께 해보는 것도 좋다.

체스는 아이들의 기억력과 문제해결 능력을 높여주고, 계획을 세우거나 좋은 습관을 형성하는 데 도움이 된다. 숙련된 선수들은 상대의 입장에서 생각하며 상대가 어떤 수를 둘지 예측하는 요령을 배운다. 일부 연구에 따르면 체스를 하는 아이들은 그렇지 않은 아이들보다 시각적 패턴을 더 빨리 인식하고 오래 기억한다. 또한 체스는 아이들이 금방 몰입하고 주어진 과업에 깊이 집중하도록 도와준다. 체스 선수들은 종종 문제에 대한 또 다른 해결 방안을 찾아내는 면에서 탁월한 능력을 발휘한다.

아이가 체스를 배우고 난 후 한참이 지난 후에야 깨닫는 또 하나의 이점이 있다. 일부 연구는 체스 게임을 하면 노년에 치매에 걸릴 가능성이 더 낮다고 주장한다. 뿐만 아니라 체스하는 아이들은 집중력이 좋으며 주의력결핍장애를 경험할 가능성이 낮다.

어떤 아이들은 책과 인터넷에 모든 지식이 있다고 생각한다. 우리는 그런 아이들이 폭넓고 다양한 시각을 가지도록 도와주는 방법을 함께 살펴볼 것이다. 먼저 아이들이 직접 새로운 것을 탐구하도록 권해보자. 지식의 소비자가 아닌 '창조자'가 되는 순간, 아이의 세계는 완전히 달라진다. 단순히 정보를 소비하는 데서 벗어나 스스로 지식을 만들어내는 경험을 하면서 복잡한 개념을 이해하는 능력이 발달하고 학교 성적도 함께 향상된다. 우리는 그 과정을 시작할 수 있도록 도울 것이다.

'우리 아이는 아직 어려서 그런 활동을 못 할 거야.'

이렇게 생각하는 부모도 분명히 있을 것이다. 하지만 우리는 어린아이도 해낼 수 있으며 그런 활동이 왜 중요한지 알려주고 싶다. 기본적인 지식부터 먼저 배워야 한다고 반론을 제기하는 사람도 있다. 그렇지만 아주 어릴 때부터 학습 과정에 독창적인 탐구 활동을 포함하면 학교생활에서 중시하는 기본 역량을 익히는 데에도 큰 도움이 된다. 이 점도 충분히 이해할 수 있도록 이 책이 도와줄 것이다.

도움이 필요할 때는 도와주어야 하지만 가능한 한 아이가 자유롭게 이것저것 해보도록 내버려두자. 그리고 다른 아이들과 함께 게임을 만들 기회도 주자. 아이가 아직 어리다면 처음으로 개울가를 따라 걷거나 공원 이곳저곳을 돌아다닐 때 부모가 함께해야 한다. 부모가 직접 경험하거나 상상해낸 이야기를 들려주는 것도 아이들이 좋아하겠지만 아이가 좋아하는 활동을 직접 찾게 해주는 것이 더 중요하다.

모든 것은 일상에서 자연스럽게 이루어져야 한다. 그리고 아이가 성장하면서 혼자 공상할 시간을 줘야 한다. 아이가 먼저 요청하지 않는 한, 부모가 자꾸 아이의 세계를 침범하면 안 된다. 아이의 일거수일투족을 감시하는 '헬리콥터 부모'가 아닌 조용히 지켜봐주는 '잠수함 부모'가 되어야 한다. 때때로 망원경을 올려 아이가 안전한지 확인할 수는 있지만 매 순간 아이 곁을 맴도는 것은 바람직하지 않다.

한 가지 아이러니가 있다. 아이들이 학교에서 더 많은 것을 배우길 바란다면 가정에서의 배움을 학교와 직접 연결되지 않도록 해야 한다는 것이다. 삶에 대한 경이로움, 무언가를 스스로 만들어내는 기쁨 그리고 아이들의 열정을 중심에 두어야 한다.

아이들이 직접 해본다는 것

제프리 호킨스Jeffrey Hawkins처럼 집에 아이들의 작업 공간을 만들어줄 수 있다. 호킨스는 우수한 휴대용 디지털 비서인 팜 파일럿Palm Pilot을 최초로 발명한 사람이다. 그는 롱아일랜드 북쪽 해안 지방에서 성장했는데, 가족 전체가 새로운 것을 발명하는 활동을 즐겼다고 한다. 그는 아버지 그리고 두 형과 함께 차고에서 다양한 실험을 하며 배움의 즐거움을 만끽했다.[7] 이러한 경험은 아이들에게 큰 도움이 된다.

주방이나 야외 그릴에서 요리하며 배울 수도 있다. 식사 준비를 돕거나 함께 케이크를 구우며 뭔가 배우는 것도 가능하다. 아이들에게 파이와 케이크, 아침 커피를 준비하는 일은 마법을 부려 새로운 것을 만드는 듯한 흥미진진한 일이다. 중요한 점은 아침식사 준비를 도우라고 강요하지 않고 스스로 참여하게 유도해야 한다. 때로는 식탁에 놓을 꽃을 준비하는 것도 아이에게 작지만 의미 있는 첫 번째 모험이 될 수 있다. 어떤 방식이든 아이들은 계산하는 법, 계획을 세우고 책임지는 법을 배운다. 그중 가장 중요한 것은 마음속에 자리 잡은 열정이다. 하지만 충분한 공간과 산소를 갖추지 못하면 열정이라는 불꽃은 꺼질 수도 있다.

아이들이 각자 자신의 생활은 물론이고 가족 및 공동체가 함께 살아가는 데 필요한 작은 행동들을 스스로 책임지게 하면 모든 일이 더 나아질 것이다. 아이가 매일 밤 직접 알람을 설정하는가? 학교에 입고 갈

옷을 직접 고르는가? 그리고 매일 밤 학교 준비물을 확인해 특정 장소에 두거나 가방에 미리 넣어두는가?

이렇게 아이가 일상을 스스로 계획하도록 도와주면 주의 깊게 생각하고, 계획을 세워 실천에 옮기며 의사결정을 내리는 능력을 기르는 데 도움이 된다. 아이가 선택한 것을 비난하거나 마지막 순간에 끼어들어 "지금 입은 옷에는 이 셔츠(치마)가 더 잘 어울리는 것 같아."라는 식으로 말하지 않도록 조심한다.

과거 해리 벨라폰테Harry Belafonte의 음악이 큰 인기를 끌자 칼립소 팬츠Calypso pants가 유행했다. 당시 고등학교 2학년이던 켄이 그 옷을 입고 등교하자 학생들의 스타일을 엄격히 규제하기로 악명 높았던 포드라는 교감 선생님은 켄을 집으로 돌려보내며 옷을 갈아입고 오라고 했다.

아이가 이미 중학생이거나 그보다 나이가 많으면 이런 방법을 처음 시도할 때 갈등이 생길 수 있다. 10년 이상 집안일이나 그 밖의 책임을 돌보지 않고 살아온 아이가 갑자기 생활 습관을 바꾸기란 쉽지 않다. 하지만 부모는 인내심을 가지고 꾸준히 노력해야 한다. 아이가 새로 주어진 역할을 즐거운 마음으로 받아들이도록 도와주어야 한다.

인간은 음식을 먹어야만 살 수 있다. 그런데 먹고 마실 것을 준비하는 과정에 전혀 참여하지 않으면 그 사람은 스스로 결정을 내리거나 공동체 내에서 자신과 타인에 대한 책임감을 기를 중요한 기회를 놓치는 것이다. 부모는 아이의 나이에 맞게 식사 준비를 도울 방법을 찾아주어야 한다.

아이가 어리더라도 채소를 다듬거나, 요리 재료를 한데 넣고 젓거나, 식기를 놓거나 치우는 일, 식사 후에 설거지하는 것을 돕게 하자. 아이가 실수할 수도 있다. 하지만 무언가를 쏟거나 망쳤을 때 부모가 어떻게 반응하느냐는 매우 중요한 문제다. 이때 부모의 반응에 따라 지능에 대한 아이의 관점이 달라질 수 있다. 그러니 아이를 지능은 변하지 않으며 노력해도 안 된다는 고정된 사고방식(고정 마인드셋)이 생기지 않도록 주의하자.

물론 아이가 위험해지지 않도록 주의를 기울여야 한다. 켄의 어머니는 세 살 된 켄의 여동생에게 먹고 남은 닭 날개뼈가 든 봉지를 주면서 쓰레기통에 버리라고 했다. 그런데 아이는 문을 나서는 순간 닭고기 맛이 생각나서 유혹을 견디지 못하고 봉지에 든 것을 먹었다. 결국 목에 닭 뼈가 걸렸고 가족들이 이를 알아차리지 못했다면 질식해 위험할 뻔했다.

학습을 중시하는 가정 분위기를 조성한다고 해서 텔레비전, 컴퓨터, 스마트폰을 모두 없애야 하는 것은 아니다. 그런 기기를 어떻게 사용할지, 무슨 프로그램을 볼지 잘 선택하고 필요하다면 바꿔야 한다. 제임스 랭James, M. Lang*은 자신의 유명 저서에서 집중을 방해하는 요소들을 다루었다. 그는 디지털 기기 사용을 엄격히 제한하는 것이 해결책은 아니며 더 나은 대안이 필요하다고 말한다. 아이들이 충분히 몰입할 수 있는 활동을 마련하거나 활기찬 환경을 조성해 자연스럽게 관심을 끌라는 것이다.[8] 아이가 아무 생각 없이 게임에 빠져 있거나 SNS를 둘러보는 데 긴 시간을 보낸다면 더 나은 대안을 준비해야 한다.

아이들에게 직접 우리 가족의 전자 기기 사용 규칙을 만들어보라고

---

* 교육 혁신과 학습 연구를 전문으로 하는 노트르담대학교의 교수이자 작가.

할 수 있다. 다만 모든 가족 구성원이 만족하도록 공정하게 정해야 한다. 이 규칙은 아이가 하는 온라인게임과 밈 공유뿐만 아니라 부모의 텔레비전 시청과 이메일 사용에도 영향을 줄 수 있다.

아이가 게임 방송을 시청하거나 게임을 할 때, 망설이지 말고 다가가 스크린에 어떤 상황이 벌어지고 있으며 그 게임이 왜 인기가 있는지 물어보자. 드라마를 보고 있다면 어떤 내용인지, 인물들이 무엇 때문에 갈등하는지 물어볼 수 있다. 엉뚱한 퀴즈 프로그램을 보고 있다면 이 프로그램이 많은 사람에게 사랑받는 이유가 뭐라고 생각하는지 물어볼 수도 있다. 스포츠 경기를 보면서도 이런 방식으로 배울 기회를 찾을 수 있다. 아이가 자기 의견을 말하면 "그럴 수도 있겠네. 우리는 어떻게 결론을 내릴 수 있을까?"와 같은 반응을 보이는 것이 좋다.

"이 선수들은 어떻게 경기를 준비할까? 어떤 운동을 할까? 공을 잡거나 던지고 점프할 때 뇌의 어떤 부분이 작용할까? 함께 자료를 찾아볼까? 시속 161킬로미터로 공을 던지면 몸에 무리가 갈까, 아니면 힘이 더 세질까? 운동선수는 자기 몸을 보호하기 위해 어떤 준비를 할까?"

이런 질문에 대한 정확한 답은 어디서 찾을 수 있을까? 인터넷에서 찾은 자료가 믿을 만한지 어떻게 알 수 있을까?

생일파티도 아이에게 생각을 자극하는 질문을 던질 기회가 될 수 있다. 우리는 앞서 출간한 책에서 특별한 이벤트를 흥미진진한 배움의 기회로 활용하는 부모들의 사례를 소개한 적이 있다. 어떤 부부는 '이동식 파충류 회사'를 고용해 전문가에게 도움을 받아 뱀, 도마뱀, 거북 등을 직접 만지고 상호작용할 기회를 마련했다. 또 '마법 같은 과학'이라는 쇼를 기획한 적도 있는데, 화학 실험과 자연의 신비를 보여주자 파티에 온 아이들이 깜짝 놀라며 즐거워했다.[9] 가족 모임을 배움의 기회로 삼는 것도 어렵지 않다. 실천에 옮기겠다고 결심하고, 창의력을 발휘하면 누구나 해낼 수 있다.

사실 모든 순간이 배움의 기회가 된다. 무릎을 살짝 긁혔다면 가장 바람직한 치료법을 찾아보거나 세균과 감염에 대해 아이와 대화할 수 있다.

"내가 어렸을 때는 상처에 머큐로크롬이라는 소독약이나 알코올을 발라야 한다고 했는데, 요즘은 의사들이 그렇게 하지 말라고 한단다. 일단 상처 부위를 비누와 물로 씻고 난 후에 왜 그렇게 바뀌었는지 찾아보자."

이런 대화를 나누면 아이는 배움이 끊임없는 과정임을 이해하게 되며, 열린 사고를 갖는 것이 중요함을 깨닫게 된다. 그리고 부모처럼 아이도 새로운 질문을 던지기 시작할 것이다. 예를 들어 작은 상처 부위에 대해 이야기하다 보면 세균 관련 이론까지 대화가 이어질 수 있다.

"여기를 깨끗이 닦아야 해. 왜냐하면 세균에 감염될 수도 있거든. 세균은 눈에 보이지 않는데 어떻게 세균이 존재한다는 걸 알 수 있을까? 사실 과거에는 의사들도 세균에 대해 잘 몰랐어. 누가 세균의 존재에 대해 처음으로 연구했을까? 세균이 병을 유발할 수 있다는 걸 어떻게 알아냈을까?"

이때 제임스 가필드James Garfield 대통령에게 일어난 비극적인 사례를 활용할 수 있다. 그는 1881년 암살 시도에서 목숨을 건졌지만 수술 중 발생한 감염으로 결국 사망했다. 상처 부위에서 총알을 빼내는 과정에서 박테리아에 감염되었을 가능성이 있다.

캔디스 밀러드Candice Millard가 쓴《공화국의 운명》Destiny of the Republic 에서 관련 내용을 확인할 수 있다.[10] 아이가 이 책을 이해할 정도의 나이라면 함께 읽어볼 만한 가치가 있다. 무릎 상처가 다 나으면 같이 읽어보자고 권할 수도 있겠다. 이 책은 첫 페이지부터 독자를 완전히 몰입시킨다.

꽃에서 찾은 배움의 즐거움

몇 년 전 우리는 트리니티 마셜Trinity Marshall이라는 젊은 여성을 알게 되었다. 그녀는 댈러스라는 대도시에서 성장했으며 지금도 그곳에 살고 있다. 텍사스 출신이 아닌 사람은 그곳이 그저 소도시와 목장이 많은 곳이라고 상상할지 모른다. 대중영화나 텍사스에 관한 이야기들이 그런 이미지를 만들어낸 것 같다. 하지만 마셜이 사는 댈러스는 전통적인 농촌 분위기와는 거리가 멀다.

어디를 보더라도 콘크리트 고가도로와 거대한 건물들이 시야를 사로잡으며 대기업과 쇼핑몰, 400만 명이 넘는 사람들의 생활 공간으로 가득 차 있다. 한때 광활한 농지였던 곳은 이제 건물이 빽빽하게 들어선 주택 단지로 변했으며 깔끔하게 정돈된 잔디와 구불구불한 도로가 집들 사이의 경계를 형성하고 있다. 서부 지역에는 나무들이 줄지어 서서 대평원을 형성하지만 이곳에서도 목재가 벽돌보다 더 비싸다.

흙빛은 옅은 갈색, 노란색, 황토색 등 자연스러운 색으로 나타나며 장밋빛, 라일락빛 그리고 활기 넘치는 붓꽃밭의 자줏빛이 포인트를 준다. 봄철 몇 주 동안에는 푸른색 블루보닛꽃이 넓은 대지를 카펫처럼 뒤덮는다. 대지는 대체로 평탄하지만 곳곳에 잔물결처럼 굴곡이 있어

운동선수의 팔뚝처럼 보이기도 한다. 주택 개발이 아직 진행되지 않은 지역에는 텍사스의 유명한 야생화들이 4월에 잠시 피어나 아름다운 자연경관을 만든다.

고속도로의 가장자리를 따라 바닷빛 블루보닛꽃이 만개한 모습도 텍사스의 대표적인 풍경이라고 할 수 있다. 북부 텍사스는 봄날에도 이미 덥다고 여겨지는데, 그때는 이러한 푸른꽃이 수십 킬로미터에 걸쳐 펼쳐진다. 이곳 토양이 매우 비옥하며 고속도로 조경에 많은 공을 들인 결과라고 할 수 있다. 하지만 여름이 되면 푸른 대지는 갈색으로 변하며 새로운 봄이 올 때까지 그 상태를 유지한다.

지역 고등학교에서 남학생은 미식축구를 하고 여학생은 드릴 팀$_{drill\ team}$*에 도전하는 것이 일반적이다. 하지만 마셜은 고등학교 졸업반이 되자 일반적인 진로를 포기하고 꽃꽂이 디자인 수업을 신청했다. 이 선택은 그녀의 삶을 바꿔놓았다. 사실상 그녀는 앞으로 큰 열정을 쏟게 될 분야에 첫발을 들인 것이었다.

"꽃꽂이 수업 덕분에 이 분야에 입문한 거죠. 미래능업인협회$_{FFA}$에서 시행하는 프로그램의 일부였어요."

마셜은 우리에게 설명했다.

학생들의 실력을 겨루는 대회를 개최하는 것이 이 협회가 농업 교육을 진행하는 방식이었다. 지도교사는 곧 마셜에게 꽃꽂이 디자인팀에 들어오라고 초대했다.

그 시기에 아이가 마셜과 같은 선택을 한다면 어떤 부모는 매우 당황

---

* 정밀한 군대식 동작이나 댄스와 같은 퍼포먼스를 선보이는 팀.

하거나 아이를 무안하게 할지 모른다.

"뭐라고? 꽃꽂이를 배워? 설마 다음엔 바구니 만들기 수업을 신청하는 건 아니겠지? 돈을 잘 벌 수 있는 분야를 공부하는 게 낫지 않겠니? 회계나 코딩 수업을 듣는 편이 훨씬 유리할 텐데."

이런 식으로 말하는 것은 바람직하지 않다.

다행히 마셜의 부모는 반대하지 않았다. 아이가 꽃을 만지며 시간을 보내는 진로를 결정할 거라고는 생각하지 못했지만 딸이 원하는 과목을 자유롭게 선택하게 해주었다.

"부모님이 성적에 대해 압박을 주긴 하셨죠."

마셜은 이렇게 덧붙였다. 그러나 그 때문에 그녀는 큰 희생을 치를 뻔했다. 그 점에 대해서는 나중에 자세히 이야기하기로 한다.

마셜은 꽃의 아름다움과 꽃을 활용한 창의적 활동들에 깊이 매료되었다.

"제가 정말 하고 싶은 일을 처음으로 찾은 것 같았어요. 새로운 것을 배우는 데 깊은 관심을 가지게 되었죠."

얼마 지나지 않아 마셜은 식물과 꽃에 대해 열심히 공부하기 시작했다. 땅에서 자라나는 정적인 생명체들에 대해 더 많이 알고 싶었다.

"정신을 차리고 보니 제가 다양한 식물에 대한 정보가 담긴 카드를 들고 다니고 있더라고요. 이 분야에 온전히 몰입하게 되었고 깊게 배우기 시작했어요."

오랜 고민 끝에 그녀는 댈러스 동쪽에 있는 타를턴주립대학교에 진학하기로 했다. 매우 우수한 농업 프로그램을 갖춘 학교였다.

대학에서 식물학을 전공하면서 마셜은 개념부터 탄탄하게 익혔다.

하나의 관심은 또 다른 대상이나 분야에 대한 열정으로 이어졌고, 폭넓은 탐구 활동을 통해 예전에 몰랐던 배움의 즐거움도 느꼈다. 마셜은 "저는 식물의 생물학적 특성을 배웠어요."라고 자랑스럽게 말했다. 그녀는 농업을 전공하고 원예학을 부전공하며 자연의 중요한 원리를 심층적으로 이해했다. 단순히 정답만 암기하는 것으로는 성공할 수 없었다.

"식물을 키울 때 정해진 방식이 따로 있는 게 아니에요. 모든 상황이 같을 수는 없죠."

그녀는 전혀 구조화되지 않거나 제대로 구조화되지 않은 문제에 관해 깊이 고민하고 논리적으로 접근하는 법을 배워야 했다.

"씨앗에서 잎이 자라는 과정과 식물을 잘 유지하는 방법에 대해 정말 많은 점을 배웠어요."

그녀의 관심 분야는 점점 넓어졌다. 고등학교 때는 일반적인 입시 과목을 공부하는 게 싫었지만 꽃과 꽃꽂이에 대한 열정이 생긴 이후에는 식물이나 그와 관련된 새로운 발견이나 산업에 관한 학문에 관심이 생겼다. 이제 수학, 과학, 미술사를 중시했고 꽃과 조금이라도 관련된 거의 모든 것에 호기심을 느꼈다.

새로운 관심사가 생기고 학업에 몰입하자 그녀의 성적은 크게 올랐다.

"FFA에 들어간 후에는 성적이 아닌 제 관심사에 온전히 집중했어요. 그랬더니 성적이 많이 올랐어요."

그뿐만 아니라 교실에서 보이는 행동이나 공부 방식도 크게 달라졌다.

"강의를 들을 때면 노트북으로 필기했어요. 교실이 아닌 곳에서 공부할 때는 이해를 돕기 위해 거기에 추가로 적었죠. 그랬더니 더 깊이 이해하는 데 도움이 되었어요."

이는 심층 학습과 연결된 일종의 기억 인출 연습이다. 이 학습 방식은 뒤에서 자세히 다룰 것이다.

그럼에도 여전히 그녀의 공부에는 먹구름이 드리우고 있었다. 가족들은 학습과 창의적 성장보다는 성적을 잘 받는 것이 더 중요하다고 여겼다.

"부모님과 저는 마치 사업을 하며 거래하는 관계 같았어요. 부모님이 정해둔 기준에 도달하지 못하면 벌을 받았어요. 어려움이 끊이지 않았죠."

대학에 입학한 후 가입했던 여학생 클럽의 분위기도 그녀의 집안과 크게 다르지 않았다.

"클럽에도 성적 기준이 있었어요. 그래서 처음 2년 동안은 부담이 컸습니다."

마셜은 결정을 내려야 했다.

"2년쯤 지나고 보니 클럽의 방침이 저와 맞지 않고 클럽 활동이 즐겁지 않다는 걸 깨달았어요. 그래서 결국 탈퇴했습니다. 이후 2년 동안 성적이 많이 올랐어요. 처음으로 우등생 명단에 올랐죠. 제가 결과에 너무 신경 쓰고 있었나봐요. 클럽과 성적에 대한 압박을 떨치고 나니 오히려 성적이 더 좋아졌어요."

이런 패턴은 우리가 수년간 목격해왔기에 이제는 예상할 수 있는 사실이다. 성적을 지나치게 강조하면 오히려 성적이 떨어진다. 하지만 깊은 이해와 열정을 바탕으로 교육하면 학습 효과와 성적 둘 다 향상할 수 있다. 마셜은 이를 가장 잘 표현했다.

"저희 부모님은 성적에 대해 매우 엄격하고 하나하나 간섭하려 했어요. 그 압박감이 저에게 부정적인 영향을 주었습니다."

대학에 들어가 여학생 클럽에서도 압박감을 느끼자 마셜의 학습 동기는 더욱 떨어졌다. 하지만 그 상황을 벗어나자 진정 관심이 있는 분야의 지식을 얻는 기쁨을 다시 맛볼 수 있었다.

마셜은 목축, 농업 등 여러 가지 어려운 과목을 수강했다.

"이런 과목을 수강하면서 농업이 매일 모든 사람에게 어떤 영향을 미치는지 생각하게 되었어요. 농업에 대한 거의 모든 것을 배웠죠."

그녀의 열정은 새로운 생각과 관심 분야로 뻗어나갔고 새로운 변화와 성장으로 이어졌다. 졸업반이 되자 인턴십 기회가 생겼다. 마셜은 이렇게 설명한다.

"원예 실험실에서 강의를 했는데 학생들은 꽃꽂이를 배운 적이 전혀 없었어요."

우리와 대화하며 마셜은 처음엔 재미와 호기심으로 수업을 선택했다가 꽃꽂이 전문가로 성장한 여정을 이렇게 정리했다.

"더 많이 배울수록 관심이 더 커졌어요. 결국 이게 제가 원하는 직업이라는 결론을 얻었죠."

다양하고 풍부한 사고를 하려면

가장 중요한 문제는 마지막을 위해 남겨두었다. 아이들이 인생에서 마주할 어떤 문제와 질문은 답을 찾기가 결코 쉽지 않다. 켄은 그의 다른 저서에서 매우 심오한 질문을 했던 어린아이에 대해 언급한 적이 있다. 그 아이는 "사람이 죽으면 어디로 가요?"라고 물었다. 켄이 망설이자 아이는 그의 노트북 화면을 톡톡 두드리면서 이렇게 말했다.

"구글에 검색해보세요."[11]

이미 알다시피 인생은 그리 단순하지 않다. 우리 삶은 구조화되지 않은 문제들로 가득 차 있으며 우리는 이를 '모호한' 영역으로 여긴다. 도덕적으로 뭔가 틀렸다고 말할 때 그건 정확히 무슨 뜻일까? 과연 우리가 확실하게 아는 것이 있을까? 아름다움은 무엇이며, 인생의 목적은 무엇일까? 우리가 선악을 구별하고 그중 하나를 택할 능력이 있을까? 아니면 신이나 자연, 운명과 같이 우리보다 더 고등한 존재가 우리의 미래를 미리 다 정해놓은 것일까?

많은 사람이 아이들은 이러한 '철학적' 질문을 이해하지 못할 거라고 여긴다. 그러나 지난 반세기 동안 학자들이 수집한 많은 증거를 보면 어린아이들이 오히려 이런 질문을 몹시 궁금해한다는 점을 알 수 있다. 아이들끼리 나누는 대화를 들어보면 철학적 탐구에 대한 진지한 관심을 느낄 수 있을 뿐 아니라 매우 열정적인 태도에 놀라게 된다.

실제로 많은 아이가 학교에 다니기 시작하면서 호기심이 줄어든다. 학교에서는 모호한 질문에 집중할 기회가 없거나 그렇게 하는 것을 아예 용인하지 않기 때문이다. 이러한 주장을 뒷받침해주는 근거는 얼마든지 찾을 수 있다. 학교에 가면 온종일 명확하게 표현하고 암기할 수 있는 사실적인 정보만 접하게 된다.

아이들은 질문하기를 좋아하며, 또한 인간이 직면하는 가장 어렵고 심각한 문제들에 대해 깊이 고민하기를 원한다. 우리는 삶의 목적을 찾고 도덕적으로 무엇이 옳은지 그른지 판단하며, 세상에서 아름다움을 발견하고 자신의 선택이 옳다는 것을 뒷받침할 합당한 근거를 찾고 싶어 한다. 안타깝게도 이런 탐구심은 학교에 들어가면서 점차 약해질 수 있다. 그러나 약간의 창의성을 발휘하면 아이들의 인생을 바꿔놓을 중요한 사고 습관을 다시 형성할 수 있다.

이 책의 제안이 너무 모호한 것 같아 홧김에 책을 확 내던지고 싶을지 모른다. 하지만 그전에 매슈 리프먼Matthew Lipman*의 사례를 생각해보자.[12] 그는 1960년대 뉴욕에 있던 컬럼비아대학교 강단에 섰는데 많은 학생이 제대로 사고하지 못한다는 점을 여러 번 확인했다. 학생들은 주어진 자료를 분석해서 합리적인 결론을 내려야 하는 일에 쩔쩔맸다. 자신이 내린 결정을 논리적으로 방어하지도 못했다. 게다가 형식상의 오류와 그 밖의 여러 가지 다양한 논리적 오류를 반복했다.

또한 정보를 외우는 것은 잘했지만 훌륭한 과학자나 역사가처럼 합리적이고 일관되게 생각하는 능력은 부족했다. 심지어 어떤 사람이 터무니없는 사회적 또는 정치적 허위 사실을 퍼뜨릴 때, 리프먼은 즉각 사기꾼임을 알아보았지만 학생들은 그를 너무 쉽게 믿었다. 리프먼은 학생들이 무슨 생각을 하는지 통제하려는 게 아니었지만 그들이 어떻게 사고하는지, 어떻게 결론을 도출하는지에 깊은 관심을 가졌다. 그는 학생들이 분석(아이디어를 해체하는 과정)과 종합(개념을 결합하는 과정)을 거의 못하는 점을 몹시 안타깝게 여겼다. 사실 컬럼비아대학교 재학생이라면 미국 사회에서 엘리트 계층으로 여겨졌기에 미래에 나라를

---

* 철학을 아이들의 사고 교육에 접목시킨 미국의 철학자이자 교육학자.

이끌어갈 능력을 갖춰야 했다. 하지만 리프먼의 논리학 수업에서 학생들은 실패와 실수를 거듭했다.

그는 학생들의 약점을 살펴보며 해결 방안을 고심했다. 그러던 중 기존 교육 시스템에서는 대학생에게 논리적·비판적 사고를 가르치는 시기가 너무 늦다는 생각이 들었다. 만약 그 과정을 초등학교 1학년부터 시작하면? 유치원이나 초등학교 저학년부터 철학적으로 사고하고 성찰하는 삶을 살아가는 방법을 배우도록 도와주면 어땠을까? (걱정하지 않아도 된다. 이 말이 무슨 의미인지는 잠시 후에 다시 설명할 것이다.)

몇몇 동료 교수는 그에게 말도 안 되는 소리라고 했다. 그 시절에는 대학에서 철학을 강의하는 것이 자연스러웠다. 그들은 어린아이들이 따분한 강의를 들으며 필기할 리 없다고 보았다. 강의실에서 철학 교수가 '포스트 호크 에르고 프로프터 호크' post hoc ergo propter hoc *에 대해 지루한 설명을 늘어놓으면 어린아이는 그런 수업을 견디지 못할 거라고 봤다.

리프먼도 교수들의 말에 어느 정도 공감했다. 그래서 교사들이 가르치는 방식을 바꿔야 한다고 응수했다. 자전거 타는 법은 강의를 통해 배우는 것이 아니다. 자전거는 직접 타면서 배워야 한다. 넘어지고 다시 일어나기를 반복하면서 자전거 타는 요령을 몸에 익히는 것이다. 처음에는 밸런스 바이크 balance bike **를 사용하기도 한다. 그러면 두 발을

---

* 어떤 사건이 다른 사건 이후에 발생했다고 해서 앞선 사건이 반드시 원인이라고 잘못 결론짓는 논리적 오류.
** 어린아이들에게 자전거 타는 요령을 가르칠 때 사용하는 페달이 없는 자전거.

바닥에 늘어뜨린 채 균형을 잡아가고 몸을 똑바로 세우는 감각을 익힐 수 있다.

그러다 보면 직접 근육을 사용하고 전신의 움직임에 대한 피드백을 받으며 자전거 타는 법을 익히는 것이다. 자전거를 배우기 위해 먼저 책을 읽거나 균형을 맞추는 원리와 어떤 근육이 작동하는지에 대한 강의부터 듣는 것이 아니다. 이 점은 철학 공부와 비슷하다.

리프먼은 아이들이 철학적으로 사고하는 법을 배우려면 실제로 철학을 해야 한다는 것을 깨달았다. 하지만 그가 '어린이를 위한 철학'P4C 프로그램을 개발할 때 컬럼비아대학교의 동료들은 거의 관심을 보이지 않았다. 결국 그는 미래의 대통령과 CEO, 작곡가와 영화감독, 노벨상 수상자와 퓰리처상 수상자가 거닐던 명문 아이비리그대학의 전당을 떠났다.

그는 허드슨강을 건너 뉴저지로 가서 몽클레어주립대학교 교수진에 합류했다. 그곳에서 그는 새로운 동료인 앤 마거릿 샤프Ann Margaret Sharp와 손잡았다. 두 사람이 시작한 운동은 철학 교육 분야에서 플라톤이 약 2,500년 전 아테네 외곽에 최초의 아카데미를 설립한 이후로 가장 중요한 것이었다. '어린이를 위한 철학' 프로그램은 추후에 '어린이와 함께하는 철학'Pw4C으로 이름을 바꾼 뒤 유럽과 아프리카, 남미, 아시아 전역으로 확산했다. 부유한 가정 출신의 아이들과 그렇지 않은 아이들, 다양한 문화 속에서 이 프로그램은 거듭 큰 효과를 거두었다. 아이들은 물 만난 물고기처럼 철학을 자연스럽게 받아들였다. 이는 시험이나 퀴즈를 준비하듯 단순히 정보를 암기하는 것이 아니라 깊은 개념을 이해하고 비판적으로 사고하는 능력을 기르는 데 도움을 주었다.

함께 즐기며 생각하는 법

지금까지 살펴본 것처럼 아이들은 모호한 문제를 해결하기를 좋아한다. 그래서 학교에서 그런 기회를 제공하지 않으면 단순 암기식 학습에 쉽게 싫증을 느낀다. 아이들의 학습 의욕을 높이고 싶다면 Pw4C 프로그램에 참여시키기를 바란다. 자세한 방법은 이 책에서 알려줄 것이다. 집에서도 얼마든지 실천할 수 있다.

우리는 이 프로그램의 주요 사례를 소개할 것이다. 그리스의 노동자 계층이 사는 지역의 유치원 사례와 세계 최고의 대학 중 한 곳의 사례를 소개한 다음, 어린 자녀들이 철학의 장점을 경험하도록 도와주려는 부모와 조부모를 위해 일부 기관에서 제작한 온라인 자료들을 공유할 것이다.

리프먼과 샤프를 비롯한 여러 연구자가 개발한 기법들이 전 세계 수백 개 학교로 확산됐지만 이 운동은 아직 초기 단계에 있다. 이 책을 읽는 여러분도 이 혁신적인 변화에 참여할 수 있으며, 그렇게 한다면 후손에게 존경받을 것이다. 이는 결코 과장하거나 꾸며낸 말이 아니다. 지금은 믿기 어렵겠지만 계속 지켜보면 생각이 달라질 것이다.

이 프로그램을 시작하기 위해 리프먼은 아이들이 스스로 던지는 철학적 질문에 주목하고 이를 어린이 교육의 중심으로 옮길 방법을 찾아야 했다. 그는 어떻게 이 문제를 해결했을까? 리프먼은 예술에 주목했다. 특히 어린이를 위한 매력적인 문학을 통해 해결 방안을 찾으려 했다. 하지만 1970년대 초반에는 그런 조건에 맞는 좋은 문학작품이 거의 없었기 때문에 직접 글을 써야 했다.

리프먼은 새로운 유형의 어린이책을 만드는 데 도움을 주었다. 1970

년대에 첫 번째 어린이책을 출간했고 곧 다른 작가들도 좋은 예시가 될 만한 작품을 집필하기 시작했다. 그런가 하면 일부 사람들은 《샬럿의 거미줄》,《이상한 나라의 앨리스》와 같은 문학이 이미 존재한다는 사실을 깨달았다. 오늘날에는 철학적인 교훈을 풍부히 담고 있는 어린이 도서가 많이 출판되고 있다.

지금까지 어린아이들을 위한 철학을 강조했다. 이는 많은 부모에게 매우 새롭고 독특한 접근 방식일 것이다. 하지만 아이가 이미 중학생이거나 그보다 나이가 많으면 어떻게 해야 할까? 10대 자녀에게도 철학적 사고를 소개하고 모호한 질문을 논의하면서 깊은 생각을 주고받을 수 있다. 10대들도 어린아이처럼 철학적 탐구에 매료될 것이다.

잠시 후에는 대학생을 대상으로 이러한 접근 방식을 사용하는 방법도 살펴볼 것이다. 10대 자녀와의 대화를 위해 다른 자료를 활용하거나 철학적 질문을 변형할 수 있다. 그렇더라도 거기에서 얻는 보상은 여전히 크다. 연령대와 관계없이 모든 아이가 신중하게 사고하고 상대를 존중하면서 서로의 아이디어를 교환하며, 주의 깊게 듣고 열린 토론을 통해 자기 생각을 검증하는 법을 배우게 될 것이다.

철학적 사고는 어떻게 시작되는가

철학적 사고란 무엇일까? 21세기에 철학적 사고는 어떤 가치가 있는지 살펴보자. 철학은 인간 학문의 모든 분야 중에서 가장 오래된 것으로 생물학, 역사, 컴퓨터과학 등 그 어떤 과학 분야보다 앞선다. 그러나 이러한 철학의 가치를 간과하는 부모가 대단히 많다. 이는 철학으로 돈을 벌 방법이 분명하지 않다고 생각하기 때문이다. 예를 들면 이런 식이다.

"아들아, 그거 배워서 뭐 할 거니? 광장이나 쇼핑몰에 철학관이라도 열 거야?"

대기업 CEO들에게 신입 직원, 특히 리더십 트랙으로 채용하는 인재에게 가장 중요한 자질이 무엇인지 물어보면 비판적 사고, 지혜, 상식 그리고 협력하는 능력을 언급할 것이다. 이러한 특성은 철학 수업에서 가장 자연스럽게 습득할 수 있다.

하지만 컴퓨터과학 전공자의 연봉이 가장 높지 않을까? 초봉은 그럴 수도 있지만 10년간의 수입을 살펴보면 철학과 역사를 전공한 경우가 수입이 더 많았다(분야별 급여에 대한 비교는 뒤에서 다시 언급할 것이다. 전공 외에 다른 요소도 급여에 큰 영향을 준다는 점도 간과해서는 안 된다).

그렇다면 철학이란 무엇일까? 간단히 정의하면 우리가 일상적으로 접하는 평범한 아이디어를 연구하고, 그것들을 해체하여 새로운 방식으로 이해한 후 받아들이는 것이다. 철학은 사람들이 쉽게 정의하지 못하는 추상적인 개념을 탐구하므로, 익숙한 것을 낯설게 만들기도 하고 낯선 것을 익숙하게 만들기도 한다. 예를 들어 친구란 무엇일까? 사랑한다는 것은 어떤 뜻일까? 무언가를 안다는 것, 올바로 생각하고 논리적으로 추론하는 것, 세상에서 아름다움을 발견하는 것, 윤리적으로 행동하는 것은 무슨 의미일까? 충성심이나 우정, 아름다움, 진리는 어떻게 정의해야 할까? 어떤 행동을 해야 할지 말아야 할지를 결정할 때 어떤 것이 좋은 근거가 될까? 옳은 일을 한다는 건 무슨 의미일까?

이런 질문은 학생들이 그저 답을 검색해서 암기하면 끝나는 것이 아니다. 깊이 생각하고 끝까지 포기하지 않으려는 의지가 있어야 한다.

좋은 거짓말도 있을까? 거짓말로 누군가의 생명을 구할 수 있다면 어떨까? 돈을 훔쳐서 암 치료법을 개발한다면 돈을 훔친 행위를 정당화할 수 있을까? 이런 문제를 고심하는 과정에서 아이들은 도덕성을 강하게 키울 수 있다. 또한 불확실성에 대한 내성을 키울 수 있으므로 훗날 인생의 딜레마에 직면하더라도 인터넷 검색이나 인공지능을 통해서는 정답이 나오지 않는다는 점을 깨달을 것이다.

이러한 질문에 대한 답은 인간이 직접 문제와 씨름해서 답을 찾아야만 하는 사안이다. 신중하고 정직하게 증거를 모으고, 어려운 질문을 계속 고민하고, 많은 사람이 믿는다고 해서 무조건 받아들이는 요소는 아닌 그것을 왜 믿거나 믿지 말아야 하는지 스스로 검토하고, 새로운 사고방식을 받아들일 때 문제가 될 만한 요소는 없는지 끊임없이 생각해야 한다. 미즐리처럼 자신의 신념을 의심하지 않고 무조건 밀고 나가서는 안 된다.

지식을 그처럼 정교하게 접근하는 방식은 '어린이를 위한 철학' 프로그램에서 즉각적으로 그 효과가 나타나지 않겠지만 결국 꽃을 피울 것이다. 그동안 수백 개의 프로그램에서 이미 입증했듯이 아이들은 서로의 말을 잘 듣고, 말하기 전에 깊이 생각해보고 반대 의견 앞에서도 서로를 존중하는 태도를 유지하는 방법을 배울 수 있다.

우리가 사는 이 세상은 정치·사회·문화·종교적 갈등으로 크게 분열될 위험에 처해 있다. 리프먼이 제시하는 어린이 철학은 아이들의 사고능력을 키우고 타인의 말에 귀 기울이는 태도를 가르치는 데 도움이 된다. 더 나아가 서로 다른 이념이나 이상에서 비롯되는 갈등을 가라앉히는 데도 기여했다.

이러한 질문들은 아이들의 타고난 호기심을 되살리거나 학교에서 최대한 많은 것을 배우도록 도와주는 것과 어떤 관련이 있을까? 우리 경험에 비추어보면 배경과 관계없이 모든 아이가 모호한 문제들을 다루는 것을 좋아한다. 그런 문제를 다루는 과정에서 아이들은 비판적으로 사고하고 신중하게 논리적으로 추론하는 법을 배운다. 그리고 이러한 과정은 재미있어서 호기심을 더 키울 수 있다.

단순히 동의하거나 반대한다는 것이 무슨 의미인지 생각해보자. 동의와 논쟁은 모두 같은 유형일까? 구체적인 사실에 대한 논쟁과 태도에 대한 다툼은 결국 같은 종류일까? 존이 "토머스 제퍼슨은 버지니아에서 태어났어."라고 말하고, 샐리가 "그는 메릴랜드에서 태어났어."라고 주장한다고 가정하자. 그리고 존이 "제3대 대통령은 독립선언문과 모든 사람이 기본적인 권리를 가진다는 개념을 우리에게 주었으므로 좋은 사람이며 훌륭한 지도자였다."라고 말한 반면 질은 "그는 사람들을 노예로 삼았기 때문에 나쁜 사람이었다."라고 말하면 둘 사이에 언쟁이 시작될 것이다.

존과 샐리의 의견 차이는 존과 질이 벌이는 논쟁과 같은 유형일까? 먼저 사실에 대한 논쟁은 어떻게 해결해야 할까? 증거를 통해 해결하면 된다. 그러나 태도에 대한 논쟁은 어떻게 해결해야 할까? 리프먼과 샤프(그리고 다른 철학자들)는 이러한 문제를 흥미로운 이야기 방식으로 소개하면 아이들의 호기심을 자극할 수 있고, 더 나아가 반대 의견을 내놓거나 의견 차이를 해결하는 방법을 배우는 데 도움이 된다는 것을 알게 되었다.

아이들과 함께하는 아이들을 위한 철학

고대 헬레니즘의 중심지였던 그리스에서 세 번째로 큰 도시인 파트라스는 파나차이코 산기슭에 위치해 있어 이오니아해의 일부인 파트라스만이 내려다보이는 아름다운 곳이다. 약 10년 전 이 도시에서 연구자들과 교육자들이 '아이들과 함께하는 아이들을 의한 철학'Philosophy with and for Children이라는 파일럿 프로그램을 시작했다.[13]

이 프로그램은 그리스에서 처음으로 시행된 철학 교육 프로그램 중 하나로, 새로운 시도라는 사실만으로도 큰 의미가 있었다. 더구나 서양 철학의 선구자인 소크라테스, 플라톤, 아리스토텔레스의 사상이 태동한 아테네에서 서쪽으로 불과 160킬로미터 정도 떨어진 곳에서 진행됐다는 점에서 더욱 특별한 의미를 지닌다.

이 프로그램은 4~6세 어린이들에게 철학을 알려주는 최초의 프로그램이다. 한마디로 유치원생들에게 철학을 가르친 것이다. 교사들은 우정과 다양성에 관해 신중하게 선정한 이야기를 아이들에게 읽어준 다음, 철학 토론을 진행한다.[14]

교사들은 종종 아이들을 집중시키기 위해 이야기한 내용을 다시 설명해보라고 한다. 하지만 이 프로그램에서는 그렇게 하지 않고 철학적인 질문을 던진다. 우정이 주제라면 아이들에게 자신이 친구를 선택하는 방식에 대해 생각해보도록 권유한다. 예를 들어 이런 식이다.

"좋은 친구란 어떤 사람이야?"
"나와 비슷해야만 친구가 될 수 있을까?"
"어떤 면에서 친구와 내가 비슷하면 좋을까?"

"다른 아이들이 나와 놀고 싶어하지 않는다고 느껴본 적 있니? 그럴 때 아이들의 마음을 얻으려고 어떤 행동을 했니?"[15]

그들은 아이들이 둘씩 짝을 이루거나 소규모 집단 또는 학급 전체와 이런 주제에 대해 논의하게 해주었다. 다만 모든 아이에게 말하기 전 신중하게 생각하도록 했고, 이를 가리켜 '먼저 생각하고 짝을 찾아서 자기 생각을 말해주기'라고 이름 붙였다.

토의를 시작하기 전에 교사들은 먼저 아이들이 대화할 때 지켜야 할 행동 지침을 스스로 정하도록 도와주었다. 그러자 첫 번째 집단은 다음과 같은 규칙을 만들었다.

- 친구를 놀리지 않는다.
- 친구가 말할 때 주의 깊게 듣는다.
- 친구를 괴롭히지 않는다.
- 말하고 싶으면 먼저 손을 든다(이렇게 해야 한 번에 한 명씩 말할 수 있다).
- 예의를 지키고 "고마워", "~해줄래?", "미안해"와 같은 표현을 사용한다.
- 친구의 의견을 존중한다. 상대방의 의견이 맞는지 틀렸는지 말하지 않는다.
- 친구가 발표할 때 끼어들지 않는다. 예의 없게 행동해서는 안 된다.
- 거짓말하지 않는다.[16]

이 정도면 상당히 훌륭하지 않은가? 정부도 아이들이 만든 지침을 참고하면 좋을 것 같다.

이 프로그램에 참여한 아이들은 아직 읽고 쓰는 것을 배우지 않았기 때문에 몇몇 규칙은 그림으로 표현했다. 그래서 그림으로 된 규칙을 걸어놓는 것이 곧 철학 수업이 시작된다는 신호였다. 수업이 시작되면 아이들은 아이스크림콘을 움켜쥐듯이 이 활동에 즉시 몰입했다. 그리고 '왜냐하면, 그 이유는, ~하기 위해서, 말하자면, ~이므로'와 같은 표현을 사용해 신중하고 논리적으로 생각을 표현했다.

프로그램 운영진은 근처에 비교 대상으로 삼을 수업도 진행했다. 이 수업에 참여한 특권층 아이들은 이야기를 듣고 등장인물의 행동에 대해 토론했다. 철학적인 질문은 하지 않았다. 이야기에 언급된 '사실관계'만 반복해서 알려주고 아이들이 직접 토의 규칙을 정하는 과정도 없었다.

당연히 이런 수업에서는 철학 수업과 비교할 만한 수준의 비판적 사고가 이루어지지 않았다. 사실 전 세계 어디에서나 이 점은 마찬가지다. 단순히 이야기 내용을 반복하는 전통적인 교수법으로는 아이들의 흥미와 관심을 불러일으킬 수 없다. 어떤 과목이든 아이들의 머릿속에 '사실'만 주입하는 방식으로 가르친다면 결과는 뻔하다. 다시 한번 강조하지만 아이들은 철학 공부를 좋아한다. 철학을 공부하면 아이들의 열정에 불이 붙고 모든 사물에 대한 호기심이 되살아난다.

학교에서 진행되는 대다수 활동은 질문이 아닌 정답을 암기하는 데만 집중한다. 아이들이 학교에서 '사실을 배우'는 것이 중요하다고 생각하는 부모도 있다. 하지만 아이는 몰입하면 할수록 사실을 배우는 것도 더 잘 해낸다. 그러니 철학을 가르치는 것은 나무랄 데가 전혀 없다.

집에서 할 수 있는 사고 훈련

집에서 이런 프로그램을 진행해보고 싶다면 인터넷을 통해 자료를 얼마든지 구할 수 있다. 예를 들어 철학 학습 및 교수 기관인 플라토Philosophy Learning and Teaching Organization, PLATO(이하 PLATO)는 어린아이, 중학생, 고등학생, 대학생을 대상으로 다양한 자료를 제공한다.[17] 집에서 이처럼 노력하는 것도 좋지만 여러 가족이 모여 대규모 '탐구 공동체'를 형성해 함께 토론하고 해결책을 공유하는 것도 좋은 방법이다.

그러나 어떤 방식으로 아이가 철학을 접하든 아이들끼리 자유롭게 대화하도록 내버려두어야 한다. 만약 아이가 한 명뿐이고 이웃을 초대할 수 없는 상황이라면 부모가 토론에 참여하면 된다. 가령 저녁식사를 하면서 아이와 대화할 수 있다.

학생들의 삶을 변화시킨 샌델의 교수법

마이클 샌델Michael Sandel의 수업은 하버드대학교에서 가장 인기 있는 강의 중 하나로 손꼽힌다.[18] 자녀 교육에서 직면하는 문제들과는 전혀 다른 교육 주제처럼 보일 수도 있지만 그의 현명한 접근 방식을 살펴보면 배울 점이 있다. 이는 여러 면에서 1970년대 리프먼이 시도한 접근 방법을 확대 적용한 것인데 이번에는 대학 학부생을 대상으로 한다는 차이가 있다.

매년 거의 1,000명이나 되는 학부생이 샌델의 강의에 몰려든다. 그리고 몇 년이 지나 그 학생들은 이 수업을 듣고 삶이 달라졌다고 말한다. 샌델은 어떻게 가르치는 걸까?

샌델의 수업을 들여다보면 그가 학생들이 어떤 생각을 하고 있는지에 확실히 주의를 기울인다는 점을 알 수 있다. 하지만 샌델은 거기에서 멈추지 않고 학생들이 새로운 것에 관심을 가지도록 유도한다. 그는 "교육은 무엇보다 관심을 끌어내 유지하는 것"이라고 주장한다.[19]

한번은 샌델이 우리에게 이렇게 말했다.

"우리가 할 일은 탄산음료나 기타 제품의 광고와 크게 다르지 않습니다."

하지만 교사가 학생들의 관심을 사로잡은 후 그것을 어떻게 활용하느냐에 따라 큰 차이가 생길 수 있다고 했다. 이제 샌델의 해결 방안을 들어보자. 그중 일부는 집에서 직접 해볼 수도 있을 것이다.

"대부분의 경우 우리는 학생들의 관심을 사로잡아서 그들이 평소에 주의를 기울이는 대상을 바꿔보려고 합니다. 하지만 우리는 학생들의 관심을 사로잡은 다음, 다른 곳으로 관심 방향을 유도하고 싶습니다."[20]

어떻게 해야 가장 효과적일까? 소리를 질러야 할까? 내 말을 반드시 들으라고 강요해야 할까? 말을 안 들으면 불타는 지옥에서 고초를 겪을 거라는 저주를 퍼붓거나 가혹한 규율을 내밀어야 할까? 제대로 집중하지 않으면 심각한 결과가 뒤따를 거라고 위협해야 할까? 목소리를 더 높여야 할까?

매사추세츠주 케임브리지에서 상을 받는 교사가 되고 싶다면 그렇게 해서는 안 된다. 기본적으로 샌델의 교수법의 핵심은 흥미로운 질문을 던지는 것이다. 우리는 그가 질문을 구성하는 방식에서 많은 점을 배울 수 있다. 누구든 아이들에게 깊이 생각하게 하는 질문을 사용할 수 있다.

샌델의 '정의란 무엇인가?'Justice: What's the Right Thing to Do?라는 강의는

매우 유명하다. 그는 수업 첫날에 아주 흥미로운 수수께끼를 낸다. 이전에도 그러했듯이 그 수수께끼를 글로 잘 전달하려고 최대한 노력해 볼 수 있다.[21] 요즘 하버드대학교에서는 이 강의를 온라인에서 무료로 제공하므로 아이와 함께 강의를 직접 들어보자.[22] 첫 번째 강의 제목은 '살인의 도덕적 측면'이다. 흥미가 생기지 않는가?

살인과 관련된 질문은 까다로워서 여덟 살 아이에게 적당한 주제가 아닐 수 있다. 그러나 대학생이나 철이 든 아이가 있다면 정의를 어떻게 정의하고 어떻게 올바른 결정을 내릴 것인가에 대한 심도 있는 윤리적 대화를 나누는 좋은 계기가 될 것이다. 물론 사람마다 경험은 다를 수 있다. 여기서 핵심은 아이들에게 모호한 문제를 보여주는 데 있다. 즉, 가치판단이 필요한 사안이며 간단하게 답할 수 없고 인터넷 검색만으로 해결할 수 없는 문제를 다루는 것이다.

샌델의 접근 방식은 소크라테스 사상에 기반을 둔다. 고대 그리스 철학자인 소크라테스는 이렇게 말했다.

"먼저 사람들이 알고 있다고 생각하는 것에 주목한 다음, 사람들이 익숙하게 여기는 자리에서 그들을 점진적이고 체계적으로 끌어내기 시작했다."[23]

샌델의 사례는 고학년 아이들의 호기심을 자극하는 데 아주 효과적이다. 하지만 사실 이는 대학생에게 적합한 고급 과정이다. 샌델은 첫 번째 강의 시리즈를 끝내면서 이 논의에 참여하기로 선택한 사람은 자기가 보고 들은 점을 결코 되돌릴 수 없다고 경고한다. 사실 그의 수업은 유치원생은 고사하고 고등학생에게도 결코 쉬운 과정이 아니다.

유튜브에서 별도 등록 없이 샌델이 초반에 강의했던 영상 두 개를 시청할 수 있다.[24] 1만 7,000개가 넘게 달린 댓글을 살펴보면 그의 교수법에 관해 사람들이 얼마나 대단히 관심을 가졌는지 실감할 수 있다. 댓글 몇 가지를 소개하면 다음과 같다.

"샌델 교수님은 학생들에게 옳고 그름을 강요하지 않아요. 다양한 관점을 가진 사람들이 자유롭게 발언하도록 독려하는 점이 인상적입니다."

"저는 철학을 공부했어요. 하버드에서 배운 건 아니에요. 50년 넘게 살아오면서 더 깊이 생각하는 법을 배우기 시작한 것이 가장 고통스럽지만 가장 보람찬 경험이었습니다. 우리 모두 철학적 사고를 접할 수 있다면 이 세상은 많이 달라질 겁니다."

"정말 대단한 교수님이에요. 모든 사람이 인생에서 한 번쯤 그분의 강의를 들어봐야 합니다."

"우리 교수님이 이렇게 흥미진진하게 수업을 진행한다면 절대 수업을 빼먹지 않을 것 같아요."

"이것이 바로 철학이 최고의 학문이라고 말하는 이유입니다. 다른 과목은 무엇을 생각해야 하는지를 가르치며, 주어진 자료를 학생이 흡수하고 내면화하게 하죠. 그러나 철학은 생각하는 방법을 가르쳐줍니다. … 내 생각에는 대학이 가르치는 어떤 학문도 철학만큼 빠르고 안전하게 문제를 해결할 수 있는 도구, 기법, 능력을 알려주지 못합니다. 철학은 정답을 주지 않지만 오직 스스로 정당한 방식으로 답을 만들어낼 수 있도록 도와줍니다."

샌델의 강의를 직접 보면 그가 학생들의 의견에 어떻게 반응하는지 알 수 있다. 샌델은 학생이 뭐라고 하든 쉽게 판단하지 않는다. '흥미롭다'라거나 '용기가 있다'라고 대답할 뿐 '맞다', '틀리다'라고 말하지 않는다. 그는 유머 감각이 뛰어나며 상대를 편안하게 해주는 따스한 인간미를 보여준다. 가족끼리 토의할 때 샌델의 방식을 따라 해보면 좋은 결과를 얻을 것이다.

제4장

창의적인 아이로 키우려면

THE LEARNING HOUSEHOLD

아이들이 창의적 마인드셋을
발전시키는 방법을 배우면
배움에 대한 태도가 달라진다.
우리는 누구나 서로에게 배울 수 있다.
다양한 관점을 공유하고 이해하는 과정에서
훌륭한 아이디어가 생기고
창의적인 발전이 가능하다.

레이나 그란데Reyna Grande는 멕시코 중부의 홍수가 잦은 작은 마을에서 태어났다.[1] 그란데의 아버지는 그녀가 고작 두 살이었을 때, 고국에서의 빈곤한 삶을 벗어나기 위해 미국으로 향했다. 그는 고향에 가족을 남겨둔 채 국경을 넘었고 이민 단속을 피해 숨어 살아야 했다.

8년 후, 그는 다시 멕시코로 돌아와 자녀들을 북쪽에 있는 캘리포니아로 데려갔다. 그 무렵 그란데의 부모는 이혼했고 아버지는 곧이어 재혼했다. 어린아이였던 그란데와 그란데의 오빠, 언니는 아버지, 새어머니와 함께 살기 시작했다. 레이나의 아버지는 가족이 빈곤에서 벗어나지 못하는 모습을 보며 점점 우울해졌다. 당시 이민자는 극도로 낮은 임금을 받았고, 특히 서류를 제대로 갖추지 못한 이민자는 언제 체포될지 모른다는 두려움에 떨면서 지내야 했다.

이쯤 되면 그란데가 학교에서 성적이 뒤처지다가 결국 포기했을 거라고 예상할지 모른다. 하지만 그란데는 캘리포니아대학교 샌타크루즈 캠퍼스를 졸업하고 소설가로서 인기 있는 걸작을 여러 권 출판했다.

제4장 창의적인 아이로 키우려면

현재 그란데는 UCLA에서 창작 글쓰기를 가르치면서 매우 생산적이고 창의적인 삶을 즐기고 있다.

그란데는 어떻게 이런 성공을 이뤄낼 수 있었을까? 사실 수많은 사람이 학교에서 많은 것을 얻지 못하는데 그란데는 어떻게 더 많은 것을 얻었을까? 그녀의 이야기는 가정에서 창의적인 사고방식을 키우는 데 도움이 될 것이다.

모든 일을 하나의 요인으로만 설명할 수는 없다. 어떤 면에서 보면 그란데는 운이 좋았다. 좋은 선생님들을 만났고 가족은 그녀가 발견한 기회를 적극적으로 활용하도록 격려해주었다. 특히 아버지는 아이들에게 정규 교육이 매우 중요하다고 생각했고 세 자녀 모두 학교에서 좋은 성적을 거두도록 응원했다.

몇 번 정도 행운이 따랐을지 모른다. 그것만으로는 그란데가 창의적인 작가로서 성공한 이유나 과정을 온전히 설명하기 어렵다. 또한 독자에게 유용한 제안을 하는 데 적절한 근거가 되기에도 부족하다. 이 책의 독자에게 그저 "운이 따르기를 바랍니다."라고 말할 수는 없기 때문이다.

우리는 우연의 일치나 운이 좋았던 경우를 넘어 더 근본적인 이유를 찾아내 분석하려고 한다. 우리의 의도는 운이 좋은 순간이 왔을 때 그 순간을 최대한 활용할 수 있는 방법을 알려주려는 것이다. 사실 그란데가 다른 사람들에 비해 특별하게 운이 좋았다고 말하기는 어렵다. 오히려 그 반대가 사실에 더 가까워 보인다.

어쩌면 이 점이 가장 중요할지 모른다. 우리는 지금부터 이 책에서 안내하는 대로 따라 하면 누구나 거대한 장애물을 넘을 수 있다고 주장하는 것이 아니다. 사실 인생은 그리 호락호락하지 않다. 그보다는 그란데의 경험에서 배울 점을 찾아보는 것이 나을 듯하다. 그란데와 그녀의 가족은 영주권을 받았다. 수백만 명이 시민권을 얻을 수 있도록 길을 마련한 공화당 대통령과 민주당 의회의 협력 덕분이었다. 하지만 이 행운만으로 그녀가 결국 이룬 것을 다 설명할 수는 없다.

그란데가 어려움을 극복할 수 있었던 가장 큰 요인은 바로 '창의적 마인드셋'을 발전시킨 덕분이었다. 창의적 마인드셋은 아이들의 학습력을 크게 향상시키는 사고방식이다. 이를 통해 학교에서 더 깊이 배우고 성장할 수 있다.

창의적으로 살아가는 방법을 배우는 것에 관한 논의는 예술 분야나 예술가에게만 국한되지 않는다. 우리는 종종 창의성이란 무엇인가를 두고 혼란스러워한다. 그란데는 소설을 쓰지만 그녀의 창의성은 예술이나 문학 같은 창작 활동에 국한되지 않는다. 사업을 하거나 자녀를 키우거나 위기에 대응하거나 문제를 해결하고 인간관계를 회복하는 등 매우 다양한 순간에 창의성을 발휘한다.

아이들이 창의적 마인드셋을 발전시키는 방법을 배우면 배움에 대한 태도가 달라질 것이다. 우선 학습과 학교에서 얻는 경험에 대한 아이의 생각이 달라진다. 이러한 변화는 어떤 과목을 공부하고 어떤 직업을 선택하느냐와 관계없이 아이에게 매우 큰 영향을 준다. 창의적 마인드셋은 결국 아이의 삶 전체를 완전히 바꿔놓을 수 있다.

창의적 마인드셋을 발전시키는 법

우리는 폴 베이커를 통해 '창의적 마인드셋을 길러야 한다'는 아이디어를 처음으로 접했다. 베이커는 텍사스 출신의 혁신적인 교육자이자 연극 연출가다.² 그는 1930년대부터 1990년대까지 강단에 섰는데 학교에서 아이들이 창의성을 마음껏 꽃피우고 중시하는 환경을 조성하는 데 앞장섰다.³

창의성에 대한 베이커의 생각을 우리 교육 방식의 주요 핵심으로 삼은 데는 여러 이유가 있다. 60~70년 전에 비하면 현재 베이커의 아이디어는 인지도가 많이 떨어지지만 여전히 폭넓게 고려할 가치가 있는 다양한 개념과 실천 방법을 제공하기에 큰 가치가 있다.

요즘 사람들은 창의성을 기르는 것과 관련해 영국의 교육자인 켄 로빈슨Ken Robinson의 사고방식에 더 익숙할 것이다. 로빈슨은 TED 강연에서 창의성이 매우 중요하다고 강조했는데 그의 강연 조회 수는 현재까지 7,800만 회가 넘는다.⁴ 사실 베이커와 로빈슨의 아이디어는 매우 비슷하다. 텍사스 출신인 베이커가 좀 더 일찍 창의적 마인드셋 개념을 선보였으며, 학교 교육 전반에 큰 영향을 미칠 수 있는 확고하고 상세한 설명을 제공했다.

두 사람은 각각 텍사스와 런던에서 연극 작업을 시작했다. 그러나 로빈슨이 베이커를 알고 있었는지는 알 수 없다. 어쩌면 미국인의 아이디어가 대서양을 건너와 영국의 연극 무대에 스며들었지만 아무도 이를 알아차리지 못했을 수도 있다. 영국의 저명한 배우 찰스 로튼Charles Laughton은 한때 베이커를 두고 다음과 같이 평가했다.

"짜증스럽고 거만하며 미친 사람이지만 그가 천재라는 점은 부인할 수 없다. 그는 오늘날 전 세계 연극계를 통틀어 가장 중요한 지성인 중 한 사람이다."[5]

어쩌면 베이커와 로빈슨도 그들보다 더 앞선 제삼자의 영향을 받았는지 모른다.

베이커는 예일대학교에서 수학한 후 유럽과 아시아를 돌아다니며 실험적인 연극 공연을 접한 후 다시 텍사스로 돌아와 교육을 시작했다. 그의 아이디어는 심리학의 최신 개념인 성장 마인드셋과 같은 이론을 예견하고 보완해주었다는 점에서 중요한 의미를 지닌다. 베이커의 아이디어는 매우 간결하면서도 이해하기 쉬우며 의미와 적용 가능성이 풍부하고 광범위하다. 먼저 그의 수업 방식이 무엇인지 살펴보고 그 아이디어를 가정에 적용할 방법을 알아보자.

어떤 사람들은 혁신적 사고는 가르친다고 향상되는 영역이 아니라고 주장한다. 그러나 베이커는 인간이 본래 지닌 창의적으로 행동하려는 성향을 마음껏 펼치고 더 발전시킬 수 있도록 활동을 설계하고 이를 자유롭게 표현할 공간을 만들 수 있음을 보여주었다. 이는 교육을 받는다는 것이 무엇을 의미하는지에 대한 새로운 정의에서 시작된다.

오랫동안 교육자들은 정보나 처리 과정을 암기하는 것을 강조해왔다. 하지만 베이커가 생각한 교육의 핵심은 그런 것을 중시하는 게 아니었다. 단순히 연도와 이름을 암기하거나 자동차 수리, 컴퓨터 프로그래밍 같은 실용적인 기술을 습득하는 것이 꼭 필요할 때도 있다. 하지만 이런 것이 교육의 근본이 될 수 없다고 보았다. 그리고 교육은 유명한 학교에서 학위를 받는 것을 의미하지도 않았다. 인맥을 넓히거나 명성을 쌓는 것과도 관련이 없었다. 얼마나 권위 있고 저명한 직책을 맡았는지, 어떤 사회적 지위를 가졌는지는 그리 중요하지 않았다.

베이커에게 건실한 교육이란 전혀 다른 의미였다. 그는 창의적이고 혁신적인 삶을 살아가는 법을 배우는 것이 교육이라고 여겼다. 혁신은 예술에만 국한되지 않았다. 하지만 예술가들이 작업하고 생각하는 방식을 살펴보면 다른 모든 분야에서 창의적인 사고방식을 발전시키는 데 분명히 도움이 되었다.

우리는 수년 동안 베이커의 아이디어와 교육 방식에 대해 글을 쓰고 이야기해왔지만 사실 처음에는 그 가치를 온전히 이해하지 못했다. 우리가 이 점을 고백하는 이유는 어떤 아이든 처음에는 같은 반응을 보일 수 있고, 그 때문에 부모가 베이커의 교육 방식을 포기할 수도 있기 때문이다. 그런 안타까운 상황은 없기를 바란다.

창작의 모든 것은 내면에서 나온다

학교에서 배우고 성장하는 것이 어떤 의미인지 아이와 함께 이야기한다고 생각해보자. 이런 대화는 철학적인 질문으로 시작할 수 있다. 교육을 받는 목적은 뭘까? 창의적이라는 것은 어떤 의미라고 생각하니? 이런 대화를 나누다 보면 아이에게 자연스럽게 혁신적인 삶을 살고 상상력을 넓히라고 권할 수 있다.

베이커는 자신의 강좌를 '능력 통합' Integration of Abilities 강의라고 명명했다. 그 수업이 어떻게 진행되었는지 생각해보자. 그는 다음과 같이 말하곤 한다.

"이 수업은 여러분의 창의력을 발견하는 시간입니다. 이 과정에서 가장 중요한 도구는 자신의 내면과 자신이 작업하는 방식에 대한 이해입니다."[6]

"여러분이 창작하는 모든 것은 내면에서 나옵니다. 그러니 자신을 잘 알아야 합니다. 글쓰기는 내면을 밖으로 꺼내 표현하는 과정입니다."

학생들은 자기 자신에 대한 수업을 듣는다는 말에 흥미를 보였다. 아이들도 그 점에 호기심을 가질지 모른다.

아이에게 이렇게 설명할 수 있다.

"무엇이 너를 신나고 설레게 하는지 찾아봐. 재미있어 보이는 창의적인 프로젝트를 하나 골라서 깊이 알아보는 거야. 그 예술가는 어떤 일을 했을까? 어떻게 작업했을까? 그 멋진 작품 속에서 여러 가지 새로운 가능성이 보일지도 몰라. 그리고 나서 네가 정말 좋아하는 것을 찾아봐. 그걸 원동력으로 삼으면 뭐든 해낼 수 있을 거야."

베이커는 다음과 같이 진중하게 경고하기도 했다.

"설렘과 흥분을 느끼지 못하면 결국 아무것도 해낼 수 없다."[7]

'네가 이 동네에서 가장 똑똑한 아이란다'라며 기를 살려주는 고리타분한 방식이 아니다. 남보다 자기가 우월하다는 생각을 심어주어 자신감을 갖게 하는 것은 별로 바람직하지 않다. 그렇다고 요즘 흔히 볼 수 있는 영재 프로그램처럼 '넌 특별한 아이란다'라는 메시지를 심어주려는 것도 아니다. 심리학자들이 말하는 '상황적 자존감'contingent self-worth도 아니다. 상황적 자존감은 자신의 가치와 능력이 다른 사람과 비교했을 때 어느 정도인지에 따라 결정되는 자존감이다. 20세기 후반에 상황적 자존감이 부모들 사이에서 인기를 끌었지만 이는 종종 아주 부정적인 결과를 초래하므로 조심해야 한다. '사람은 모두 사람이다'people are people라는 말은 아주 단순한 깨달음을 담고 있다. 인간은 누구나 공통된 특성을 지니고 있지만 동시에 그 누구도 완전히 같은 사람은 없다. 바로 그 고유함에서 진정한 창의성이 비롯된다.

아이에게 '모든 사람은 각자 고유하다'는 점을 이야기할 때, 아이의 친구들 역시 모두 고유하다는 점을 꼭 강조해야 한다.

"네가 다른 애들보다 더 나은 게 아니야. 그냥 네가 그 아이들과 다른 거야. 너는 너만의 독특한 장점과 약점이 있어. 그리고 마음먹기에 따라 장점을 더 키우고, 약점을 극복할 역량도 갖고 있단다."

우리는 누구나 서로에게 배울 수 있다. 모든 경험은 다른 누군가에게 배움의 원천이 될 수 있다. 사람들이 다양한 관점을 공유하고 이해하는 과정에서 훌륭한 아이디어가 생기고 창의적인 발전이 가능하다. 마찬가지로 개인의 창의성도 다양한 관점을 고루 경험해 마음의 양식으로 삼을 때 폭발적으로 성장할 수 있다. 그렇다고 해서 모든 아이디어가 똑같이 훌륭하다는 의미가 아니다. 그보다는 신중하고 깊은 성찰이 필요한 판단을 하는 일은 매우 힘들지만 모든 사람이 그 일을 도와줄 수 있다는 의미다.

두 번째로 시야를 넓히는 것이 중요하다는 점을 강조한다. 즉, 인간 역사의 다채로움을 받아들이고 다른 사람이 가진 가치 있는 생각과 경험을 자신의 아이디어와 관점에 통합하는 법을 익히게 해야 한다. 우리는 다양한 사람들과 집단에서 영감을 얻을 수 있다. 그것이 우리의 몸과 두뇌를 거치면 독창적인 혼합물이 만들어진다.

물론 배워야 할 '사실'과 아이디어는 많다. 그런데 그런 것들은 창의적 과정에 녹아든다. 아이들에게 이렇게 설명할 수 있다.

"우리는 주변을 살피고 교사, 연구자, 과학자, 학자 등 다양한 사람들의 이야기를 들으며 통찰력을 얻을 수 있어. 네가 모은 사실과 아이디어들은 창의력을 키우는 데 잘 쓰일 거야."

미적분학은 단순한 공식이 아니라 뉴턴, 심괄沈括[*], 라이프니츠Leibniz[**]를 포함해 학문 발전에 이바지한 수많은 수학자의 사고 과정이다. 우리는 아이들이 이처럼 위대한 사상가들을 친구처럼 여기도록 도울 수 있다. 편안하게 현관 앞에서 대화하고 숲속을 함께 걸으며 친분을 나누는 이웃처럼 말이다.

이 책의 도입부에서 아인슈타인이 했던 멋진 말을 소개했다.

"저는 예술가라고 충분히 자부할 정도로 상상력을 자유롭게 펼칠 수 있습니다. 상상력은 지식보다 더 중요하죠. 지식은 한계가 있지만 상상력은 온 세상을 아우르니까요."[8]

아이에게 아인슈타인이 왜 이런 말을 했다고 생각하는지 물어보자. 아인슈타인의 말은 어떤 의미일까? 너도 그 말에 동의하니? 상상력과 지식 둘 다 중요할까? 상상력과 지식은 어떤 관련이 있을까? 둘 중 어떤 게 더 중요한지 정할 필요가 있을까?

이렇게 하면 우리가 '교양 과목'이라고 부르는 것을 전혀 다른 방식으로 생각해보게 된다. 새로운 사고방식을 적용하면 아이들은 일방적인 요구나 지시가 아니라 기회를 얻는다. 지금까지 등장한 모든 아이디

---

[*] 중국 송나라의 대학자.
[**] 독일의 수학자이자 과학자.

어가 아이들에게 비옥한 토양이 되어 주고, 그 토양을 기반으로 아이들은 사고의 폭을 크게 넓힐 수 있다. 아이들에게 이렇게 말해보자.

"이건 바로 너 자신에 관한 거야. 먼저 자기 자신에 대해 배우고 그 지식을 활용해서 창의성이 뛰어난 사람으로 성장해가는 과정을 알게 될 거야."

그렇다면 언제 아이와 창의성을 주제로 대화해야 할까? 그건 부모가 정하기 나름이다. 아이가 초등학생일 수도 있고, 고등학생이 되거나 대학에 들어갈 때까지 기다릴 수도 있다. 그리고 이 주제는 한 번만 언급하고 끝내는 게 아니라 여러 번 반복해 대화해야 한다. 학교 생활이나 아이가 받는 교육에 관해 대화할 때 창의성에 대한 이야기를 자연스럽게 이어갈 수 있다. 창의성은 가정에서 자연스러운 학습 분위기를 조성할 때 매우 중요한 요소다.

창의성을 키우는 언어

폴 베이커는 창의성에 대한 자신의 비전을 표현하기 위해 새로운 언어를 개발하고, 그 언어를 활용하는 새로운 과정을 구축했다. 처음에는 대학생 수준에 맞춰 개발했는데 이후 초등학생, 고등학생, 대학원생으로 적용 대상을 확대했다. 70여 년 동안 이 텍사스 출신 기획자의 노력은 수천 명의 삶을 변화시켰다. 그러므로 이를 활용하면 아이가 본인과 학습에 대해 생각하는 방식을 바꿀 수 있다. 먼저 창의성 과정에 대해 간략히 살펴본 후에 어떻게 하면 이 방법을 아이에게 적용할 수 있는지 알아보자.

베이커의 주장에 따르면 분야와 관계없이 창의적인 행위는 공간, 시간(또는 리듬), 움직임(방향이나 선), 소리(또는 침묵), 실루엣(또는 색깔)이라는 다섯 가지 요소로 이루어진다. 베이커의 강의를 들었으며 훗날 도시계획자가 된 학생은 그 수업을 들은 후 어떤 프로젝트를 맡더라도 항상 다섯 가지 요소를 반드시 생각했다고 말했다.[9] 또 다른 학생도 자기가 아는 모든 기본 개념을 베이커의 다섯 요소로 설경할 수 있다면서 아인슈타인의 상대성 이론도 가능하다고 말했다. 이것이 어떻게 가능한지 생각해보자. 그리고 나서 아이와 그 점에 관해 대화해보길 바란다.

엔지니어, 비즈니스 리더, 과학자, 법률 전문가, 부모 등 다양한 사람들이 베이커의 언어로 자신만의 창의적 마인드셋을 구축하는 방법을 배웠다. 그들의 교육에서 상상력은 중요한 요소, 즉 학습 경험을 변화시키는 비결이 되었다.

미국 댈러스 지역에 거주한다면 아이를, 베이커가 자신의 딸 로빈 플랫Robyn Flatt과 함께 설립한 어린이 극장 프로그램에 등록시키거나 그가 1970년대에 창설한 부커워싱턴예술고등학교에 보낼 수 있다. 하지만 현실적으로 대다수 가정에 이처럼 현대적인 창의성 수업에 참여할 기회는 많지 않다. 그래서 이 학습 방식을 집에서 아이와 함께 직접 실천하는 것이 중요하다.

아무도 이를 대신해줄 수 없다. 그리고 베이커의 방식을 완전히 똑같이 따라 할 수 있는 사람은 없다. 가족마다 결과도 다를 것이다. 하지만 상상력이 자유롭게 펼쳐지는 세계로 깊이 들어가보면 부모는 물론 아이들도 학교를 바라보는 관점이 지금까지 전혀 생각지 못했던 방향으로 바뀔 것이다.

여기서 잠깐, 이 접근방식이 교육 분야에서 가장 오랫동안 이어져온

한 가지 논쟁과 어떻게 연결되는지 생각해보자. 일각에서는 학생들에게 폭넓은 교육이 필요하다고 주장한다. 미국의 대다수 학교에서는 초등학교부터 대학교까지 과학, 사회과학, 역사, 언어 예술, 인문학, 순수 예술과 같은 다양한 과목을 가르치며 이러한 교양 과목이 다른 모든 학습의 기초가 된다고 여긴다. 하지만 이를 반대하는 사람들은 교양 과목 과정이 시간 낭비에 불과하다고 말한다. 취업에 필요한 과목들이 많은데 이런 교양 과목 때문에 제대로 집중하지 못한다고 여기기 때문이다. 그러나 우리는 부모와 아이들이 창의적인 삶을 꾸리고 창의적 마인드셋을 키우는 데 교양 과목이 매우 중요하다는 점을 깨달아야 한다. 아이들이 배우는 모든 과목과 모든 학습 내용은 창의적으로 성장하는 데 좋은 밑거름이 된다.

'능력 통합' 강의를 들은 학생들은 배움의 모든 과정이 결국 자신을 위한 것임을 깨닫는다. 다르게 말하면 배우는 모든 내용을 자신의 마음이 지닌 역동적인 사고 능력을 발전시키는 일과 연결할 수 있다. 바로 이 점을 아이들에게 잘 전달해야 한다. 사람마다 연습과 활동이 다르게 작용하므로 아이들에게 가장 잘 맞는 방법을 찾아야 한다.

아이가 이 과정을 따르면 좋겠다고 생각한다면 부모가 먼저 그 과정을 신뢰해야 한다. 사람은 상대방의 감정이나 생각을 표정이나 행동을 통해 쉽게 파악할 수 있다. 부모가 창의성 교육을 신뢰하지 않으면 그런 생각이 얼굴에 고스란히 드러난다. 따라서 부모가 먼저 확신을 가지고 긍정적인 태도를 보여야 아이를 이해시킬 수 있다. 그렇지 않으면 자녀가 창의성 교육을 받더라도 그 혜택을 충분히 누리지 못할 가능성이 높다. 결과를 극대화하려면 부모 또는 양육자가 같은 의견을 가지고 일관된 메시지를 전해야 한다.

그런데 학교 교육에 관한 기본적인 비유를 잘 이해하지 못한 채 이러한 연습을 하면 결코 창의적 마인드셋을 가질 수 없다. 학교 교육에 관해 사람들이 지금까지 흔히 하는 말을 분석해보면 사다리를 올라가는 것, 정상을 정복하는 것, 남들보다 더 빨리해내는 것과 같은 표현이 자주 보인다. 학교에서 '승자'가 되는 것, 다른 모든 사람보다 더 잘하는 것을 논하는 사람도 있다. '사다리를 올라간다'는 비유는 학생에게 점수를 매기고 등급을 나누는 방식으로 승자와 패자를 나누게 한다.

창의적 마인드셋에서는 사다리를 오르거나 이기기 위해 경쟁하는 것과 같은 개념이 아예 성립하지 않는다. 그보다는 한 사람 한 사람이 자신만의 독특한 관점이나 생각을 대화에 어떻게 표현하며, 그런 방식으로 아이디어를 교환할 때 모두에게 어떻게 도움이 되는지가 훨씬 중요하다. 창의적 마인드셋에서 주로 사용하는 은유적 표현은 경쟁이 아니라 공동체다. 누구나 다른 사람과 공통점이 있다. 학생들은 함께 성장하면서 생각하고 창의성을 발휘하며 집단 전체가 지닌 다양성에 이바지하는 방법을 배운다. 여러 사람이 함께 만든 공동체는 모든 구성원에게 이점과 도움을 준다. 누군가가 다른 사람보다 더 낫다고 말할 수 없다. 단지 각자의 경험과 그러한 경험에서 얻은 관점이 다를 뿐이다.

창의력을 불어넣는 다섯 가지 조각 맞추기

능력 통합 강의에서는 학생들에게 다섯 가지 핵심 활동을 하게 한다. 베이커는 이러한 활동을 통해 기존의 행동 및 사고방식을 해체하려고 시도했다. 각 활동에서 참가자는 공간, 움직임, 시간, 색상, 소리라는 기본 요소 중 하나 이상을 어떻게 접근하는지 깊이 탐구하고 성찰한다. 이제부터 이 다섯 가지 활동을 집에서 어떻게 실행하는지 살펴보겠다.

활동①

첫 번째 활동은 간단하다. 아이에게 친구들과 함께 같은 공간을 두 번 지나가게 한다. 이때 분위기나 기분을 달리하는 것이 중요하다. 처음 통과할 때는 슬픈 감정을 표현하고, 두 번째로 지나갈 때는 즐겁고 행복한 감정을 표현하게 한다. 아이들에게 방법을 설명해준 다음, 이 활동에는 정답이나 오답이 없음을 알려줘야 한다. 베이커는 학생들에게 이렇게 말했다.

"이 활동에서는 자기 자신에 대해 배우지 못하는 사람만 실패합니다."[10]

활동이 끝나면 아이들에게 스스로 선택한 것을 점검하게 한다. 자신의 행동에 대해 생각해본 후 다음과 같이 자문해보게 한다.

- 내가 왜 이렇게 했지?
- 공간을 어떻게 사용했지?
- 다른 방법도 가능하지 않았을까?
- 여러 가지 선택지가 있었는데 그중 이것을 선택한 이유는 무엇일까?
- 내가 선택한 결과에서 나에 대한 어떤 점을 알 수 있을까?
- 어떤 경험이 내가 이번에 공간을 활용한 방식에 영향을 주었을까?

아이들은 이번 활동을 계기로 자신을 돌아볼 수 있어야 한다. 자신의 사고방식을 검토하고 이전에 전혀 알지 못했거나 오랫동안 잊고 있었던 자신의 특정한 모습을 찾아내면 좋을 것이다. 첫 번째 활동이 전반적으로 순조롭게 진행되었다면 아이들은 자신이 어떤 사람으로 성장했는지 돌아보고, 자신의 태도와 가치관이 형성된 이유를 생각해보게 된다. 그리고 지금과 전혀 다른 태도와 가치관을 가졌더라면 어떤 결과가 나왔을지 상상해볼 수도 있다. 한마디로 이번 활동을 통해 아이는 더 창의적인 사람으로 성장하게 된다.

활동②

두 번째 활동은 '자동 글쓰기'를 통해 즐거운 시간을 보내도록 하는 것이다. 부모가 단어를 하나 말하면 그 단어를 듣자마자 생각나는 단어나 구절을 적는다. 무슨 말을 쓸지 따로 생각할 시간은 주지 않도록 한다. 단어마다 30~60초 정도면 된다. 색깔, 방향, 감정, 태도 등 생각나는 것이 무엇이든 그대로 쓰게 한다. 자신의 반응에 어떤 제한도 두지 말고 자유롭게 써보라고 한다.

베이커는 수업 시간에 이렇게 설명했다.

"누군가의 이름, 예전에 가본 장소나 앞으로 가보고 싶은 곳, 색깔, 어떤 단어가 만드는 분위기 같은 것을 써도 됩니다. 우스꽝스러운 내용도 좋고 진지한 내용도 좋습니다. 무엇이든 생각나는 대로 써보세요."[11]

아이에게 글쓰기 규칙 같은 것은 신경 쓸 필요가 없다고 말해주자.

"단어가 여러 개 생각나면 그냥 다 써봐. 쓰고 싶은 것부터 차례대로 쓰면 돼. 좋아하는 것부터 시작해도 되고, 재미있거나 슬퍼 보이는 것을 떠올려도 좋아. 문법이나 맞춤법에 신경 쓰지 마. 그냥 물 흐르듯 생각나는 대로 편하게 쓰는 거야."

그 다음에는 같은 활동을 시각적인 방법으로 반복한다. 선으로만 그린 그림을 보여주면서 아이들에게 각자 즉흥적으로 자신만의 그림을 그려보게 한다. 종이 위에 선 하나가 구불구불 지나갈 수도 있고, 동물이나 사람을 간단히 그릴 수도 있다. 아이들이 좋아하는 것이라면 무엇이든 가능하다.

두 가지 활동이 끝나면 종이에 날짜를 쓰게 한 뒤 종이를 모두 모아 보관한다. 며칠, 몇 주 또는 몇 달에 걸쳐 이러한 활동을 여러 번 반복한 다음, 아이들이 사용한 종이를 나란히 늘어놓고 시간이 흐르면서 어떤 차이가 생겼는지 살펴보라고 한다. 이 두 가지 활동을 할 때는 아이들이 자유롭게 생각하고 몸을 움직이며 창의적으로 표현하도록 해주어야 한다. 그런 다음 자기 작품을 관찰하고 새로운 시각으로 자신을 바라보도록 한다.

활동③

아이에게 평소 잘 아는 사람을 떠올리게 한다. 어떻게 행동하는지 오랫동안 관찰해온 사람이 좋다. 그런 다음 그 사람과 잘 어울리는 리듬을 생각해보라고 한다. 걸음걸이의 빠르기나 억양을 떠올리면 도움이 될 것이다.

아이들이 적당한 리듬을 생각해내면 직접 몸으로 표현하도록 한다. 손뼉을 치거나 탁자를 두드리거나 드럼을 쳐서 박자를 표현할 수 있다.

－그 사람은 사람들이 많이 모인 곳을 지나갈 때 어떻게 움직이는가?

- 대화할 때 어떤 몸짓을 사용하는가?
- 의자에 앉을 때 어떤 움직임을 보이는가?
- 화가 나거나 기분이 좋을 때 움직임이 어떻게 달라지는가?
- 그런 움직임이 옷차림, 달리 말해 그들이 주로 입는 옷 스타일이나 색상과 잘 어울리는가?

베이커는 학생들에게 사실 그들이 평생 리듬을 공부하고 있음을 알려주었다. 갓난아기는 누군가가 자기를 안아 올리면 앞선 경험을 기반으로 자신을 안아준 사람이 낯선 사람인지 아닌지 구분한다. 아기는 그 사람의 몸짓과 움직임, 흔들림, 리듬, 속도, 안아 올리는 방식과 진동 등을 토대로 판단했다. 베이커는 학생들에게 이러한 통찰을 활용해 친구들의 리듬을 분석하고, 궁극적으로 그들이 수집한 모든 정보를 하나의 통합된 박자로 정리해보라고 했다.[12]

아이들에게 이렇게 설명할 수 있다.

"얘들아, 이번 활동은 전혀 서두를 필요가 없어. 처음에 해본 것이 마음에 들지 않으면 다시 해도 돼. 몇 번을 되풀이하든 자연스럽게 이어지면 되는 거야. 언제든 다시 할 수 있다는 걸 기억해. 너희들은 지금 선이나 단어가 아니라 소리만으로 그림을 그리고 있는 거야. 생각과 감정을 결합해서 리듬이라는 그림을 완성하는 거지."

아이에게 이렇게 질문해보자.

"친구는 어디에서 자랐니? 친구는 무엇을 중요하게 생각해? 좋아하는 게임은 뭐야? 어떻게 공부해? 친구의 이력이나 생활, 문화, 주로 하는 게임을 생각해봐. 어떤 리듬으로 표현할 수 있을까? 그 친구가 두려워하는 것, 싫어하는 것, 좋아하는 것은 뭐야? 지금까지 생각해본 점을 모두 합쳐서 하나의 박자로 표현해볼래?"

　부모의 표정, 말, 자세, 목소리 톤, 리듬을 통해 아이들이 재미를 느끼고 자유롭게 행동하도록 흥을 돋워주어야 한다. 이 활동을 할 때 중요한 점은 정확한 순간에 손뼉을 치거나 드럼으로 정확한 박자를 연주하는 것이 아니라 이 게임을 통해 리듬의 역할을 이해하고, 자기 자신에 대해 새로운 것을 배우며, 이를 바탕으로 자신을 더 발전시키는 것이다. 특정한 장소, 색깔, 태도, 문화에 특정한 리듬을 쓴 이유를 물어보자. 아이들이 선택한 것을 보면 그들의 사고방식에 대해 뭔가 알 수 있다.

　아이가 이미 학교에서 다양한 수업을 듣고 있다면 어떤 수업이 가장 흥미로운지, 어떤 수업이 가장 깊은 내용을 알려주는지, 어떤 수업이 가장 재미있는지 물어보자. 그다음 각 수업의 리듬에 대해 생각해보라고 권하자. 수업의 리듬은 어느 수업이 가장 순위가 높은지 예측하는 데 도움이 되는가? 마음속에서 느끼는 빠르기와 리듬을 바꾸면 특정 수업이나 과목이 더 재미있거나 더 도움이 될까?

활동④

　아이에게 나뭇가지, 바위, 식물의 일부, 꽃송이, 나뭇잎 등 야외에서 찾을 수 있는 것들 중에서 선이 흥미롭거나 이색적이거나 아름답게 느껴지는 것을 찾아보게 한다. 그런 다음, 다양한 각도에서 그 대상을 유심히 관찰하도록 유도한다. 이제 관찰 대상을 다양한 어휘로 표현해준다. 색깔, 크기, 리듬, 질감 등 쉽게 생각나는 형용사를 사용하면 된다.

　아이들에게 아침 일찍 이런 것들을 관찰하게 한 후, 잠자리에 들기 직전에 또 다른 흥미로운 대상을 찾아보게 한다. 중요한 점은 아이들이 피곤할 때와 힘이 넘칠 때, 지루할 때, 흥분 상태일 때와 같이 다양한 기분이나 정신 상태에서 사물을 바라보게 하는 것이다. 그러면 아이의 생각과 감정이 기분과 상황에 따라 어떻게 달라지는지 알 수 있다. 각기 다른 시간대나 상황에서 아이들이 사용한 특징적인 단어와 표현을 따로 기록해두면 좋다.

이제 다시 리듬을 떠올리고, 대상이 움직임을 통해 어떤 느낌을 전달하는지, 어떤 흐름이 있는지 생각해보게 한다. 그 대상이 살아 있는 존재라고 상상하면 어떨까? 지금까지 나열한 모든 속성을 가지고 있다면 어떤 모습일까? 그런 캐릭터는 무슨 행동을 하고 어떤 말을 할까? 또 어떤 장면을 만들까? 공간 속에서 어떻게 움직일까?

활동⑤

활동④처럼 이번 활동도 다양한 매력을 가진 하나의 대상에서 시작한다. 이번에는 말로 대상을 표현하는 것이 아니라 그 대상을 그리게 할 것이다.

우선 가장 좋아하는 부분을 고르게 한다. 형체가 없고 추상적인 특징도 괜찮다. 이제 선택한 요소를 종이에 표현하게 한다. 손과 몸의 움직임을 자연스럽게 따라가면서 선을 그리면 된다. 이때 전통적인 사고방식이나 논리적인 틀에서 벗어나 자유롭게 생각해보라고 권해야 하는데 아이에게 맞는 적절한 표현을 찾는 게 필요하다. 아이는 선의 움직임을 느끼면서 그림을 그리되 더 흥미로운 부분에 집중하기 위해 그림의 특정 부분을 과감하게 포기할 줄 알아야 한다. 심지어 흥미로운 부분은 반복해서 그려도 된다. 이렇게 하면 아이가 더 좋아할 만한 방향으로 그림이 완성될 것이다.

예를 들어 부모는 이렇게 말할 수 있다.

"몸을 쓰면서 생각해봐. 새로운 선을 그리기 시작하면 어떤 느낌이 들어? 네가 정말 만족스러운 방식으로 곡선이나 직선을 그리면 돼."

그러고 나서 그림의 각 부분에 색을 입히거나 그 부분에 어울리는 소리를 생각해보게 한다. 아이가 여기저기 돌아다니는 선을 그렸다면 그 선의 여러 부분에 각기 다른 색이나 소리를 부여할 수 있다.

마무리는 이렇게 가능하다.

"앞으로 몇 주 동안 따로 시간을 내서 네가 좋아하는 선을 더 발전시켜 예술작품을 만들어보면 어때?"

어떤 아이는 그림을 그리는 것보다 노래를 짓는 것이 더 좋을 테고, 어떤 아이는 시나 글을 쓰는 것보다 조각품을 만드는 게 더 좋을 것이다. 무엇을 선택하든 이런 창작 작업은 계속 성장하게 한다는 중요한 점을 아이의 마음에 심어줄 수 있다. 이 성장을 주의 깊게 지켜보면 자신의 사고방식이나 두뇌의 성장 과정을 이해하는 데 도움이 된다는 점도 깨달을 것이다.

아이들은 언제나 그림을 그린다. 크레용으로 종이에 그림을 그리거나 막대기를 들고 젖은 모래 위에 그림을 그리기도 한다. 점토로 예술작품을 손수 빚고, 스스로 노래를 지어 부르는 아이도 있다. 베이커는 바로 이런 예술적인 놀이 활동에 새로운 의미를 부여한 것이다. 우리가 제시하는 방법도 바로 베이커의 방식을 약간 변형한 것이다. 창의적 마인드셋을 통해 아이들은, 창작 활동은 그림이나 조각품으로 상을 받거나 높은 경매가를 낙찰받는 것과 같은 보상을 가져오지 않더라도 인생에 즐거움을 더해준다는 점을 배우게 된다. 공간, 시간, 선, 소리, 실루엣에 대해 부모와 나눈 대화는 장차 아이들이 하는 모든 일에 창의성을 불어넣도록 도와줄 것이다.

베이커의 수업을 들은 학생들은 특별한 재능이 있는 사람들만 의미 있는 창작 활동을 할 수 있다는 통념에서 벗어났다. 이제 이 아이들은 더 자유로운 견해를 갖게 된다. 그들이 생각하는 창의성에 기반한 성공이란 인간 행동의 근본 요소를 깊이 탐구하고, 쉬운 해결책에 안주하지 않으며, 새롭고 창의적인 아이디어를 개발하려고 노력하는 사람들에게 찾아온다. 이 학생들처럼 어떤 아이든 창의성이 그 자체로 매우 가치 있는 과정이며 삶의 모든 측면에 적용되는 능력임을 알게 될 것이다.

창의력이 샘솟는 환경 만들기

지금까지 베이커의 수업에서 했던 주요 활동을 가정에서 실천하는 방법에 대해 살펴보았다. 이제 이를 더욱 확장해 아이가 커갈수록 그에 맞게 창의성을 높이는 게임을 어떻게 응용할지 살펴보자. 핵심 메시지는 다르지 않지만 이를 강화할 수 있는 새로운 방식을 찾아야 한다.

- 모든 사람은 고유한 존재다. 그리고 누구나 자기 경험과 생각에서 나온 아이디어를 다른 사람의 아이디어와 결합하여 놀라운 결

괴물을 만들어낼 수 있다.
- 성실한 태도는 창의적인 삶의 비결이라고 할 수 있다.
- 상상력과 창의력은 재능 있는 사람들이 타고나는 내재적 재능이 아니다. 열심히 노력하면 누구나 상상력과 창의력을 키울 수 있다.
- 아이가 스스로 학습을 주도해야 한다.
- 배움은 자기 자신과의 대화에서 시작하며, 이를 더 확장해 다른 사람과 대화하면서 그들의 아이디어에 귀 기울일 때 더 많은 것들을 배울 수 있다.
- 아이는 자신이 언제 어떻게 할 때 새로운 것을 시도할 의욕이 생기는지 찾아야 한다. 또한 자신이 하는 활동이나 공부에 대한 열정도 키워야 한다. 그리고 자기 몸과 마음을 강하게 밀어붙이는 방법과 장애물을 만났을 때 이를 극복하는 요령도 익혀야 한다.[13]
- 학생들은 자기 자신과 대화할 때 이 세상의 가치를 이해하고 감사하는 마음을 키우며 세상에 대한 경외심을 길러야 한다.

다음은 아이와 함께 해볼 만한 활동을 일목요연하게 정리했다.[14] 아이에게 맞는 활동을 골라 해보면 된다. 어느 것이든 우리가 최종적으로 의도한 성장 효과를 낼 수 있다. 이왕이면 아이가 좋아할 만한 활동을 선택하자.

한 가지 명심해야 할 점이 있다. 부모의 태도가 유연해야 한다는 것이다. 이런 활동을 엄격한 훈련처럼 시행하면 안 된다. 이해심과 공감을 가장 중요하게 여겨야 한다. 아이가 축 늘어져 있다면 무슨 고민이 있는지 물어보자. 어떤 일에 신나는지, 놀라운지, 의욕이 생기는지 물어볼 수도 있다. 그런 다음 아이가 말한 것을 억지로 시키지 말고 재미있게 해보도록 도와주면 된다.

- 좋아하는 가수, 작가, 배우 또는 연예인이 누군지 묻는다. 그 사람은 어떤 태도를 가진 것 같아? 자신만의 습관이나 일과가 있니?
- 공부에 대한 거부감을 주제로 글을 한 편 써보게 한다. 시를 쓰거나 노래를 지어도 된다. 창의적으로 성장하는 데 필요한 열정을 키우려면 어떻게 해야 하는지를 글로 써볼 수 있다.
- 처음으로 해본 창의적인 활동이 기억나는지 물어보자. 아이와 함께 팝콘을 먹으면서 질문을 던진다고 상상해보는 것이다. 창의성이 뛰어난 가족을 인터뷰해보면 그들은 좋은 생각이 떠오르거나 영감을 받은 순간에 대해 끊임없이 대화한다.

소파에 누워 텔레비전을 보거나 컴퓨터게임에 몰두하는 것이 아니라 창의적인 삶, 상상력, 꿈과 환상에 대해 열정적으로 대화하는 것이다. 창의성에 관한 이야기는 일할 때나 쉬는 시간에도 끊임없이 이어지며 바닥을 쓸고, 쓰레기를 모으고, 가구를 닦는 동안에도 상상력을 꽃피운 순간에 관한 대화는 지속될 수 있다. 한 여성은 집에서 어떻게 그런 대화가 이어졌는지를 돌아보며 이렇게 말했다.

"어머니는 우리에게 늘 질문을 하셨어요. 수학 문제나 논리 퍼즐을 내기도 하고 창의적인 순간에 관해 물을 때도 있었죠. 그러면 저는 언니, 오빠와 다른 일을 하다가도 어머니의 질문을 함께 고민했어요."

- 재미있거나 흥미로운 아이디어를 이야기해보라고 한다. 왜 그 아이디어가 특별히 기억에 남았어? 너에게 특별한 의미로 남은 이유는 뭐야? 아이들의 대답은 시간이 흐를수록 계속 성장하고 변할 것이다.
- 부모나 다른 친구와 함께 협력해 매우 어렸던 때의 기억을 서로 번갈아가며 써보게 한다. 기억에서 특정 요소를 찾아내는 연습을 하다 보면 아이들은 자신의 사고 과정에 대해 많은 점을 배우게 된다.
- 아이에게 시간 여행을 제안해본다. 이를테면 셰익스피어가 자신이 만든 연극을 관람하는 모습이나 해리엇 터브먼Harriet Tubman*이 노예들을 구출하는 장면을 상상해볼 수 있다.
- 예전에 읽었거나 부모가 들려준 이야기의 결말을 각색해보라고 권한다.
- 자서전을 써보게 한다. 아이가 자라는 과정에서 이 활동을 몇 번 정도 반복할 수 있다. 아이가 자서전을 보여주면 읽고 나서 아주 잘 썼다고 칭찬하자. 아이가 글을 보여주지 않으려고 해도 아이의 의사를 존중해야 한다.
- '창의적인 콜라주 작업'un-essay을 권한다. 이는 우리가 인터뷰한 댈러스 지역의 한 교사가 강력히 추천한 방법이다.[15]

   먼저 바닥에 큰 도화지를 펼친다. 두꺼운 종이를 사용하면 좋다. 종이 위에 아이가 누우면 다른 사람이 아이의 몸 윤곽을 대충 그

---

* 미국의 노예 해방 운동가이자 인권 운동가.

린다. 그다음 며칠에 걸쳐 아이는 낡은 잡지에서 오려낸 다양한 장면과 색깔, 형태, 자신의 리듬과 삶을 담아낸 단어들로 종이에 그려진 윤곽을 채워 나간다. 이렇게 하면 자서전적 콜라주가 완성된다.

잡지에서 오린 것을 사용하지 않고 아이가 직접 그림을 그려도 된다. 콜라주 작업이 끝나면 그림 옆에 놓을 표지판에 "나는 왜 이런 선택을 했을까?"라고 적는다. 언제나 그렇듯 아이들은 자신이 경험에 어떻게 반응하는지 돌아볼 것이다. 일기를 쓰거나 자신의 생각을 기록하면서 사고 과정을 분석하고 작품을 완성하기 위해 문제를 어떻게 극복했는지 살펴볼 수 있다. 며칠 후에 완성된 작품을 돌아본 후 자기가 화성에서 온 여행자라고 여기며 이렇게 질문할 수 있다. 이 장면을 만든 사람에 대해 무엇을 알 수 있지? 이 사람은 어떤 리듬을 보여주지? 이 사람이 좋아하는 흐름이나 색은 뭐지?

아이가 이런 활동을 할 때 부모는 뒤에서 조용히 지켜보면 된다. 아이 스스로 방법을 찾아내고 자기 방식으로 놀게 해주어야 한다. 초콜릿 상자를 열거나 인기 많은 보드게임 상자를 처음 열 때처럼 즐겁고 설레는 마음이 중요하다. '수업'이라는 말 대신 '창의력 게임'이라고 부를 수도 있다. 어느 쪽이든 아이가 더 흥미를 갖고 몰두하는 데 도움이 되는 표현을 쓰면 된다. 소규모 그룹을 만들거나 형제자매끼리 짝을 지어주어도 되고 아이의 친구를 초대해 함께해보게 할 수도 있다.

모든 경험이 아이의 길이 된다

아이가 초등학교 저학년일 때부터 이러한 활동에 참여할 수 있다. 해를 거듭할수록 아이들은 자신에 대해 더 많이 알게 되고, 더 세세한 부분을 생각하며 창의성도 더 발달할 것이다. 이렇게 사고의 질이 높아지면 그에 맞춰 아이가 참여하는 활동 수준도 높여주어야 한다. 아이의 수준에 맞게 게임도 업그레이드해야 한다.

이러한 활동은 아이들이 자신의 내면과 삶의 목적을 탐색하는 하나의 모험처럼 느껴야 한다. 또한 게임처럼 재미있어야 한다. 아이들이 웃고, 자유롭게 탐색하며, 돌아다녀보고, 모든 것을 자기 것으로 만들 때 이 모든 경험이 기억에 오래 남을 것이다.

아이들은 공간과 움직임을 다루는 예술작품이나 창작의 또 다른 요소를 다루는 작품을 감상할 필요가 있다. 연극, 그림, 조각, 음악, 새로운 건축물을 보여줄 수도 있고 쇼핑센터에 데려갈 수도 있다. 아이들은 건축물을 찬찬히 관찰하면서 공간, 움직임, 색채, 리듬, 시간이 어떻게 표현되었는지 이해하게 된다. 이렇게 도와주면 아이들은 사람이 만든 것에서 감명받거나 경이로움을 느끼는 경험을 할 것이다.

예술가들은 종종 자기 작품에 대해 이야기하는 것을 좋아한다. 지역 예술 커뮤니티를 활용하거나 아이와 함께 공연과 전시회에 가보자. 그러면 지역 극단에서 활동하는 다양한 사람들을 만나 놀라는 경험을 할 수도 있다. 지역사회에서 창의적인 활동을 하는 예술가들을 찾아가 그들과 대화할 기회를 마련해주는 것도 가능하다.

아이가 좋아하는 창의적인 예술가는 작곡가거나 화가일지 모른다. 때로는 정치인이거나 자영업자일 수도 있다. 누군가의 부모나 쓰레기를 혁신적인 방법으로 수거하는 사람도 가능하다. 우리가 아는 가장 창의적인 사람은 몸을 괴롭히는 통증을 견디는 방법을 찾아낸 사람일 수도 있다.

그리고 아이가 무슨 생각을 하고 있는지 궁금하다면 직접 묻는 것이 좋다. 예를 들어 동작으로 슬픔이나 기쁨을 표현하는 베이커의 첫 번째 활동을 함께할 때, 아이에게 특정 동작으로 그러한 감정을 전달하려고 한 이유와 방법을 물어보는 것이다. 처음에는 기대에 못 미치는 대답이 나올 수도 있다. 그래도 아이가 이야기를 시작하면 귀를 기울이고 흥미롭다는 반응을 보여야 한다.

아이들의 반응을 북돋는 한 가지 방법은 부모가 먼저 깊이 생각하는 모습을 보여주는 것이다. 부모가 먼저 여러 번 그런 모습을 보여줘야 아이가 따라 하기 시작할 것이다. 하지만 부모가 주로 할 일은 한 걸음 물러서서 아이가 자기 생각을 편하게 표현하도록 하는 일일 것이다. 이렇듯 아이가 어릴 때부터 창의적인 표현과 사고를 유도하는 환경을 조성하면 아이들은 점점 더 몰입하고 흥미를 느끼고 클수록 창의적 사고나 자기 표현 능력이 몰라보게 발전한다.

더 많이 볼수록 더 많이 발견한다

캐럴 드웩과 대화하면서 그녀의 연구 대상이 고학년으로 올라갈수록 고정된 사고방식을 성장 마인드셋으로 전환하는 것이 어렵다는 점을 깨달았다. 사고방식을 바꾸려면 어마어마한 에너지가 필요한데 이에 대한 성공적인 사례는 주로 12세 미만의 아동이였다. 하지만 베이커의 강좌는 원래 대학생이나 대학원생처럼 그보다 훨씬 나이가 많은 학생을 대상으로 삼았다. 우리가 인터뷰한 학생들만 보더라도 그 학생들은 이 수업을 통해 창의적인 자아를 찾는 데 큰 도움을 받았다. 그러므로 우리는 이 수업이 학생의 연령대와 상관없이 성장 마인드셋의 한계를 극복하는 길을 열어줄 거라고 생각한다.

앞서 언급했던 팜 파일럿의 발명가 호킨스는 창의적인 사고방식의 강력한 효과를 누구보다 잘 이해하고 있었다. 컴퓨터과학자였던 호킨스는 베이커를 만난 적도 없고, 창의성에 관한 강의를 들은 적도 없었다. 하지만 그와 대화해보니, 그의 가정생활 중 많은 부분이 마치 베이커의 교육 방식을 그대로 구현해놓은 듯했다.

내면과 외면을 모두 중시한다는 개념이 그의 사고방식 전체에 깃들어 있었다. 어린 시절의 경험 대부분이 그의 상상력을 크게 자극했으며, 그는 평범한 것들을 새롭고 독창적인 방식으로 바라보는 방식을 탐구하는 데 익숙했다. 훗날 컴퓨터 업계의 거물이 된 호킨스는 왜 특정한 소리는 사람들의 흥미를 끄는 반면 다른 소리는 그렇지 않은지를 매우 궁금해했다.

아이에게도 이 질문을 사용할 수 있다. 이는 아이에게 음악을 듣는 것과 같은 평범한 경험을 전혀 다른 관점으로 보게 할 것이다. 그러면 아이는 일반적으로 널리 사용되는 고정된 범주를 벗어나 생각하게 된다.

호킨스는 최초의 휴대용 개인정보관리기기를 발명하기 직전까지도 인간의 뇌를 더 잘 이해할 수 있는 방법을 고민했다. 뇌가 정보를 어떻게 습득하고 저장하는지 연구하며 그 연구 자료를 토대로 신기술을 개발할 생각이었다.

이런 방식으로 창의적인 삶을 살아간 사람들의 이야기는 얼마든지 더 소개할 수 있다. 어떤 사람들은 '능력 통합' 강의에서 배운 것으로 그런 성공을 거뒀다. 의학, 과학, 정치, 건축, 비즈니스, 저널리즘, 육아, 미용, 법 집행, 잔디 관리 등 다양한 분야에서 쌓은 경험을 토대로 창의적 마인드셋의 놀라운 힘을 스스로 깨달은 사람들도 있다. 이를 통해 사람들이 학습, 성장, 교육을 바라보는 관점은 완전히 달라졌다.

창의적 의사결정 과정

우리는 예술과 그 창작 과정뿐만 아니라 인간 삶의 여러 측면에서 창의성이 나타날 수 있다고 주장해왔다. 이는 우리가 말하는 '창의적 의사결정'에서 더욱 명확해진다. 이는 어려운 상황에서 어떻게 할지 결정할 때, 상상력을 사용하면서 체계적으로 접근하는 과정을 말한다.

예를 들어 가족이 어려운 선택에 직면했다고 가정해보자. 직장과 더 가까운 곳에 새로운 집을 구매할지 아니면 가족 모두가 좋아하는 지금 사는 곳에 그대로 머무를지 결정해야 한다. 자녀가 다직 어리다면 이 결정에 자녀의 의견은 묻지 않을 것이다.

켄의 가족은 그가 한 살 때 조지아주의 작은 마을에 살고 있었다. 그곳은 앨라배마주 경계 근처이기도 했다. 당시 그의 아버지는 중서부 지역에서 더 높은 급여를 받을 수 있는 새로운 직장으로 옮길지 결정할 때, 켄에게 의견을 묻지 않았다. 세 살이었던 그의 누나에게도 물어보지 않았다. 하지만 열일곱 살이었던 켄의 형은 이사 문제로 가족회의를 할 때 그 자리에 함께했다.

아이가 이러한 문제를 언제부터 어떻게 고려할 수 있을지 결정하는 것은 부모다. 하지만 아이가 가능한 한 빨리 수준 높은 대화에 참여할 기회를 준다면 아이가 합리적이고 창의적인 사람으로 성장하는 데 도움이 될 것이다. 그러한 경험은 아이가 학교생활을 하거나 인생을 살면서 어려운 선택에 직면할 때 빛을 발할 것이다.

창의적이고 논리적인 접근법은 브레인스토밍과 수많은 메모를 작성하는 일에서 시작된다. 좋은 결정을 내리기 위해 반드시 고려해야 할 중요한 질문은 무엇일까? 이는 마치 예술가가 어떤 색을 사용할지, 어떤 선을 그릴지를 고민하는 것과 비슷하다. 우리가 생각할 수 있는 중요한 질문 하나하나에 대해 어떤 대답이 나올 수 있을까?

아이들이 팝콘을 놓고 편하게 둘러앉아 아이디어를 공유하면서 함께 생각을 발전시킬 때, 부모는 계속 다음과 같이 생각해야 한다. 이 방향으로 가면 어떤 문제가 생길까? 지금 예상하는 문제를 극복하기 위해 기꺼이 시간과 노력을 들일 준비가 되어 있는가? 우리가 내린 결정은 다른 사람들과 지역사회 전반에 어떤 영향을 줄 것인가? 우리가 사용하는 증거나 근거는 신뢰할 만한가? 우리는 어떤 이념에 영향을 받고 있는가? "나는 보수주의자 또는 자유주의자라서 그렇게 안 할 거야."와 같은 말을 하지 않기 위해 조심하는가? 복잡한 딜레마에 직면하거나 서로 상충하는 가치가 얽혀 있는 상황에서, 다양한 조건이나 여러 기준에 충족하려면 창의적인 해결책이 필요한데 어떻게 그 방안을 찾을 것인가?

이런 점을 논의하다 보면 침착하고 신중하게 생각하게 되어 다양한 관점을 고려할 수 있으며 타인의 입장과 견해를 이해하는 태도도 키울 수 있다. 동시에 상상력의 나래를 마음껏 펼칠 수 있어야 한다. 다소 어리석어 보이는 아이디어도 편안하게 말할 수 있어야 한다. 그런 아이디어에서 출발하여 더 진지하고 의미 있는 대화가 이어질 수도 있다.

어쩌면 가장 중요한 점은 이런 대화를 나눌 때 나와 생각이 전혀 다른 사람을 찾아가야 한다는 것이다. 예를 들어 매우 정치적인 주제를 다룰 때 아이에게 자기와 완전히 반대 의견을 가진 사람을 인터뷰하도록 권할 수 있다. 그렇게 하면 기존 문제와 상황을 완전히 다른 관점으로 바라보게 된다.

유타주 웨스트조던에 사는 영어 교사 엘리자베스 에머리Elizabeth Emery는 학생들에게 '중대한 결과를 초래할 수 있는 민감한 주제를 선택하고, 자신과 반대 의견을 가진 사람을 찾아 대화해보라'고 지시한다. 학생들은 상대방에게 '질문을 한 후에 경청하면서 메모'해야 한다. 그런 다음에 '대화를 요약'하는 글을 작성할 때는 '그 대화를 나누면서 자신이 어떤 감정을 느꼈는지, 그 후로 해당 주제에 대한 자기 생각이 달라졌는지 아닌지를 설명'한다.[16] 아이에게 이와 비슷한 활동을 시키면 어떨지 상상해보라.

현재 온난화 현상이 매우 빠르게 진행 중이다. 이런 상황에서 레이나와 같은 처지인 사람들은 어디에서 살아야 할지, 어떤 위험을 감수할 가치가 있는지, 더 나은 곳으로 가려면 어떤 강을 건너야 하는지와 같은 심각한 문제를 맞닥뜨려야 한다. 이런 경우 창의적 의사결정이 반드시 익숙한 곳을 떠나 다른 나라나 지역으로 이주하는 것처럼 대대적인 변화여야 하는 것은 아니다. 사안은 이보다 작지만 여전히 중요한 문제들에 대해 아이가 창의적 의사결정 방식을 찾을 수 있도록 돕는 게 가능하다. 이러한 접근 방식을 경험할 때마다 아이는 학교와 삶에서 더 많은 것을 얻을 수 있는 능력을 키우게 되며 학습이 단순히 사실을 기억하는 것이 아님을 깨닫게 된다.

신체 활동은 사고력을 향상시킨다

아이의 창의력을 키워주고 싶다면 게임을 하기 전은 물론이고 게임을 하는 중이나 끝난 후에도 몸을 움직이게 해야 한다. 베이커는 수업에서 이 방법을 제대로 활용했다. 아이들이 어리고 건강하다면 신체 활동을 별로 싫어하지 않을 것이다. 여섯 살 아이는 물론이고 10대 청소년도 팔다리, 혀와 같이 신체의 다양한 부분을 움직이면 재미있어한다. 아마 신나게 놀고 움직이고 소리를 지를 것이다.

가장 중요한 점은 신체 활동이 사고력을 높인다고 말하는 과학자들이 점점 늘어난다는 것이다.[17] 과연 그러한지 아이들에게 한번 테스트해볼 수 있다. 학습을 북돋는 가정 분위기를 꾸리는 중이라 체계적인 운동을 일상 활동에 포함할 수 있다. 운동을 재미있게 꾸준히 하도록 한다.

어떤 아이들은 움직이는 것을 좋아한다. 그런데 어떤 교사와 부모는 이것을 잘못 이해해서 아이에게 주의력결핍과잉행동장애 ADHD가 있는 게 아닌지 걱정한다. 하지만 많은 경우 아이들은 그저 몸을 움직이거나 신나게 춤추고 싶어할 뿐이다. 우리도 첫 손주가 서너 살쯤이었을 때 토요일마다 중국어를 배운다고 해서 수업에 따라가본 적이 있다. 그런

데 45분 내내 아이는 지겨운 암기 학습만 반복했다. 졸국 손주는 벌떡 일어나 교실을 세 바퀴 정도 뛰어다닌 후에야 자기 자리로 돌아와 의자에 앉았다.

 손주가 마구 뛰어다니는 모습을 본 사람은 약을 먹여서라도 아이를 진정시켜야 한다고 생각했을지 모른다.

더 생각해보기

우리가 어떤 직업으로 생계를 꾸리든 인생에는 우리 직업과 상관없는 결정을 내려야 하는 순간이 계속 이어진다. 요즘 많은 사람들이 단순히 얼마를 버느냐에 따라 교육의 가치를 판단하곤 하는데 그런 식으로 생각하면 배움이 지닌 풍부한 잠재력을 모두 놓치게 된다. 학교 교육은 아이들이 배움을 통해 얻을 수 있는 다양한 혜택을 누리도록 도와줄 뿐만 아니라 인생에서 마주하게 될 어려운 선택들도 잘 헤쳐 나갈 수 있도록 도와준다.

탈리아 리사 브라운은 그 점을 잘 알고 있었다.[18] 그녀는 미리 계획하고 발생할 수 있는 문제를 예상하며 위기가 닥치기 전에 해결책을 찾는 법을 배운 사람이다. 또한 예리한 질문을 던지고 깊이 탐구하는 능력도 갖췄다. 팬데믹 기간에 부모님이 코로나19 확진을 받을 가능성에 대해 그녀가 미리 고민한 것은 당연했다. 부모님께 주치의와 상담해 대책을 마련해두라고 당부했고 주치의는 비교적 일반적인 방법을 알려주었다.

　브라운은 별다른 추가 조치 없이 의사의 조언을 그대로 따를 수도 있었지만 그러지 않았다. 그녀의 어머니는 만성질환을 앓고 있었는데 브라운은 의사가 그 점을 고려했는지 의심스러웠다. 그래서 직접 어머니의 만성질환과 코로나19의 최신 치료법에 대한 의학 논문을 면밀히 조사했다. 그 결과 의사가 내린 표준 처방이 어머니에게 적합하지 않다는 것을 알게 되었다. 실제로 브라운이 찾아본 결과, 공중보건 전문가들은 전혀 다른 치료 방식을 권하고 있었다. 일반적으로 권장되는 약품은 그의 어머니와 같은 병을 앓는 환자에게 오히려 해로울 가능성이 있었기 때문이다. 브라운은 조사한 내용을 어머니에게 알려주었고 어머니는 즉시 주치의를 찾아가 새로운 치료 계획을 세우기로 했다.

　브라운은 의학 교육을 받은 적은 없지만 과학 논문을 찾아 읽고 그 내용을 해석하는 방법을 알고 있었다. 그녀는 의료 전문가들을 깊이 존중했지만 동시에 의학 치료부터 육아에 이르기까지 삶의 모든 영역에서 근거에 기반한 판단을 내리는 것이 매우 중요하다고 생각했다. 그녀는 항상 이렇게 생각했다.

　"내가 이것을 믿거나 저것을 믿는다면 어떤 문제가 발생할 수 있을까? 그리고 그러한 문제가 실제로 발생할 거라는 근거는 무엇인가?"

　브라운은 어떻게 그리고 왜 이런 습관이나 역량을 갖게 되었을까? 의사의 처방에 어떻게 반응해야 하는지에 대해 따로 강의를 들은 적도 없었다. 그렇다면 학교 교육의 어떤 면 덕분에 뛰어난 문제해결 능력과 예리한 질문을 하는 능력을 갖춘 것일까?

이 질문의 해답 중 상당 부분은 독일 심리학자 칼 던커(Karl Duncker)가 개발한 고전적인 퍼즐에서 찾을 수 있다. 우리에게 작은 양초와 성냥이 가득 들어 있는 커다란 상자, 압정 하나가 주어졌다고 상상해보자.

주어진 것만 사용해서 양초를 나무로 된 벽에 붙이려면 어떻게 해야 할까? 사실 답은 매우 간단하지만 대부분 그 방법을 쉽게 떠올리지 못한다. 궁금한가? 우선 상자에서 성냥을 다 꺼낸 다음, 압정으로 빈 상자를 벽에 고정한다. 그 후에 상자 안에 양초를 세우고 성냥으로 불을 붙이면 된다. 실제로 이 방법을 찾아내는 사람은 남들보다 끈기가 있고 창의적인 문제해결 능력을 갖춘 편이다.[19]

이 퍼즐을 사람들에게 보여준 연구자들에 따르면 외국에서 생활하면서 그곳 문화에 적응해본 경험이 있는 사람들이 단시간에 해결하는 사례가 많았다고 한다. 외국에 잠시 다녀온 것이 아니라 그곳에 살면서 적응한 경우 말이다. 그런 사람들은 다른 방식으로 살아본 경험을 통해 기존의 사고방식을 버리고 새로운 사고방식을 구축하는 법을 체득한 것 같다.

브라운은 콜롬비아 보고타와 스페인 발렌시아에서 생활한 경험이 있다. 그리고 페루가 한창 내전 중일 때 잉카 트레일을 걷는 등 세계 여러 곳을 여행했다. 그녀는 새로운 문화, 언어, 정치적 역사를 가진 장소에 적응하는 법을 배웠으며, 현지 음식부터 외부인을 대하는 방식까지 모든 것이 새롭고 낯선 환경에서도 적응했다. 해외에서 생활하며 새로운 언어를 배우는 과정에서 그녀는 기존에 익숙했던 습관이나 방식을 바꿔야 하는 상황에 자주 직면했다. 덕분에 새로운 사고방식에 더 개방적으로 되었고 창의적인 문제해결 방식을 더욱 발전시켰다.

캐서린 필립스Katherine Phillips가 이끄는 연구팀은 사회집단이 다르거나 인종적 배경이 다른 사람과 함께 일하는 것만으로도 문제해결 능력이 한층 나아진다는 점을 발견했다. 때때로 불편함을 느낄 수 있으나 이러한 사회적 불편함이 사고의 틀을 더욱 확장하는 환경을 마련해주므로 사실상 숨겨진 이점이 될 수 있다. 정치적으로 다양한 관점을 접하는 것도 동일한 효과를 가져온다. 그러니 아이들이 문제를 회피하지 말고 문제를 해결해야 하는 상황을 적극적으로 받아들이도록 도와주어야 한다.[20]

그렇다고 해서 아이를 꼭 해외로 유학 보내야 한다는 뜻은 아니다. 하지만 새로운 언어와 다양한 문화를 배울 필요는 있다. 브라운은 여러 가지 언어를 공부하고 새로운 사회집단을 경험했는데, 이는 결코 쉬운 일이 아니었다. 그녀는 종종 다양한 유형의 친구를 사귀거나 새로운 사람을 만나려고 노력했다. 브라운이 다닌 학교에서는 베이커의 '능력 통합' 강의가 없었으므로 그런 수업은 들어본 적이 없었다. 하지만 그녀는 그의 책을 직접 찾아 읽으며 스스로 연습했다.

많은 부모가 아이들이 외국어 수업을 듣거나, 유학을 떠나거나, 라틴아메리카 또는 기타 지역을 전공하거나, 창의력에 관한 강의를 듣는 것을 탐탁지 않게 여긴다.

"외국어 공부를 뭐 하러 해. 차라리 코딩을 배워."

이렇게 말하는 사람이 우리 주변에 아주 많다. 정달 안타까운 현실이다. 어떤 직업을 구할 수 있는가를 모든 것의 평가 잣대로 사용하면 교육이 아이의 인생을 풍요롭게 하고, 어려운 문제를 해결할 능력을 길러주며, 직업에도 도움이 된다는 사실을 망각하게 된다.

  오해 없기를 바란다. 브라운은 학교에서 우수한 성적을 받았으며, 쉽지 않은 학부 과정을 잘 마치고 대학을 졸업하여 매우 역동적이고 보람 있는 경력을 지금까지 쌓고 있다. 하지만 그녀가 학교에서 많은 것을 배웠음을 보여주는 증거는 가정과 직장에서 뛰어난 문제해결 능력을 발휘하고 다양한 친구들과 좋은 관계를 유지하며 창의적인 라이프 스타일을 추구하는 것, 강한 호기심과 폭넓은 지식 그리고 비판적 사고 능력과 다수의 이익에 헌신하는 태도일 것이다.

제5장

심층 학습을 하도록
도와주려면

THE LEARNING HOUSEHOLD

사람은 단순히 기계적인 반복 연습으로
배우는 것이 아니라
진짜 의미 있는 과제에 몰입할 때
비로소 제대로 배운다.
아이를 심층 학습에 몰입시키려면
의미 있고 재미있으며 매력적인 질문을 해야 한다.
일단 아이가 질문이 흥미롭다고 생각하면
절반은 성공한 것이다.

아이들은 심층 학습Deep learning과 비판적 사고 능력을 키우면서 폭넓은 지식을 습득할 수 있다. 이를 '스마트러닝'smart learning이라고 한다. 실제로 심층적으로 학습하면 아이들은 자기가 활용할 수 있는 방대한 정보와 아이디어를 쌓아 자신만의 도서관을 구축한다.

학생에게 단순 암기만 요구하는 교사가 아이에게 지나치게 영향을 주고 있다면 아이는 앞날을 잘 준비하기 어렵다. 어른이 되어도 창의적·비판적으로 생각하거나 적응형 전문가로서 활동할 능력이 부족할 것이다. (적응형 전문가에 대해서는 뒤에서 자세히 살펴볼 것이다). 일단 지금은 이 말이 무슨 뜻인지, 일반적인 전문성과 어떻게 다른지 한번 생각해보길 바란다. 이 세상은 서로 엇갈리는 주장이 난무한다. 이런 세상에서 심층 학습이야말로 진위 여부에 대한 논쟁을 할 때 지혜로운 결정을 내리도록 도와준다.

아이들은 단순하거나 명확한 해답이 없는 복잡한 문제에도 대처하는 법을 배워야 한다. 이런 문제를 풀기 위해서는 깊이 생각하고 현명하게 판단하는 능력이 필요하다. 아이가 그런 어려운 문제를 지혜롭게 풀 수 있도록 부모는 어떻게 도와줘야 할까?

수많은 복잡한 문제는 정답도 여러 가지여서 그중 가장 좋은 것을 고르려면 섬세함과 분별력이 필요하다. 아이가 폭포처럼 쏟아지는 여러 가지 주장을 잘 처리하면서 논리적이고 신중하게 생각하는 법을 배우려면 학교와 학부모는 어떻게 도와줘야 할까?

심층 학습은 불확실성과 함께 살아가는 법을 배우는 것이다. 학교에서뿐만 아니라 친구나 가족과 함께하는 일상에서도 좋은 결정을 내리는 힘을 기르는 과정이다. 그렇다면 부모로서 우리는 어떻게 아이가 배움에 대한 자신감을 가지면서도 자신의 지식이 지닌 한계를 인정할 줄 아는 태도를 길러줄 수 있을까? 우리는 아이들이 깊이 있게 배울 수 있다고 믿기를 바라지만 동시에 세상에는 자신이 아직 모르는 것이 얼마나 많은지, 확실한 정답이 없는 상황도 존재한다는 것을 깨닫게 해주어야 한다.

아이가 자신감을 잃지 않으면서도 오만하고 무지한 태도를 보이지 않으려면 부모는 어떻게 말하고 행동해야 할까? 실수를 성장의 기회로 받아들이고 자신이 접하거나 떠올린 어떤 생각이나 믿음을 비판 없이 받아들일 때 생길 수 있는 문제를 알아차리도록 하려면 어떻게 도와줘야 할까? 화내지 않고 의견 차이를 인정하고, 다른 사람들과 생각을 나누고, 서로를 존중하고, 불확실함 속에서도 평온하게 살아가는 법을 어떻게 익히게 해야 할까? 무엇보다 중요한 것은 심층 학습이 아이가 인생을 더 즐겁게 살아가는 데 도움이 된다는 것이다.

아이가 학교 교육에서 더 많은 것을 얻기를 기대하는 부모라면 지금까지 겪어보지 못한 전례 없는 도전을 시작하게 된다. 우리가 이해해야 할 중요한 내용은 사람들이 '배움'을 어떻게 정의하고, 그것을 어떻게 키우느냐에 깊이 숨겨져 있다. 우리는 바로 이 점에서 출발해 아이가 읽고 공부하는 방식에 관한 구체적인 방안을 제시할 것이다. 지금은 아이의 학습 방식과 복잡한 문제해결 능력이 서로 어떻게 연관되어 있는지 명확하게 보이지 않더라도 이 장을 다 읽을 때쯤이면 그 관계가 분명히 보일 것이다. 꼭 그렇게 되기를 바란다.

피상적 학습 마인드셋 vs 심층 학습 마인드셋

캐럴 진킨스Carol Jinkins와 사바토 크레인Sabato Crain은 한 달 간격으로 태어나 유아 시절을 같은 아파트에서 보냈다.[1] 그들의 부모도 서로 좋은 친구가 되었다. 크레인의 가족은 뉴어크에 남아 있고 진킨스의 가족은 필라델피아 교외로 이사했지만 두 가족은 자주 왕래하며 지냈다. 크레인은 이렇게 말한다.

"저희는 친형제자매처럼 자랐어요. 사촌처럼 가까운 사이였죠."

두 사람은 학교 생활에서도 공통점이 많았다. 둘 다 수학과 역사 과목에서 두각을 드러냈다. 고등학교에 진학한 진킨스는 스페인어를 배우고 오케스트라에서 바이올린을 연주했다. 크레인은 4년 동안 중국어를 공부하고 재즈 밴드에서 능숙한 색소폰 연주자로 활동했다. 둘 다 열심히 노력한 덕분에 우수한 평가를 받았다. 하지만 그들은 공부할 때 목표가 서로 달랐다. 그 차이는 학교에서 배우고 얻은 거의 모든 것을 완전히 바꿔놓았다.

진킨스의 목표는 가능한 한 높은 점수를 받는 것이었다. 그녀의 목표는 단순 명확했고 다른 것에는 전혀 관심이 없었다. 과제를 할 때마다 어떻게 하면 A를 받을 수 있을지만 생각했다. 반면 크레인은 배운 내용을 최대한 깊이 이해하고, 그것이 시사하는 점과 적용 가능성을 궁금해했다. 그는 모든 학문에서 새로운 가능성을 탐구하고 싶어했다. 뉴어크 출신의 이 소년은 다양한 과목과 주제가 서로 어떻게 연결되는지, 공통 흐름이 무엇인지 찾아내기를 좋아했다.

크레인은 자신의 목표에 맞는 학습법을 사용했다. 그는 무언가 읽을 때 논지가 어떻게 전개되는지 주의 깊게 살피고 요점에 집중했다. 또한 제시된 증거를 면밀히 검토하고 거기에서 도출된 결론을 잘 분석했다. 그는 논증을 포함하는 문장과 그렇지 않은 문장을 구별할 수 있었으며 언제나 문장 속에 숨겨진 더 깊은 의미를 찾으려 했다. 또한 그는 사실관계에 대한 논란이 있는 경우와 같은 사실에 대해 서로 견해가 다른 경우를 구분할 수 있었다. 수학을 공부할 때는 그저 정답을 도출하는 과정을 그대로 따르기보다 주요 개념과 연결하는 방식으로 문제에 접근했다.

진킨스와 크레인의 각기 다른 학습 의도가 결과에 미치는 영향이 미미하다고 생각할지 모른다. 하지만 연구자들은 최소한 1970년대부터 이 문제를 연구한 결과, 학습 방식이 다르면 결과도 크게 달라진다는 점을 알게 되었다. 이제 이 연구에 대해 자세히 알고 싶을 것이다. 하지만 내용이 다소 복잡하다는 점을 미리 밝혀둔다. 끝까지 집중해서 잘 읽어보기를 바란다.

이 책에서 우리는 종종 '심층 학습'이라는 표현을 사용했다. 심층 학습은 긍정적인 느낌을 주는 표현이며 실제로도 긍정적인 학습 방법이지만 앞서 논의한 성장 마인드셋이나 창의적 마인드셋과는 엄연히 다르다. 아이가 학교에서 최대한 많이 얻길 바란다면 지능이 더 높아질 수 있다는 점을 이해하고 창의적으로 살아가도록 아이를 격려해야 한다. 우선 아이가 마음껏 호기심을 펼치게 해주고, 이를 뒷받침하는 가정 환경을 만들어야 한다. 하지만 이때 심층 학습이 함께 이루어지도록 해주어야 한다. 만약 이를 놓친다면 미래에 아주 중요한 부분을 놓치게 될 수도 있다.

그렇다면 심층 학습이란 무엇이며 어떻게 해야 아이가 심층 학습을 하도록 북돋을 수 있을까?

이 두 가지 질문을 이해하려면 역사를 잠깐 돌아볼 필요가 있다. 50년 전, 스웨덴 예테보리대학교의 교육 심리학자들은 학생들의 학습 방식과 학습 과정을 더 깊이 이해하고자 연구를 시작했다. 교육심리학 교수인 페렌츠 마르톤Ference Marton과 로게르 셸리에Roger Saljo는 학습 의도가 학교 교육에서 얻는 결과에 큰 영향을 준다는 점을 알게 되었다.[2]

피상적 학습과 심층 학습 구분하기

스웨덴 연구팀은 학생들에게 기사를 하나 읽어보라고 한 다음, 나중에 기사 내용에 대해 질문하겠다고 말했다. 어떤 학생은 속도를 높여 빠르게 읽었고, 또 어떤 학생들은 천천히 읽었다. 나중에 학생들을 한 명씩 인터뷰하면서 읽는 속도는 사실 중요하지 않으며 다른 요소가 더 의미 있다는 점을 알게 되었다.

연구팀은 실험에 참가한 학생들을 한 사람씩 인터뷰하면서 학생들이 선택한 읽기 방식이 제각각이었다는 점을 알게 되었다. 여기서 중요한 것은 '선택'이라는 단어다. 몇몇 학생은 빨리 외울 수 있는 몇 가지 정보에 주목했다. 연구진이 이러한 사실관계에 대해 질문할 거라고 예상하고 그 부분에만 대비한 것이다. 하지만 이 학생들은 글의 요지를 파악하거나 글쓴이의 주장에 함축된 의미나 폭넓은 활용 가능성에 대해서는 생각하지 않았다. 마르톤과 셀리에는 이런 학생들을 '피상적 학습자'라고 불렀다.

다른 연구에서도 마찬가지다. 피상적 학습자의 목표는 특정 과목에서 좋은 점수를 받고 상급 단계로 넘어가는 데 있다. 그들이 많이 쓰는 표현을 빌리자면 '그저 수업에서 살아남으려고 애쓸' 뿐이다. 이런 학습자는 배우는 내용에 담겨 있는 함축적 의미, 활용성, 새로운 가능성에는 관심이 거의 없다. 그들에게 학습이란 주어진 내용을 오래 기억해서 시험 당일이나 보고서 등을 쓸 때 그 내용을 잘 기억해내는 것이다. 교육을 받더라도 그것이 그들이 생각하고 행동하고 느끼는 방식에 지속적인 영향을 주거나 유의미한 효과를 미치는 일은 거의 없다.

1980년대에 들어 일부 연구자들은 피상적 학습자 사이에도 학업적 야망의 수준이 다른 경우가 있음을 알게 되었다. 그저 특정 과목이나 수업을 수료하는 데 만족하는 학생도 있지만 가능한 한 최고의 성적을 받으려고 노력하는 학생도 있었다.[3] 우리는 이들을 '전략적 학습자'strategic learners라고 부른다.

이들은 야심이 없는 또래 아이들보다 공부에 깊이 파고들지는 않지만 성적이 높을 때 쏟아지는 칭찬이나 그 밖의 보상에 관심이 많다. 이런 아이들 대부분은 각 과목이 자신의 전체 성적의 평균에 영향을 주기 때문에 해당 과목을 열심히 공부하는 것일 뿐, 과목에 대한 순수한 관심이나 열망은 없다. 하지만 이렇게 지나치게 성적이나 등수에만 집착하면 완벽주의에 빠지거나 여러 가지 심리적 문제를 겪을 우려가 있다.

전략적 학습자는 교사가 무엇을 기대하는지, 어떻게 하면 시험에서 좋은 성적을 받을 수 있는지 알아내려고 갖은 애를 쓴다. 이렇게 공부하는 과정에서 자신의 사고방식, 행동, 감정, 세계관 도는 자기 자신을 바라보는 시각이 달라질 수도 있지만 이는 대부분 우연히 발생하는 변화다. 이 아이들은 지금 공부하는 과목을 깊이 이해하거나 연구를 통해 자기 삶을 변화시키려고 하지 않는다. 오로지 우수한 성적으로 졸업해서 사람들에게 인정받는 일만 원한다.

전략적 학습의 함정

겉으로 보기에 진킨스 같은 학생과 크레인 같은 학생은 공통점이 많아 같은 유형이라고 착각하기 쉽다. 그러나 전략적 학습이 만족스러운 절충안이며 정도 차이는 있어도 본질적으로 다르지 않다는 생각은 조금 위험하다. 그보다는 전략적 학습이 초래할 수 있는 다양한 개인 문제와 사회 문제들을 신중히 고려해야 한다.

예를 들어 딸이 의사를 꿈꾼다고 생각해보자. 그러면 아이는 우선 인체가 살아 움직이는 방식에 대한 방대한 지식을 배워야 한다. 인체에 대한 수많은 세부 내용을 기억하고, 적어도 객관식 시험에서 지식을 올바로 적용할 수 있어야 한다. 만약 아이가 전략적 학습 방식에 따라 가능한 한 많은 정보를 암기하는 데만 집중하고, 배운 내용의 의미나 실제 적용 가능성을 생각하지 않는다면 어떨까? 그렇게 공부하면 자기가 원하는 직업에서 가장 핵심적인 역할을 해낼 준비는 제대로 하지 못할 것이다. 예를 들어 환자가 극심한 두통을 호소할 때, 적절한 진단을 내리고 가장 적합한 치료법을 찾으며, 또 다른 문제가 생길 위험을 최소로 줄이면서 통증을 해소시킬 수 있는 능력을 반드시 길러야 한다. 단순 암기로는 이러한 상황에 제대로 대비할 수 없다.

이제 딸이 의대를 졸업하고 의사로서 실무를 시작한다고 생각해보자. 학교에서 암기했던 특정한 사실과 현재 눈앞에 있는 환자가 앓는 질병이 서로 어떻게 연결되는지 제대로 파악하지 못할 수도 있다. 전략적 학습법으로 공부하면 교실과 같은 한 가지 환경에서 배운 정보를 의료 현장이라는 새로운 상황에 쉽게 적용하지 못하는 경우가 많다. 만약 환자가 흔치 않은 사례에 해당하여 일반적인 증상과 다른 패턴을 보이면 의사는 바뀐 요소를 인식하지 못해서 치료 방식을 어떻게 조절해야 할지 난감해할 수도 있다. 다리를 건축하는 사람이나 기업을 운영하는 사람, 냉장고를 만들고 연료 화학을 다루는 사람에게도 이런 상황이 생길 수 있다. 어떤 분야든 실무자가 자신의 직업 분야를 심층적으로 학습하지 않으면 한계에 부딪힌다. 특히 장차 의사가 되려는 학생이 전략적 학습에서 벗어나지 못한다면 누군가의 목숨이 위태로워질 수도 있다.

지난 50년 동안 많은 의과대학에서 이러한 문제를 인식하고 심층 학습을 장려하기 위해 교육 방식을 개선하려고 노력했다. 이를 통해 실제로 감탄을 자아낼 정도로 우수한 학습 환경을 조성한 사례도 있다.[4] 우리도 그들이 개발한 방식에서 도움을 얻을 수 있다. 아이가 어떤 길을 선택하든 전략적 학습보다는 심층 학습을 할 때 훨씬 더 좋은 결과를 얻을 수 있다.

　전략적 학습이나 피상적 학습 방식을 사용하는 학생은 교육과정을 모험처럼 즐길 수 없다. 이런 학생들은 원래 계획대로 일이 풀리지 않으면 전반적인 성적이 무너질 수 있기 때문에 위험을 거의 감수하지 않는다. 달리 말해 호기심과 상상력이라는 매직 카펫을 타고 인생이라는 미지의 황야를 탐험하지 않는다. 가장 중요한 점은 학교 성적이나 SAT 점수가 어떠하든 실제로 배우는 내용은 많지 않다는 것이다.[5]

　오해는 없길 바란다. 학교나 학부모가 피상적 학습이나 전략적 학습을 권장하는 이유는 그저 아이를 괴롭히기 위해서가 아니다. 그들은 단지 학습에 대해 크게 오해하고 있어서 그렇게 하는 것이다. 지금보다 더 나아지고 싶다면 기본 개념부터 차근차근 이해하는 과정이 필요하다.

스스로 질문하는 아이

　피상적 학습자와 달리 심층적 학습자는 의도적으로 자기 생각과 반대되는 의견에 귀를 기울인다. 그들은 자신의 지적 능력을 키우는 데 관심이 많다. 계속 새로운 것을 배우고 좋은 아이디어나 정보가 있으면 이를 새로운 방식으로 활용하는 방법을 찾아내려 한다. 마주치는 모든 것을 통합해보고 여러 가지 아이디어가 서로 어떻게 연결되는지 또 어떤 면에서 차이가 나는지 알아보려 한다. 그리고 그들은 자신의 생각을 다시 점검하는 데 익숙하며 자신이 틀렸을 수도 있다는 가능성을 염두에 두고 끊임없이 탐색한다. 한마디로 이들은 크레인과 비슷한 점이 매우 많다.

　그러면 어떤 결과가 나올까? 심층 학습을 해본 사람은 새로운 문제나 난제에 봉착할 때 자신만의 독특한 방식으로 대응한다. 더 중요한 점은 그들은 끊임없이 자기 자신 및 주변 사람과 대화를 나누면서 새로운 방법을 모색한다는 것이다. 이를 통해 주어진 상황을 이해하고 해결책을 찾으며, 적절한 비유를 생각해내고, 새로운 아이디어를 개발하며, 지금까지 갖고 있던 아이디어나 신념이 지닌 지적 결함을 파악하려고 애쓴다. 또한 그들은 자신이 내린 결정이 당장 가져올 결과는 물론이고 장기적으로 어떤 영향을 초래할지 잘 알고 있다.

심층적 학습자는 아이디어를 분석하고 읽은 내용에서 논증을 찾아내며 결론과 그것을 뒷받침하는 근거를 구별하기 좋아한다. 분석한 아이디어들을 다시 합쳐 새로운 아이디어나 예전과 전혀 다른 새로운 주장을 만들기도 한다. 마지막으로 이론을 만드는 것도 좋아해 자신의 생각을 뒷받침하거나 입증해줄 증거를 수집한다. 그들은 인생을 알차게 살아가며 자신에 대한 만족감도 높은 편이다. 가족과 지역사회의 복지에 이바지하며 혁신적이고 창의적인 삶을 주도한다.

그들은 다방면에 고루 재능을 갖추고 있으며 문제해결에 능숙하다. 특정 분야에서 무엇이 중요한 개념인지뿐만 아니라 그 개념을 뒷받침하는 아이디어까지 정확히 파악한다. 예를 들어 수학을 공부할 때 정해진 공식을 사용하더라도 무작정 달달 외워서 문제를 푸는 아이들과 다르다. 그들은 끊임없이 호기심을 느끼며 실수할까 봐 주저하지 않는다. 또한 기꺼이 새로운 모델을 구축하여 세상을 더 잘 이해하려고 노력한다.

그들은 또한 오래된 생각과 삶의 방식에 담긴 지혜를 존중한다. 마치 오래 살던 집의 다락을 정리하는 집주인처럼 오래된 아이디어를 꺼내 소중하게 다루며 이를 어떻게 새로운 방식으로 활용할지 고민한다. 한

편 새로운 생각을 펼치려면 공간이 필요하므로 낡은 거미줄을 걷어내고 잡동사니를 버려야 한다는 점도 잘 알고 있다. 그들은 질문을 많이 하며 이 세상에는 아직도 배울 것이 무궁무진하다는 점에 놀라움을 금치 못한다.

심층적 학습자의 주요 특징 중 하나는 자신이 모르는 것이 얼마나 많은지 분명히 알고 있으며, 모르는 것이 있을 때 질문하기를 주저하지 않는다는 점이다. 질문을 하면 자기가 모른다는 사실이 드러나는데도 말이다. 우리가 인터뷰한 심층적 학습자들은 공통적으로 이렇게 말했다.

"남들이 저를 바보라고 생각하든 말든 신경 안 써요. 이해가 안 되는 것이 있으면 반드시 질문해야 한다고 생각해요."

심층 학습이 일어나는 순간

심층 학습에 대한 연구 자료나 이론을 자세히 살펴보면 한 가지 사실을 명확히 알 수 있다. 아이를 심층 학습에 몰입시키려면 의미 있고 재미있으며 매력적인 질문을 해야 한다는 것이다. 일단 아이가 질문이 흥미롭다고 생각하면 절반은 성공한 것이다. 여기서 핵심은 아이에게 진짜 문제를 던져주는 것이다. 지금까지 갖고 있던 생각을 다시 돌아보게 하고 현실을 보는 기본적인 인식 틀마저 재검토하게 하는 질문이면 좋다. 이처럼 사람은 단순히 기계적인 반복 연습으로 배우는 것이 아니라 진짜 의미 있는 과제에 몰입할 때 비로소 제대로 배운다.

부모는 이런 환경을 조성하는 데 도움을 줄 수 있다. 아이들을 당황하게 하고, 호기심을 불러일으키고, 즐겁게 하고, 때로는 답답함을 느끼게 할 만한 질문을 던지자. 앞서 어린이를 위한 철학 교육에 대해 논한 것을 다시 생각해보길 바란다. 그런 프로그램에서 좋은 질문거리를 찾을 수 있다.

아이가 하는 질문에도 귀를 기울여야 한다. 궁금한 점이 있으면 거리낌없이 말하라고 하고, 아이에게 궁금한 점도 자연스럽게 말해주면 좋다. 부모도 인생을 살아가며 어려운 문제에 부딪히며 그것을 해결하느라 고심하는 모습을 보여주어야 한다.

모든 질문은 인터넷 검색으로 답을 찾을 수 있다는 인식을 심어주면 안 된다. 그보다는 아이가 다양한 관점이나 견해를 접하게 도와주어야 한다. 사람들이 의견 충돌을 겪거나 서로 논쟁하는 모습도 관찰하게 한다. 공개 강연이나 토론회에 데려가는 것도 좋다. 부모와 생각이 같은 사람들의 이야기만 듣게 하는 것은 바람직하지 않다.

심층 학습력을 길러주려면

성장 마인드셋과 창의적 마인드셋을 길러주면 심층 학습이 이루어질 수 있는 훌륭한 기반을 마련할 수 있다. 하지만 그것만으로는 충분하지 않을 때도 있다. 아이들이 다양한 읽기 방식을 익히도록 도우려면 먼저 부모가 그것을 더 깊이 이해해야 한다. 왜 어떤 아이들(예를 들어 크레인처럼)은 심층 학습을 해내고, 다른 아이들(예를 들어 진킨스처럼)은 전략적이거나 피상적 학습 방식을 택하는 걸까? 이러한 차이는 우리가 흔히 말하는 지능에서 비롯된 것일까? 심층 학습을 하는 아이들은 단순히 더 똑똑한 것일까?

일단 심층 학습은 지능과 무관하다. 지능을 어떻게 정의하든 대답은 같다. 사실 이 질문에 대한 답은 간단하면서도 상당히 복잡하다.[6] 먼저

'조건화'conditioning를 생각해보자. 사실 사람들은 피상적 학습이나 전략적 학습을 추구하고 심층 학습을 기피하도록 조건화된다. 심층 학습은 특정 개인의 DNA에 포함된 것도 아니고 성격의 일부라 절대 바꿀 수 없는 것도 아니다. 눈동자색이나 피부색, 지성 및 건성 피부와 같은 차이는 조상으로부터 물려받은 신체적 특징이지만 심층 학습은 신체적 특징과 무관하다. 큰 키와 작은 키, 과체중과 저체중, 근육질과 마른 몸 등으로 나뉘는 것도 이 문제와 무관하다. 심층 학습은 조건화의 결과일 뿐이다.

전략적 학습자 중에 머리 회전이 빠른 사람도 있다. 이런 사람들은 기억력도 좋은 편이다. 하지만 이들도 결국 피상적이거나 전략적 목적을 추구하도록 조건화되어 있다.

그렇다면 이런 조건화 과정은 어디에서 일어날까? 사실 거의 모든 곳에서 조건화가 일어나며, 바로 이 때문에 조건화를 극복하기가 몹시 어렵다. 아침식사를 하는 자리, 동네 근처, 영화관, 텔리비전 앞, 신문이나 소셜미디어, 교실 등에서 말이다. 더 나아가 우리의 문화나 사회 전반에 걸쳐 조건화 과정이 계속 이어진다.

학생들은 종종 시험이나 과제에서 얼마나 많이 외우고 그 내용을 그대로 써낼 수 있는가를 기준으로 평가받는다. 하지만 학생들에게 다음과 같은 질문을 던지는 경우는 거의 없는 것 같다.

"지금 하는 일을 지난주에 배운 내용과 연결할 수 있니?"
"이 개념을 다른 학습 영역에 적용하거나 일반화할 수 있니?"
"지금 듣거나 읽고 있는 내용을 바탕으로 새로운 이론을 제안하고 검증해볼 수 있어?"

요즘 학생들은 높은 성적을 받아야 좋은 대학에 가고 돈을 많이 벌 수 있다는 말을 귀에 못이 박히도록 듣는다. 그래서 학교는 그저 취업을 준비하는 곳이라고 여기는 것 같다. 그들의 머릿속에 교육이란 취업 훈련에 불과하다는 생각이 자리 잡고 있다. 이렇게 조건화되다 보니 세상에 대한 호기심을 넓히고 새로운 아이디어와 문제에 관심을 갖는 일은 드물고 딱 한 가지, "이걸 배우면 돈 버는 데 도움이 될까?"라는 질문만 떠올리게 된다. 아이들의 관점이 이렇게 편협해지는 것은 매우 안타까운 일이다. 사실 연구 결과를 보면 학교 성적과 연봉은 뚜렷한 상관관계가 없기 때문이다. 많은 사람이 학창 시절에 성적은 좋지 않았지만 사회에서 혁신을 이루는 데 성공했다.[7]

아이와 학교 생활에 관해 이야기할 때, 직업 위주의 사고방식 careerism만 강조해서는 안 된다. 그보다는 배움을 통해 어떻게 삶을 변화시키고, 흥미진진한 모험을 선사하고, 새로운 통찰을 얻고, 궁금한 점을 해결할 수 있는지를 이야기해야 한다. 물론 취업을 준비하는 것이 나쁘다는 말은 아니다. 하지만 학교에서 고작 직업을 얻기 위한 준비만 한다면 아이는 많은 것을 놓치게 된다. 《번아웃의 종말》을 쓴 조너선 말레식 Jonathan Malesic은 이렇게 말했다.

"여러분이 일에 몰두하는 시간은 인생의 일부일 뿐입니다. 나머지 시간에는 훌륭한 두뇌를 가진 인간으로서 살아가게 될 겁니다."[8]

아이들 머릿속에 어떤 사람은 똑똑하고 어떤 사람은 그렇지 않다는 생각이 자리잡으면 자기가 능력을 갖춘 사람이라는 점을 자신에게 그리고 다른 사람에게 입증하려고 애를 쓸 것이다. 어쩌면 이렇게 생각할 지 모른다.

"내가 모른다는 것을 누구에게도 들키고 싶지 않아.'

그러면 자신의 무지함을 드러내기 싫어서 질문을 하지 않게 된다.

종종 어떤 부모는 아이에게 입을 다물고 있으면 모른다는 사실을 들키지 않을 거라고 말한다. 하지만 아이에게 적극적으로 질문하도록 격려해야 한다. 이는 비판적 사고와 심층 학습에 도움이 된다. 철학자이자 물리학자인 아널드 애런스Arnold Arons는 물리학 입문 교과서에서 모든 형태의 심층 분석에 사용되는 10가지 기본 과정을 제시하며 교사가 학생들이 추론 능력을 키우도록 돕는 방법을 설명했다.[9] 그의 교육 방식은 학생들이 스스로 깊이 있는 질문을 하도록 도와주기에 아이들이 어떤 주제를 탐구할 때 다음과 같이 적극적으로 질문해보라.

1. 우리는 이 주제에 대해 무엇을 알고 있을까? 무엇이 사실인지 어떻게 알 수 있을까? 어떤 증거가 있으며 그 증거를 받아들일 수 있는 근거는 무엇일까?
2. 어떤 정보가 빠져 있을까? 사실이라고 말하기에 충분한 데이터나 증거가 없다는 것을 어떻게 알 수 있을까? 그런 불확실성을 우리는 견딜 수 있을까?
3. 실제로 관찰한 것과 단지 추론한 것을 구별할 수 있을까?
4. 우리가 사용하는 단어와 그 단어들 간의 개념 차이를 이해하고 있을까? 새로운 개념을 비판적으로 검토하려면 일관적으로 통용되는 뜻을 가진 다른 말로 설명할 수 있어야 한다. 혹시 우리는 그 개

념의 조작적 정의 operational definition 는 이해하지 못한 채, 그저 앵무새처럼 전문 용어를 반복하는 것은 아닐까?

5. 하나의 주장을 뒷받침하는 전제는 무엇일까? 겉으로 드러나진 않지만 당연하게 받아들여야 한다고 암묵적으로 전제된 것은 과연 무엇일까?

6. 데이터, 관찰, 기타 증거에서 추론한 사항이 정말 그 결론을 뒷받침하는지 어떻게 알 수 있을까? 다른 해석이나 설명도 추론한 내용만큼 타당하지 않을까?

7. 어떤 체계가 어떻게 작동하는지 충분히 이해해서 '만약 이렇게 바꾸면 어떤 결과가 나올까?'라고 상상하고 추론할 수 있을까?

8. 어떤 주장이 지닌 구조적 오류와 논리학자들이 말하는 비형식적 오류 informal fallacy, 즉 겉보기에만 그럴 듯한 생각의 함정은 어떻게 다른지 제대로 이해하고 있을까?

9. 귀납적 추론과 연역적 추론을 구별할 수 있을까? 어떤 주장이 개별적인 사실에서 출발하여 일반적인 결론을 도출한 것인지, 아니면 일반적인 원리에서 구체적인 사례로 이어지는지를 알아볼 수 있을까?

10. 우리의 사고 과정은 논리 흐름의 앞뒤가 잘 맞는가? 그걸 어떻게 판단할 수 있을까? 열심히 연습하면 자신의 생각을 스스로 검토할 줄 아는 지적으로 독립된 사람이 될 수 있을까?[10]

심층 학습을 가능하게 하는 부모의 역할

우리 둘은 2006년 초반에 한 영상을 촬영·편집했다. 그 영상에는 갓 22개월 된 아기가 소파에서 장난감을 가지고 노는 모습이 나온다. 아기가 고사리 같은 손으로 장난감을 만지작거리는 동안 화면 밖에서 어른의 목소리가 노래하듯이 끼어들며 이렇게 질문한다.

"2 곱하기 3은…?"

그러자 아기는 "6."이라고 대답한다. 어른이 또 "6 곱하기 3은…?"이라고 묻자 아기는 "18."이라고 말한다. 마지막으로 "알파벳의 18번째 글자는…?"이라고 질문하니 아기는 "R."이라고 답한다.

우리는 수백 명의 교육자에게 이 영상을 보여준 다음, 이렇게 물어보았다.

"이런 것이 심층 학습일까요?"

대다수의 교육자들이 단호하게 대답했다.

"절대 아니죠."

우리는 그 순간 이렇게 말한다. 방금 영상 속 아기가 보여준, 사실에 대한 질문에 정확하게 대답하는 능력이야말로 교사들이 자기 학생들에 대해 아는 전부일 수도 있다고.

그리고 나서 다시 물었다.

"여러분이 가르치는 학생이 심층 학습을 하고 있다면 그걸 어떻게 알 수 있습니까? 그리고 학부모는 그걸 어떻게 알 수 있을까요?"

그러면 많은 교사들이 미소를 짓거나 더 나아가 '아하!' 하고 뭔가 깨달은 표정을 짓는다.

교사들이 파악한 것처럼 영상에 나오는 장면은 심층 학습이 아니다. 그건 단지 엄마가 아기에게 재주 하나를 가르쳐준 것에 불과하다.

영상에 나오는 엄마는 아기를 차에 태우고 시내를 주행할 때면 〈스쿨하우스 록〉schoolhouse rock*을 들려주었다. 얼마 지나지 않아 아기는 간단한 노래 가사들을 외우게 되었고 엄마가 노래 앞부분을 부르면 뒷부분을 자연스럽게 이어서 부르곤 했다. 하지만 누군가가 수학 문제를 약간 다른 방식으로 질문하면 아기는 아무런 반응을 보이지 않았다. 즉, "2 곱하기 3은 뭐지?"라고 평범한 말투로 질문하면 아기는 정답은커녕 질문을 아예 이해하지 못했다. 마찬가지로 "3 곱하기 2는 뭐지?"라고 순서만 바꿔서 물어도 아기는 그저 장난감 트럭을 가지고 놀며 무관심한 모습을 보였다.

우리는 심층 학습을 어떻게 정의하고, 또 어떻게 아이들에게 심층 학습을 하도록 북돋을 수 있을까? 아이들이 학교에서 더 많은 것을 얻을 수 있도록 도우려면 먼저 '진보'나 '발전'이 무엇을 의미하는지 좀 더 체계적으로 규정할 필요가 있다. 다행히 여러 연구진과 교육 이론가들이 이에 대한 정의를 내려주었다.

태즈메이니아 출신의 교육심리학자 존 빅스John Biggs가 제시한 개념부터 살펴보자. 그는 1980년대에 몇몇 동료와 함께 '사고에 대한 사고'thinking about thinking라는 과정을 개발했다.[11]

빅스는 요즘 풍성한 백발을 길게 늘어뜨리고 다닌다. 최근에는 소설과 논픽션을 집필하는 데 재능을 쏟는 중이다. 하지만 과거에는 학습

---

* 미국에서 방영되었던 교육용 애니메이션 시리즈.

법을 깊이 연구하고 학습의 의미를 고민하는 데 많은 시간을 보냈다. 특히 그는 학습의 5단계를 정립해 단계가 높아질수록 학습 수준이 더 나아진다고 보았다. 여기서 '더 나아진다'는 것이 중요하다. 빅스는 그저 학생들이 얼마나 많은 내용을 배워서 기억하는지에만 관심을 둔 것이 아니라 학생들의 사고가 지닌 질적 수준도 중요하게 여겼다.

빅스와 같은 세대의 교사들은 아이들이 학교에서 실제로 어떤 가치를 얻느냐고 용기 있게 질문했다. 교사들은 수십 년 동안 학생이 교실에서 참여하는 활동에 점수를 매겼고, 부모들은 그 성적표가 마치 학교 교육의 모든 것을 보여주는 자료라고 생각했다. 하지만 아무도 "아이들이 제대로 생각하는 방법을 배우는가?"라는 중요한 질문은 고심하지 않았다.

대부분의 미국 학교에서는 주요 내용을 완벽하게 기억할 수 있으면 A를 받았다. 89퍼센트 정도 기억하면 B를 받았고, 그 이하도 이런 방식으로 점수를 매겼다.

다른 나라에서는 등급이 아닌 숫자로 점수를 매기기도 한다. 하지만 어느 방식도 학생들의 사고방식이 질적으로 나아졌는가에 관심을 두지 않는다. 만약 교사에게 학생들의 사고력이 질적으로 어떤 수준인지를 어떻게 측정할 거냐고 묻거나, 어떤 것이 더 좋은 측정 방식이냐고 묻는다면 교사는 매우 모호한 기준을 제시할 것이다. 실제로 사춘기 학생을 가르치는 일부 교사와 학부모는 "아이들이 필기를 하는 것만 봐도 금방 알 수 있다."라고 말한다. 하지만 그 말이 정확히 무슨 뜻인지 아무도 설명하지 못한다.

그런가 하면 우리가 인터뷰한 또 다른 사람들은 '사고력이 좋다'는 말은 (어느 교사의 표현을 빌리자면) "체계화되어 있으며, 일관성이 있고, 사실관계가 정확하며 포괄적인" 의미라고 말했다. 하지만 이것도 도대체 무슨 뜻인지 금방 이해되지 않는다. 어느 정도를 기준점으로 삼아 포괄적이고 체계화되어 있다고 판단할 수 있을까? 독자가 기대했던 사실 중 50퍼센트 이상을 언급하면 그 글은 포괄적인가? 75퍼센트는 넘어야 잘 정리된 글이라고 할 수 있는가?

빅스는 질적 수준을 이보다 더 나은 방식으로 표현할 수 있어야 한다고 생각했다. 빅스가 만든 분류 체계에서 어떤 개념이나 내용을 전혀 이해하지 못한 사람들은 첫 번째 단계에 속한다. 분류 체계taxonomy는 원래 생물학자나 식물학자가 쓰는 용어로 동물이나 식물을 종, 속, 과 등의 단계로 나누는 방식을 가리킨다.

빅스가 말하는 사고에 대한 사고의 첫 단계는 '전 구조적'prestructural 단계다(앞서 언급했듯이 심리학자는 새로운 용어를 직접 만들기를 좋아한다). 예를 들어 부모가 "2 곱하기 3은?"이라고 노래하듯 말하면 22개월 된 아기가 "6!"이라고 대답하는 것이 바로 전 구조적 단계다.

두 번째 단계에서는 아이들이 한 가지 단편적인 사실을 알고 그것을 반복할 수는 있지만 그 정보가 무슨 뜻이며 다른 정보와 어떻게 연결되는지 깊이 생각해보지 않은 상태다. 자녀가 소에 대해 배우고 있다고 생각해보자.[12] 전 구조적 단계에서는 소가 무엇인지조차 모른다. 하지만 두 번째 단계로 오면 '소는 젖을 짜는 동물'이라는 정도는 알 것이다. 이처럼 한 가지 절차나 정보를 식별하거나 암기하고 간단히 행할 수는 있지만 더 깊은 의미를 파악하거나 복잡한 연결 관계는 알지 못한다. 빅스는 이를 가리켜 '단일구조적'unistructural 단계라고 이름붙였다.

세 번째 단계에 오면 학생들은 주제의 여러 가지 측면을 이해하게 된다. 관련 사항을 나열하거나 서로 관련된 부분을 연결할 수도 있다. 예를 들면 "소는 우리에게 우유를 줄 수 있어요. 그리고 소를 도축하면 기름, 고기, 지방, 뼈, 가죽도 얻을 수 있어요."라고 말할지 모른다. 그러나 이들은 자기가 아는 사실의 의미가 무엇인지, 그 사실이 더 큰 아이디어나 질문, 문제점과 어떻게 연결되는지는 이해하지 못한다.

소에 대한 세부 정보는 듣는 사람이 지루할 정도로 길게 늘어놓을지 몰라도 이 동물의 원산지가 어디인지를 비롯해 우리의 경제, 식단, 풍경, 대기, 건강에 어떤 변화를 일으켰는지 궁금해하지 않으며 새로운 질문도 하지 않는다. 빅스는 이러한 사고 수준을 '다중구조적'multistructural 단계라고 불렀다.

네 번째 '관계적'relational 단계에 도달하면 어떤 주제의 각 부분이 전체와 어떻게 연결되어 있는지 파악하게 된다. 이를테면 미적분학과 도덕 철학이 인생에서 왜 중요한지를 이해하는 것이다. 이 수준에 도달하면 아이는 개념과 아이디어들을 서로 연결할 수 있고 서로 무관해 보이는 주제 사이에 어떤 관련이 있는지 알 수 있다. 역사, 외과수술, 잔디 깎기, 지구에서 인류가 생존하는 방법과 같이 다양한 분야의 의미와 활용도를 이해한다. 바로 이 단계에서 심층 학습이 시작된다.

최상위 수준인 다섯 번째는 '확장된 추상적'extended abstract 단계다. 이 단계에서 아이들은 여러 개념을 통합하고, 하나의 생각이 다른 생각과 어떻게 연결되어 지식 구조를 형성하는지 파악할 수 있다.[13]

"소는 몸집이 크고 사육 가능하도록 길들여진 두 갈래 발굽을 가진 초식동물이다. 이는 소가 풀을 먹는다는 뜻이다. 소의 다리는 네 개이고 머리에는 뿔이 자라며, 전 세계 곳곳에서 서식한다."

사고 수준이 이 단계에 도달하면 단순히 정보를 말로 표현하는 것보다 더 많은 일을 할 수 있다. 주장에 내포된 전제를 파악할 수 있고 구체적인 관찰을 넘어 추상적인 개념을 이해할 수 있다. 또한 사람들이 사실관계에 대해 의견이 서로 다른 것인지 아니면 태도를 놓고 갈등을 빚는 것인지 구분할 수 있다. 심층 학습을 하는 아이들은 여러 개념이 수렴할 때 나타나는 핵심 아이디어를 정확히 파악하고, 각 요소가 어떻게 서로 연결되어 있는지도 이해한다. 이러한 수준에서 생각하는 사람들은 새로운 이론을 만들고 그 이론의 의미와 적용 가능성을 이해하며, 그 이론을 어떻게 검증할지 머릿속으로 그려볼 수 있다. 한마디로 매우 창의적으로 생각할 수 있다. 이를테면 이런 식으로 말할지 모른다.

"제 생각에는 인간이 소의 진화에 큰 역할을 했던 것 같아요. 왜냐하면 소가 제공하는 우유, 고기, 크기, 색깔, 행동 같은 다양한 유전적 특성에 따라 인간에게 선택받았으니까요."

빅스가 말한 다섯 단계를 살펴보면서 아이들이 왜 깊이 생각하려 하는지 그 이유를 파악해보자. 가장 근본적인 이유는 아이들이 관심을 갖기 때문이다. 달리 표현하면 더 알고 싶고, 더 이해하고 싶은 본능적인 욕구가 발현된 것이지 누군가가 좋은 성적을 받지 못할 거라고 위협해서가 아니다. 이러한 과정은 아주 어린 시절부터 시작해 학창 시절 내내 이어진다. 여기서 가장 중요한 것은 당사자인 아이가 적극적인 의도로 배우려 해야 한다는 점이다. 당사자가 심층 학습에 대한 의지가 없다면 실제로 심층 학습을 할 가능성은 거의 없다. (물론 의도만으로 심층 학습을 잘하게 되는 것은 아니다. 이와 관련된 자세한 이야기는 잠시 후에 살펴보기로 한다.)

어떤 부모는 두 손을 들고 아이를 포기하고 싶은 마음에 이렇게 말할지 모른다.

"전 그냥 저희 애들이 성적만 잘 받으면 된다고 생각합니다. 심층 학습에 대한 내용은 제게도 제 아이에게도 너무 복잡하니까요."

이러한 반응은 너무 안타깝다. 부모도 아이도 분명히 지금보다 훨씬 더 나아질 수 있기 때문이다. 자신과 아이의 가능성을 쉽게 과소평가하지 않기를 바란다. 심층 학습을 하려면 긴 시간과 꾸준한 노력을 들여야 한다. 자신과 끊임없이 대화하고 주변 사람과도 적극적으로 소통해야 한다.

캔자스시티에 살면서 마인드드라이브에 참여한 학생들도 사실 처음에는 많은 사람이 포기한 경우였다. 학생들 스스로도 본인을 포기한 상태였다. 하지만 리스가 등장해 자기가 좋아하는 것이 무엇인지 깨닫게 도와주고 새로운 주제에 관심이 생기도록 도와주자 학생들은 놀라운 결과를 달성했다. 그라이더도 읽기에서 겪는 어려움 대문에 몇몇 사람들이 한때 포기했던 아이였다. 이런 학생들을 생각하며 힘을 내기 바란다. 그리고 그들의 사례에서 아이의 심층 학습을 어떻게 도울 수 있을지 출발점을 찾아보기 바란다.

앞으로는 아이의 성적에 집착하지 않아야 한다. 성적보다는 흥미로운 질문을 많이 하자. 쉽게 암기할 수 있는 정답이 있는 질문이 아니라 정해진 정답 없이 자유롭게 대답할 수 있는 질문이 좋다. 그리고 사사건건 좋은 직장을 얻을 가능성과 연결하는 것은 바람직하지 않다. 장차 아이가 어떤 직업을 선택하든 심층 학습 방식이 자신의 인생과 직업에 긍정적인 영향을 줄 수 있다는 점을 이해하도록 도와주기만 하면 된다.

깊이 있는 공부를 위한 학습법

어느 토요일 아침, 우리는 샬럿과 마이클을 만났던 커피숍에 베이글을 사러 갔다. 거기에는 곧 시험을 앞둔 아이 세 명이 도란도란 이야기를 나누고 있었다. 그들은 우리가 교육의 의미에 대해 이야기했던 바로 그 자리에 앉아 있었다. 빈자리가 없어서 우리는 그들의 옆자리에 최대한 눈에 띄지 않게 조용히 앉았다.

세 아이는 시험이 이틀밖에 남지 않았는데 공부해야 할 양이 아직도 많이 남은 것 같았다. 종종 아이들은 마지막 순간까지 시험 공부를 미루기도 하고, 미루지 않더라도 사실 어떻게 공부해야 하는지 잘 모르는 경우가 많다. 옆자리에 앉은 세 아이는 남은 이틀 동안 하루에 다섯 시간씩 서로에게 공부해야 할 내용을 소리 내어 읽어줬다.

여자아이가 이렇게 말했다.

"이런 방법으로 서너 번 반복하면 내용을 거의 다 외울 수 있을 거야. 그러면 아주 높은 점수를 받겠지?"

아주 야심 찬 계획이었지만 그들이 공부하는 방식은 심층 학습과 거리가 멀었다. 그렇지만 나머지 두 아이는 여자아이가 시키는 대로 하려는 것 같았다. 남자아이 한 명이 "내가 먼저 읽을게."라고 말했다. 그 아이는 물리 기초 교과서 제1장을 한 단어도 빼먹지 않고 소리 내 읽기 시작했다. 선생님이 거기에서 시험문제가 많이 나온다고 한 것 같았다.

세 아이는 제1장 내용을 빠르게 훑어보려고 했는데, 이는 전형적인 전략적 학습 방식이었다.

얼마 지나지 않아 아이들의 표정에는 지루함이 역력했다. 공책에 무언가를 휘갈겨 적거나 책에 밑줄을 치거나 여백에 큰 물음표를 그렸다. 한 아이는 자신이 가지고 있던 여러 색깔의 형광펜을 두 아이가 언제든지 쓸 수 있도록 테이블 중앙에 모두 꺼내놓았다. 우리는 베이글을 챙겨 밖으로 나왔다.

몇 주 후 그 아이들을 다시 만났을 때 아이들에게 물었다.

"저번에 물리 교과서를 읽는 데 시간을 얼마나 썼니?"

"첫날은 네 시간 이상 읽었어요. 둘째 날엔 세 시간 이상 읽었고요."

시험은 잘 쳤냐고 물었더니 아이들은 이렇게 대답했다.

"아니요. 성적이 좋지 않았어요. 저희는 과학에 재능이 없나 봐요."

그 아이들은 같은 내용을 읽고 또 읽으면 공부할 내용을 뇌에 깊이 새길 수 있다고 믿었다. 울긋불긋하게 여러 가지 색으로 강조하면 학습 효과가 높아진다고 생각했을지 모른다.

하지만 인간의 뇌는 그렇게 작동하지 않는다. 연구에 따르면 반복해서 외우는 방식으로 공부한 사람들은 오히려 시험 시간이 다가오면 기억이 잘 나지 않는다고 한다.[14] 어쩌다 시험에 통과하더라도 외운 내용을 금세 잊어버린다.[15] 장기 기억에 집어넣지 못했기 때문이다. 이런 학습 방식으로는 적응형 전문가가 되지 못하며 누가 어떤 문제를 가져오든 깊이 이해하고 해결할 정도로 발전하지 못한다. 일반적으로 이런 학습 방식은 새로운 질문을 유도하거나 상상력을 자극하지 않는다. 읽는 내용이 다른 아이디어나 문제와 어떻게 연결되는지 알아내는 데도 아무런 도움이 되지 않는다. 결국 심층 학습은 이루어지지 못한다.

그날 우리는 거리를 걸으면서 한 가지 사실을 깨달았다. 몇몇 아이들이 심층 학습을 해내지 못하는 이유는 그런 방식으로 책 읽는 요령을 배우지 못했기 때문이다. 수많은 고등학생이 마지막으로 공식적인 독서 지도를 받았을 때는 샐리, 딕, 제인 같은 등장인물의 이야기를 읽거나 초등학교 수준의 문학 작품을 탐구하던 시절이었다. 그러나 지금 이들은 교과서, 소설, 학술 논문, 역사 문헌, 연구 보고서 등 다양한 자료를 읽고 활용해야 한다.

우리는 이런 아이들을 도울 수 있다. 물론 학교가 나서서 이러한 문제를 해결해야 하며 실제로 종종 그렇게 할 때도 있지만 항상 그런 것은 아니다. 사람들이 학습법에 대한 연구에서 강력히 지지하는 내용을 학교에서 적용하는 경우는 매우 드물다. 켄은 밴더빌트, NYU, 노스웨스턴대학교에서 역사 심화 과정을 가르칠 때, 학생들에게 역사 문헌과 2차 자료를 읽는 요령을 전하는 데 상당한 시간을 할애했다. 하지만 동료 교수들은 아무도 그런 방법을 가르치지 않았다. 실제로 굉장히 유명한 교수들조차 고등학생들이 교과서를 서로에게 읽어주는 것처럼 수업 시간에 자료를 그냥 읽어주었다.[16]

이제부터 아이가 깊이 있는 독서를 하도록 도와주는 연구 기반의 읽기 및 학습 원칙을 소개할 것이다. 아이와 함께 내용을 살펴보고 직접 실천해보자. 물론 아이가 커갈수록 이런 원칙을 알고 실천하는 일이 점점 더 중요해질 것이다. 이러한 원칙은 모든 학습 상황에서 늘 도움이 된다는 점을 기억하길 바란다.

연결하고 또 연결하라

아이가 심층 학습을 해내려면 그 전에 먼저 두 가지 상호연관된 과제를 해결해야 한다. 우선 정보와 아이디어를 이해해야 하고 이해한 내용을 기억할 수 있어야 한다. 어떤 사람들은 먼저 내용을 알아야 그게 무슨 뜻인지 이해되기 시작한다고 주장할지 모른다. 여기서 안다는 것은 내용을 외운다는 의미일 것이다. 하지만 우리는 아이에게 암기와 이해는 순서가 반대임을 알려주어야 한다. 단편적인 정보들을 머릿속에 밀어넣고 나중에 기억해내려고 애쓰는 것보다 제대로 이해한 내용을 기억하는 것이 훨씬 쉽다.

어떤 것을 이해한다는 의미는 이를 다른 아이디어나 정보와 연결했다는 뜻이다. 그렇게 하려면 무엇이 비슷하고 무엇이 다른지 파악하고, 어떤 것이 무엇의 결과나 원인인지 알아보며, 서로 충돌하는 내용이 무엇인지 찾아내야 한다. 그리고 서로 무관해 보이는 두 가지를 연결하여 생각하는 '전이적 사고'far transfer를 해야 하며, 2~3가지 관찰이나 추론을 바탕으로 새로운 개념이나 이론을 구성하거나 가치 판단까지 해야 한다. 그러면 두뇌에 비교와 대조, 인과 관계, 대립 관계 등으로 구성된 방대한 연결망이 형성된다. 연결 상태가 촘촘할수록 정보는 더 쉽게 떠오르고 이를 더 쉽게 활용할 수 있다.

이해하면 기억하기가 훨씬 수월하지만 단순한 암기는 이해에 도움이 되지 않는다. 예를 들어 149162536496481를 외운다고 해보자. 그냥 외우려면 어렵지만 1부터 9까지 각 숫자의 제곱을 나열한 것임을 파악하면 이야기는 달라진다. $1 \times 1 = 1$, $2 \times 2 = 4$, $3 \times 3 = 9$, $4 \times 4 = 16 \cdots$ 이런 식으로 이어지는 것이다.

이처럼 이해하면 기억하기가 한결 쉽다. 아이들에게 심층 학습은 기억에 도움이 되지만 단순 암기만으로는 심층적 사고에 도움이 되지 않는다는 것을 알려줄 수 있다.

질문하고 테스트하라

새로운 내용을 읽으면 이를 뒷받침하는 증거와 추론이 무엇인지 찾아본다. 이를테면 다음과 같이 질문해볼 수 있다. 이것은 무엇을 암시할까? 내가 지난주 또는 작년에 경험한 일과 어떻게 관련될까?

자유롭게 추론하라

아이에게 암기 학습만 강요하지 말고 질문을 한 다음, 여러 가지 다양한 대답을 제시하도록 유도해보자. 가능하다면 머리를 써야 하는 깊이 있는 질문이 좋다. 예를 들어 깃대의 높이를 계산하는 숙제를 해야 한다면 수학책을 열어보기 전에 아이가 다양한 계산법을 스스로 생각하는 시간을 갖게 한다.

열정은 필수다

마인드드라이브에 참여한 학생들을 다시 떠올려보자. 그들은 자동차가 어떻게 만들어지는지, 물체를 움직이려면 에너지가 얼마나 필요한지, 자신들이 만든 차체의 하중을 어떻게 줄일 수 있는지 등 수많은 세부 사항을 배웠다. 한마디로 물리학과 공학에 대해 방대한 지식을 얻었다. 아이들이 자동차에 대한 남다른 관심이 있었기에 가능한 결과였다.

그렇다면 우리도 아이가 배워야 할 대상에 열정을 느끼고 몰입하는 순간을 경험하도록 해주어야 한다. 그러면 새로운 것을 배울 때마다 자연스럽게 흥미를 갖고 적극적인 태도를 보일 것이다. 완전히 새로운 것에 열정을 쏟게 하려면 먼저 열정이라는 감정을 실제로 느껴봐야 한다. 열정이 없으면 아이들은 지금까지 소개한 학습법 중 어떤 것을 시도하더라도 전부 어렵고 힘들다고 느낄지 모른다. 열정이 있으면 아이들은 더 열심히 노력할 뿐 아니라 더 큰 만족을 느낀다. 포켓몬이든 스카이콩콩이든 깊은 흥미를 느끼고 몰입하는 방법을 배우면 관심이 없던 주제에도 적극적인 태도를 보이게 된다.

암기 대신 인출 연습을 하라

커피숍에서 만났던 세 아이들은 시험 범위의 내용을 머릿속에 쑤셔 넣는 데에만 집중했다. 정작 조만간 치를 시험에 대비하여 외운 내용을 기억해내는 연습을 할 시간은 없었다.

이 학생들이 어떻게 공부했다면 좋았을까? 이제부터 우리가 제안하는 방법은《어떻게 공부할 것인가》에 나온 내용이다. 소설가 피터 브라운Peter Brown과 워싱턴대학교의 인지심리학자인 헨리 뢰디거Henry Roediger와 마크 맥대니얼Mark McDaniel이 공동 저자다. 이 책에서 브라운은 뛰어난 이야기 전달 능력을 보여주었고, 두 교수는 인간 학습에 관한 수년간의 연구 결과를 전달했다.

세 저자들이 이 아이들을 만났더라면 어떻게 공부하라고 조언했을까? 교과서와 수업 중에 필기한 내용이 있다면 매일 30분 정도 모여서 서로에게 묻고 답하는 시간을 갖게 했을 것이다. 전화나 줌을 이용하거나 누군가의 집에 모이면 된다. 쉽게 말해 시험공부에 사용한 7시간을

14일 동안 나눠써야 했다. 이렇게 '간격 반복'spaced repetition을 했더라면 같은 시간을 공부하고도 시험 성적은 더 좋았을 것이다.[17] 이 방법에서는 심층 학습도 가능했다.

《어떻게 공부할 것인가》에서는 시험공부를 할 때 몇 분 단위로 책을 덮고 자신에게 질문을 해보라고 제안한다. 다음과 같이 말이다.

"핵심 개념은 뭐지? 내가 처음 접하는 용어나 개념이 있나? 그런 것들은 어떻게 정의할 수 있지? 이 개념들은 내가 이미 알고 있는 지식과 어떻게 연결되지?"[18]

각자 스스로 생각해본 질문에 대한 답을 쓴 다음, 다른 아이들과 바꿔볼 수 있다. 그리고 교과서에 나오는 복습 질문도 활용할 수 있다. 가능하다면 자신이 선생님이라고 상상하며 시험 범위에서 가장 중요한 내용이 무엇인지 다른 아이들에게 물어보자. 그다음, 교과서와 노트 필기를 보면서 작성한 답이 맞는지 확인한다. 중요한 점은 이미 복습했더라도 며칠에 한 번씩 반복해서 봐야 한다는 것이다. 긴 시간에 걸쳐 스스로 묻고 답하는 과정을 반복하면 주요 개념이나 정보를 인출하는 연습이 된다. 자기가 내용을 잘 이해하고 있는지 평가할 수도 있다. 이런 것을 '인출 연습'retrieval practice이라고 한다.[19]

인출 연습을 하면 시험 직전에 밤새워 몰아서 공부할 필요가 없다. 가능한 한 빨리 아이에게 이런 공부 방식을 알려주고 아이가 잘 실천하고 있는지 관심을 가지자. "이번 과목은 인출 연습을 어떻게 활용하고 있니?"라고 물어볼 수 있다.

한 가지 명심할 점이 있다. 이런 방식으로 효과를 보려면 아이가 심층 학습을 하려는 태도로 학습해야 한다는 것이다. 당사자의 의도는 매우 중요하다. 부모는 아이의 호기심을 계속 자극하고 유지하도록 적극적으로 도와주어야 한다. 학교 교육을 단순히 직업 교육으로 여겨서는 안 된다.

시간을 두고 학습하라

이해력과 기억력을 키우려면 시간이 필요하다. 뢰디거와 맥대니얼 등의 연구에 따르면 시험 직전에 길게 공부하는 것보다 매일 조금씩 인출 연습을 하는 것이 더 효과적이라고 한다. 시험 직전에 집중적으로 공부하면 기억에 더 남을 거라고 여기는 사람도 있지만 연구 결과에 따르면 간격 반복이 배운 내용을 자기 지식으로 만들고 더 깊이 이해하는 데 도움이 된다.

교차학습을 시도하라

세 가지 개념 또는 절차를 배워야 한다면 한 번에 하나씩 집중해서 공부한 후 한 가지 내용을 다 이해한 뒤에 다음으로 넘어가는 것이 좋다. 배워야 할 내용을 블록 몇 개로 나누어 하나씩 차근차근 배우라는 뜻이다.

야구선수가 이런 방식으로 공을 치는 연습을 한다고 생각해보자. 먼저 빠른 공을 받아내는 연습을 한다. 이를 완벽하게 할 수 있게 되면 커브볼을 받아내는 연습을 시작한다.

두 번째 단계를 수없이 연습한 후에 그다음 단계인 싱커$_{sinker}$*를 연습

---

* 속도는 빠르지만 가라앉기 때문에 타자가 헛스윙하거나 땅볼을 치게 만드는 공.

한다. 하지만 실제 경기에서는 투수들이 다양한 방식으로 공을 던지기 때문에 타자는 다음에 어떤 공이 날아올지 예측할 수 없다. 이런 식으로 연습한 타자는 다양한 상황을 빠르게 파악하고 반응하는 순발력이 아직 부족할지 모른다. 게다가 야구 시즌 중에는 특정 공을 받아내는 연습을 아예 못했을 수도 있다. 이 공은 쳐야 할까, 그냥 보내야 할까? 스윙을 한다면 커브볼을 대비해야 할까, 아니면 회전이 심한 슬라이더여야 할까? 어떤 공이 날아올지 전혀 모르는 상황에서 타자는 신속하게 파악하고 반응하는 연습을 하게 된다.[20]

마찬가지로 한 학생이 물리학을 공부하는 데 있어 모든 문제를 같은 공식을 사용해서 풀 수 있다면 어떨까? 심층적으로 공부할 필요가 없을 것이다. 공식에 적절한 숫자만 대입하면 되기 때문이다. 하지만 서로 다른 유형의 문제들이 섞여 있는 상황에서는 핵심 원리를 더 깊이 이해해야만 각 문제에 어떤 원칙이나 공식을 사용할지 판단할 수 있다. 따라서 다양한 유형의 문제를 섞어서 공부해야 심층 학습이 이루어진다.

앞서 설명한 상황에서는 아이들이 같이 공부했지만 혼자서도 이런 방법들을 활용할 수 있다. 심지어 혼자 하는 것이 더 효과적일 때도 있다. 하지만 물리 문제를 푸는 것과 같은 특정한 학습 활동에서는 다 같이 모여서 공부하는 것이 좋다. 특히 서로 장단점이 다른 아이들이 한 자리에 모여 공부할 때 학습 효과가 높아진다.

기초 지식이 탄탄한 아이는 잘 모르는 친구에게 개념을 설명해주거나 학습 내용을 더 깊이 이해할 수 있는 통찰력 있는 질문을 제시할 수 있으므로, 결국 더 많은 것을 배우게 된다. 반면 이해가 부족한 아이는 모르는 것을 물어보거나 자신과 비슷한 수준의 친구에게 설명을 들으면 도움이 된다. 결국 이 방식은 참여하는 모두에게 도움이 된다.

마음챙김을 활용하라

사람의 두뇌는 가끔 자동 모드로 작동한다. 다들 그런 경험이 있을 것이다. 익숙한 길을 운전할 때는 정지 신호나 방향 전환을 일일이 의식하지 않고 자연스럽게 목적지에 갈 수 있는 것 말이다. 아침에 커피를 내릴 때도 과정 하나하나를 생각할 필요 없이 자연스럽게 손이 움직인다. 주방 불을 켤 때도 자기 손이 스위치를 어떻게 스치는지 일일이 생각할 필요가 없다.

하지만 마음챙김 상태의 두뇌는 모든 것에 주의를 집중한다. 이를테면 물이 아니라 커피를 마시기로 선택한 이유, 오늘 내린 커피의 향이 지난주에 마신 커피와 어떻게 다른지에 대해 생각한다. 아침 루틴을 할 때도 익숙한 방식을 따르기보다 새로운 방식을 시도한다. 아침마다 늘 사용하던 물건을 유심히 관찰한 다음, 여러 가지 물건 중 굳이 그것을 사용한 이유에 대해 생각해볼 수도 있다.

베이커의 창의성 수업에서 했던 연습을 다시 떠올려보자. 같은 공간을 지나가더라도 즐거울 때가 있고 부정적인 감정이 올라올 때도 있다. 왜 이러한 차이가 생길까? 친구의 성격을 리듬으로 표현하면 어떻게 될까? 왜 나의 근육은 특정 움직임과 잘 맞을까? 어떤 소리는 (음악처럼) 기분을 좋게 해주지만 어떤 소리는 무섭게 들리거나 경고처럼 느껴질까?

이러한 활동을 하면 새로운 시각을 갖게 되고, 흐름을 연구한 뒤 이를 리듬으로 확장하게 되고, 결국 등장인물과 대화를 구성하게 된다.

우리는 이 모든 과정에 끊임없이 주의를 기울였다. 흐름과 움직임 하나하나뿐 아니라 모든 소리에 집중했고, 단 하나도 그냥 넘기지 않았다. 어쩌면 무언가에 주의를 기울이는 자신의 행동 자체도 인식했을 것이다. 이것이 바로 자신의 마음챙김을 스스로 인지하는 일이다.

이는 심층 학습을 배우는 것과 무슨 관련이 있을까? 하버드 심리학자 엘런 랭어Ellen Langer와 그녀의 동료 앨리슨 파이퍼Alison Piper가 진행한 유명한 실험에서 이 질문에 대한 답을 얻을 수 있다.[21]

두 사람은 첫 번째 집단의 학생들에게 고무로 된 물건을 건네주면서 이렇게 말했다.

"강아지가 씹으면서 갖고 노는 장난감이다."

두 번째 집단에도 같은 물건을 주었는데, 이번에는 이렇게 설명했다.

"강아지가 씹으면서 갖고 노는 장난감일 수도 있다."

두 사람은 '이것은 ~이다'라는 단정적인 표현 대신 '이것은 ~일 수도 있다'를 쓰면 학생들이 더 유연해지고 마음챙김도 더 잘하게 될 거라고 생각했다. 이 실험에서 두 번째 집단은 그 물건이 무엇인지 스스로 판단하고 상황에 따라 유연하게 생각할 수 있었다.

처음에는 말도 안 되는 일이라고 생각할지 모른다. 하지만 실험 결과를 보면 생각이 달라질 것이다. 이 실험에 참여한 모든 학생이 지우개가 필요한 상황에 놓였다. 물론 두 사람이 일부러 그런 상황을 유도했다. 앞서 받은 고무로 된 물건이 '강아지의 장난감일 수도 있다'라고 들은 집단은 그 물건을 지우개로 사용해도 되겠다고 생각했다. 하지만 '강아지의 장난감이다'라는 단정적인 표현을 들은 집단은 그런 가능성을 아예 고려하지 않았다.

이러한 실험을 몇 차례 되풀이한 결과, 언어를 바꾸기만 해도 학생들이 마음챙김을 더 잘한다는 것을 알게 되었다. 마음챙김 학습 방식을 사용할 때 학생들이 더 잘 이해하고, 더 재미있게 배우고, 더 창의적으로 문제를 해결했다. 아이들이 배우는 정보와 아이디어에 대해 깊이 있는 철학적 질문을 제시하면 그 내용을 더 잘 기억할 뿐만 아니라 배운 내용을 더 다양한 방식으로 활용했다.[22]

　랭어 교수의 실험은 언어가 사람의 사고방식에 큰 영향을 준다는 점을 보여준다. 아이들이 이 점을 깨달으면 다양한 가능성에 대해 상상의 나래를 펼칠 수 있고, 그 과정에서 아이들의 생각과 행동도 달라진다. 그러면 창의성이 향상되면서 그들의 인생에 즐거움과 놀라움이 가득해질 것이다.

　공부에 대한 관점도 여러 가지로 바꿔볼 수 있다. 공부를 하나의 게임처럼 생각하면 어떨까? 물론 그런 게임은 결코 만만치 않을 것이다. 하지만 게임이 어렵기 때문에 더 재미있을 수 있다. 정보를 기억해내려고 애쓰는 동안 머릿속에서는 기억의 연결이 더 강해지므로 나중에 그 내용을 더 쉽게 떠올린다. 이를 통해 노력 없이는 아무것도 얻을 수 없다는 교훈을 배울 수 있다. 이렇게 힘들게 애쓰는 과정을 통해 학습의 질이 변화되며, 나중에 학생들은 그 과정이 재미있었다고 말할 것이다. 이처럼 아이가 힘들게 애쓰는 것에 대한 태도와 생각을 바꾸게 해주면 아이는 학교에서 더 많은 유용한 점들을 얻게 된다.

　카페에서 만났던 세 아이들을 다시 떠올려보자. 만약 그 아이들이 마음챙김 학습법을 사용했다면 물리 시험을 준비하는 과정도 달라지지 않았을까? 공부를 시작하기 전에 마음을 다잡거나 함께 공부할 친구에게 이렇게 말했을 것이다.

"지금부터 게임을 해보자. 이제 우린 우주비행사가 되어서 화성으로 여행 갈 준비를 할 거야. 출발하기 전에 먼저 소리 파장이 어떻게 작용하는지 알아야 해. 우주에 가면 소리를 들을 수 있을까? 그리고 행성들이 태양 주위를 도는 이유와 우주의 작동 원리에 대한 다른 내용들도 알아야 해. 그렇게 공부해야 우주선에 문제가 생겼을 때 더 쉽게 해결책을 찾을 수 있을 거야."

이런 방식으로 공부했다면 더 물리를 재미있게 배웠을 것이고 시험 점수도 더 높았을 것이다.

지금까지의 내용을 아이 공부에 적용하는 법

지금까지 아이들이 시간을 절약하면서 심층적으로 학습할 수 있는 몇 가지 학습법을 소개했다. 이제 아이들은 기억을 더 오래 유지할 수 있고 새로 알게 된 점이 기존 지식과 어떤 면에서 비슷하거나 다른지도 이해할 수 있다. 또한 배운 내용을 활용하여 문제를 해결하고 새로운 아이디어를 개발하며, 참신한 질문을 생각해 더 깊이 있는 점을 배울 수도 있다. 아이들은 자기가 배운 내용을 전혀 다른 분야에도 적용할 수 있는지, 새로운 원칙이 얼마나 폭넓게 활용될 수 있는지 고민하게 된다.

정리하면 이러한 학습법은 그저 한 시간이나 하루의 변화로 끝나지 않으며 아이들이 생각하는 방식, 머리를 쓰는 방법, 감정을 느끼는 방식까지도 장기적으로 변화시킬 것이다.

이제 종합해보자. 이 책에서는 물리학 공부를 계속 예로 들었지만 이 학습법은 모든 학습에 적용할 수 있다. 우리는 수년 동안 이미 사용해왔던 실제 사례를 통해 아이들이 각자에게 맞는 수준에서 이를 적용할 수 있도록 도우려 한다.

전통적인 학교 교육에서는 교사가 학생들에게 교과서의 특정 부분을 읽으라고 할지 모른다. 물론 교사가 시킨 대로 하는 학생도 있지만 대다수는 그냥 눈으로 훑기만 한다. 그보다는 질문으로 수업을 시작하면 어떨까? 예를 들어 리스의 마인드드라이브 프로그램은 '어떻게 하면 에너지 소비가 적은 자동차를 만들 수 있을까?'라는 질문에서 출발했다. 그처럼 우리도 '아이들이 어떻게 다른 사람을 도울 수 있을까?'라는 질문으로 시작할 수 있다. 그러면 해외로 눈을 돌려 빈곤 지역의 아이들을 돕는 방향으로 초점을 맞추게 된다.

인간은 본능적으로 다른 사람을 돕는 것을 좋아한다는 증거는 무수히 많다. 이러한 감정은 어린 시절부터 나타난다. 우리는 이를 이타주의(또는 자선)라고 부른다. 예를 들어 방에서 어른이 무언가를 떨어뜨리면 근처에서 놀고 있던 어린아이는 십중팔구 그 물건을 주워서 떨어뜨린 사람에게 건네줄 것이다. 화려한 수상 경력을 가진 하버드대학교의 물리학과 교수인 에릭 마주르Eric Mazur는 학생들에게 베네수엘라의 지휘자이자 경제학자인 고故 호세 안토니오 아브레우Jose Antonio Abreu를 언급하며 이타주의의 중요성을 강조하기도 했다. 아브레우는 전 세계 가난한 어린이들을 돕기 위한 자선단체를 설립했다.

마주르에 따르면 아브레우는 클래식 오케스트라를 하나의 이상적인 사회라고 생각했다. 그에게 오케스트라는 불우한 아이들이 빈곤의 악순환에서 벗어나 삶을 완전히 바꿀 수 있는 특별한 교육 기회였다. 그래서 아브레우는 1975년에 '엘 시스테마'$_{El\ Sistema}$라는 클래식 음악 교육 프로그램을 만들었다. 덕분에 열심히 배우고 꾸준히 연습할 의지가 있는 아이라면 누구나 비용 부담 없이 매주 몇 시간씩 음악을 배울 수 있었다. 불과 몇 년 사이에 이 프로그램은 여러 나라로 퍼져 50만 명 이상의 아이들이 등록했다.

하지만 음악에 남다른 열정을 가진 이 학생들은 너무 가난했기에 실제 연주에 사용할 악기를 살 수 없었다. 아이들은 바이올린, 호른, 목관 악기를 골판지 모형으로 제작해 올바른 동작을 연습했지만 가짜 악기로는 아무런 소리를 낼 수 없었다. 아이들이 곡을 연주하면서 영혼의 울림을 느껴보기를 기대했던 아브레우는 큰 좌절을 맛보았다.

마주르는 학생들에게 이렇게 글을 써보냈다.

"이제 여러분에게 한 가지 권합니다. 다른 사람들이 폐기한 물건을 사용해서 새로운 종류의 악기를 만들어보세요. 자, 어떻게 만들면 될까요? 음악은 소리로 구성되며 소리는 파동입니다. 모두 물리 수업 시간에 파동을 공부했죠. 파동을 만들 수 있는 폐품을 찾아 그걸로 새로운 악기를 만들어보세요."

그러고 나서 마주르는 학생들이 소리와 파동에 관한 기초적인 과학 지식을 이해하는 데 도움이 될 만한 몇 가지 영상과 관련 자료의 링크를 보내주었다. 이후 과정은 학생들의 자율에 맡겼다.

"재미있게 해봐요!"

이 방법이 성공하지 못했을 거라고 생각하는 사람도 있을 것이다. 하지만 마주르는 대학에서 물리학을 가르치면서 아브레우와 그가 이끄는 어린이 오케스트라에 관한 이야기를 10년 이상 언급했다.[23] 이처럼 프로젝트 기반의 강좌는 계속 늘어나는 추세며 아브레우와 비슷한 사례도 얼마든지 찾아볼 수 있다.[24] 제3장에서 마셜과 꽃에 대한 그녀의 열정을 떠올려보길 바란다. 마셜은 꽃꽂이를 계기로 식물학이라는 분야에 흥미를 갖게 되었다.

여기서 말하려는 요점은 가난한 아이들이 자기 악기를 갖도록 돕는 경우처럼 아이들은 어떤 문제를 해결하려고 노력할 때, 그 과정에서 실패를 경험할 때 그리고 피드백을 받아 다시 도전하는 과정을 반복할 때 가장 심층적으로 배울 수 있다는 것이다. 물론 이러한 과정에서 벌을 받을지 모른다는 두려움은 절대 없어야 한다. 그런 환경을 갖추려면 과제를 부과하는 방식이 아닌 아이들에게 권유하고 도움을 제공하는 방식으로 해야 한다. 요구조건을 내걸어서 부담을 주지 말고 자연스럽게 몰입할 수 있도록 지원해야 한다는 뜻이다. 아이들은 이런 환경에서 열심히 배우려는 마음을 갖게 되며, 그 결과 심층 학습을 경험하게 된다.

아이가 몇 살이든 집에서 모든 아이를 프로젝트 기반의 학습에 참여시켜야 한다. 나이 외에 다른 차이가 있더라도 다 함께 프로젝트에 참여할 수 있다. 물리학 프로젝트와 같은 활동도 좋지만 가족의 역사를 조사하거나 동네에서 작은 사회학 실험을 하는 등 여러 가지 방법을 시도할 수 있다.

프로젝트 기반 학습을 학교에 도입하려면

수많은 학교에서 이미 사례 기반 또는 프로젝트 기반 학습 프로그램을 운영하고 있다. 자녀가 다니는 학교에 이러한 프로그램이 없다면 도입하도록 지원할 수 있다. 교육을 주제로 한 독서 모임을 꾸려, 이를 통해 학교 이사회 또는 이사회 선거에 출마하려는 사람들에게 프로젝트 기반 학습 개념을 소개할 수 있다. 이 책에 나오는 사례와 증거를 활용해서 좋은 의견을 제시할 수도 있다.

프로젝트 및 문제 기반 학습에 관한 책인 《슈퍼 코스》도 도움이 될 것이다. 이 책에서는 약 20개의 사례 연구를 다루는데 그중에서 우리는 로스앤젤레스의 고등학생들이 진행했던 디아이와이 걸스DIY Girls라는 방과 후 프로젝트 사례를 특히 좋아한다. 이들은 STEM Science, Technology, Engineering, Mathematics* 학생들을 대상으로 하는 전국 대회에 참가하면서 공학 원리를 배운 뒤 적절한 난방과 조명을 갖추지 못한 채 살아가는 노숙인에게 유용한 태양광 텐트를 만들기로 했다.[25]

이 책에는 다른 흥미로운 사례도 많다. 어떤 방식이든 아이와 주변 가족들과 힘을 합쳐 의미 있는 프로젝트 기반의 학습을 시도한다면 해당 지역의 모든 아이가 학교 교육에서 더 많은 것들을 얻게 될 것이다.

---

* 과학, 기술, 공학, 수학을 융합해 문제해결 중심의 학습을 강조하는 교육 방식.

더 생각해보기

약 15년 전 어느 화창한 날이었다. 켄은 버지니아주 샬러츠빌에서 인지과학자이자 버지니아대학교 교수인 대니얼 윌링햄Daniel T. Willingham과 아침식사를 함께했다. 우리 둘 다 오랫동안 그의 연구를 존경했기에 이른 아침부터 그를 만나는 것은 정말 특별한 경험이었다. 윌링햄은 우리의 질문 하나하나에 꼼꼼히 대답해주었다. 그는 인간 학습이라는 주제에 관해 폭넓고 깊이 있게 알고 있었다. 켄은 그의 통찰력에 연신 탄복하며 그의 이야기에 귀를 기울였다.

그 자리는 사실 윌링햄이 《왜 학생들은 학교를 좋아하지 않을까》를 출간한 소식을 듣고 그를 아침식사에 초대한 것이었다. 버지니아 방문 직전에 출간 소식을 들었기 때문에 그날은 책 내용에 깊이 파고들 준비가 안 되어 있었다. 하지만 방문 일정이 조금만 늦춰졌다면 윌링햄의 저서에서 어떤 교육전문가들은 찬사를 보내지만 어떤 전문가들에게는 큰 논란을 일으킨 그 문장을 발견했을 것이다. 그 문장은 사실 많은 사람에게 진리처럼 느껴질지 모른다. 황당하고 어이없다는 반응을 보이는 사람도 있을 것이다. 그 문장은 바로 "사실적 지식이 기술보다 더 중요하다."라는 것이었다.[26]

사실 지금도 우리는 윌링햄이 무슨 의도로 그 문장을 썼는지 다 알지 못한다. 일각에서는 어떤 과목을 심층적으로 공부하기 전에 먼저 많은 내용을 기억해야 한다는 점을 강조하려고 그 문장을 인용한다. 이런 사람들은 대부분 '암기'보다는 '학습'이라는 표현을 사용할 것이다. 하지만 그들이 하는 말과 행동을 잘 관찰하면 단순히 기억해낼 수 있는 능력을 학습으로 여긴다는 것을 알 수 있다. 영국의 정치인 마이클 고브Michael Gove도 그런 부류였다. 교육부장관이었던 그는 암기 여부를 테스트하는 더 엄격한 표준화 시험을 만들어야 하며, 이렇게 해야 학생들의 창의성을 더욱 발전시킬 수 있다고 주장했다(이건 절대 우리가 지어낸 이야기가 아니다). 2012년 연설에서 고브는 윌링햄의 저서를 과학적 근거로 인용하며 다음과 같이 주장했다.

"사실과 개념이 작업 기억working memory에 확실하게 저장되어야만 지식을 제대로 습득했다고 말할 수 있다. 작업 기억에 확실히 저장한다는 것은 정보를 기억해내는 데 별다른 노력이 들지 않으며 기본 원리부터 다시 계산할 필요 없이 지식을 바로 활용할 수 있는 상태를 말한다."[27]

어느 늦은 밤, 윌링햄은 친구의 소셜미디어 게시물을 통해 고브가 자신의 연구를 인용한 사실을 알게 되었다. 해당 게시물에는 고브의 행동을 비판한 《가디언》의 기사 링크도 있었다.

몇 달 후 한 인터뷰에서 윌링햄은 그 소식을 처음 접했을 때 어처구

니가 없었다고 밝혔다.

"저는 고브 장관이나 그의 측근과 대화한 적이 없습니다. 기사 제목에서는 장관이 '암기식' 학습을 옹호한다고 했지만 저는 그런 말을 한 적이 없습니다."

윌링햄은 난처함에 어찌할 바를 몰랐다.[28]

가장 먼저 고려해야 할 것

그렇다면 학습에서 우선으로 다뤄야 할 것은 사실일까 아니면 그것을 어떻게 생각하느냐일까? 사실 둘 다 아니다. 이러한 혼란을 해결하려면 '자연스러운 비판적 학습 환경'natural critical learning environment이라는 개념으로 돌아가야 한다. 쉽게 말해 인간이 처음으로 무언가를 배우기 시작할 때 '어떻게, 그리고, 왜' 그렇게 하는지 생각해봐야 한다.[29]

호모사피엔스는 어떻게 학습을 시작했으며 우리 뇌는 그 과정에 어떻게 적응해왔을까? 힌트를 주자면 학교에서 좋은 성적을 받는 것과는 아무런 관련이 없다. 우리의 뇌는 지구에서 살아가면서 겪게 되는 여러 가지 문제들을 해결하고 궁금한 점에 답을 찾는 방향으로 발전해 왔다. 하지만 종종 그들은 단순한 해결책이 없는 복잡한 문제에 봉착했다. 먹을거리나 욕구 충족에 관한 문제도 있었지만 권력이나 도덕성과 같은 심각하고 무거운 사안이 발생하거나 삶의 수많은 세부 요소에 대한 문제들이 쏟아졌다.

학습은 사람들이 호기심을 해결하거나 어려운 문제를 해결하려는 과정에서 생겨났다. 그러므로 학습 의욕을 돋우려면 사실이 아니라 질문에서 시작해야 한다. 사실을 제시하는 것은 아무도 물어보지 않았거나 관심이 전혀 없는 질문에 대답해주는 것에 불과하기 때문이다.

질문을 할 때는 학생들이 그 질문에 대답하거나 해결'하고 싶은 마음'이 들도록 유도해야 한다. 그러면 부모나 교사가 답을 찾거나 문제를 해결하는 과정에 도움이 되는 정보, 아이디어, 처리 절차에 대해 알려줄 때 아이들은 주어진 자료를 적극적으로 받아들일 것이다. 이제 아이들은 학습을 단순한 의무나 과제로 여기지 않고 새로운 도전이나 기회, 유용한 자원으로 받아들일 것이다.

제3장에서 소개했던 마인드드라이브 프로그램에 참여한 학생들을 다시 떠올려보자. 그들은 자동차의 구조, 자동차가 어떻게 에너지를 사용해 멈춘 상태에서 움직이기 시작하는지, 어떻게 차체 무게를 줄일 수 있는지 등에 대한 다양한 지식을 얻었다. 이러한 지식은 여러 가지 물리학 개념과 기계 공학 개념을 포함한다. 이 학생들은 단지 한자리에 앉아서 교과서 내용을 암기한 것이 아니라 자동차에 대한 열정으로 이 모든 것을 배우고 습득했다.

자연의 에너지원으로 전기를 만들고 이를 동력으로 사용하는 가벼운 차량을 제작하는 것이 어떤 의미인지 알게 되자, 아이들은 자신이 새로 알게 된 점을 다른 사람에게 알려주고 싶어했다. 이것이 그들에게는 새로운 과제였다. 이를 해결하기 위해 학생들은 의사소통 기술을 익혔다. 깊이 생각하고 아이디어를 고치거나 글로 표현하고, 구두로 발표하거나 시각 자료를 활용해서 프레젠테이션하는 방법도 배웠다.

앞서 강조했듯이 과거에는 학교 교육에서 주어진 자료를 암기하는 것이 큰 비중을 차지했다. 교사는 반복적인 연습과 문제풀이, 학생이 직접 외워야 하는 정보나 개념을 전달하는 사람이었다. 하지만 최근 50년간 많은 학교에서 심층 학습을 교육과정에 도입하고자 노력했으며 일부 학교는 그보다 더 일찍 이러한 변화를 주도했다.

가장 좋은 프로그램에서는 아이들에게 논리, 즉 아이디어나 정보에 대해 생각하는 법을 가르쳐준다. 또한 논증을 찾아내는 법, 증거와 결론을 구분하는 법, 올바른 판단을 내리고 신중하게 추론하는 법, 사실과 의견을 구별하는 법을 가르친다.

그런데 아주 기본적인 사실조차 모르는 아이들이 많다는 우려의 목소리가 아직도 들린다. 그 말인즉, 학생들이 암기하는 내용이 충분하지 않다는 것이다. 이런 사람들은 어떤 과목을 가장 효과적으로 공부하는 방법이 무작정 반복하는 것이라고 생각한다.

그러나 심층 학습은 그런 방식으로 진행되지 않는다. 심층 학습은 문제나 질문에서 시작하며, 학습자는 주어진 질문을 해결하기 위해 관련 자료를 읽거나 연습문제를 풀어본다. 부모나 교사가 숙제를 내주었기 때문에 공부하는 것이 아니라는 의미다. 나중에 이해되기를 바라면서 무작정 많은 내용을 암기하는 것은 제대로 된 학습이 아니다. 중요하고 흥미진진하고 놀라움을 주는 질문을 해결하기 위해 고군분투하는 과정에서 여러 가지 정보와 개념, 절차를 접하는 것이야말로 바람직한 학습 과정이다. 이렇게 노력하다 보면 내용은 저절로 외워질 것이다.

정리하자면 기계적인 암기는 심층 학습에 꼭 필요한 출발점이라고 할 수 없다. 물론 여러 개념이나 정보들 사이에 연결을 많이 만들고 그것들이 어떻게 서로 관련되어 있는지 이해하면 기억에 도움이 된다. 하지만 단지 많은 정보를 머릿속에 억지로 밀어넣는다고 해서 심층 학습이 저절로 이루어지는 것은 아니다.

제6장

학교에서 겪을 진짜 어려움에 대비하려면

THE LEARNING HOUSEHOLD

부모가 정해놓은 기준에 도달하지 못했을 때
부모가 자기를 사랑하지 않는다고 느끼게 한다면
아이는 완벽주의를 추구하게 되고
결국 여러 가지 심리적인 문제를 겪을 우려가 있다.

아이가 학교에 들어가면 다양한 문제와 어려움을 겪게 된다. 이번 장에서는 특히 높은 학업 성취도를 달성하는 데 방해가 되는 세 가지 사회적 위협 요소를 살펴볼 것이다. 이 요소들은 아이의 삶을 휩쓸어버릴 수 있고, 때로는 교육 계획을 모두 무너뜨릴 수도 있다. 어떻게 해야 아이가 학교생활에서 더 많은 도움을 얻을 수 있는지 알고 싶다면 사회적 위협 요소들이 얼마나 강력한 영향을 미칠 수 있는지 이해해야 한다. 특히 인생의 어려운 시기에는 이러한 문제들이 빠르게 커져서 마치 강물이 제방을 넘어 모든 것을 잠기게 하듯 아이의 삶 전체를 휩쓸 수 있음을 알아야 한다.

가장 중요한 것은 학교에서 더 많은 것을 얻는 방법이 단순히 시험 점수나 성적 같은 학업 성취에만 달려 있지 않다는 점이다. 아이들은 유치원에서 고등학교를 거쳐 성인이 된 후에 이르기까지 여러 역할을 경험한다. 그리고 각 역할 속에서 아이들은 다양한 압박감과 기대를 마주한다. 이는 그들이 무엇을 배우고, 어떻게 성장하며, 어떤 사람이 될

지에 영향을 미친다.

이번 장을 통해 아이에게 생길 수 있는 문제의 징후를 발견하고, 아이들을 더 안전하고 행복하게 지켜줄 방법을 배우게 될 것이다. 아마 그 방법은 지금까지 아이의 학교생활을 지원해왔던 방법과 크게 다르게 여겨질 것이다. 실제로 널리 알려진 조언들 중 일부는 오히려 아이들을 더 위험하게 하는 경우도 있기 때문이다.

지금부터 여러 가지 위험 요소를 살펴보겠지만 모든 아이가 반드시 경험하지는 않는다. 부모로서 아이가 그런 일을 겪지 않기를 바라겠지만 그래도 이 내용을 잘 알아두면 도움이 될 것이다. 사실 지금 가족 전체를 위협하는 요소가 있는데도 그동안 과소평가했을지 모른다.

이제 다룰 내용들은 아이가 학교를 졸업하고 사회에 나왔을 때 필요한, 보이지 않는 여러 자질을 갖추도록 돕는 데 매우 유용하다. 실제로 끈기, 결단력, 개성, 공감력, 예의 바름, 호기심과 같은 특성은 아이에게 꼭 필요하다.

완벽주의를 다루는 현명한 방법

최근 몇 년 사이에 심리학자들은 유치원생부터 대학원생에 이르기까지 다양한 연령대의 학생들에게 완벽주의를 추구하는 현상이 두드러진다고 말한다.[1] 이 때문에 불안, 우울증, 거식증과 같은 섭식 장애는 물론이고 심지어 자해 현상도 늘어나고 있다.[2] 완벽주의 성향을 지닌 아이들은 실패로 인한 죄책감, 수치심, 낮은 자존감에서 좀처럼 헤어나오지 못한다. 그리고 자신에게 요구된 목표에서 조금이라도 뒤처지면 여러 가지 심리적 문제를 겪을 위험이 있다.

이런 아이들은 쉽게 우유부단해지고 할 일을 뒤로 미루려 한다. 그렇게 되면 목표를 성취하는 데 필요한 공부나 과제를 제대로 해낼 수 없다. 예전에 켄과 함께 일했던 어느 편집장은 이렇게 말했다.

"이런 아이들은 완벽주의에 집착하다가 결국 좋은 것들을 놓치곤 합니다."

지나치게 불안이 높은 부모가 만든 악순환은 여러 세대에 걸쳐 지속할 우려가 있다. 배움을 지지하는 가정 분위기를 조성하려다 보면 자칫 완벽주의를 강조하는 방향으로 흐를 수 있으므로, 부모는 이에 대해 특히 신중할 필요가 있다.

이 문제를 이해하려면 먼저 사회과학자들이 말하는 완벽주의가 어떤 의미인지, 완벽주의는 건전한 의미의 야심과 어떻게 대비되는지 그리고 완벽주의가 가정에서 활기 넘치는 학습 환경을 조성하는 데 왜 방해가 되는지 파악해야 한다. 우리 생각에 완벽주의에 대한 정의는 저널리스트 제니퍼 월리스Jennifer Wallace가 제시한 내용이 가장 명확한 것 같다.

"건전한 정신을 가진 사람은 완벽을 추구하는 과정을 즐기며, 좌절을 겪어도 잘 극복하지만 완벽주의자들은 실패에 대한 두려움을 갖고 행동하며, 타인에게 자신의 가치를 입증하기 위해 목표를 매우 높게 설정한다."[3]

어떤 사람들은 모든 일에 최선을 다할 때 기쁨과 성취감을 느끼며 실수하거나 실패를 겪어도 거기에서 배울 점을 찾으려 한다. 하지만 지금 말하는 완벽주의자는 이런 사람들과 거리가 멀다. 그들은 아주 작은 실수에도 부끄러움을 느끼고, 모든 일을 완벽하게 해내지 못하면 수치스러워하며, 다른 사람이 자신을 비난하거나 부정적으로 판단할까 봐 끊임없이 두려워한다. 이러한 파괴적인 성향과 심층 학습을 독려하는 건강한 가정 분위기는 종이 한 장 차이다. 둘 사이의 경계를 이해하려면 완벽주의가 무엇인지를 먼저 알아야 한다.

학교에서는 학생들이 교과목마다 정해진 내용을 얼마나 잘 아는지 알아보기 위해 시험을 치는데, 시험 점수로 잘하는지 못하는지를 정의할 때 가장 심각한 문제가 발생한다. 하지만 이런 시험은 19세기에 학교 공부를 소재로 만들어낸 다소 자의적인 게임으로 여겨야 한다. 전략적 학습을 중시하는 아이들이 이 게임에 가장 많이 투자하는데, 이 중 상당수가 완벽주의자로 전락한다. 앞서 강조했듯이 전략적 접근 방식을 사용하는 모든 아이가 완벽주의자가 되는 것은 아니지만 완벽주의자가 되는 아이들이 갈수록 늘어나는 추세다.

이러한 학교 시험은 경쟁이 치열한 경시대회에 참여하는 것과 같다. 아이들은 자신이 얼마나 깊이 이해했으며, 이 내용이 창의적이고 만족스러운 삶을 살기 위한 노력과 어떤 관련이 있는지에는 관심이 없다. 그들의 목표는 오로지 다른 아이들보다 높은 점수를 받아서 승리를 거머쥐는 것이다. 아이들은 자신이 중요한 존재라는 점을 확인하거나, 좋은 직업을 얻거나, 소위 말하는 명문 학교에 입학하기 위해 경쟁에 몰입한다. 이 게임에서 아이들은 종종 별것 아닌 실수에도 회생 가능성이 없는 패배자가 된 것처럼 자책하며 부모의 사랑마저 자신의 성적에 따라 달라진다고 믿는다.

이 책에서 '게임'이라는 단어를 처음 접했을 때, 높은 점수를 받으려고 경쟁하는 상황을 떠올린 사람은 별로 없을 것이다. 하지만 이 장에서 게임은 바로 그런 상황을 가리킨다. 들어가는 글에서 언급했듯이 아이의 성적을 올리는 데 몰두하는 것은 오히려 '잡초밭에 비료를 주는 것'처럼 부정적인 결과를 초래할 수 있다. 완벽주의는 그중에서도 가장 골치 아픈 잡초다. 학업이라는 정원에서 가장 제거하기 어려운 침입자다.

부모는 자기도 모르게 아이에게 완벽주의를 강요할 수 있다. 예를 들면 아이가 학교 공부를 아주 잘하거나, 운동부 주장이 되기를 바라거나, 피아노협주곡을 화려한 기교로 완벽하게 연주하거나, 부와 명성을 거머쥘 수 있는 직업을 가지라고 요구할지 모른다.

표준화된 시험 점수, 성적, 유명세, 연봉 등으로 성공을 정의하는 사회는 부모에게 강한 압력을 주며, 그 결과 아이가 필요한 경험이나 자격을 얻는 데 막대한 시간과 비용을 쏟아붓게 한다. 이런 부모는 진정한 의미의 교육이 무엇인지, 창의성과 공감력을 갖추고 비판적 사고력을 키우는 것이 어떤 의미인지 깊이 생각하지 않는다. 게다가 아이들은 가족의 기대에 부응하지 못하면 부모의 사랑이 식을지 모른다고 여기게 된다. 그래서 아이들은 완벽주의자처럼 행동하기 시작하고, 결국 완벽주의의 모든 부정적인 측면이나 문제를 겪게 된다.

이런 악순환에 빠지면 부모와 아이 모두 한 가지 중요한 사실을 깨닫지 못한다. 심층 학습, 성장 마인드셋, 창의적이고 공감하며, 비판적으로 사고하고, 익히 알고 있는 삶의 핵심 요소들에 집중하면 성적은 알아서 따라온다는 사실 말이다. 그리고 실수가 심층 학습의 필수 요소라는 점도 쉽사리 받아들이지 못할 것이다.

지난 50여 년간 미국에서 자녀를 '좋은' 학교에 보내려고 안달하는 부모들이 계속 늘어나고 있다. 심지어 소위 명문대에 자녀를 입학시키려고 징역형을 감수하는 사람도 있다. 2019년에 미국 법무부가 '오퍼레이션 바시티 블루스'Operation Varsity Blues라는 사건을 수사·발표한 적이 있다. 이는 수백 명의 부유층 학부모가 자녀를 명문대에 보내기 위해 대입고사 시험 점수와 그 밖의 자격을 조작하는 데 수백만 달러를 쏟아부은 사건이다.[4]

이 사건에서 가장 아이러니한 점은 마침 고등교육의 기회를 크게 확대한 시기에 발생했다는 것이다. 수십 년에 걸친 인간 학습 연구를 바탕으로 학생들에게 우수한 심층 학습 환경을 제공하도록 전국 각지의 교육센터가 많은 대학과 교수들을 지원하는 중이었다.

과거에는 대학을 평가할 때 캠퍼스 도서관 규모와 같은 요소가 중요했다. 그러나 이제는 전자 자료와 인터넷 덕분에 기존의 내로라하는 명문대가 50년 전 제공했던 것보다 훨씬 뛰어난 학습 자원을 제공하는 대학이 점점 더 늘어나고 있다. 요즘 대학의 우수성을 판단하는 기준은 방대한 지식을 학생들이 잘 활용하도록 안내해주는 교수진과 교육 프로그램이다. 따라서 소수의 '명문대'를 겨냥한 입시 전쟁이 불필요하고 비효율적이라는 말도 일리가 있다.

그러나 1980년대 이후에 완벽주의 성향으로 인한 경쟁이 다시 불붙기 시작했고, 그런 경쟁으로 많은 문제가 초래되었다. 타인에게 이상적인 기준을 강조하기 시작하면 상대를 대하는 태도가 더 비판적이 될 뿐 아니라 기준에 못 미치는 사람을 매우 가혹하게 대하고 심지어 경멸하게 된다.[5] 그러면 지역사회와 국가가 분열되고 상호 간에 적대감이 형성되며, 완벽주의적 기준에 미치지 못하는 이들에게 보복하려는 경향이 나타날 수 있다. 이런 분위기에서는 어려움에 처한 사람에게 도움의 손길을 내밀거나 서로 신뢰하는 태도를 찾아보기 어렵다.

영어권 국가에서는 빈부격차가 계속 커지는 중이다. 물론 비영어권 국가도 마찬가지다. 이렇게 되자 가장 높은 수준의 성과를 내야 한다는 압박도 더욱 심해지고 있다. 부모는 아이가 개인적으로 관심 있는 분야를 공부하거나 보람 있고 의미 있는 인생을 설계하도록 돕기보다는 열심히 공부해서 극소수만 해낼 수 있는 큰 성공을 거두라고 밀어붙인다. 이러한 행동은 주로 사회적·경제적 압박에서 비롯된다. 아이를 키우는 일이 점점 더 큰 불안을 불러오면서 부모들은 이를 해소하기 위해 통제하려는 태도를 더욱 분명히 드러낸다.

부모는 아이에게 숨 쉴 여지를 주지 않고 몰아붙이면서 이렇게 잔소리를 퍼붓는다.

"엄마, 아빠가 오늘 이 자리까지 오려고 얼마나 힘들게 공부하고 일했는지 알고 있어? 네가 그렇게 게으르게 굴면 우리가 공들여 세운 탑을 하루아침에 무너뜨릴지도 몰라. 그런 상황은 절대 용납하지 않을 거야. 당장 방에 들어가서 숙제부터 해."

하지만 이런 방식이 반드시 효과적인 것은 아니다. 특히 배움을 지지하는 가정 분위기와는 상당히 거리가 멀다. 이에 우리는 훨씬 더 효과적인 방법을 소개할까 한다.

아이가 완벽주의라는 덫에 걸려들지 않게 하려면 먼저 완벽주의가 반드시 나쁜 의도에서 시작되는 것이 아니라는 점을 기억해야 한다. 사실 완벽주의는 무언가를 정말 잘하고 싶고, 최선을 다하고 싶은 진심 어린 바람에서 비롯된 것이다. 부모의 행동 중 상당 부분이 역효과를 낳긴 하지만 그 이면에는 아이를 매우 사랑하고 아이가 정말 잘되기를 바라는 마음이 있다. 하지만 바로 그런 마음이 잘못된 완벽주의에 빠지기 쉬운 이유 중 하나이자 우리가 완벽주의를 벗어나는 것이 매우 어려운 이유기도 하다.

아이와 함께하는 시간이 길수록 좋은 걸까?

어떤 현상은 겉으로 매우 긍정적으로 보인다. 이를테면 부모가 아이와 함께 보내는 시간이 점점 늘어나는 것 말이다. 하지만 여기에도 문제점이 숨어 있을지 모른다.

아이와 함께 보내는 시간은 많을수록 좋을까? 부모가 아이들의 공부를 봐주는 시간을 조사한 대규모 연구를 보면 이런 가정이 바로 '학습 분위기를 조성'한다고 착각할 수 있다. 영어권 국가의 부모들은 50년 전보다 자녀와 보내는 시간이 평균 두 배로 늘었으며, 그중 상당 부분이 학교 성적을 높이는 데 집중된다. 경제적으로 여유로운 가정일수록 자녀의 성적 관리에 시간을 많이 투자하는 경향이 있다. 1970년에는 사회경제적 배경에 따른 차이가 명확하지 않았다. 소득이나 교육 수준과 관계없이 모든 부모가 아이와 보내는 시간이 거의 비슷했다. 하지만 그로부터 50년이 지난 지금, 대학이나 대학원을 졸업한 부모일수록 아이의 숙제를 봐주거나 학교 활동에 참여하는 데 훨씬 더 많은 시간을 투자한다.[6]

하지만 여기에 심각한 문제가 있다. 이렇게 시간을 많이 투자한다고 해서 반드시 가정 내에 학습 분위기가 조성되는 것은 아니다. 학습에 투자한 시간의 '양'보다 시간의 '질'이 학습 분위기를 더 좌우하기 때문이다. 부모는 아이의 호기심을 키우고, 아이가 정말 좋아하는 분야를 찾도록 돕는 데 시간을 할애할 수 있다. 그리고 아이들이 공상하고 탐구하며, 친구들과 놀고 스스로 결정을 내리며, 창의적인 삶을 살아갈 공간과 시간을 마련해주어야 한다. 또한 실수도 배우는 과정에서 좋은 기회가 될 수 있음을 이해하도록 도와주어야 한다.

물론 어떤 부모는 같은 시간을 아이의 성적을 높이는 데 주력할지 모른다. 1등을 해야 하고 모든 과제를 완벽하게 해내는 것이 중요하다고 아이를 몰아붙일 수도 있다. 아이와 함께하는 시간은 정말 소중하다. 그런데도 어떤 부모는 아이가 좋아하는 분야가 아닌데도 돈을 많이 벌고 사회적으로 인정받을 수 있다는 이유로 특정 분야의 진로를 강요한다. 그런 행동은 돌이킬 수 없는 실수를 저지르는 것이다. 부모가 정해놓은 기준에 도달하지 못했을 때 부모가 자기를 사랑하지 않는다고 느끼게 한다면 아이는 완벽주의를 추구하게 되고 결국 여러 가지 심리적인 문제를 겪을 우려가 있다.

팬데믹이 완벽주의에 미친 영향

코로나19 팬데믹 기간에 전 세계 곳곳에서는 아이들의 학업에 대한 압박이 커졌다. 2020년 말에 1만 명 이상의 미국 학생들을 대상으로 벌인 설문조사에 따르면, 아이들은 휴교령과 원격 학습으로 인해 팬데믹 기간에 학업과 관련된 압박과 스트레스가 훨씬 더 심해졌다고 응답했다. 이에 반해 부모가 주는 압박감은 대부분 줄어들지 않았으며, 응답자의 3분의 1 이상이 '부모님이나 보호자의 기대에 부응'하느라 스트레스가 늘었다고 호소했다.[7]

21세기에 들어와서 부모의 두려움과 불안은 아이에게 심각한 영향을 초래했다. 하지만 미국을 비롯한 여러 나라에서 학교 폭력의 위협은 사실상 감소하는 추세였다. 많은 도시에서 폭력 범죄율이 낮아졌지만 영어권 국가의 부모들은 아이를 혼자 학교에 보내는 것조차 점점 꺼리는 경향을 보인다. 1971년에는 영국 어린이의 90퍼센트가 성인 보호자 없이 혼자 학교에 다녔지만 2010년에는 그렇게 등하교하는 아이가 20퍼센트에 불과했다.[8] 많은 경우 범죄 위협이 증가해서가 아니라 부모의 불안과 두려움으로 인해 그러한 부정적인 반응이 나타난 것이다. 프랭클린 루스벨트의 말을 인용하면 '가족들이 가장 두려워해야 했던 것은 두려움 그 자체'였던 것 같다.

이러한 두려움에 완벽주의라는 강한 압박감이 더해지자, 그로 인해 발생하는 바람직하지 않은 결과가 전체적으로 어떤 문제를 초래하는지 더 명확해졌다. 영국 배스대학교 교수이자 심리학자인 토마스 커런Thomas Curran은 정신질환이 증가하고 있다며 다음과 같이 경고했다.

"부모의 기대치가 지나치게 부담스럽게 느껴지면 그로 인해 심각한 문제가 발생한다. 청소년들은 부모의 기대를 내면화하고 이를 자존감의 기준으로 삼는다. 현실에서는 부모의 기대에 도달하지 못하는 경우가 많은데, 이렇게 되면 기대를 저버린 자신을 심하게 탓하곤 한다."

특히 부모가 원하는 것이 창의적·인지적 성장이나 심층 학습이 아니라 그저 높은 점수를 받는 것일 때 이러한 문제는 더욱 심각해진다. 이에 대해 커런은 이렇게 말한다.

"아이들은 자존감이 떨어진 것을 만회하기 위해 더욱 완벽주의적인 성향을 보인다."

이렇게 되면 지금까지 논의한 여러 문제가 발생하는 것이다.[9]

완벽하길 강요하지 않아도 아이는 스스로 해낸다

아이에게 완벽주의를 강요하지 않으면서도 높은 기준을 제시할 수 있을까? 아이와 따뜻하고 사랑 넘치는 관계를 유지하고 있다면 가능하다. 다만 부모가 아이의 성취에 세심한 관심을 기울일 때, 아이가 강압적인 통제로 받아들이지 않아야 한다. 아이 스스로 의미 있다고 생각하는 활동과 이루고자 하는 목표를 부모가 진심으로 응원하고 있다고 느껴야 한다. 부모는 아이에게 왜 이 분야에서 열심히 노력하고 좋은 결과를 내는 게 중요한지 아이가 이해할 수 있도록 명확하고 합리적으로 설명해야 한다. 또 아이가 질문하고 자신의 생각과 의견을 표현할 수 있도록 격려하고 허용해야 한다. 하지만 이때 반드시 기억해야 할 점이 있다. 높은 성취 기준을 성적과 연결하지는 말아야 한다.

'누구나 발전하고 성장할 수 있다'는 믿음을 심어주자. 아이가 어떤 과목에서 D를 받았다면 마턴과 그의 어머니를 떠올리길 바란다. 마턴의 어머니는 화를 내거나 아이가 수치심을 느끼게 대하지 않고 아이의 상황을 들여다보고 이해하려고 노력하는 모습을 보였다. 이처럼 실패하더라도 새로운 것을 배울 기회로 삼아야 한다. 한 번도 실수하지 않는 사람은 없다. 아이에게 저녁을 먹기 전에 숙제하는 것이 중요하다고 가르치면서 지나치게 감정적으로 반응하거나 말을 안 들으면 벌 받을 거라고 위협하지 않는다면 아이는 더 성실하게 공부할 것이다.

성적을 학교에서 받는 상이나 점수와 연결하지 말자. 앞서 소개한 19세기 경쟁에서는 학생들이 무조건 또래보다 더 높은 성적을 받으려 했는데 부모가 이런 경쟁을 부추겨서는 안 된다. 학교에서 벌어지는 경쟁에서 무조건 이겨야 한다고 다그치지 말고 아이가 정말 좋아하는 것을 열심히 하도록 격려하고 아이의 호기심이나 개성을 존중해야 한다. 사실 10년만 지나도 그 경쟁에서 누가 이겼고 누가 졌는지 아무도 기억하지 못한다.

아이를 성공적으로 양육한 부모는 이렇게 말한다.

"엄마, 아빠를 너의 코치라고 생각해. 우리는 네 뒤에 서서 네가 최선을 다하도록 격려할 거야. 그리고 네가 더 효율적으로 공부하는 방법을 알려줄게."

부모는 항상 아이를 미소 짓는 얼굴로 대하며 조건 없이 항상 사랑한다는 확신을 심어주어야 한다. 무엇보다 극단적인 태도를 지양해야 한다. 방임적인 부모는 '아이가 잘못된 행동을 했을 때 그걸 지적하면 엄마, 아빠를 사랑하지 않을까 봐 걱정돼. 그래서 우린 아이가 하고 싶은 대로 하도록 내버려둘 거야'라고 생각한다. 하지만 이런 태도는 절대 바람직하지 않다. 반대로 가족을 군인처럼 대하는 강압적인 방식도 좋지 않다. 1979년에 미국에서 개봉한 영화 《위대한 산티니》The Great Santini는 강압적인 양육 방식을 신랄하게 비판한다. 10대 자녀가 있다면 이 영화를 함께 본 후에 깊이 있는 철학 토론을 해보길 바란다.[10]

어린 자녀가 선을 넘는 행동을 하면 그런 행동을 하면 안 되는 이유를 단호하면서도 친절하게 설명해주고 일정 시간 방에 들어가서 반성하게 한다. 그러다가 사춘기가 되면 조금씩 자율성을 늘려주어야 한다. 좋아하는 것을 찾아보게 하고 그것을 찾으면 함께 기뻐하자. 아이가 좋아하는 과목이 부모의 기대나 취향에 맞지 않더라도 아이의 선택을 지지해야 한다. 마인드드라이브 학생들이 자동차를 만들기로 마음먹었던 일이나 마셜이 꽃에 빠졌던 이야기를 떠올리면 도움이 될 것이다.

부모는 말이나 어조, 몸짓, 태도 등 모든 수단을 동원해 아이에게 '널 정말 사랑한다. 그리고 너에게 도움이 되는 방법이나 길을 알려주고 싶어'라는 메시지를 전해야 한다. 아이에게 고함을 지르거나 체벌해서는 안 되며, 화를 내거나 실망스러움을 드러내는 것도 좋지 않다. 우리가 이런 양육방식을 강권하는 이유는 다수의 엄격한 연구 결과들이 이를 뒷받침해주기 때문이다.[11] 물론 아이를 키우다 보면 정말 답답하고 속상할 때가 있다. 그리고 부모가 자신들이 직접 정해둔 기준을 지키지 못하는 경우도 흔하다. 그렇다고 무의미하게 완벽주의를 추구하면서 자신을 몰아붙이면 오히려 본인과 아이에게 불필요한 스트레스만 가중시킨다. 그런 상황에 빠지지 않도록 주의하면서도 양육에 대한 기준은 가능한 한 높게 유지하기를 바란다.

아이가 괴롭힘을 당할 때 부모가 해야 할 일

아이들이 청소년기에 접어들면 정신적으로나 신체적으로 거칠게 장난치는 놀이를 하곤 한다. 이러한 행동이 극단적으로 치닫으면 경제적인 부담을 초래할 수도 있고 심지어 치명적인 결과를 낳을 수도 있다. 미국에서는 학교 총기 난사를 포함하여 학교 폭력 사건이 매우 증가하고 있다. 연구에 따르면 이러한 폭력 행위를 저지른 가해자 중 상당수가 과거에 괴롭힘을 당했던 피해자라고 한다.[12] 지난 수십 년 동안 수백 명이 총기 난사 사건으로 목숨을 잃었으며, 수천 명의 아이가 또 다른 대규모 폭력 사건의 희생자가 될 수 있다는 두려움에 떨고 있다.

다행히 아이가 학교에서 총기 난사 사건에 휘말릴 가능성은 매우 낮다. 하지만 이러한 끔찍한 사건이 터지면 언론에 대서특필되고 학부모와 학생, 이 문제를 해결하기 위해 노력하는 사람들이 관심을 받게 된다. 학교 폭력은 단순히 폭력의 위협이나 실제로 발생하는 폭력보다 더 깊은 사회적·심리적 영향을 미치는 심각한 사안이다. 아이가 겪는 문제는 이보다 훨씬 더 강도가 낮겠지만 그 또한 아이에게 심각한 해를 끼칠 수 있다. 예를 들어 끊임없이 친구들에게 조롱당하는 것은 심리적으로 큰 고통을 초래하며, 폭력으로 신체에 상처를 입지는 않더라도 그에 못지않은 충격을 받는다. 이런 상황을 겪은 저학년 아이들은 자해 위험이 커지고 우울증을 포함한 다양한 정신질환에 취약해진다.[13]

어릴 때 괴롭힘을 당하면 성인이 되었을 때 과체중이 될 가능성이 더 크다는 연구 결과도 있다.[14] 또래에게 따돌림이나 놀림을 당하면 학습 능력에 심각한 악영향을 미칠 수 있을 뿐 아니라 어디에서도 소속감을 느끼지 못하거나 친구가 없어 외톨이라고 느끼는 아이들은 학업 효율이 크게 저하된다. 학교 폭력과 따돌림을 겪는다고 호소하는 아이들이 점점 더 늘어나고 있으며, 이는 사회 전체에 심각한 영향을 미친다. 많은 부모가 그 문제의 심각성을 인식하고 있다.

학부모와 학교의 역할

학부모와 학교에서 개입한 덕분에 초등학생과 같은 어린아이들 간의 갈등이 줄어든 사례도 있다. 하지만 이보다 큰 아이들이 문제를 겪을 때는 어른이 개입해도 별다른 효과가 없는 경우가 있다. 한 예로 고등학생에게 갈등 대응 방안을 가르치거나 공격적인 행동 문제를 보이는 학생에게 맞춤형 치료를 제공했지만 결과는 그리 좋지 않았다. 이런 결과를 보면 갈등 관리나 행동 수정 같은 프로그램이 어린아이들에게는 매우 효과적이지만 청소년들에게는 그렇지 않다는 점을 알 수 있다.[15]

더 포괄적인 해결책을 알아보기 전에 먼저 생각해볼 점이 있다. 많은 아이가 학교에서 괴롭힘을 당했지만 우울해지거나 자해를 생각하거나 성장하면서 과체중이 되지는 않는다. 이런 아이들은 괴롭힘에 대한 회복력이 더 강한 것 같다. 이런 사례에서 우리는 어떤 점을 배울 수 있을까?

심리학자 루시 보우스Lucy Bowes가 이끄는 연구팀은 이 점을 심도 있게 연구했다. 2010년에 그들은 괴롭힘을 당했지만 장기적인 상처를 입지 않은 사람들을 대규모로 분석해 한 가지 흥미로운 상관관계를 발견했다. 어린 시절에 괴롭힘을 당했지만 그에 심각한 영향을 받지 않은 사람들은 가족이 자살하거나 자살을 시도한 사례가 훨씬 적었다. 장기적으로 고통받은 사람들과 대조적으로 그들은 성인에게 신체적으로 학대받은 경험이 없었다. 그들의 부모는 따뜻하고 사랑이 넘쳤으며 형제자매와도 돈독했다. 가족 구성원 모두 서로에게 공감하고 위로하며 정서적 지원을 아끼지 않는 분위기였다. 집은 깨끗하고 정돈되어 있었으며 부모는 종종 아이가 만들거나 그린 것을 소중하게 여겼다. 부모는 아이에게 공감해주고 마음을 잘 이해해주었고 아이들은 부모를 본받아 서로를 그런 방식으로 아꼈다.[16]

이러한 연구 결과는 가정에서 어떤 목표를 지향하면 좋을지 알려준다. 하지만 심리학자들은 성격은 절대 바뀔 수 없다는 고정관념과 괴롭힘 문제 간의 관련 가능성을 연구하고 있을 뿐 아니라 더 근본적인 해결책을 찾는 중이다.[17] 성격은 변하지 않는다고 믿는 사람들은 어떤 사람에게는 공격적인 성향이 '내재'되어 있어서 절대 사라지지 않는다고 주장한다. 앞서 우리는 지능에 대한 고정 마인드셋을 살펴보았다. 하지만 이 문제는 여기서 다시 살펴볼 만한 가치가 있는 것 같다.

자신의 성격이 절대 바뀌지 않는다고 생각하는 아이들은 다른 아이들도 마찬가지라고 여긴다. 리틀록 출신이자 수줍음이 많았던 소년 브라이언 셰이도 그런 아이 중 하나였다.

셰이는 언젠가 자기도 학교에서 가장 인기 있는 친구인 커비 윌리엄스처럼 멋진 사람이 될 거라고 상상했다.[18] 그런데 셰이의 엄마는 아이를 위로하려는 의도로 이렇게 말했다.

"우리 아들이 그런 나쁜 아이처럼 되고 싶은 건 아니지? 그 애는 나쁜 사람이야. 하지만 너는 좋은 아이잖아."

셰이와 그의 엄마는 태어날 때부터 '대담하고 못된' 사람과 '온순하고 수줍음이 많은' 사람이 따로 있다고 생각했다. 물론 그녀도 자기 아들이 더 자신감 있게 행동하기를 바랐지만 셰이와 윌리엄스 중 하나를 선택해야 한다면 착한 천성을 타고난 자기 아들이 더 낫다고 말하곤 했다.

윌리엄스는 초등학교 저학년 때부터 셰이를 '패배자 오그레이디'Loser O'Grady라고 부르며 그를 몹시 괴롭혔다. 다른 아이들도 그 모욕적인 별명을 따라 부르기 시작했고 셰이는 심한 소외감과 수치심에 깊은 상처를 받았다.

윌리엄스는 몇 주 동안 셰이를 한시도 가만두지 않고 '빚'을 갚으라며 괴롭혔다. 사실 셰이는 실제로 돈을 빌린 적이 없었고 그 상황은 윌리엄스가 꾸며낸 것이었다. 그런데도 셰이는 상황을 무마하려고 윌리엄스에게 점심을 사먹을 돈의 일부를 내주기까지 했다 그런데 소문이 퍼지자 학교 복도에서 아이들이 수군거리기 시작했다. 어떤 아이들은 셰이를 비웃었고 딱하다는 듯 쳐다보기도 했다. 셰이는 정말 외롭고 우울했다.

셰이가 보인 반응은 많은 청소년에게 흔히 일어나는 일이다. 한 심리학 연구에 참여한 학생은 고등학교에 진학하면서 이런 일을 겪었다고 말했다.

"학교에서 어떤 아이들은 저를 포함해 원래 친구였던 아이들을 대하는 태도가 달라졌어요. 더는 친하지 않은 것처럼 대하거나 별로 중요하지 않은 존재처럼 취급하더라고요."

그런 친구들의 태도를 통해 예전 같은 관계를 더는 기대하기 어려워졌다.

"오늘 아침 제가 지나가는데 친구였던 아이가 저를 투명인간 취급하더라고요. '안녕'이라는 말도 없이 제 얼굴을 빤히 보기만 했어요. 사람 취급도 못 받는 기분이었죠."[19]

수천 명 아니 수백만 명의 아이들에게 놀림, 무력을 앞세운 괴롭힘, 따돌림은 이제 흔히 겪는 일이 되었다. 그 결과 수많은 학교에서 교내 괴롭힘에 반대하는 캠페인을 벌이는 동시에 뻔뻔한 가해 학생을 엄하게 처벌하는 방침을 고수한다. 하지만 전반적으로 보면 이런 방법은 별로 효과가 없는 것 같다.[20] 괴롭히는 행위는 전혀 사라지지 않고 있다.

아이들은 무리를 이루어 특정 학생들을 배제하고 '패배자'로 낙인찍어 따돌린다. 어떤 학교에서는 여러 집단이 경쟁 구도를 형성하는데 그렇게 되면 중간에 놓인 학생들은 자기에게 불똥이 튈까 봐 매일 전전긍긍하며 지낸다.

신체적으로 해를 입지 않더라도 이런 상황은 아이들을 정신적으로 매우 지치게 한다. 때로 괴롭힘을 당한 아이들은 심리적으로 영향을 받아 뒤틀린 방식으로 복수하는 모습을 상상하기도 한다. 당연히 학습 효과는 저해되며 심층 학습은 생각조차 하지 못한다. 아이들 사이에는 증오심과 반감만 남게 된다.

이런 상황에서 아이들은 이중 피해를 입는다. 먼저 놀림과 따돌림을 당하거나 '무리'에 끼지 못하게 하는 아이들 때문에 상처받는다. 그러면 종종 아이들은 차라리 혼자 있는 편을 선택한다. 이때 아이들의 잠재의식에는 자신을 해칠지 모르는 사람이 아주 많다는 생각이 자리 잡는다. 이런 아이들은 어떻게든 가해자의 눈에 띄지 않으려고 애쓰며, 더 심할 경우 가해자가 죽어 마땅한 적이라고 여기며 어떻게 '나쁜 녀석들'을 혼내주면 좋을지 궁리하기 시작한다. 안타깝게도 피해자인 아이들은 친구가 거의 없고 학업에도 어려움을 겪는다. 학교생활에서 장점을 거의 얻지 못하는 것이다.

이쯤 되면 이런 생각이 들 것이다.

"나한테는 하나도 해당하지 않잖아. 우리 아이는 친구가 많아. 그리고 다른 아이를 따돌리거나 괴롭히지 않을 거야."

아이가 학교에서 잘 지내고 있다면 더할 나위 없이 좋은 일이다. 하지만 이 문제는 매우 다양한 형태로 나타날 수 있다는 점을 잊어서는 안 된다. 일부러 걱정하게 하려는 것은 아니지만 지금 아이가 아주 복잡한 문제를 겪고 있을지 모르며, 지금은 아니어도 이후에 그런 상황에 놓일 수 있다. 따라서 이 문제에 대해 잘 알아두면 분명히 아이에게 도움을 줄 수 있다. 부모가 문제를 제대로 파악하지 못한 채 아이를 보호하려는 의욕만 앞세우면 오히려 상황을 악화시킬 수 있다.

최근 역사학자이자 교수법 및 학습 전문가인 피터 펠튼Peter Felten과 대화를 나누었는데, 그는 어떤 젊은 여성과 나눈 인터뷰에 대해 이야기해주었다. 펠튼은 레오 램버트Leo Lambert와 함께 《관계 중심 교육》Relationship-Rich Education이라는 베스트셀러를 집필한 작가다.[21] 펠튼이 만났던 학생은 다른 학생들과 어울려야 하는 상황을 도무지 견딜 수 없다고 했다. 그 학생은 강의실에 들어가면 다른 학생들과 말을 주고받지 않으려고 일부러 가장 뒤쪽 구석에 자리를 잡곤 했다. 수업 시간에 종종 교수가 옆자리 학생과 서로 의견을 교환해보라고 했는데, 그때 그녀는 옆자리에 아무도 없어서 그런 활동을 피할 수 있었다. 물론 다른 학생과 상호작용하면서 얻을 수 있는 장점은 하나도 경험하지 못했다.

오랫동안 이런 사람들을 두고 원래 내성적인 성향을 타고난 것이라는 의견이 지배적이었다. 하지만 이제는 그 원인이 훨씬 더 복잡하다는 것과 생각보다 쉽게 해결책을 마련할 수 있다는 것을 알게 되었다.

사회심리학자들이 제시한 것

어떤 아이들은 학대 행위를 견디거나 수줍음을 극복하는 능력이 매우 뛰어난 편이다. 다르게 표현하면 '회복탄력성'resilience이 아주 강하다. 회복탄력성이란 인생의 어려움을 헤쳐나가는 능력이며 매우 힘든 상황에서도 포기하지 않고 계속 나아가려는 의지라고 할 수 있다. 우리 아이들도 회복탄력성을 키울 수 있으며, 부모는 관련 연구 결과를 잘 활용해 아이가 회복탄력성을 키우는 데 도와줄 수 있다. 내성적인 아이와 사람들에게 주목받는 것을 좋아하는 아이, 심각한 괴롭힘을 당한 적이 있는 아이, 갈등을 비교적 쉽게 빠져나가거나 큰 문제로 여기지 않는 아이 모두에게 회복탄력성은 중요한 의미를 지닌다.

아이의 회복탄력성을 더 강화하고 싶다면 우선 최근 몇 년간 이 주제를 새로운 방식으로 연구해온 소수의 진취적인 사회심리학자들의 연구부터 잘 살펴보길 바란다. 드웩, 예거, 칼리 트레즈니에스키Kali Trzesniewski가 이끄는 연구팀을 생각해볼 수 있다. 그들은 돈을 빼앗고 따돌리며 조롱하는 상황을 잘 견딜 뿐 아니라 더 나아가 상대방의 문제 행동을 변화시키는 방법을 알고 있다. 또한 아이들이 수줍음, 소극적인 태도, 두려움을 극복하는 데 어떻게 도와야 하는지 알려줄 수 있다. 가장 중요한 점은 아이가 자신과 상대방의 성격이 절대 바뀔 수 없다고 여기는지 아니면 변할 수 있다고 생각하는지다. 어떤 관점을 갖고 있느냐에 따라 상황은 완전히 달라질 수 있다.

브라이언 같은 아이들은 이렇게 생각할지 모른다.

"나는 너무 바보 같고 무능해."

"커비는 정말 나쁜 아이야. 저렇게 난폭한 아이는 앞으로도 절대 변하지 않을 거야."

이렇게 생각하면 자신을 괴롭히는 사람의 행동을 어떻게 바꿀지 상상하기보다 그들을 응징하고 싶다는 마음에만 몰두하기 쉽다. 그렇다고 해서 이런 아이들이 공격에 사용할 무기를 손에 넣거나 학교 복도에서 총을 난사하는 상황을 그리지는 않겠지만 때로는 그런 상상에 빠져들 것이다. 결국 깊은 좌절감을 느낄 뿐이다. 그러다 보면 상황을 개선하거나, 따돌림과 조롱을 극복하거나, 자신의 소심함을 벗어나거나, 삶의 다른 문제를 해결하는 쪽으로 나아가기 어렵다.

따돌림과 괴롭힘을 당하던 아이들이 자기 자신과 가해자를 바라보는 시각을 바꾼다면 어떨까? 그렇게 하면 사회구조도 바뀔 수 있을까? 가능한 이야기다. 그렇게 되면 사회적 고립, 괴롭힘, 따돌림이 생기지 않는 문화 또는 적어도 그런 문제가 줄어드는 분위기를 새로 만드는 데 도움이 된다.

지나치게 이상적인 이야기일 뿐 현실성이 없다고 생각하는 사람도 있을 것이다. 하지만 우리에게 희망을 주는 한 가지 실험 결과를 살펴보자. 이 실험은 10년 전 어느 고등학교에서 시행되었는데, 이 책에서는 그곳을 '베이시티고등학교'라는 가명으로 부를 것이다.

드웩, 예거, 트레즈니에스키는 지속적인 괴롭힘 문제를 해결하기 위해 베이시티고등학교를 직접 찾아갔다. 일반적으로 고등학생쯤 되면 성격은 변하지 않는다고 여기며 네다섯 살짜리 아이들과 달리 변화 가능성에 대해 부정적이다. 세 사람도 이미 그 점을 잘 알고 있었다. 그리고 이전 연구 결과가 알려주듯이, 성격은 바뀌지 않는다고 믿는 고등학생들은 친구가 공격적인 성향을 보일 때 똑같이 '보복하려는 공격적인' 태도를 보인다는 것도 알고 있었다.[22]

세 사람은 아이들에게 '사회적 대처 방법'을 알려준다고 해서 공격성이 줄어들지는 않을 거라고 생각했다. 하지만 아이들에게 사람의 성격은 바뀔 수 있다는 것을 보여주면 '사회를 바라보는 새로운 시각'을 갖게 되고 복수심도 점차 줄어들 것이라고 여겼다.

이러한 예상이 맞는지 알아보기 위해 학생들을 세 개의 비교집단으로 나누고 각 집단에 다양한 시도를 했다. 첫 번째 집단은 학생들의 경험 자료만 수집하고 별다른 조처를 하지 않았다. 하지만 두 번째 집단에는 6주간 특별 수업을 실시하여 '갈등이나 실패를 겪은 후에 긍정적으로 생각하도록 도와주는 새로운 전략과 갈등을 생산적으로 해결하는 새로운 방법'을 알려주었다.[23] 이 방법은 10~11세 아동에게 효과가 있다고 이미 입증된 것이었다. 세 번째 집단에는 완전히 새로운 방식을 시도했다. 고등학생의 경우 갈등이 생기면 폭력적인 행동으로 이어지기 쉬운데, 이런 고등학생에게 가장 효과적인 방식을 세 번째 집단에 알려준 것이다.

심리학자들은 피실험자가 자신의 나쁜 행실 때문에 이러한 조처 대상으로 선정된 것일까 봐 걱정하기를 원치 않았다. 그래서 모든 학생에게 이 프로그램의 목적은 실험 참가자가 내년 신입생을 잘 도와주도록 가르치는 데 있다고 말했다. 사람은 원래 서로 돕는 것을 좋아한다는 점에 착안한 것이었다. 손쉬운 기적 같은 해결책을 알려주겠다고 약속하지 않았다는 점도 유의할 만하다. 하지만 사람의 기질을 바꾸는 것이 가능하지만 정말 오랜 시간이 필요한 일이라는 점도 분명히 밝혔다. 학교에서 문제가 일어난 경우, 피해자와 가해자 양측 모두 성격을 바꾸는 것이 가능했다. 가해자 학생들은 점점 공격성이 약해졌고 피해자인 괴롭힘을 당한 아이들도 보복하고 싶은 마음을 접고 가해자의 행동을 개선하거나 그들과 친구가 되는 방법을 배우기 위해 노력했다.

사람의 뇌가 어떻게 작용하는지 더욱 깊이 있게 이해한 것이 이러한 변화의 출발점이었다. 학생들은 교실에 모여 있을 때 심리학자들이 이렇게 말하는 것을 들었다. 물론 어떤 학생들은 다른 아이들보다 더욱 진지하게 귀를 기울였다.

"과학자들은 사람들이 주로 그들의 생각과 감정 때문에 행동하며, 이러한 생각과 감정은 뇌 안에 있는데 바뀔 수 있다는 것을 알게 되었어요."

학생들은 뉴런과 세포를 서로 연결하는 경로에 대해 배웠고 인간의 뇌 구조는 특정 경험에 따라 달라질 수 있음을 알게 되었다. 심리학자들은 또한 이렇게 설명했다.

"어떤 생각을 하거나 어떤 감정을 느낄 때, 뇌 속 경로를 통해 두뇌의 다른 부분으로 신호를 보내는데 이 때문에 특정한 행동을 하게 됩니다."[24]

이 말은 몇몇 학생들에게 큰 희망을 주었다. 두뇌의 경로나 생각, 감정을 의식적으로 바꾸면 힘든 일이나 실패를 겪은 후에도 행동을 개선하거나 바꿀 수 있다는 것은 놀라운 사실이었다. 이 점은 그들에게 분명 큰 영향을 주었다. 부모가 아이에게 "너와 네 친구들은 자기 자신을 바꿀 힘이 있단다. 그 변화의 열쇠를 너희에게 줄 수 있어."라고 했을 때 아이가 어떻게 느낄지 상상해보라. 이처럼 누군가는 '낙오자'이고 또 다른 누군가는 '나쁜 사람'으로 단정할 게 아니라 심리학자들의 말처럼 "모든 사람의 뇌는 작업이 진행 중인 상태"라고 여겨야 한다.[25]

연구팀은 마무리하며 아이들에게 지금까지 두뇌에 대해 배운 점을 요약하는 새로운 용어를 알려주었다. 성격이 바뀌지 않는다고 생각하는 것은 인간의 특성에 대해 '고정적 사고 이론' entity theory을 고수하는 것이다. 하지만 자신은 달라질 수 있다고 생각을 바꾼 사람들은 '점진적 사고 이론'incremental theory을 받아들이는 것이다.[26] 앞서 말했듯이 사회심리학자는 자기 아이디어에 특별한 제목을 붙이기 좋아하는데, 이는 단순한 변덕이 아니다. 그들은 어떤 개념에 이름을 붙이면 사람들이 이를 더욱 실재한다고 느끼며 쉽게 기억한다는 점을 잘 알고 있다. 이에 대해 세 사람은 앞서 지능 이론에 적용했던 기본 용어를 그대로 사용했다.[27] 고정적 사고 이론을 따르는 사람들은 IQ가 변하지 않는다고 믿지만 점진적 사고 이론을 따르는 사람들은 IQ가 변할 수 있다고 생각한다.

하지만 이 방식에서는 학생들에게 문제를 해결하는 구체적인 방법은 가르치지 않았다. 친구들과 건전한 인간관계를 맺는 방법이나 괴롭힘, 따돌리는 문제 상황을 단계적으로 완화하는 방안을 세세하게 설명해주지도 않았다. 이 심리학자들은 "폭력으로 문제를 해결하려고 하면 안 돼."라고 말한 적도 없었다. 그보다는 아이들이 자신과 타인을 이해하는 방식을 바꿔주려고 노력했다. 아이들의 생각을 바꾸면 고정적 사고에서 점진적 사고로 전환하여 결국에는 행동도 달라질 거라고 본 것이다.

능동적 학습의 힘

베이시티고등학교의 학생들은 심리학자들의 실험에 참여하는 동안 능동적 학습 활동에 참여할 기회를 얻었다. 부모라면 누구나 자유롭게 주제를 선정한 다음, 이 방법을 아이에게 적용해볼 수 있다. 사실 이 방법은 지난 50여 년간 큰 인기를 얻었다. 아이에게 심층 학습을 하도록 도와준 교사가 있고 아이가 그 교사를 매우 좋아한다면, 아이는 이미 능동적 학습 교수법을 경험했을 가능성이 있다.

다들 학교생활을 하면서 '능동적 학습'active learning을 경험한 적이 있을 것이다. 하지만 아직 수천 명의 사람이 이 방법을 접하지 못했거나 이 방법에는 효과적인 모델이 매우 다양하다는 점을 도른다. 제3장에서 마이클 샌델이 주도한 능동적 학습의 사례를 살펴보았다. 하지만 그보다 훨씬 더 능동적인 모델도 얼마든지 있다.

능동적 학습을 이해하기 위해 먼저 우리가 어렸을 때 많이 사용했으며 지금도 많은 아이에게 사용하는 낡은 교육 방식과 비교해보자. 후자는 학생들이 강의를 들으며 필기하고, 집에 가서 필기한 내용을 복습하는 것이 일반적이다. 물론 필기 노트를 전혀 들춰보지 않는 아이들도 있다.

수동적으로 들어야 하는 강의식 수업은 참기 힘들 정도로 지루할 수 있다. 설령 강의 내용이 흥미롭고 재미있으며 매력적이거라도 이런 방식은 지식만 축적할 뿐 그 이상의 효과는 없다. 연구에 따르면 수동적으로 강의를 듣는 것은 학습자가 복잡한 개념을 이해하거나 복잡한 문제해결에 적극적으로 참여하는 데 별로 도움이 되지 않는다.[28]

능동적 학습에서는 학생들이 단순히 강의를 듣는 것이 아니라 다른 활동을 하면서 정보를 얻거나 새로운 아이디어를 접한다. 예를 들어 문제를 해결하거나, 게임을 하거나, 다른 학생들과 대화하거나, 보물찾기하거나, 대본을 만들고 연기하는 등 다양한 활동을 통해 학습이 이루어진다. 앞서 소개했던 사례에서 학생들이 새로운 자동차를 설계하며 여러 과목의 중요성을 깨닫고 자기 자신에 대해 많은 점을 배우게 된 것처럼 말이다.

베이시티고등학교를 찾아간 심리학자들도 학생들에게 다음과 같이 권유했다.

"학교에서 알고 지내던 아이에게 따돌림당하거나 거절당하거나 그 밖의 이유로 화가 났던 적이 있다면 글로 써보세요. 그리고 다른 학생이 여러분이 겪은 바로 그런 일을 고스란히 겪는다고 상상해보세요."

또한 학생들에게 '넌 달라질 수 있어. 그리고 너에게 일어나는 이런 상황도 바뀔 수 있어'라는 메시지를 전달하고 싶다면 어떤 말을 해야 할지도 생각해보라고 했다.[29]

아이에게 이 시나리오로 역할극을 시도할 수 있다. 그렇게 하려면 먼저 아이에게 고정적 사고 이론과 점진적 사고 이론을 설명해준 다음, 점진적 사고 이론의 장점에 대해 충분히 알려주어야 한다.

이런 활동이 가능하려면 아이가 몇 살쯤 되어야 할까? 이는 부모가 직접 정해야 한다. 어느 정도 시행착오를 겪을 수도 있다. 아이마다 성장 속도가 다르며 아이를 가장 잘 아는 사람은 바로 부모이기 때문이다. 지금까지 소개한 사례는 모두 고등학생을 대상으로 한 것이지만 중학생 또는 그보다 어린 자녀가 이런 활동을 충분히 소화할 때도 있다.

또 다른 활동을 살펴보자. 연구팀은 학생들을 둘씩 짝지은 다음, 역할 놀이를 하게 했다. 역할 놀이는 능동적 학습에서 흔히 사용되는 방식이다. 연구팀은 각 팀에서 점진적 사고 이론에 대해 전혀 들어본 적이 없는 학생에게 이렇게 설명했다.

"너는 고정적 사고 이론이라는 행성에서 온 외계인이 되는 거야."

그러면 이 외계인과 한 팀을 이루는 나머지 학생이 지구인 역할을 맡아 외계인에게 점진적 사고 이론이 무엇이며 이를 통해 어떻게 사람의 생각과 행동을 바꿀 수 있는지 설명해야 했다. 그러고 나서 외계인과 지구인의 역할을 맞바꾸었는데, 이렇게 하면 모든 아이가 관련된 기본 개념을 직접 설명해볼 수 있었다.[30]

이런 활동을 하면 학생들은 자신이 받는 교육 내용을 직접 통제하게 된다. 부모라면 이런 식으로 아이가 좋아할 만한 능동적 학습 활동을 직접 개발할 수 있다. 아이가 하나뿐이라면, 부모가 먼저 고정적 사고 이론이라는 행성에서 온 외계인 역할을 맡고, 그다음에 바꿔서 아이에게 외계인 역할을 맡기면 된다.

이런 방식이 과연 효과가 있었을까? 물론이다. 괴롭힘을 당한 학생들은 결석하거나 지각할 가능성이 더 크다는 것은 이미 잘 알려진 사실이다. 하지만 점진적 사고 훈련을 받은 학생들은 결석과 지각이 크게 줄었다. 게다가 설문조사 결과 따돌림을 당할 때 보복하려는 성향이 낮았으며, 고정적 사고방식을 고집한 아이들에 비해 우울을 호소하는 사례도 적었다.[31]

물론 아이들에게 "널 괴롭히는 아이도 변할 수 있어."라고 말해준다고 해서 공격성, 우울, 따돌림과 같은 복잡하고 뿌리 깊은 문제가 사라지는 것은 아니다. 또한 성장 마인드셋을 심어준다고 해서 아이가 하루아침에 완전히 다른 사람으로 바뀌지도 않는다.[32] 그래도 아이들에게 성격은 정말 바뀔 수 있음을 믿게 해주는 것은 학습 환경을 바꾸기에 아주 좋은 방법이다.

아이들에게 새로운 마인드셋을 심어주기란 쉬운 일이 아니다. 여러 번 대화를 통해 긍정적인 메시지를 확실히 전하고, 사람의 두뇌가 달라질 수 있다는 증거를 보여주며 집에서 아이를 가르칠 때 두뇌에 관해 적극적으로 알려준다면, 결국 아이는 학교 교육에서 더 많은 장점을 얻게 될 것이다.[33] 자신이 달라질 수 있다는 사실을 깨닫고 자신의 두뇌가 '진행 중인 상태'임을 인지하면 아이의 회복력도 훨씬 강해질 것이다.

사고방식의 변화에 관한 연구는 누구나 성장할 수 있다는 점을 보여준다. 그러므로 아이들은 사소한 불편함부터 삶을 방해하는 큰 문제들까지 무엇이든 다 이겨낼 수 있다. 이 점을 이해한 아이는 앞으로 심층 학습도 잘 해낼 수 있다. 그리고 부모라면 누구나 이 과정에서 좋은 조력자가 될 수 있다.

이 부분을 집필하면서 여러 사람에게 내용을 보여주고 그들의 반응을 관찰했다. 어떤 사람들은 고등학생에게 자기를 괴롭히는 사람의 행동과 사고방식을 바꾸게 하는 아이디어 자체를 받아들이지 못했다. "이런 방식은 피해자에게 너무 많은 책임을 요구하는 것이며, 대체로 효과가 없어."라며 강하게 반대한 경우도 있었다. 그 사람은 피해자 학생이 효과적이라고 여길 만한 유일한 해결책은 폭력을 사용하는 보복 행위라고 굳게 믿는 것 같았다.

하지만 연구진이 모은 증거를 보면 성장 마인드셋 방식은 실제로 효과가 있으며, 그저 가해자를 처벌하려는 아이의 충동적 욕구를 허용해 주는 것보다 훨씬 낫다는 것을 알 수 있다. 가해자에게 되갚아주는 일은 복수를 고민하느라 긴 시간을 낭비하게 할 뿐 아니라 폭력과 악감정의 악순환을 초래하여 결국 적대감만 더 부추길 우려가 있다.

아이가 가해자, 즉 악당을 특정 '인종'과 연관 짓는다면 그런 고정관념을 깨는 게 특히 더 어려울 수 있다. 하지만 성장 마인드셋은 거대한 빙산과 같은 고정관념을 조금씩 녹이는 힘이 있다. 이제부터 문화에서 비롯된 고정관념이나 편견에 어떻게 대처해야 할지 살펴보자.

켄이 중학교 2학년 때 학교에서 겪은 일화가 있다. 래리 피아Larry Pea라는 학생이 계단에서 폭죽을 터뜨렸고, 이를 목격한 베니 클레인Benny Klain이라는 학생이 교장 선생님에게 보고했다. 클레인은 켄과 피아의 친구였다. 피아는 체구가 크고 클레인보다 훨씬 힘이 셌는데 클레인의 행동에 불만을 품고 "넌 이제 끝난 줄 알아!"라며 으름장을 놓았다.

클레인은 아마 성격에 대해 점진적 사고 이론을 믿었던 것 같다. 놀랍게도 그 아이는 자기보다 훨씬 덩치가 큰 피아에게 곧바로 다가가서 이렇게 말했다.

"그런다고 뭐가 좋아? 그래봐야 네 입장만 더 곤란해질 거야."

클레인은 또 이렇게 말했다.

"내가 친구가 되어줄게. 그리고 내가 널 도와줄 수도 있어."

클레인은 그 후 꾸준히 자기 말대로 행동했다. 결국 클레인의 말대로 되었다. 클레인과 피아는 고등학교에 다니는 내내 가장 친하게 지냈으며 지금은 '폭죽 사건'을 웃으며 회상한다.

무관용 정책은 전혀 효과가 없다

이렇게 생각해보자. 자기 자녀가 누군가를 괴롭힐까 봐 걱정된 나머지 집에서 무관용 정책을 선언하고 싶은가?

"이 규칙은 정말 중요한 거야. 단 한 번이라도 어기면 정말 무거운 벌을 줄 거야. 알겠니?"

아마 이렇게 엄격한 규율을 내세우는 부모가 많을 것이다. 학교도 마찬가지다. 물론 자녀를 심각한 위험에서 보호하고 싶은 마음을 이해한다. 그렇지만 "한 번만 잘못해도 넌 끝이야."라고 말하는 게 과연 효과적일까? 그렇게 으름장을 놓았다가 또 다른 문제가 생기는 건 아닐까?

학교에서 관용 정책을 도입할 경우, '나쁜 학생은 절대 변할 수 없다'는 강력한 메시지를 학생들에게 전달하게 된다. 베이시티고등학교에서 심리학자들의 실험이 진행되는 와중에 그런 방침을 내놓았다면 사람의 특성이나 성격이 바뀔 수 있다는 점진적 사고방식을 아이들에게 가르치는 데 상당히 방해가 되었을 것이다. 수많은 사회과학자와 심리학자가 바로 이 점에 대해 깊은 우려를 표명하고 있다.

미국심리학회는 2005년에 무관용 정책 태스크포스Zero Tolerance Task Force를 구성하여 이 문제를 조사했다. 그 결과, 무관용 정책이 효과적인지 아닌지에 대한 직접적인 증거는 아직 나오지 않았지만 여러 위반 행위를 이유로 학생을 퇴학시킨다고 해서 더 안전한 학습 환경이 조성되는 것은 아니라는 이유들이 드러났다. 또한 이러한 방침이 유색인종 학생들에게 더 엄격하게 적용하면 오히려 역효과를 낳을 수 있다는 지적도 나왔다. 연구팀은 아프리카계 미국인 학생들이 폭력적인 행동을 하거나 교실에서 문제를 일으킬 확률이 더 높다는 증거가 없는데도 다른 학생들보다 더 쉽게 퇴학 처분을 당한다는 점을 강조했다. 그들은 "아프리카계 미국인 학생들이 상대적으로 엄격한 처벌을 받지만 처벌 사유는 별로 심각하지 않거나 상당히 주관적이다."라고 지적했다. 이러한 현상은 학생의 가정 경제 수준과는 무관해 보였다.[34]

이러한 연구 결과를 곰곰이 생각하며 아이에게 어떻게 해줄 수 있을지 정리해보자. 이때 앞서 논의했던 마인드드라이브 학생들을 다시 생각해볼 수 있다. 그들 중 대다수가 불량한 행동 때문에 공립학교에서 퇴학당했지만 리스와 부흐너가 만든 프로그램 덕분에 자기가 정말 좋아하는 일이 무엇인지 깨달았다. 이 프로그램을 통해 학생들은 행동은 물론이고 학업 성취도도 크게 달라졌다.

아이가 학교 교육에서 최대한 많은 것을 얻기를 원한다면 문제를 극복할 수 있다는 믿음을 심어주어야 한다. 물론 아이가 괴롭힘을 당한 적이 없고 앞으로도 그런 일은 없을지 모른다. 하지만 성장 마인드셋을 기르고, 성격부터 지능에 이르기까지 모든 것이 달라지는 방식이나 이유를 온전히 이해하고, 용서하는 마음을 기른다면 아이가 더 행복하고 생산적인 삶을 살 수 있다. 그리고 부모는 이보다 더 많은 일을 할 수 있다. 이후 제7장에서는 남아 있는 다른 중요한 문제들을 해결하는 방법을 살펴볼 것이다.

감사 일기의 효과

수백 년 이상 동안 전 세계 종교에서는 감사하는 마음이 큰 힘을 발휘한다고 강조했다. 불교뿐만 아니라 힌두교, 기독교, 유대교 등을 신봉하는 수십억 명이 각자가 받은 축복을 세어보며 살아가고, 신실한 믿음을 가진 사람이라면 반드시 축복을 세어보아야 한다고 주장한다. 성경의 〈시편〉에는 이런 말이 나온다.

"이날은 여호와께서 만드신 날. 우리는 이날에 기뻐하고 즐거워하리라."[35]

수많은 경전에서 감사하는 마음으로 살아야 한다는 가르침이 반복된다. 기독교에서는 시련을 겪는 시기에도 감사를 잊어서는 안 된다고 가르친다. 사도 바울은 박해를 겪는 데살로니가 사람들에게 보내는 편

지에서 이렇게 권고했다.[36]

"모든 것에 감사하십시오."

감사하는 마음을 가지면 기분이 나아질까? 각자 받은 축복을 세어보면 정말 걱정이나 우울이 줄어들까? 마음속에서 요동치는 불안, 두려움 또는 부정적인 생각들을 통제하고 다스릴 수 있을까? 자연, 신, 우연히 얻은 기회에 감사하는 일은 오랫동안 이어져 온 관습인데 이것이 과연 정신적·신체적 건강에 도움이 될까?

수많은 사람이 그렇다고 대답할 것이다. 미국의 주요 여론 조사 기관이 청소년과 성인에게 위와 같은 질문을 했을 때, 무려 90퍼센트가 감사할 때 '매우 행복'하거나 '약간 행복'하다고 답했다.[37]

약 20년 전, 두 심리학자가 이러한 관점을 뒷받침할 증거를 수집할 수 있는지 확인하기로 했다. 캘리포니아대학교 데이비스 캠퍼스의 로버트 에먼스Robert A. Emmons 교수와 캘리포니아대학교 샌디에이고 캠퍼스의 마이클 매컬로우Michael E. McCullough 교수는 이를 검증하기 위해 대규모 실험을 계획했다.

두 사람은 수많은 문헌을 철저히 조사한 결과, 많은 위대한 사상가들이 '인생에서 소중하고 중요하고 의미 있는 것을 알아차리고 감사하게 생각하며 이를 음미할 줄 아는 것'이 행복하게 사는 비결이라고 믿었다는 점을 알게 됐다.[38] 하지만 그들은 개인 견해나 종교보다 더 강력한 증거가 필요하다고 생각했다. 그래서 사람들에게 일주일에 한 번씩 '자기 인생에서 감사하게 생각하는 것을 다섯 개 이하로 적어보라'고 했더니 눈에 보이는 효과가 나타나기 시작했다. 하지만 최근에 겪은 '힘든 일이나 골치 아픈 일'을 적어보라고 했을 때는 이와 같은 긍정적인 결

과가 나오지 않았다.³⁹

감사하는 마음을 가진 사람들은 비교적 건강상의 어려움을 덜 겪는다. 자신이 받은 축복에 대해 매일 일기를 쓰는 사람들은 두통, 어지러움, 여드름은 물론이고 장이 불편하거나 근육통을 겪는 일도 줄어든다고 한다. 그리고 다른 사람보다 운동을 많이 하는데, 매주 평균적으로 약 90분을 더 움직인다.

또 다른 연구팀은 실험 참가자에게 일주일에 한 번이 아닌 매일 감사한 일을 적어보라고 했다. 이번에도 실험 참가자들은 매우 긍정적인 결과를 얻었다. 이들은 예전보다 동정심이나 공감을 더 자주 표현하게 되었다. 하루도 빠지지 않고 감사할 만한 일을 쓴 사람들은 '개인적인 어려움을 겪는 사람을 도와주거나 감정적으로 위로해준 경험'이 더 많았다. 뿐만 아니라 참가자들은 수면의 질과 양이 모두 좋아졌다고 입을 모았다.⁴⁰

이러한 연구 결과가 발표된 후로 감사하는 마음과 아이들이 따돌림과 괴롭힘에 대처하는 방식이 서로 관련된다는 점이 밝혀졌다. 괴롭힘을 당하는 사춘기 청소년, 특히 여자아이들은 감사하는 마음을 키울수록 자살할 위험이 줄어들었다.⁴¹

그러면 어떻게 감사하는 마음을 기를 수 있을까? 아이가 아주 어릴 때부터 매일 자기가 받은 축복이나 감사할 일을 써보게 한다. 부모도 함께 쓸 수 있다. 아이가 이미 어느 정도 컸다면 오늘 당장 시작해야 한다. 저녁식사 시간을 활용하거나 잠들기 전에 고마운 일을 생각해보라고 할 수 있다. 언제 어떤 방식으로 아이에게 이 활동을 알려주고 꾸준히 실천하게 할지 잘 생각해보길 바란다.

아이에게 살면서 좋은 일이 있으면 꼭 일기에 적도록 한다. 지금까지 이 책에 나온 모든 제안이 그러하듯 아이가 쓴 내용은 그대로 존중해야 한다. 그리고 아이가 자기보다 더 불행한 사람과 자신의 경험을 비교하지 않도록 주의하게 해야 한다. 사회학자들은 이를 가리켜 '하향 사회 비교'downward social comparison라고 한다.[42] "적어도 나는 저런 불쌍한 애들보다는 낫잖아."라고 말하는 것은 별로 도움이 되지 않는다.

편견과 차별로부터 아이를 지키는 법

뉴저지주 콜드웰에 사는 아홉 살 소녀 보비 윌슨Bobbi Wilson은 다소 특이한 방식으로 편견을 경험했다. 윌슨은 순수한 호기심을 가지고 의미 깊은 과학 프로젝트를 시작했다. 그녀는 집 주변 식물을 해치는 반점등불나방spotted lantern fly에 대해 걱정하고 있었다. 사람들이 이 해충을 없애려고 한다는 소식을 듣자, 소셜미디어에서 본 대로 물, 주방 세제, 사과식초를 혼합한 용액을 만들었다. 윌슨은 이 용액을 휴대용 스프레이에 담아 반점등불나방을 잡으러 나갔다.

하지만 이를 본 이웃이 경찰을 불렀다.

"자그마한 흑인 여자가 인도를 다니며 나무에 뭔가 스프레이로 분사하고 있어요(신고자는 실제로 윌슨을 어린아이가 아닌 '여자'라고 표현했다). … 도대체 뭘 하는지 모르겠지만 꺼림칙한 느낌이 들어요."[43]

다행히 신고를 받고 출동한 경찰은 별일이 아니라는 점을 파악했다. 몇 달 후에 예일대학교는 벌레를 수집한 윌슨의 노력을 인정하고 보상해주었다. 예일대학교는 윌슨과 그의 언니를 학교에 초대했다. 그들은 윌슨이 수집한 반점등불나방 표본을 예일대학교 피바디박물관에 전시하기 위해 유리 케이스에 보관했다. 이 표본을 들고 환하게 웃고 있는 윌슨의 사진이 지역 신문에 실리기도 했다.[44]

하지만 윌슨의 어머니는 상황이 이렇게 전개되는 것을 지켜보며 가슴을 졸였는데 여기에는 그럴 만한 이유가 있었다. 한 뉴스 매체에서 표현했듯이 "아무런 방어 태세를 갖추지 못한 흑인이나 유색인종 어린이들이 경찰의 폭력으로 목숨을 잃는 일이 끊임없이 발생하는 나라"였기에 이웃의 신고 전화 한 통이면 그녀의 딸이 위험해질 수도 있는 상황이었던 것이다.[45]

어쩌면 그녀의 기억에 플로리다주 올랜도에 사는 여섯 살 카이아 롤 Kaia Rolle의 이야기가 생생하게 남아 있었는지도 모른다. 2020년에 초등학교 1학년이었던 롤은 학교에서 화를 내다가 교직원 세 명을 발로 차고 주먹을 휘둘렀다. 그러자 어른들은 경찰에 신고했다. 학교 상담가가 아닌 경찰을 부른 것이다. 경찰이 도착했을 때 아이는 이미 흥분을 가라앉힌 상태였다. 하지만 경찰이 출동한 이유가 아이를 체포하기 위해서였기에 고작 여섯 살에 불과한 아이의 두 팔은 등 뒤로 모였고 손목은 단단히 묶였다. 그들은 풀어달라고 울면서 애원하는 아이를 순찰차에 태웠다.[46]

윌슨이 겪은 일은 롤에 비하면 훨씬 나았다. 그래도 이 두 사례는 흑인 여자아이들을 실제 나이보다 더 성숙한 존재로 취급하는 사회 문제를 잘 보여주기에 많은 아동 및 불평등 전문가들에게 관심을 받았다. 예를 들어 2017년 조지타운 법률센터에서 시행한 빈곤과 불평등에 관한 설문조사에 따르면 응답자들은 백인 소녀를 일반화해보라는 질문과 흑인 소녀를 일반화해보라는 질문에 전혀 다른 대답을 내놓았다. 특히 응답자들은 흑인 여자아이들이 또래 백인 아이보다 훨씬 '덜 순진하고 더 어른스럽다'라며 성인처럼 대하는 경향을 보였다.[47]

예전에 실시한 연구에서도 흑인 남자아이들이 또래 백인 아이들보다 나이가 많다는 오해를 받을 가능성이 크며, 범죄 용의자로 지목되었을 때 유죄 판결을 받거나 경찰에게 폭력을 당할 확률도 더 높게 나타났다.[48] 그런데 최근 들어 흑인 여자아이들에게서 이 문제가 매우 심각하게 나타났다. 〈뉴욕 타임스〉에 따르면 백인 여자아이들과 비교했을 때, "흑인 여자아이들은 최소 한 번 이상 수업에서 제외되는 처벌을 받을 가능성이 다섯 배 이상 높고, 아예 등교할 수 없는 정학처분을 받을 가능성이 일곱 배 더 높으며, … 법 집행 기관에 넘겨질 가능성이 세 배 더 높다". 이러한 불균형은 흑인 남자아이와 백인 남자아이의 차이보다 더 심각했다. 그러나 연구 결과는 흑인 여자아이들의 실제 문제 행동이 백인 아이들보다 더 심각하다는 증거나 경찰이 강도 높은 수준으로 개입하는 것을 정당화할 근거도 없음을 알려준다.[49]

확실한 점은 상담사나 교사가 개입하는 것으로 충분하거나 그렇게 하는 게 더 효과적인 상황인데도 많은 학교에서 경찰을 동원하여 그 문제를 해결한다는 것이다. 교내 총기 난사에 대한 두려움이 커지면서 이제는 교육보다 치안 유지에 더 많은 예산을 할애하고 있다.[50] 이러한 변화로 인해 일부 소수 집단의 아이들은 백인 아이들보다 법 집행 기관과 마주하는 일이 훨씬 더 잦아졌다.

이러한 편견은 차별의 피해자든 가해자든 모두에게 피해를 준다. 인종차별적 견해를 가진 학생은 편견을 떨친 학생만큼 깊이 있게 배우지 못한다는 점이 새롭게 밝혀졌다. 직업을 구할 때도 강한 편견에 사로잡힌 학생들은 다양한 집단과 함께 일하는 법을 배운 학생에 비해 기회의 폭이 좁다.[51]

왜 그럴까? 대기업들은 세계 전역에서 사업을 운영하므로 백인이 아닌 다양한 인종의 마음을 얻기 위해 노력한다. 앞서가는 혁신 기업들은 특정 인종이 훨씬 우월하다고 믿는 직원들이 다양한 배경을 가진 동료 직원이나 고객과 좋은 관계를 맺지 못한다는 점을 알고 있다. 기획전략실이나 문제해결 위원회가 이러한 편견으로 인해 창의성이 떨어지면 기업 전체가 어려움을 겪는다.[52]

여기서 인종차별에 초점을 맞춘 이유는 미국을 비롯한 세계 전역에서 이 문제가 가장 파괴적이고 잔인한 형태의 편견으로 나타나기 때문이다. 인종차별의 피해자들은 말할 수 없는 공포를 주고 있다는 점을 우리는 한시도 잊어서는 안 된다. 이러한 편견은 다른 방식으로 표출될 수도 있다.

이제 인종차별의 피해자를 겨냥한 편견과 차별에 대해 살펴보자. 이 문제는 인종차별이나 편견을 전혀 겪지 않은 사람의 삶에도 영향을 미칠 수 있다. 다음은 우리의 생활에서 편협함이라는 부정적인 요소가 나타나는 매우 복잡한 방식 중 한 가지를 보여준다.

편견이나 학교 교육에서 최대한 이점을 얻는 것과 아무 상관없어 보이는 습관이 하나 있다고 하자. 여기서 말하려는 것은 부모와 아이들이 어떻게 정체성을 형성하는가와 관련이 있다. 누군가 우리에게 스스로를 설명해보라고 하면 우리는 이렇게 말할지도 모른다.

"우리는 작가입니다."

우리는 우리 자신을 작가라는 집단의 일원이라고 생각하기 때문이다. 우리 마음속에 작가라는 집단은 '나는 누구인가'라는 질문에서 중요한 부분을 차지한다.

어떤 사람이 부정적인 고정관념을 가진 대상 집단과 동일시된다면 어떤 기분일까? 아마 사람들이 자신을 평가절하하고 그 집단의 부정적인 이미지를 자신에게 적용할까 봐 두려울지 모른다. 그리고 자기가 하는 말이나 행동 때문에 그 집단에 대한 대중적인 이미지가 굳어질지 모른다는 걱정에 매우 불안할 것이다. 결국 그 사람의 정체성은 크게 흔들리고 심지어 자기가 무가치하다고 느낄 수 있다. 이러한 상처는 무의식적으로 깊어질 수 있으며 시험 당일과 같은 심리적 압박이 큰 상황이 닥치면 불안, 공포, 공황 상태에 이를 수 있다.

대부분이 이러한 감정을 느껴본 적이 있을 것이다. 심리학자 클로드 스틸Claude Steele과 조슈아 애런슨Joshua Aronson은 이를 가리켜 '고정관념 위협'stereotype threat이라고 표현한다.[53]

사실 우리도 예외는 아니다. 이 책을 집필하고 있는 2024년 가을을 기준으로 보면 켄은 곧 83세가 되며 마샤는 80번째 생일을 앞두고 있다. 우리 같은 노인이 오랫동안 기억해온 어떤 세부 사항을 빨리 떠올리지 못하면 많은 사람이 우리를 치매 환자처럼 여길지 모른다. 그럴수록 노인은 제대로 사고할 수 없다는 고정관념이 강해질까 봐 두려워진다. 실은 바로 그 두려움 때문에 기억력이 더 나빠지고 사고 능력이 떨어진다.[54]

하지만 나이는 고정관념의 취약성을 초래하는 여러 요인 중 하나일 뿐이다. 지난 30년 동안 연구자들은 다양한 영역에서 이러한 현상을 발견했다.[55] 우리는 고정관념 위협이 발생할 때 신체에 어떤 반응이 일어나는지도 알고 있다. 인간의 뇌에서 아주 작은 부분인 편도체는 실제로 위험에 직면하거나 상상 속에서 위험을 느낄 때 신체에 연쇄반응을 일으킨다. 편도체가 부신에 신호를 보내면 몸 전체에 코르티솔이 분비되어 혈압이 높아지고 호흡이 빨라진다. 이러한 신체 변화가 일어나면 학교와 삶에서 필요한 많은 기술을 기억하고 활용하는 것이 더 어려워진다.[56]

어떤 아이든 인종차별, 동성애 혐오, 성차별과 같은 편견을 접하면 신체에 이런 변화가 일어날 수 있다. 어떤 남자들은 요즘 새로운 고정관념을 드러낸다. 학교는 여자가 다니고 남자라면 무든지기 직업을 갖고 돈을 벌어야 한다고 생각하는 게 바로 그것이다.[57] 이런 사람들도 편견을 접하면 편도체가 작동할 것이다. 사실 미국 문화는 오랫동안 빈곤층이 부유층보다 똑똑하지 않다고 가르쳐 왔다.[58] 이 고정관념은 '그렇게 똑똑하다면 왜 부자가 되지 못했을까?'라는 오랜 속담을 통해 쉽게 확인할 수 있다. 다양한 피부색을 가진 빈곤층 아이들이 이 고정관념을 직면하는 순간에도 신체에 반응이 일어날 것이다.[59] '바보 같은 운동선수'라는 딱지가 붙는 학생들이나 자기가 성장한 지역에서 멀리 떨어진 학교로 전학온 아이들도 예외는 아니다.[60]

고정관념 위협은 여러 형태로 나타난다. 예를 들어 보통 '너 같은' 사람은 수학을 못한다는 말을 듣고 당사자도 그 고정관념을 사실로 받아들이면 실제로 수학을 못하게 될 가능성이 크다. 이것이 바로 '자기충족적 예언'self-fulfilling prophecy이다. 이런 부정적인 이미지를 받아들이지 않더라도 계속 영향을 받을 수 있다. 자신이 속한 집단이 특정 능력을 갖추지 못했다는 인식이 팽배하지만 나는 그 분야에서 잘하고 싶다면 사람들이 자신을 부정적으로 바라본다는 사실에 어느 정도 신경 쓰일 수 있다. 그런 이미지를 예민하게 받아들이면 결국 집중에 방해받고 성과에도 부정적인 영향을 끼친다.

켄의 부모는 애팔래치아 남쪽 끝인 앨라배마 북부 샌드마운틴 출신인 백인 부부였다. 그들은 빈곤과 인종차별이 만연한 문화 속에서 여러 자녀를 키웠다. 켄은 한참 후에야 '힐빌리'hillbillies*라는 부정적인 고정관념에 대해 알게 되었다. 경제적으로 워낙 힘들다 보니 켄의 가족은 자신의 능력이나 미래에 대해 회의를 느꼈고, 아이들은 소박한 목표를 세웠다. 하지만 켄은 다른 많은 사람이 누리지 못한 특권도 누렸다. 1919년 어느 날, 그의 할아버지는 풍작으로 큰 수익을 얻었다. 그는 노새를 마차에 매고 당시 열네 살이었던 딸을 샌드마운틴에서 내려오게 했다. 그의 딸이 바로 켄의 어머니였다. 그는 딸과 그녀의 여동생을 장로교 신학교에 입학시켰고, 거기서 켄의 어머니는 교육법을 배웠다. 훗날 그녀의 두 자녀는 박사학위를 취득했다.

마샤는 오클라호마주에서 얼마 떨어지지 않은 텍사스의 작은 마을에서 성장했다. 그녀는 집 근처에 있는 학교에 다녔고 아버지는 학교 운영위원회에서 활동했지만 그 지역 사람들에게 댈러스, 포트워스, 휴스턴에 사는 사람들이 누리는 경제적 혜택은 그림의 떡이었다. 부모는

---

* 미국 남부 또는 애팔래치아 지역 출신의 사람들을 가리키는 말로, 종종 무식하거나 거칠다는 편견과 함께 사용되기도 한다.

마샤가 공부를 계속하기를 원했는데, 그녀가 열일곱 살이 되던 해에 갑작스러운 뇌출혈로 아버지가 세상을 떠났다. 그 일은 마샤의 삶에 깊은 영향을 주었다. 우연한 사건이 한 사람의 미래를 어떻게 바꿀 수 있는지를 보여주는 전형적인 사례였다. 그녀가 살던 곳에서는 흑인과 유색인종이 인종차별로 큰 고통을 겪었다. 백인 인종차별주의자도 부정적인 영향에서 자유롭지는 않았다.

1930년대에 발생한 한 사건은 인종차별이 인종차별 가해자에게도 해를 끼칠 수 있음을 보여준다. 당시 한 백인 폭도가 범죄 혐의를 받은 흑인 남자를 체포해서 죽이려고 마음먹었는데, 그 과정에서 새로 지어진 지역 법원과 감옥을 불태우고 말았다. 우리(켄과 마샤의) 가족은 교육을 통해 인종차별로부터 받은 영향을 뛰어넘으려고 애썼지만 자신의 뿌리를 깊이 들여다보지 않고서는 완전히 자유로워질 수 없었다.

다양성은 우리 모두에게 도움이 된다

아이가 편견의 표적이 되었거나 남들에게 편견을 갖는다면 콜로라도대학교 물리학과에서 사용한 접근 방식을 참고하길 바란다.[61] 과거에는 여성이 물리학에서 두각을 나타내는 인재가 될 수 없다는 오래된 고정관념이 있었다. 그리고 놀랍게도 실제로 당시 여성 물리학자들은 실력이 좋지 않았다.

물리학과 교수들은 모든 학생이 더 발전하고 성별 간 격차를 해소하게 도와주려고 입문 과정에서 새로운 활동을 마련했다. 다소 특이하게 보일 수 있지만 지금까지 논의한 사항을 고려하면 충분히 이해할 수 있다. 그들은 몇몇 남녀 학생에게 자기가 인생에서 가장 소중하게 여기는 것에 대해 15분 동안 쓰라고 했다. 물리학이나 과학이 아니라 개개인이 중요하게 생각하는 것을 글의 주제로 선택해야 했다. 이 활동은 한 학기 동안 단 두 번만 이루어졌다. 많은 학생이 교우관계나 가족과의 관계를 주제로 선택했다.

이 활동의 목적은 학생들이 자신의 정체성을 생각해보고 자신의 특별한 자질이나 경험을 소중히 여길 기회를 주는 것이었다. 결과는 대성공이었다. 모든 학생의 성적이 올랐다. 특히 오랫동안 잠재력이 부족하다는 고정관념에 시달려 온 여학생들의 성적이 눈에 띄게 높아졌다. 평균적으로 여학생의 성적은 한 등급이나 올라갔다. 이렇게 되자 그동안 이어졌던 성별 간 점수 격차는 완전히 해소되었다.

그중 뒤처지는 학생도 있었을까? 교수는 모든 학생에게 '여자는 남자만큼 물리학을 잘할 수 없다'라는 문장에 어느 정도 동의하는지 표시하게 했다. 여성의 물리학 실력에 편견을 드러낸 남학생은 반에서 성적이 가장 하위권이었다. 이를 통해 편견을 가진 사람도 편견으로부터 부정적 영향을 받는다는 점을 확인할 수 있다. 그러므로 아이가 학교에서 최대한 많은 것을 얻길 바란다면 부모는 아이가 주변에서 흔히 볼 수 있는 편견을 떨쳐내도록 도와주어야 한다. 종종 15분 정도 시간을 내어 아이에게 자기 자신과 자신이 가치 있게 여기는 것들에 관해 써보게 하는 것도 큰 도움이 될 것이다.

무엇보다 부모가 먼저 본인의 생각과 말, 행동에서 편견을 없앤다면 아이에게 아주 긍정적인 영향을 줄 수 있다. 더 나아가 부모는 모든 사람이 성별, 경제력, 종교, 성적 취향, 출신 지역을 이유로 차별받는 일이 없어야 하며 모든 사람이 정당한 대우를 받고 인생에서 좋은 기회를 누릴 자격이 있다는 점을 마음 깊이 심어주어야 한다.

아이에게 새로운 집단이나 다양한 집단과 함께할 때 경험하는 다양성이 우리 모두에게 도움이 된다는 점을 말해주자. 누군가의 가족이 유럽, 아프리카, 아시아 또는 아메리카 출신인지는 중요하지 않다. 각 집단이 기여하는 가치를 존중하고 모두를 평등하게 대하려는 태도를 보이면 아이들이 학교에서 더 많은 것을 배우고 성장하는 데 도움이 될 것이다.

물론 부모가 말로만 가르치면 안 되고 실제 생활에서 그런 태도를 보여야 한다. 예를 들면 다양한 배경을 가진 사람들과 친구가 될 수 있다. 사람은 누구나 각자의 인생 경험과 자신이 익숙하게 생활해온 문화를 통해 독특하면서도 가치 있는 인생관을 갖게 된다. 여러 가지 아이디어나 경험을 통합하거나 다른 사람의 경험과 생각을 가치 있게 여기는 것은 우리 자신에게 매우 도움이 된다. 사실 위대한 문명은 사람들의 다양한 경험이 교차하는 지점에서 발생했다. 서로의 생각, 리듬, 색깔, 선, 공간을 공유하고 교환할 때 창의성이 발현될 수 있다.

핵심은 우리의 내면을 들여다보고 내가 어떤 사람인지 이해하는 것 그리고 다른 사람에게 공감하고 고마워하고 그들의 아이디어와 경험에 찬사를 보내는 것이다. 부모가 먼저 본을 보이면 아이들도 그렇게 행동한다.

이 책의 여러 부분이 부모에게 도움이 될 것이다. 창의성을 기르는 방법에 대한 부분을 다시 읽어보기를 바란다. 아이가 각자의 개성과 재능을 탐색해보고 그 경험을 바탕으로 새롭고 가치 있는 것을 만들도록 도와줄 수 있다. 또한 자기 자신을 사랑하고 있는 그대로 자부심을 느끼도록 도와주어야 한다.

부모가 도와준다면 아이는 가족뿐만 아니라 친척도 자신의 인생 여정에 영향을 주는 존재임을 이해할 것이다. 또한 역사 속 자랑스러운 일에 대해서는 긍지를 갖지만 불공정으로 얼룩진 가슴 아픈 사건에 대해서는 깊이 성찰할 수 있게 된다.

앞서 창의성에 대해 살펴보며 내면을 들여다보는 힘을 언급했는데 가계도 그리기 활동이 도움이 될 수 있다. 가계도를 그리며 친척에 대해 잘 알게 되고 친척이 차별의 가해자 또는 피해자로서 어떻게 행동했는지도 알게 된다. 미시간대학교의 심리학자 리아나 엘리스 앤더슨Riana Elyse Anderson은 이러한 경험을 혈연관계를 넘어 인종차별과 싸우고 이를 극복한 더 넓은 공동체까지 포함시킬 수 있다고 주장한다.[62] 최종 목표는 아이들이 뉴스에서 접한 인종차별적 패턴에 대해 편안하게 질문할 수 있는 공간을 마련해주는 것이다.

앞서 살펴본 성장 마인드셋 개념을 떠올리면 모든 사람에게 성장할 잠재력이 있다는 믿음이 생긴다. 편견의 표적이 된 사람들은 인내심과 회복력을 길러서 상처를 극복할 수 있고 차별하는 사람들도 달라질 수 있다. 성장 마인드셋은 타인의 편견이 우리의 정체성을 결정짓게 내버려둘 필요가 없음을 일깨워준다. 베이시티고등학교에서 했던 실험을 다시 생각해보자. 그 실험은 어떻게 교내 괴롭힘을 줄이고 폭력적인 복수 심리를 완화했는가? 혹시 인종차별 문제에도 그와 비슷한 방식을 적용할 수 있지 않을까?

어린이를 위한 철학P4C 웹사이트는 다양한 사람들을 존중하고 받아들이도록 권하는 책들을 많이 알려준다.[63] 리프먼의 교육 방법을 활용하면 어린아이들과 함께 우정, 아름다움, 편견과 같은 철학 주제에 관해 이야기할 수 있다. 특히 아동 문학이 큰 영향을 줄 수 있다. 이 책의 '주'에 포용성을 키우는 데 도움을 주는 아동 추천 도서를 소개해두었다.[64]

아이들이 자신의 뿌리를 탐구하고 이를 통해 창의적인 삶을 살아가도록 도와줄 수 있다. 하지만 자신이나 다른 사람에게 품은 편견이나 차별적 요소를 완전히 벗어버리지 않는다면 그런 노력에서 얻을 수 있는 혜택들을 온전히 누리기는 어렵다.

아이들에게 꼭 알려주어야 할 중요한 사실이 있다. '인종'이라는 개념은 실제가 아니라 역사 속에서 만들어진 허구에 불과하다는 점이다.[65] 인종은 단순히 사람들을 특정 방식으로 분류하는 사고방식일 뿐, 사실상 거의 무의미한 구분이다. 역사학자 에드 사이먼 Ed Simon은 '백인'을 뜻하는 영어 표현 white people이 언제부터 사용되기 시작했는지 조사했다. 이 표현은 1613년 10월 29일, 런던에서 새로운 연극이 상연되었을 때 처음 등장했다고 한다.[66]

앞서 말했듯 인종이라는 개념은 자연에서 유래한 것이 아니다.[67] 우리는 모두 호모사피엔스로서 자손을 낳고 사랑을 주고받을 수 있으며 공통 조상을 통해 서로 연결되어 있다. 인류는 수천 년 전 아프리카에서 살았던 가족에서 시작했고 오늘날의 모든 사람은 그들의 후손이다. 아이들에게 피부색, 모질, 눈의 모양과 같은 유전 형질에 따라 사람을 다른 '인종'으로 구분하는 것은 비교적 최근에 시작된 일임을 알려주어야 한다.

사실 인류는 오랫동안 사람을 여러 집단으로 구분하고 피부색이나 체형이 서로 다르다는 것을 알고 있었다. 하지만 많은 경우 그런 특성에 따라 특정 집단을 특권층으로 여기지 않았으며, 외적인 특징들이 정체성에서 가장 중요한 부분인 것처럼 행동하지도 않았다. 고대 그리스와 로마 사회에는 여러 사회 계급이 있었지만 인종으로 계급을 나누는 일은 없었다.[68] 중국의 고대 문화에서도 인종 개념은 찾아볼 수 없다.[69] 인종 개념은 약 400년 전에 처음 생겨난 것으로, 당시 노예를 부리는 사람들이 그 행위를 정당화하기 위해 만들어낸 것이다.[70]

인종 개념이 어떻게, 왜 생겨났는지 알면 인간을 여러 인종으로 분류하는 것이 전혀 자연스럽지 않으며 그러한 분류가 반드시 필요하지 않다는 점에 깊이 수긍할 것이다. 이는 아이들이 인종차별적인 사고방식을 떨쳐버리는 데 도움이 된다. 또한 일부 사람들이 이기적인 목적으로 인종 개념을 만들었고, 인종차별적인 시각을 가진 수많은 사람도 결국 그러한 편견 때문에 피해를 본다는 점을 깨달을 것이다. 그나마 다행인 것은 그런 사람들도 차별적인 시각을 떨쳐버릴 수 있다는 점이다. 우리 두 사람은 성인이 된 후로 끊임없이 그렇게 하려고 노력해왔다.

또 한 가지 중요한 점이 있다. 우리는 아이들에게 인종이라는 개념은 사실 근거가 없는 것이지만 인종차별 관행은 현실에서 일어나고 있다는 점을 알려줘야 한다. 이러한 편견의 피해자는 실제로 큰 고통을 감내하고 있으며 심지어 어떤 사람은 부당한 피해로 목숨까지 잃었다. 인종차별은 인종에 따라 사람을 다르게 대하는 관행이나 정책으로, 이는 상상 속 이야기가 아니라 실존하는 사람들에게 큰 상처를 주고 때로는 목숨까지 앗아갔다. 아이들은 이러한 피해가 발생하는 현실을 제대로 알아야 한다. 아이의 나이를 고려해 가족 단위 또는 지역 공동체 차원에서 이 주제를 다루는 책을 함께 읽고 논의하는 독서 모임을 만들 수 있다. 이 책의 '주'에 추천 도서를 많이 소개했으니 활용하길 바란다.[71]

사람은 모두 같은 것 같지만 서로 다른 면도 있다. 각기 다른 삶을 살아왔기에 그 다양성이 모여 풍부한 문화와 경험을 조합해 이루어진다. 앞에서 이야기한 것들을 생활에서 실천해보자. 직장에 다니거나 사회생활을 할 때 다양한 배경을 가진 사람을 만나봐야 한다. 말뿐 아니라 행동으로도 '모든 사람이 소중한 존재'임을 아이에게 보여주어야 한다. 한 연구 결과에서는 다음과 같이 밝혔다.

"어머니가 유럽 출신이 아닌 미국 출신인 친구가 많으면 그녀의 백인 자녀들은 그런 친구가 적은 어머니를 둔 아이들에 비해 인종에 대한 편견이 적다."[72]

이 책의 제안대로 토론 모임을 구성한다면 생물학적·신체적 특징과 관계없이 다양한 사람들을 초대하기를 바란다.

대화와 소통으로 아이의 관점 바꾸기

켄의 할머니는 막내딸을 출산하다 세상을 떠났다. 백여 년 전에는 젊은 여성이 임신이나 출산 때문에 목숨을 잃는 경우가 적지 않았다. 당시 미국은 산업 국가였지만 그녀가 살던 곳은 미국에서 가장 열악하고 가난한 지역이었다. 피임 도구나 방법은 알려지지 않았고, 병원도 없었으며, 의사를 만나기도 매우 어려웠다.

이처럼 열악한 상황은 뉴딜 정책 New Deal policies 덕분에 많이 달라졌으며 20세기에는 출산으로 인한 사망률이 빠르게 감소했다. 그러나 최근 출산 사망률이 다시 증가하고 있는데 특히 유색인종 가정에서 이러한 현상이 두드러진다. 현재 미국에서 출산 과정에서 발생하는 합병증으로 인한 산모 사망률이 전 세계 40대 선진국 중 가장 높다.[73]

이러한 통계는 소수민족 가정의 심각한 빈곤율이 반영된 것으로 생각할지 모른다. 경제적 어려움도 어느 정도 영향을 미치지만 그것이 유일무이한 요인은 아니다. 한 연구자는 이렇게 말했다.

"가장 부유한 흑인 여성과 그녀가 낳은 신생아조차도 최저 소득으로 살아가는 백인 가정보다 더 불리한 상황을 겪고 있다."[74]

한편 유색인종 여성이 유전적으로 사망률이 더 높을 수밖에 없다는 주장은 성립하지 않는다. 미국이 아닌 다른 선진국에 사는 흑인 산모들에게는 이런 통계수치가 나오지 않기 때문이다.

이로부터 무엇을 알 수 있을까? 인종차별주의는 단지 나쁜 사람들이 차별을 일삼기 때문에 발생하는 것이 아니다. 다른 형태의 편견도 마찬가지다. 이 나라에 사는 모든 사람의 머릿속에서 인종차별적인 사고를 완전히 없애더라도 해묵은 인종차별적 정책과 태도, 거기에서 비롯된 사회적·정치적 구조 및 습관 때문에 차별은 여전히 존재할 것이다. 이러한 현상을 연구하는 학자들은 이를 가리켜 '제도적 차별주의' 또는 '체제적 차별주의'라고 부른다.

이 부분이 마음에 걸린다면 이 문제에 대해 더 자세히 알아보고 이를 가장 효과적으로 해결하는 방안을 논의할 때 아이도 참여시키길 바란다. 그리고 죄책감이나 복수심은 아무것도 해결해주지 못한다는 점을 명심하자. 그보다는 사회적·역사적 관련 요인을 정확히 파악하고, 그러한 이해를 바탕으로 긍정적인 방안을 실천할 수 있다. 그렇게 하면 아이의 학교 공부는 물론이고 아이의 인생 전체에 큰 도움이 될 것이다.

이렇게 하는 것이 아이가 학교생활에서 많은 이점을 얻게 하는 것과 무슨 관련이 있을까? 집에서 이런 주제로 대화를 나누면 백인 가정과 유색인종 가정이 함께 참여하고 협력하는 더 강력한 학습 공동체를 만들 수 있고, 아이들의 사고력과 문제해결력도 크게 향상될 수 있다. 이를 기회 삼아 아이가 차분하게 자신을 돌아보고 평화롭게 의견을 나누는 요령도 배울 것이다. 이는 배움이 자라는 가정을 만드는 데 매우 중요하다.

우리가 추천하는 문학작품 중에서 아이의 나이와 맞는 것을 선택해서 함께 읽고 아이들이 자유롭게 질문할 기회를 주기 바란다. 우리는 인종차별이 심한 문화에서 성장했다. 만약 여러분도 그런 경우라면 그 주제에 대해 아이와 솔직하게 대화해봐야 한다. 우리 가족이 어떻게 하면 인종 개념을 거부하고 더 나은 방향으로 발전하는 게 가능할지 아이의 의견을 들어볼 수 있다.

누군가를 인종차별주의자나 편견에 젖은 사람이라고 표현하는 것은 자제해야 한다. 그리고 부모 스스로도 아이를 대할 때 변화할 수 있는 사람, 성장 가능성이 있는 존재로 여겨야 한다.

제7장

인생에 도움이 되는 고등교육을 받게 하려면

THE LEARNING HOUSEHOLD

교양 교육은 아이의 인생에서
매 순간을 풍요롭게 만드는 자양분과 같다.
교육을 통해 직업을 얻고
돈을 버는 능력을 갖추는 것도 중요하다.
하지만 이런 교육은 단지 돈 버는 능력만
길러주는 것이 아니라
세상을 살아가는 다양한 방식을 알려준다.

아이가 고등학교를 졸업할 즈음이면 부모는 학교 교육에 관한 조언을 할 수 있을 정도로 오랜 경험을 쌓게 된다. 그러다 보면 아이가 대학은 물론이고 전문대학원에 진학한 이후에도 끊임없이 아이의 삶에 관여하고 싶다는 생각이 강해질 수 있다. 어떤 부모는 아이의 학교나 전공 선택, 심지어 어떤 교수에게 배울 것인지도 직접 결정하고 싶어 한다.

하지만 아이가 성장해 이 시점에 도달할 무렵이면 변화가 일어난다. 그들을 잘 도와주려면 그 변화를 반드시 이해해야 흔다. 그들은 이제 아이가 아니라 어엿한 성인이며 교육 문제에서도 직접 운전석에 앉을 준비가 되어 있다. 그런데도 부모가 운전석을 내주지 않으면 가족 내에 갈등이 발생하는 것은 물론이고 결국에는 아이의 지적·정서적 성장을 방해하게 된다. 물론 아이가 도움을 요청할 때는 기꺼이 자녀의 대화 상대가 되어주고 조언도 해줄 수 있다.

우선 아이가 어떻게 생각하는지 잘 들어주고 적절한 질문으로 아이가 폭넓게 생각하도록 유도할 수 있다. 하지만 아이의 뒤를 졸졸 따라 다니며 한 걸음 한 걸음 일일이 간섭해서는 안 된다. 아이가 스스로 생각하고 결정하고 실수할 기회를 주어야 한다. 사실 부모가 전공 선택에 간섭한다고 투덜거리는 학부생을 정말 자주 만난다. 부모가 경영이나 컴퓨터처럼 특정 전공을 선택할 때만 학비를 대주겠다고 으름장을 놓는다고 한다. 고등교육에 드는 비용이 나날이 높아지기에 부모들이 이런 반응을 보이는 것도 이해한다. 대학에 진학하거나 예술학교, 직업학교에 다니려면 큰 비용이 든다. 그리고 부모라면 당연히 투자한 것에 대한 최상의 결과를 얻기를 바란다.

사실 아이들도 마찬가지다. 이제 미국은 고등교육에 드는 비용을 충분히 지원해주는 국가 정책이 없는 상태다. 학교를 졸업할 무렵 큰 빚더미에 올라앉기를 바라는 학생은 아무도 없다. 사실 우리 둘 역시 학자금 대출을 아이들이 대학에 입학할 무렵에야 겨우 다 갚을 수 있었다.

경제적으로 여유가 있는데도 아이의 대학 생활에 지나치게 개입하려는 부모들을 인터뷰한 적이 있다. 그들은 '이번이야말로 내 흔적을 남길 수 있는 마지막 기회'라는 생각으로 중요한 결정마다 빠지지 않고 주도권을 쥐려 했다. 하지만 이런 태도에는 두 가지 문제가 있다. 첫째, 부모의 선택이 언제나 옳다는 보장이 없다. 둘째, 부모의 의견을 강요하면 아이가 자연스럽게 경험해야 할 성장 과정에 방해가 된다.

부모는 아이의 고등교육에 선입견을 품고 접근하면 안 된다. 젠더 연구보다 경영학을 전공하는 게 무조건 낫다고 여길지 모르지만 일단 열린 태도로 아이의 생각을 들어야 한다. 그리고 이런 결정이 앞으로 어떤 결과를 가져올지 전부 알고 있다는 식으로 단정하면 안 된다.

우리의 목적은 아이들이 본인이 가장 좋아하는 분야를 찾아가도록 해주려면 어떻게 해야 하며, 그렇게 하는 것이 얼마나 도움이 되는지 이해하도록 도와주는 일이다. 먼저 앞으로 아이들이 살아가게 될 세상에 대해 사람들이 흔히 가지고 있는 잘못된 통념이나 고정관념을 자세히 살펴보자.

STEM만 중요한가?

지난 50여 년간 대학에 진학하는 자녀에게 딱 한마디만 건네는 부모들이 점점 늘어났다. 그들은 '연봉을 가장 많이 받을 수 있는 전공을 선택하라'고 말한다. 아마 그런 부모들은 컴퓨터학, 경영학과 같은 전공을 염두에 두었을 것이다. 하지만 우리는 그런 식의 조언이 전혀 바람직하지 않다는 점을 강조하고 싶다.

모리스 베이커는 고등학교 졸업을 앞두고 대학 진학을 준비하는 동안 그런 조언을 귀에 못이 박히도록 들었다.[1] 중학교 2학년 때부터 가족과 친구들은 부자가 될 수 있는 전공을 선택하라고 종용하면서 다음과 같이 경고 아닌 경고를 했다.

"대학에 가면 역사나 영어는 전공하지 마."

"철학을 전공하는 건 시간과 돈 낭비일 뿐이야. 예술도 안 돼. 굶어 죽기 딱 좋은 전공이야."

루퍼트 삼촌은 입버릇처럼 이렇게 말했다.

"인문학은 이미 망했거나 조만간 망할 거야. 너는 과학, 기술, 공학, 수학 이 네 가지만 알면 된다."

루퍼트 삼촌의 말은 사실일까? 설령 아이가 그 말에 동의한다 해도 실제로 그렇게 할 수 있을까? 인생이 그렇게 간단하면 좋겠지만 현실은 그렇지 않다.

이야기가 더 복잡해지기 전에 한 가지 중요한 점을 강조하고 싶다. 돈 문제는 생각보다 훨씬 더 복잡하다. 이제부터는 하버드대학교의 경제학자 데이비드 데밍David Deming과 그의 동료 카딤 노레이Kadeem Noray가 2019년에 시행한 대규모 연구를 기반으로 이야기할 것이다.[2] 두 사람의 연구 결과는 루퍼트 삼촌과 같은 사람을 깜짝 놀라게 할 만한 것이었다.

교육을 그저 직업 훈련을 위한 투자로 여긴다면, 자유롭게 생각하고 배우는 시간을 갖기 위해 대학에 진학하는 사람에 비해 졸업 직후에는 연봉이 높을 것이다. 하지만 10~15년 후에도 계속 그럴까? 평생을 놓고 보면 둘 중 어느 쪽 평균 연봉이 더 높을까?

공학이나 컴퓨터과학을 전공하면 졸업 직후에는 역사를 전공한 학생보다 급여가 많을 것이다. 2017년 기준으로 기술 분야에서 학위를 받은 최근 졸업생의 평균 연봉은 6만 달러가 넘었다. 하지만 사회과학이나 역사 전공자의 연봉은 그보다 1만 5,000달러 이상 낮았다.[3] 그런데 인문학 전공자는 연간 임금 인상률이 높아서 두 집단의 연봉 격차는 빠르게 줄어들었다. 왜 이런 현상이 벌어진 걸까?

실용 학문인 과학, 기술, 공학, 수학을 전공한 수많은 학생은 10대 후반에 대학에 들어가 학부 시절 내내 그 당시 주목받던 기술을 배웠을 것이다. 하지만 10년만 지나도 기술은 빠르게 변화하며 대학에서 배우지 못한 새로운 기술과 같은 전문성이 요구된다. 안타깝게도 그중 많은 학생이 변화를 따라가지 못했다. 매우 한정적이고 특화된 진로를 선택한 탓에 폭넓은 교육을 통해 평생 학습 능력을 기르지 못했기 때문이다.

해마다 학교를 갓 졸업한 신입사원들이 최신 기술을 갖추고 입사하며 그들은 연봉도 그리 기대하지 않는다. 따라서 빠르게 발전하는 기술에 적응하지 못하는 경력자는 쉽게 대체될 수 있다. 당장 일자리를 잃지는 않더라도 해마다 연봉 인상률이 줄어들어 실제 소득은 그대로일 수 있다. 직업 세계는 이전 어느 때보다 빠르게 변하므로 부모라면 아이에게 가장 큰 도움이 되는 교육은 호기심을 키워주고, 성실하고 변화에 잘 적응하는 사람이 되도록 도와주는 것임을 명심해야 한다.

두 경제학자의 연구에 따르면 마흔 무렵에는 기술을 전공한 집단과 폭넓은 교양 교육을 받은 집단(이들을 '퍼지'$_{fuzzies}$* 라고 부르기도 했다) 모두 소득이 두 배 이상 늘어났다. 하지만 어느 집단이 시간이 지날수록 소득이 더 많이 올랐을까? 놀랍게도 사학, 심리학, 정치학, 사회학, 경제학 등을 전공한 후자의 집단이었으며 상승 폭도 상당히 컸다.

폭넓은 교육을 받은 남성의 경우, 실용적인 과학이나 기술을 전공한 남성보다 연봉이 평균 7,000달러나 높았으며 이러한 차이는 시간이 지날수록 더욱 벌어졌다. 여성 집단에서도 비슷한 추이가 나타났지만 연봉 차이는 남성처럼 크게 벌어지지 않았다.[4] 여성의 경우, 마흔 무렵이 되자 과학이나 기술을 전공한 여성과 인문학을 전공한 여성의 임금 격차가 현저히 줄어들었다. 물론 교육 수준이나 경력이 같은 나이대의 남

---

* 사람, 언어, 사회, 문화 등을 다루는 인문·사회계열 전공자들을 가리키는 스탠퍼드식 별칭으로 '모호하다'(fuzzy)는 뜻에서 나온 말.

성과 비교하면 여전히 여성의 소득이 더 낮은 편이다.

사회과학, 인문학, 심지어 예술 분야에 종사하는 사람들은 종종 폭넓은 교양 교육을 받아왔고, 덕분에 취업 시장에서 더 유연하게 대처할 수 있었다. 깊이 있는 교육은 학생들에게 생각하는 법, 의사결정 능력, 창의적인 사고방식, 자기 성찰을 가르치고 빨리 습득하는 능력도 길러준다. 데밍 교수는 〈뉴욕 타임스〉에 이렇게 기고했다.

"교양 교육은 문제해결, 비판적 사고, 적응력과 같이 중요한 '소프트 스킬'soft skill*을 키워준다. 이런 능력은 수치로 표현하기 어렵고 고소득 직업으로 바로 이어지는 것처럼 보이지 않는다. 하지만 다양한 직업에서 소프트 스킬은 장기적으로 매우 유용하다는 점이 증명되었다."[5]

아이가 경제적으로 독립할 준비를 하기 바라는 것은 당연하다. 하지만 폭넓은 교육을 받지 못하면 가치 있는 것을 놓친다는 점도 기억해야 한다. 그렇다고 해서 컴퓨터과학을 전공하지 말라는 뜻은 아니다. 컴퓨터 전공자도 다른 분야의 수업을 들으면 폭넓은 교육을 받을 수 있다. 이 점을 보면 인생은 루퍼트 삼촌의 생각처럼 그리 단순하지 않다. 졸업 후 첫 직장에서 연봉을 얼마나 받느냐를 기준으로 대학이나 전공에 순위를 매기는 사람들은 젊은 사람이나 자기 가족을 잘못된 길로 인도할 수 있다. 아이가 가장 좋은 결정을 내리려면 더 많은 요소를 함께 고려해야 한다.

이건 사실 두 팔 벌려 반길 일이다. 아이에게 더 많은 자유와 더 넓은 선택권이 주어지기 때문이다. 아이가 그 기회를 마음껏 활용하도록 도

---

* 대인관계 능력 또는 인성 역량을 가리키는 말.

와주길 바란다. 무엇보다 아이 스스로 관심이 있는 분야를 찾아 그 일을 따라가게 하는 게 중요하다. 새롭고 낯선 일에 도전하면 긍정적인 자극을 받을 수 있고 그런 경험이 새로운 열정을 불러일으킬 수도 있다. 필수 과목이라 어쩔 수 없이 신청했으나 나중에 그 분야를 좋아하게 되는 학생들이 한두 명이 아니다. 많은 경우 훌륭한 교수가 그 과목을 미처 생각하지 못한 새로운 관점으로 볼 수 있게 해준 것이 학생들의 태도를 바꾼 계기가 되었다.

무엇보다 폭넓은 교육이 비판적 사고와 창의력을 길러주고, 수준 높은 질문을 하며 올바른 결정을 내리고, 자기 신념을 계속 재확인하며 더 풍요로운 인생을 살아가도록 도와준다는 점을 아이가 깨닫게 해주어야 한다. 우리가 인터뷰한 많은 사람은 전문적인 기술 교육과 폭넓은 교양 교육을 결합한 방식이 여러 방면에서 그들의 필요를 잘 채워줬다고 말했다.

모든 부모가 아이에게 고소득 직업을 가지라고 강요한다면 이 사회에 꼭 필요하지만 여러 가지 이유로 고소득을 보장하지 않는 분야에는 인재들이 다 빠져나갈 것이다. 대표적인 예로 교사, 간호사, 기자, 사서와 같은 직업이 있다. 이 직업군은 삶의 만족도가 매우 높은 편이며 이를 선망하는 유능한 젊은이들이 상당히 많다. 부모로서 아이를 가장 잘 도와주는 방법은 아이의 선택을 존중하는 것이다. 그리고 직업 선택과 같은 중요한 결정을 할 때 연봉만 생각해서는 안 된다는 점도 기억해야 한다.

전공을 결정할 때는 무엇이 중요할까? 부모나 양육자는 아이에게 조언할 때 일관되게 한 가지를 강조해야 한다. 물론 연봉을 강조하라는 말은 아니다. 본인이 그 분야에 얼마나 매력을 느끼는지, 사고력 향상에 얼마나 도움이 되는지 생각해보게 하는 것이다. 어떤 분야가 아이의 호기심을 자극하고, 모든 문제에서 좋은 결정을 내리도록 사고력을 키우는 데 도움이 될까? 여기에는 아이가 무엇을 전공할 것인가라는 질문도 포함된다. 어떤 커리큘럼이 논리적·창의적인 사고력과 공감력을 가장 효과적으로 기를 수 있도록 도와줄까? 가장 아름답고 창의적인 삶을 살아가도록 돕는 학문은 무엇일까? 부모가 뒤에 서서 일일이 참견하지 않으면서도 아이의 학업을 지원하려면 어떻게 해야 할까? 어떤 과목이 인터넷을 돌아다니는 사기꾼과 속임수로부터 아이들을 보호하는 데 도움이 될까?

여기서 잠깐, 아이들에게 추천하고 싶은 책이 있다. 2012년에 출간한《최고의 공부》*라는 켄의 저서다. 지금까지 수많은 언어로 번역되어 전 세계 수천 명의 대학생이 이 책을 읽었으며 일부 학교에서는 모든 신입생에게 이 책을 필독서로 읽게 한다. 지금 읽고 있는 이 책이 부모를 위한 책이라면《최고의 공부》는 학생들을 위한 책이다. 고등학교를 졸업하는 아이에게 선물로 주어도 좋을 것이다. 물론 이 책을 언제 읽게 할지는 부모가 알아서 결정하면 된다.

---

* 한국어판은 2013년에 출간되었으며 2025년에《공부라는 세계》로 재출간되었다.

아이의 인생을 풍요롭게 만드는 교양 교육

지금까지 교양 교육liberal arts이라는 말을 자주 사용했는데, 이는 정확히 무슨 뜻일까? 교양 교육은 자유를 뜻하는 라틴어 'liber'에서 유래한 것으로, 고대 사회에서 노예가 아닌 자유 시민의 자녀들이 받은 교육을 가리킨다. 오늘날 미국을 비롯한 많은 나라에서 교양 교육은 자연과학, 사회과학, 예술에 이르기까지 다양한 학문을 탐구하고, 중요한 질문을 해결하기 위해 해당 분야를 이해하려고 노력하는 과정을 가리킨다.

하지만 무엇보다 중요한 점은 학생들이 다양한 방식으로 생각하고 창의적으로 표현하는 법을 배우는 것이다. 많은 대학에서 신입생에게 다양한 분야의 '교양 과목'을 폭넓게 수강하게 한다. 솔직히 말해 아이가 대학생이 되면 전공 선택에 있어 부모의 영향력은 별로 크지 않다. 하지만 아이가 학교 교육에서 최상의 이점을 얻길 바란다면 교양 과목이 자신에게 어떤 도움이 되는지 이해하도록 도와줄 수 있다.

필수 교양 과목을 이수하면 더 풍요로운 삶을 누리고, 비판적 사고를 배우며, 창의력과 혁신적인 사고를 키우고, 무엇보다 '인간관계 기술'을 습득한다. 요즘은 대기업이나 성공 가도를 달리는 주요 기업이 소프트 스킬을 매우 중시하는 추세다.

미국대학및고용주협회NACE는 매년 주요 기업을 대상으로 신입 사원이 어떤 자질을 갖추길 바라는지 조사한다.[6] 이 설문조사에서 가장 높이 평가된 역량에는 비판적 사고력과 문제해결력이 포함되어 있었다. 또한 기업은 다양한 사람들과 협업하는 능력, 성실한 직업 윤리, 우수한 말하기 및 글쓰기 능력을 갖춘 인재를 높이 평가하며 이 모든 것이 요즘 사회에서는 필수다. 따라서 다양한 학문을 접하는 것은 아이가 이러한 자질을 갖추는 데 도움이 된다. 아이는 현실을 정확히 이해해야 한다.

아이가 대학생 정도가 되면 부모는 교양 교육에 대한 부정적인 말을 삼가야 한다.

"학교에서 이런 수업을 왜 필수 과목으로 지정한 건지 모르겠네. 내가 이 분야에서 오랫동안 일했지만 그런 수업에서 배운 것은 하나도 쓸모가 없었어."

이런 말은 절대 하면 안 된다. 그보다는 아이가 듣는 모든 수업에 관심을 가지고 질문하길 바란다. 그리고 부모의 경제적 지원을 무기처럼 앞세워 아이가 특정 과목을 선택하거나 선택하지 않도록 강요해서는 안 된다. 아이가 학교 교육에서 최상의 이점을 얻길 바란다면 루퍼트 삼촌처럼 부정적인 말을 쏟아내는 사람이 되지 않도록 노력해야 한다.

광범위한 교양 교육은 아이에게 여러 좋은 점을 가져다줄 것이다. 교양 교육은 아이의 인생에서 매 순간을 풍요롭게 만드는 자양분과 같다. 물론 그런 교육을 받는다고 인생에서 아무런 문제도 겪지 않는 것은 아니지만 교양 교육에서 얻은 지식과 역량 덕분에 아이는 인생의 매 순간을 더 깊이 음미하고 누릴 것이다. 교육을 통해 직업을 얻고 돈을 버는 능력을 갖추는 것도 중요하다. 하지만 이런 교육은 단지 돈 버는 능력만 길러주는 것이 아니라 세상을 살아가는 다양한 방식을 알려준다. 다시 말해 세계의 구성원이자 누군가의 부모 또는 가족의 일원으로서 그리고 인간만이 누릴 수 있는 독특한 즐거움을 제대로 즐길 줄 아는 사람으로서 살아가게 해줄 것이다.

대학에서 놓치지 말아야 할 것

고등교육이 제공하는 최고의 학습 기회 중 하나를 놓치는 학생이 많다. 대형 연구 기관은 물론이고 규모가 작은 학교에서도 교수들은 두 가지 일을 동시에 처리해야 한다. 우선 학생들을 지도해야 하며, 그와 동시에 본인도 계속 공부해야 한다. 사실 많은 분야에서 교수는 아직 아무도 알아내지 못한 새로운 것을 먼저 배워야 한다. 쉽게 말해 독창적인 연구를 수행해야 한다.

 고등교육을 비판하는 사람들은 교수가 연구 프로젝트를 관리하고 대학원생을 지도하는 데 시간을 너무 많이 허비한다고 주장할지 모른다. 하지만 이러한 활동은 학부생에게 매우 귀한 기회가 될 수 있다. 캐럴 그라이더가 대학에 입학할 때 받았던 조언을 생각해보자. 교수의 연구실에 찾아가서 일자리를 찾아보고 학점을 받지 못해도 기회가 주어진다면 참여해보라고 했다. 이는 그라이더가 결국 노벨상을 받게 된 과정의 첫걸음이었다.

선택의 주도권은 언제나 아이에게 있다

사고력 향상은 아이가 무엇을 공부하느냐와 밀접한 관련이 있지만 누가 그 수업을 계획하고 진행하느냐도 아이에게 큰 영향을 준다. 공교육 초반에는 학부모나 아이에게 교사 선택권은 사실상 거의 없다. 하지만 고등교육을 받을 무렵에는 선택의 폭이 매우 넓어진다.

이 문제에서도 아이의 주도권이 중요하다. 대학에 가면 아이가 직접 교수를 선택하도록 해주어야 한다. 다만 이 문제에 대해 미리 고민해볼 수 있도록 도와주는 것도 필요하다. 대학에서나 그 이후에 좋은 스승을 선택하도록 도와주려면 어떻게 해야 할까? 사회 전반에 잘못된 조언이 넘쳐나므로, 이상적인 결정을 내리기란 쉬운 일이 아니다. 물론 확실한 정답은 없지만 대부분의 학교에는 훌륭한 교사들이 기다리고 있다. 이들을 찾아내는 요령만 알면 좋은 교사를 만날 수 있다. 게다가 요즘은 학습 과정과 학습 효율을 높이는 많은 연구와 방법이 밝혀져서 우리가 어릴 때보다 좋은 교사를 만날 확률이 훨씬 더 높다.

최근 들어 인간의 학습에 대한 연구 덕분에 각 교육 단계의 교사들이 효과적인 학습을 이끌어내는 데 도움이 되는 많은 정보들이 나오고 있다. 하지만 유치원부터 박사 과정에 이르기까지 이런 연구 결과와 통찰을 잘 이해하고 적용할 줄 아는 '좋은 교사'를 선택하는 것은 여전히 중요한 문제다. 부모는 아이가 진로를 선택할 때, 어떤 선택이 더 나은 배움을 이끌어내는지 지혜롭게 판단할 수 있도록 도와주어야 한다.

훌륭한 교수와 강의를 선택하는 법

이제 지난 50년간 고등교육에 관한 연구를 통해 알게 된 점을 바탕으로 몇 가지 제안을 하고자 한다. 이 책을 읽으며 각자 자신에게 맞는 아이디어를 찾아보기 바란다. 다만 이 책의 내용을 엄격한 지침으로 생각할 필요는 없다. 어떤 방법이든 공부와 인생에 관한 주도권은 당사자인 아이에게 있다는 점을 꼭 상기시켜주길 바란다.

가장 중요한 것은 아이가 직접 어떤 수업을 들어야 더 열정적으로 공부하고 비판적 사고력을 기르며 심층 학습을 하고 성장 마인드셋을 강화할 수 있을지 고민해보는 일이다. 그리고 해당 수업이 실수를 통해 배우는 것의 중요성을 알려줄 뿐 아니라 완벽주의, 따돌림, 인종차별과 같은 문제를 피하는 데 도움이 되는지 따져봐야 한다. 물론 이 과정은 전혀 쉽지 않다. 그래도 부모가 잘 도와주고, 아이가 궁금해하는 점을 열심히 조사한 후에 적절한 조언을 해주고, 아주 가끔 아이의 생각을 자극하는 질문을 던진다면 아이도 제 역할을 잘 해낼 것이다.

모든 사람이 반드시 해봐야 하는 중요한 질문이 하나 있다. 교수들이 일반적으로 누리거나 당연히 기대하는 학습 환경이 학생들에게도 허락될까? 즉, 학생들이 자신이 이해한 것을 점수를 매기기 전에 표현해보고, 부족한 점을 발견하고, 피드백을 받은 뒤 다시 시도할 수 있는 기회를 가질 수 있을까 하는 것이다.

교수라면 연구 프로젝트를 진행하다가 몇 가지 새로운 아이디어가 떠오르면 근처 연구실에 있는 동료 교수를 찾아가 그에 관해 이야기를 나눌 수 있다. 그는 당연히 동료 교수가 자신에게 고칠 부분을 알려주길 기대할 것이다. 하지만 동료가 눈을 똑바로 바라보면서 "지금까지는 C학점 수준밖에 안 되네."라고 말한다면 매우 불쾌할 것이다. 지금까지 학교는 학생들을 이런 식으로 대우했다.

우리는 오랫동안 그런 관행을 바꿔야 한다고 주장했으며 일부 교수는 우리의 제안을 받아들였다. 하지만 솔직히 말해 그런 사람은 소수에 불과하다. 혹시 아이가 그런 변화를 이뤄낸 교수를 찾았다면 그 교수의 수업을 듣는 것을 신중하게 고려해보길 바란다. 물론 다른 조건들도 검토해봐야 한다. 적어도 교수가 학생의 사고 과정에 대해 어떻게 피드백을 해주는지 미리 물어보면 좋다.

　잘 생각하는 것을 중요하게 여기며 학생이 직접 판단하고 행동하면서 배우는 기회를 강조하는 교수를 찾아보자. 학생이 지역사회를 위해 무언가를 직접 해보면서 배울 수 있는 프로젝트에 기반을 둔 수업에 적극적으로 참여하는 것도 좋다. 이런 수업에 대해서는 앞서 몇 가지 사례를 소개했으므로 참고하길 바란다. 버지니아대학교의 앤드루 카우프만Andrew Kaufman 교수가 진행하는 '감옥 속의 책'Books Behind Bars 프로그램도 여기에서 빼놓을 수 없다. 이 수업에서 학생들은 수감자들이 삶을 변화시킬 수 있도록 도우면서 문학을 포함한 다양한 학문 분야를 배운다. 자세한 내용은 우리의 책 《슈퍼 코스》에 소개되어 있다.[7]

　그리고 아이에게 몇 가지 질문으로 다른 학생의 의견을 들어보라고 권할 수 있다. 그 교수 또는 그의 수업은 생각하는 법, 판단하는 법, 질문하는 법, 창의적으로 생각하는 법을 알려주니? 수업 분위기가 활발하고 상호작용이 많은 편이니 아니면 졸리고 지루하니? 교수가 유머 감각이 있고 활기찬 분위기를 만들어주는지 물어볼 수도 있다. 그저 사람들을 웃기려고 특정 학생을 조롱거리로 만드는 행동이나 재미만 있고 배울 것이 별로 없는 수업은 바람직하지 않다.

　수업을 재미있게 진행하는지로만 교수의 잠재력을 판단해서는 안 된다. 켄도 대학원 시절에 말투가 단조롭고 수줍음이 많아서 스스로 지루한 사람이라고 인정하는 교수를 만난 적이 있다. 하지만 그분은 미국 정치사에 대해 누구보다 깊은 통찰력을 가지고 있었다. 또한 학생들이 깊이 있게 배우고 창의성을 발휘하도록 읽을거리를 골라 제공했으며 체계적인 토론 수업을 진행했다.

지식이 풍부할 뿐만 아니라 학생들의 학습과 성장에 관심이 많은 교수를 선택해야 한다. 학계에서 저명한 사람이라는 이유만으로 강의를 신청하는 것은 바람직하지 않다. 어떤 교수는 자신의 연구와 출판에만 몰두하고 제자의 심층 학습을 돕는 일은 별로 중요하게 여기지 않는다. 또는 인간의 학습과 동기부여, 타인의 학습을 평가하는 방법에 대해 충분히 알지 못하는 경우도 있다.

그뿐만 아니라 깊이 이해하는 것을 중시하지 않고 지엽적인 정보에 집착하는 교수도 피해야 한다. 켄이 들었던 어떤 역사 수업에서는 교수가 아테네 언덕에 자리한 파르테논 신전을 장식한 약 500피트의 대리석 부조의 모든 부분을 얼마나 잘 외우는지에 따라 높은 점수를 주었다. 그리스 고대 문화와 사회에 나타난 주요 변화를 제대로 이해했는지, 그렇게 암기한 내용이 역사를 바라보는 학생의 시각에 어떤 영향을 주었는지는 전혀 고려하지 않았다. 켄은 지금 파르테논 신전 부조의 어떤 부분도 기억이 나지 않는다고 한다.

기존 지식을 의심하고 재검토하게 해주는 수업을 선택하게 하자.

"내가 지금 안다고 생각하는 것을 왜 믿는 거지? 거기에는 어떤 근거가 있지? 이러한 생각은 어떤 논리를 사용하지? 내가 진실이라고 여기는 것을 믿는 데 어떤 문제가 있을까?"

자신의 전공과 전혀 무관하더라도 창의성을 자극하는 수업이라면 적극적으로 참여하는 것이 좋다.

편애하는 교사는 피해야 한다. 성별, 사회 계층, 인종, 운동선수인지 아닌지와 같은 여러 가지 기준에 따라 특정 유형의 학생을 선호하는 교사는 바람직하지 않다. 그보다는 누구나 성장 마인드셋을 가지고 있으며 적절한 도움만 받으면 잘 배울 수 있다고 믿는 교사의 수업을 듣기 바란다. 소위 '천재는 따로 있다'고 믿는 사람, 즉 '영재거나 타고난 재능이 있는' 사람만이 교육과정을 제대로 이수할 수 있다고 생각하는 교사는 멀리하기를 바란다.

부모라면 아이에게 이런 점을 적극적으로 제안할 수 있지만 행동을 통제하는 요구사항이 되어서는 안 된다. 반복해 말하지만 교육에 관한 결정권은 아이의 손에 쥐여 주어야 한다. 주도권은 아이의 몫이다. 그러므로 부모의 조언이나 태도, 자세, 말투가 요구하는 것처럼 느껴지지 않도록 조심하기를 바란다.

좋은 수업을 판단하는 법

수강 신청을 하기 전에 강의계획서를 주의 깊게 읽어보면 수업 전반이나 교수에 대해 많은 점을 알 수 있다. 강의계획서는 인터넷에서 확인하거나 앞서 해당 교수의 수업을 들어본 사람을 통해 구할 수 있다. 새로 개설된 강의라면 담당 교수에게 직접 강의계획서 사본을 요청하거나 그 교수가 다른 수업에 대해 작성한 강의계획서를 참고할 수 있다.

강의계획서를 받으면 다음과 같은 질문을 던져야 한다. 요구 조건이나 규칙만 나열하지 않고 학생의 흥미와 사고력을 자극하며 적극적으로 배우고 싶은 마음이 생기는 학습 환경을 보여주는가? 강의계획서 앞부분에 수업에서 다룰 핵심 질문이 있는가? 이 수업을 듣고 나면 지적·신체적·직업적·정신적으로 어떤 역량을 키우게 될지 드러나는가?

확실한 비전을 제시하거나 학습 의욕을 불러일으키는 강의계획서를 제시하는 훌륭한 교수진이 점점 늘어나는 추세다.[8] 강의계획서는 해당 수업이 학생에게 무엇을 약속하는지, 즉 학습 목표가 무엇인지 알려준다. 또한 학생들이 수업을 통해 어떤 성취도에 도달해야 하는지 알려줄 수도 있다. 더 중요한 것은 이 수업에서 학생들이 어떤 종류의 대화에 참여하게 되며, 누구와 그런 대화를 나누게 될지 보여주느냐다. 누가 학습 동반자가 될 것이냐는 중요한 문제다. 이는 다른 학생이나 교수가 될 수도 있지만 예술가, 정책입안자, 기업인, 정계나 문화계 주요 인사 등도 얼마든지 가능하다.

아이에게 강의계획서를 검토해보라고 권할 때 어떻게 해야 그들을 무시하거나 간섭하는 것처럼 들리지 않을까? 사실 아이가 수강하려는 과목마다 강의계획서를 살펴보았는지 한번 물어보기만 하면 된다. 여기에서 언급한 점을 실천하되 따뜻한 관심을 갖고 배려하는 마음으로 대한다면 아마 아이도 거부감 없이 받아들일 거라고 생각한다.

아이가 수강하려는 과목이 강의계획서가 없거나 그런 정보를 사전에 충분히 공개하지 않는다면 어떻게 해야 할까? 그럴 때는 학생들이 직접 교수와 대화해보는 것이 좋다. 수업에 대한 질문이 있으면 수강 신청을 하기 전에 교수를 만나 물어볼 수 있다는 점을 아이에게 알려주기를 바란다. 수강 신청을 이미 했다면 가능한 한 빠른 시일 내에 교수를 만나는 게 좋다. 다른 학생들과 함께 교수를 만날 약속을 정하는 것도 좋은 생각이다. 그렇게 하면 교수는 같은 질문에 여러 번 대답해줄 필요가 없을 것이다.

아이가 수줍음이 많아 교수실을 찾아가 질문할 용기를 내지 못하면 어떻게 할까? 그런 성격을 탓하며 굴욕감을 주거나 강요해서는 안 된다. 지금까지 순조로웠다면 이 책의 들어가는 글부터 지금까지 언급된 여러 제안을 적용해 아이에게 다른 어른과 소통하는 방법을 가르쳤을 것이다. 아직 아이가 이를 실천하지 못한다고 해도 당장 큰일이 나는 것은 아니니 너무 걱정하지 않아도 된다.

모든 것은 질문에서 시작되어야 한다

대부분의 고등교육 기관은 여러 분야에 대해 폭넓고 깊이 있게 배울 기회를 제공한다. 하지만 여러 학부모를 돕기 위해 이 책을 집필하면서 다음과 같이 중요한 질문을 생각하지 않을 수 없다. 그것은 바로 아이의 학교가 더 나은 곳이 되도록 부모는 어떻게 이바지할 수 있는가다.

사실 많은 부모가 시간이나 자원을 많이 투자할 수 없음을 우리도 잘 알고 있다. 그러므로 부모가 할 수 있는 간단한 노력에 집중해야 할 것 같다. 하지만 이 책을 거의 마무리하는 단계이므로 한 가지 중요한 아이디어를 소개할까 한다. 사실 이 아이디어를 통해 몇몇 학교는 이미 변화를 경험하고 있으며 조만간 더 많은 학교에 영향이 미칠 것으로 보인다. 이 책의 독자들처럼 가족 단위로 나서서 적극적으로 지원한다면 이러한 변화를 이어가는 데 큰 도움이 될 것이다. 적극적으로 지원할 수 없는 상황이더라도 앞으로 어떤 변화가 일어날지 아는 것만으로 충분한 도움이 될 것이다.

그 아이디어는 무엇인가?

전 세계 여러 지역에서 교육과정에 다양한 학문 분야를 겉핥기식으로 포함하는 방식이 아닌 새로운 시도를 하는 학교가 점점 늘어나고 있다. 이러한 학교에서는 학생들을 위해 질문 중심의 폭넓은 통합 교육과정을 개발했다. 모든 과목은 학생들의 흥미를 자극하면서도 중요한 점을 담고 있는 질문이나 문제로 시작한다. 학생들은 그 질문에 답하기 위해 다양한 사상가의 의견이나 주장을 검토해야 한다. 네다섯 명의 학생이 하나의 소규모 집단을 구성하며 다양한 분야의 교수에게 도움을 받는다.

어떤 질문은 학생들이 도덕적인 사안을 깊이 고민하게 하고, 또 어떤 질문은 신체적·감정적 어려움을 해결하기 위해 안간힘을 쓰게 한다. 이 과정에서 학생들은 다양한 분야의 지식을 활용하게 된다.

경영에서 정보과학에 이르기까지 대다수의 학문은 19~21세기에 등장했다. 여기서 말하는 교육 운동은 학문의 경계를 허물고 질문과 문제 해결에 초점을 맞추는 것이다. 프로젝트에 참여하는 학생은 연구 과정이 중요하고 흥미 있으며 보람을 가져다준다고 생각하기 때문에 몰입한다. 프로젝트 과정에서 학생들은 문제해결 능력, 창의성, 의사소통, 협업, 비판적 사고력을 키울 수 있다.

우리는 이런 교육 방식을 중국 남서부 청두에 있는 서남교통대학교의 리하오Li Hao, 李浩, 판이홍Fan Yihong, 范怡红, 저우베이Zhou Bei, 周倍 교수로부터 크게 도움받았다. 이는 핀란드에서 파시 살베리Pasi Sahlberg 교수와 그의 동료들이 추진한 교육 개혁에서도 찾아볼 수 있다. 앞서 소개한 스티브 리스와 마인드드라이브 프로그램에서도 같은 맥락의 작업을 하고 있다.

미국 캔자스시티에서 스칸디나비아, 중국에 이르기까지 세계 각국의 교육자들은 하나의 질문에서 출발해 여러 분야를 함께 배우는 학습법을 발전시켜왔다. 자동차와 같이 사람들이 이동하는 방식을 바꾸는 일이나 아름다움을 창조하는 일처럼 흥미로운 주제를 던지며 학습을 시작한다. 학생들은 소규모 집단을 이루어 주어진 도전 과제를 해결하려고 노력하는데 그 과정에서 다양한 과목을 배우고 여러 분야의 지식이 서로 모두 연결되어 있다는 점을 깨닫게 된다. 이와 같은 문제 중심 학습법은 점차 확산 중이기에 아이들에게도 권할 만하다.

다양한 사람들에게 조언을 구하는 것이 좋다. 친구와 이웃도 함께 참여시키고 초등학교부터 대학교에 이르기까지 교사, 학교 관리자, 교육위원들과 직접 이야기해보는 것도 좋다. 직접 나서서 이러한 변화를 주도해야 할 수도 있고, 이미 그렇게 하는 사람들이 있다면 그들을 격려하고 지지하는 것도 바람직하다.

아이가 성장할수록 부모는 직접 행동하는 모습을 보여줘야 한다. 교육자에게 이런 가능성을 전하고 변화를 만드려면 침착하고 예의 바른 태도를 유지하면서 끈기 있게 노력해야 한다. 학교에서 어떤 강좌나 수업을 마련할 수 있는지 관련 자료를 수집하고 앞서 소개한《슈퍼 코스》를 활용할 수도 있다.

새로운 시대가 열리면 아이들은 화학을 단순히 필수 과목으로 여겨 배우는 것이 아니라 인류가 어떻게 생존할 수 있으며 자연의 깊은 신비를 어떻게 풀어낼 수 있는지 연구할 목적으로 배울 것이다. 그러면 시험에서 만점을 받는 것은 목표가 될 수 없다. 그보다는 우주가 다양한 방식으로 우리에게 메시지를 전달하는 방식에 경외하며 자연과 사회에서 배우는 지혜를 활용해 현실에서 직면하는 문제를 해결하려고 노력할 것이다.

지구온난화와 기후 변화를 어떻게 해결할 수 있을까? 지금 이 시대를 어떻게 이해해야 할까? 그리고 과거와 어떻게 비교할 수 있을까? 더 나아가 우리의 행동이 낳는 즉각적인 결과와 장기적인 영향을 어떻게 함께 고려할 수 있을까? 이런 질문에 대해 고민하는 모습을 아이에게 보여주어야 한다. 그러면 아이들이 고등학교나 대학교에 진학할 무렵 자연스럽게 부모와 함께 그런 문제에 관심을 갖고 행동할 것이다.

아이가 어릴 때부터 우리가 제안한 방법에 따라 생각의 씨앗을 심어주려고 노력했다면 아마 아이는 이런 아이디어에 열린 마음을 가지고 있을 것이다. 하지만 중요한 점은 아이가 주도적으로 이러한 과정에 나서야 한다는 것이다. 아이가 새로운 방향으로 움직이기 시작하면 부모는 관련된 아이디어를 알려주고 아이의 행동을 지지한다고 말해주면 된다. 이런 대화는 가정을 더욱 풍요롭게 해줄 뿐 아니라 아이가 앞으로의 변화 흐름을 주도하도록 준비시키는 토대가 된다.

성적은 중요한 피드백이 될 수 있다

성적에 집착하면 어려움을 겪게 된다는 점에 대해서는 이 책에서 누누이 강조해왔다. 부모는 반드시 이 점을 주의해야 한다. 하지만 학교에서 성적을 매기거나 등수를 부여하는 방식에는 긍정적인 측면도 있다. 아드리아나 버틀러는 그 점을 이해하고 잘 활용한 덕분에 큰 효과를 얻었다.[9]

세인트루이스 출신인 버틀러는 학교에서 우수한 성적을 받았고 그 결과 상위권 대학에 입학했다. 그녀가 다니는 학교를 재미 삼아 '숨서즈대학교'라고 하겠다. 그런데 버틀러는 신입생 시절에 다른 신입생도 많이 겪는 한 가지 걸림돌 때문에 거의 발목을 잡힐 뻔했다. 이 학교의 모든 학부생은 작문 수업을 필수적으로 들어야 했는데 수업의 채점 방식이 상당히 까다로웠다. 대다수 고등학생이 그렇듯이 버틀러는 중고등학교를 졸업할 즈음에는 자기가 글을 잘 쓴다고 생각했지만 대학에 와 보니 작문 기준이 매우 높아 작문 실력에 대한 자신감이 몹시 떨어졌다.

신입생이 들어야 하는 어떤 작문 수업에서는 필수 과목인 글쓰기를 통과하려면 절대 용납되지 않는 중대한 실수를 목록으로 만들어 아직도 적용한다. 이러한 목록이 없는 학교들도 신입생에게는 상당히 까다로운 기준을 부과한다. 공대나 의대 예과 과정의 고급수학이나 유기화학만큼이나 어렵다고 할 수 있다.

숍서즈대학교에서는 내로라하는 신입생들도 첫 번째 작문 과제에서 D나 F 학점을 받는 경우가 허다했다. 버틀러는 오랜 시간이 지난 후에 이렇게 회상했다.

"작문 점수를 보면 정신이 번쩍 들었어요. 대학 공부는 지금까지 제가 해왔던 어떤 것보다 훨씬 더 어렵겠다는 생각이 들었죠. 뒤처지지 않으려면 정신을 바짝 차리고 정말 열심히 노력해야 했어요."

버틀러는 이 상황에서 두 가지 반응을 보일 수 있었다. 하나는 오로지 성적에만 연연하는 것이었다. 더 열심히 노력하는 유일한 동기를 성적에 두는 것이다. 하지만 부모의 도움 덕분에 버틀러는 성적에 집착하거나 완벽주의에 빠지지 않고 다른 반응을 보일 수 있었다. 특히 어머니의 조언 덕분에 버틀러는 다음과 같이 생각을 바로잡았다.

"내가 지금 직면해 있는 높은 수준의 작문 기준과 사고력 기준에 도달하고 싶어. 이 기준에 도달하려고 노력하면 더 명료하게 생각하게 되고 내 생각을 다른 사람에게 더 효과적으로 전달할 수 있을 거야."

그리고 버틀러는 자신의 우선순위에 관한 생각도 바꿨다.

"성적에 신경 쓰지 말자. 십 년 후면 내가 몇 점을 받았는지 아무도 모를 거야. 하지만 사고력과 작문 실력이 향상되면 그건 나뿐 아니라 남들도 모두 잘 알게 되겠지."

이제 버틀러에게 중요한 것은 성적이 아니라 사고력과 작문 실력을 키우고 창의성과 비판적 사고를 키울 기회를 얻었다는 점이었다. 그녀는 자신이 받은 점수를 인생의 중요한 교훈이자 더 나은 삶을 살아가는 데 도움이 되는 것으로 보기 시작했다. 더는 점수가 몇 점인지, 상을 몇 번이나 받는지에 연연하지 않았다. 예전에는 점수가 낮으면 저주당한 것처럼 괴로워했지만 이제는 작문 수업에서 배운 교훈을 더 소중히 여기는 사람이 되었다. 이렇게 생각을 바꾸자 버틀러의 삶도 달라졌다. 더는 외적 보상에 얽매여 학습 주도권을 다른 사람에게 뺏기는 학생이 아니었다. 현재 버틀러는 성공 가도를 달리는 작가이자 편집자로 활동하고 있다.

부모는 성적을 바라보는 아이의 관점을 바꾸는 데 큰 역할을 할 수 있다. 학교도 마찬가지다. 켄은 수년간 대학교수를 대상으로 워크숍을 진행할 때 아주 간단한 질문으로 시작하고, 학생들의 학습 효과를 획기적으로 향상시키는 새로운 방법을 소개하는 것으로 마무리했다.

"교실에서 성적은 무엇을 상징합니까? 종강할 무렵 학생들이 해낼 수 있는 결과를 뜻합니까? 아니면 학기 중에 했던 다양한 활동을 모두 합친 것입니까?"

두 질문의 차이를 잘 생각해보길 바란다.

켄은 성적이 무엇을 의미해야 하느냐는 질문도 자주 던졌다. 1986년부터 대학교수를 대상으로 꾸준히 설문조사를 실시했는데, 90퍼센트 이상이 성적은 학생이 해당 강좌를 수료했을 때 무엇을 할 수 있는지를 보여주는 일종의 지표이지 지난 4개월 동안 수업 시간에 했던 활동을 결산한 것이 아니라고 응답했다. 그런데도 여전히 한 학기 내내 받은 평가 결과의 평균을 내는 교사들이 많다. 그러면 학기 초반에 받은 점수 때문에 전체 평균이 낮아지는 일이 종종 발생한다. 이런 산출 방식은 훌륭한 고등학교 교사를 만난 운 좋은 학생에게는 유리하게 작용하지만 버틀러처럼 훌륭한 작가가 될 잠재력이 있는 수많은 학생에게는 불리하게 만든다.

일부 교수는 직접 시행착오를 겪고 피드백을 받은 후에 다시 시도하는 방식으로 여러 번 기회를 주는 방식을 도입하면 기준이 많이 낮아질 거라며 기존 교육 방식이 더 낫다고 말한다. 하지만 현실은 이와 정반대 결과를 보여준다. 새로운 교육 방침을 도입하면 각급 학교는 기준을 더 높일 수 있다. 성적이 종강할 무렵에 그 학생이 어떤 능력을 갖추고 있는지를 보여주는 지표 역할을 한다면 작문 교사나 수학 교사는 학생에게 더 심층적으로 공부하고 훌륭한 결과물을 만들며 실수를 통해 교훈을 얻도록 요구할 수 있다.

앞서 언급했듯이 학자와 연구진이 연구할 때 기대하는 학습 환경도 이런 것이다. 그들은 여러 번 시도해보고 실패도 해보며 피드백을 받아 재도전하는 기회를 중시한다. 학생들이 먼저 나서서 학교에 이런 교육 환경을 조성해달라고 요청해야 하지 않을까? 그게 정말 바람직하다. 부모로서 아이가 학교생활에서 더 많은 이점을 얻길 바란다면 이런 방식을 지지하는 것이 가장 효과적이고 손쉬운 방법이다.

성적이 만들어낸 악몽

최근 뉴욕대학교에서 벌어진 일을 보면 성적을 둘러싼 문제점을 알 수 있다. 유기화학 교수 메이틀랜드 존스 주니어Maitland Jones Jr.는 아이비리그에서 50년 가까이 학생들을 가르치고 은퇴했다가 종신 재직권이나 정규직 임용 없이 뉴욕대학교에 새로 부임했다. 그는 유기화학에 남다른 열정을 가지고 있었지만 학생을 평가할 때 매우 엄격했고 학생들에게 재도전할 기회도 거의 주지 않았다. 많은 학생이 그의 수업 방식에 적응하지 못한 채 낮은 성적에 불만을 품었으며, 급기야 학부생들은 그를 해고해달라고 대학에 청원했다. 논란이 커지자 학교 측은 존스 교수를 해고하기로 했다.[10]

학습 지원 기관이나 학부모가 학생들에게 본인의 실수를 통해 배우는 방법을 깨우치도록 도와줬다면 이 이야기의 결말은 완전히 달라졌을지도 모른다. 학교 측의 전폭적인 지원을 받은 학습센터가 학생들이 어떤 것을 시도하고 실패했을 때는 최종 점수를 매기기 전에 적절한 피드백을 전하고 다시 도전할 기회를 주는 것이 매우 효과적임을 존스 교수에게 알려주었다면 더 좋았을 것이다.[11]

물론 존스 교수는 학생들을 가르치는 데 필요한 모든 노력을 기울였다고 주장했지만 그가 제시한 주요 사례는 오히려 그의 사고방식에 문제가 있다는 점을 드러낸다. 존스는 5,000달러가 넘는 비용을 들여 학생들을 위해 특별 강의를 녹화했는데도 학생들이 제대로 학습하지 못한 이유를 이해할 수 없다고 말했다. 하지만 많은 연구에서 수동적인 강의 방식이 과연 심층 학습을 촉진하는 가장 좋은 방법인지 의문을 제기하고 있다.

존스 교수가 근무하던 대학에는 예산이 충분히 확보되어 학습 효과를 높일 대안을 연구하도록 도와줄 수 있는 교수학센터나 그와 비슷한 것이 전혀 없었다. 그리고 교수들이 수업 설계와 운영에 대해 도움을 구하는 전통도 찾아보기 어려웠다. 우리가 그 점을 아는 이유는 켄이 나서서 1986년 뉴욕대학교에 교수학습지원센터Center for Teaching Excellence를 설립했기 때문이다. 이 센터의 건립 과정을 통해 대학이 할 수 있는 일과 실제로는 하지 않는 일을 알 수 있다.

뉴욕대학교는 노스웨스턴대학교에 있던 켄을 영입하면서 훌륭한 시설을 마련하고 인력 지원도 아끼지 않겠다고 약속했다. 하지만 당시 이 대학은 총장 교체로 과도기를 겪었으며, 재정적 어려움 때문에 불필요해 보이는 비용은 전부 줄이라는 압력을 받았다.

켄은 학부모들이 교수학습지원센터를 행정적으로 지원하는 방안을 마련하지 못한 것을 아쉬워했다. 뉴욕대학교는 지금도 학습과 교수법에 관한 연구 결과를 교육 현장에 반영하는 데 어려움을 겪고 있다. 켄에게 약속한 새로운 시설이나 인력 충원은 끝내 실현되지 않았다. 뉴욕대학교로 자리를 옮긴 지 몇 년 만에 켄은 열악한 단독 연구실을 전전했다. 처음에는 수업 설계를 도와줄 직원 한 사람을 채용할 수 있었지만 예산 삭감으로 그 직원도 내보내야 했다. 그리고 학교에서 교수학습지원센터를 중심에 두지 않았기에 증거 기반의 교육법이 점점 더 중요해진다는 점을 교수진에 제대로 전달하기도 어려웠다.

부모로서 아이가 학교에서 최상의 이점을 얻도록 돕는 것과 교수학습지원센터에 관한 이야기는 무슨 관련이 있을까? 아이들이 어느 대학에 지원할지 결정하기 전 여러 학교의 캠퍼스를 방문하는데, 그때 정작 중요한 질문을 하지 않는 경우가 종종 있다. 이를테면 다음과 같은 질문이 있다. 이 대학에는 교수학습센터가 있는가? 있다면 어떤 인력이 배치되어 있는가? 예산은 어느 정도인가? 교수진이 수업 설계나 운영에 관해 도움을 얻는 것이 전통으로 자리 잡고 있는가?

존스 교수가 해고된 후 심리학 박사이자 서던캘리포니아대학교에서 심리학을 강의하는 레슬리 번트센Leslie Berntsen은 수년 전 존스 교수의 유기화학 수업을 들었던 경험에 대한 글을 썼다.[12] 그녀는 첫 시험을 치른 후 교수가 학생들에게 시험지를 돌려주면서 최고점과 최저점을 공개했다고 회상한다. 존스 교수가 해당 학생의 이름은 밝히지 않았지만 번트센은 자기가 최저점을 받았다는 점을 알고 있었다.

"교수님이 말한 꼴찌가 바로 저라는 것을 다른 학생은 몰랐겠지만 저는 알고 있었어요. 그걸로도 충분히 상처였어요."

존스 교수는 수업을 진행하며 그녀가 받은 낮은 점수를 조롱했고 몇몇 학생들은 웃음을 터뜨렸다.

이는 번트센에게 매우 굴욕적이고 가슴 아픈 경험이었다. 결국 그녀는 국경없는의사회에서 활동하는 정신과 의사가 되어 전 세계 곳곳을 돌며 힘든 처지에 있는 사람을 돕겠다는 꿈을 포기했다. 하지만 그녀가 지금 자기 학생들에게 이 경험을 공개한 것은 긍정적인 의미가 있다. 번트센은 이렇게 결론 내린다.

"저는 학생들이 학업에서 실패나 좌절을 겪는 것이 정상적인 경험임을 알려주고 싶습니다. 그런 실수나 좌절에 너무 낙담할 필요는 없습니다. 그건 학생들의 인성이나 능력이 부족하다는 뜻이 아니며, 앞으로 영원히 낙오자가 될 거라고 낙인찍는 것도 아닙니다. 오히려 그런 경험은 사람이라면 누구나 겪는 일반적인 일이며 오히려 소중한 배움의 기회가 될 수 있습니다."[13]

존스 교수는 자기가 어떤 실수를 저질렀는지 끝내 깨닫지 못했을 수도 있다. 물론 화학에 대한 전문 지식은 누구보다 많았겠지만 그렇다고 교수로서 인간의 동기나 학습에 대해 잘 아는 것은 아니었다. 어쩌면 그는 자신의 문제점을 알면서도 모른 척한 것일 수도 있다. 하지만 그가 저지른 일에 대한 대가는 결국 몇 년이 지나고 나서 그에게 다시 돌아왔다.

더 생각해보기

오래전부터 대학 진학은 권력 및 특권과 떼려야 뗄 수 없는 관계였다. 18세기부터 20세기 초반까지 대학 교육은 주로 백인 엘리트 계층의 아들이 누리는 태생적 권리이자 훗날 사회적 지위를 공고히 다지는 수단이었다. 하지만 사회가 조금씩 변하면서 더 많은 사람에게 고등교육의 기회가 주어졌다.

1830년대 미국에서는 오하이오주에 위치한 오벌린대학에 여학생 입학을 허용했다. 링컨 대통령의 랜드그랜트 프로그램land grant program[*]은 초기에 남학생에게만 혜택을 주었으나 결국 모든 주에 연구 중심 대학을 설립했다. 루스벨트 대통령의 GI 법안에서도 퇴역 군인 수백만 명에게 고등교육의 기회를 마련해주었다.

---

[*] 각 주에 연방 토지를 할당하여 그 수익으로 공공 고등교육기관을 설립한 것.

1960년대에 와서 유색인종에 대한 고등교육 차별이 점차 완화되었다. 록펠러 가문과 같은 일부 초부유층 인사들이 공립대학 활성화에 적극적으로 도왔으며 공화당과 민주당 양측도 이러한 움직임을 지지했다. 만 18세 이상의 모든 학생이 접근할 수 있는 2년제 교육 프로그램인 커뮤니티칼리지 시스템도 갖춰졌다. 이러한 변화 덕분에 미국에서는 고등교육이 크게 민주화·다양화되었으며, 전 세계 곳곳에서 이와 비슷한 움직임이 이어졌다.

하지만 미국 교육 시스템에는 여전히 큰 문제가 남아 있다. 유치원부터 고등학교까지 공립학교는 거의 모든 사람에게 무료 교육을 시행하지만 이후의 교육은 대부분 학생 본인이 비용을 부담해야 한다. 1970년대에 클레이본 펠Claiborne Pell이라는 상원의원은 의회에서 저소득 가정의 대학등록금을 지원해주는 연방보조금을 얻어냈으며, 다른 수많은 주 의회에서도 국공립대학에 입학하는 학생에게 보조금을 지급하기로 했다. 우리 아들은 1986년 텍사스대학교 오스틴 캠퍼스에 입학했는데 당시 학기당 등록금은 약 50달러였다.

그러나 안타깝게도 1960년대와 1970년대에 연방 정부가 대학이나 학생들에게 금전적 지원을 베푸는 것을 두고 일각에서 불만을 제기했다. 그중 일부는 이탈리아계 이민자나 앨라배마주 농가의 자녀 및 수백만 명의 학생이 고등교육을 받도록 해주던 정부 지원금을 줄이려고 했다. 일부 부유층에서는 고등교육의 특권이 자기 자녀에게만 주어지기를 바랐기에 대학에 대한 공적 지원과 모든 공교육에 대한 지원금을 줄이기 시작했다. 이렇게 되자 평범하거나 저소득층인 가정은 자녀의 교육비를 점점 더 부담스러워했다.

입법기관이 국공립대학에 대한 재정 지원을 줄이자 대학은 손실을 메우기 위해 등록금 인상을 감행했다. 그와 함께 대학 운영비도 나날이 증가했다. 게다가 마이크로소프트를 비롯한 몇몇 기업의 회유로 대학마다 앞다투어 최신형 컴퓨터와 소프트웨어를 구입했다. 이렇게 늘어난 비용 지출과 주정부의 지원금 삭감에 대처하기 위해 대학과 은행을 비롯한 각 기관에서는 학생과 학생 가족에 대한 대출 조건을 완화했다. 다수의 사립대학은 물론이고 일부 국립대학에서도 스포츠 경기장이나 스포츠팀 운영, 기타 오락 시설과 같은 편의시설을 제공하는 방식으로 학생들의 기분을 맞춰주었다. 그 결과 학생들의 대출이나 부채는 계속 늘어났다.

미국과 다른 길을 택한 유럽과 아시아

미국 주의회마다 관련 예산을 삭감하자 대학 진학률도 감소했다.[14] 그런데 유럽, 일본을 비롯한 다른 나라의 고등교육은 전혀 다른 양상을 보인다. 2022년에 영국은 2016년보다 학부생 인원이 12퍼센트나 증가했다.[15] 10년 전만 해도 캐나다, 일본, 이스라엘 등 여러 나라에서 대학 졸업생이 미국보다 훨씬 많았다. 그 후 미국의 대학 졸업률은 다른 산업화 국가보다 느린 증가세를 보였고 미국과 다른 나라의 격차는 계속 벌어졌다.[16]

교육 전문 저술가이자 연구자인 폴 터프Paul Tough는 2023년 《뉴욕 타임스》를 통해 이렇게 말했다.

"OECD 국가에서 2000년 이후로 젊은 성인의 학위 취득 비율이 평균 20퍼센트포인트 이상 증가했다."[17]

하지만 미국은 상대적으로 증가 속도가 느린 편이다. 물론 미국 내 학위 취득율은 대다수의 OECD 국가보다 높지만 증가 속도는 OECD 평균보다 느리다.[18] 그런가 하면 미국의 양대 정당 지도자들은 교육과 학습의 질을 높이는 데 비교적 큰 관심을 보이지 않는 것 같다.

2014년 우리는 교수개발 및 학생 학습 향상에 관한 아이디어를 교류하기 위해 두 달간 중국에 방문할 준비를 하고 있었다. 그때 미국 교육부 차관은 우리에게 '중국에 너무 많은 도움을 주지 말라'고 경고하면서 중국과 교류하며 미국 학교가 과연 배울 점이 있을지 상당히 의구심이 든다고 했다. 그러나 거의 10년 후 터프는 다음과 같이 기술했다. "전 세계 곳곳에서 대학 진학률을 높이고자 힘쓰고 있지만 미국은 오히려 대학 교육에 등을 돌리고 있다."

고등교육을 받는 이유

우리는 대다수가 만 18세 이후에도 계속 교육을 받는 것이 학생 개인은 물론 사회 전체에 도움이 된다는 사실을 오래전부터 알고 있었다.[19] 여기서 교육은 예술학교, 교양 교육, 직업 전문교육 등 다양한 형태일 수 있으며, 이러한 교육을 받는 사람들에게는 몇 가지 공통점이 있다.

학위를 받은 사람이라고 해서 누구나 이 책에서 권장하는 교육을 받은 것은 아니다. 다르게 표현하면 그런 사람들이 모두 직업이나 경력과 관계없이 창의적이고 호기심이 넘치며, 비판적으로 생각하고 끊임없이 질문하며, 유능하고 공감력이 높으며, 자신감이 넘치고 서로 협력하고 만족할 줄 알며, 의사소통이 원활한 삶을 살아가는 법을 배운 것은 아니다. 그럼에도 졸업생을 잘 관찰하면 그들이 교육을 통해 얻은 혜택이 상당하다는 점을 알게 된다.

전체가 사실이라고 해서 이를 구성하는 요소 하나하나도 반드시 사실인 것은 아니다. 하지만 평균적으로 보면 대학을 졸업한 사람은 그렇지 않은 사람과 비교할 때 평생에 걸쳐 훨씬 더 많은 소득을 쌓는다. 물론 인생의 성공 여부를 소득 수준으로 판단할 수는 없다. 그리고 경제적인 면을 지나치게 강조하면 다른 이점이 쉽게 흐려질 수 있다. 연구에 따르면 고등교육을 받은 학생은 문제해결 능력이 더욱 뛰어나고, 과업을 해결할 때 상상력을 더 폭넓게 발휘하며, 각종 음모론에 속아 넘어갈 가능성이 작다.[20] 게다가 교육에서 얻은 혜택을 아이와 후대에 물려준다.[21] 내 아이가 얻을 수 있는 잠재적인 혜택을 고려할 때, 그 혜택이 아이에게서 끝나는 것이 아니라 손주는 물론이고 이후 세대에게도 이어지며 더 나아가 사회 전반에도 긍정적인 영향을 준다는 점을 기억해야 한다.

이처럼 보고된 장점이 많음에도 어떤 사람은 이런 것이 주관적인 판단이라며 이의를 제기할지 모른다. 하지만 누구도 부인할 수 없는 점이 하나 있다. 그것은 바로 평균적으로 대학을 졸업한 사람이 대학 교육을 받지 않았거나 중도에 그만둔 사람보다 수명이 길다는 것이다. 미국에서는 두 집단의 기대 수명이 대략 7년 정도 차이가 난다고 한다.[22] 상당히 큰 차이다.

지금까지 살펴본 내용을 정리해봤을 때 모든 사람이 고등교육을 받아야 할까? 어떤 아이들은 '대학에 적합'하다고 하기에 뭔가 부족한 게 아닐까? 지능, 흥미, 재능, 인내심, 준비성과 같이 여러 가지 요소가 관련되어 있을지 모른다. 물론 그런 경우도 있을 것이다.

하지만 인간사회의 역사를 돌이켜보면 적합하지 않은 사람이 대학에 가는 경우보다는 자격이 충분한 인재인데도 그들의 잠재력을 알아보지 못한 채 외면하거나 입시에서 탈락 당하는 경우가 훨씬 더 많은 것 같다.

앞에서 설명했듯이 고등교육에서 미국은 다른 선진국보다 크게 뒤처진 상태다. 게다가 미국 내에서도 주마다 교육 수준의 격차가 매우 크며, 일부 지역은 고등교육을 마치는 비율이 미국 전체 평균에도 미치지 못한다. 최근 몇 년을 돌이켜보면 미국에서는 고등학교를 졸업한 직후 대학에 진학하는 비율이 급감했다.[23]

이런 통계는 누가 고등교육을 받는지를 좌우하는 주요 요소가 어린 시절의 경제 여건과 준비 상태이지, 타고난 능력이 아님을 보여준다. 그리고 많은 사람이 20대에 교육받을 기회를 얻으면 사회 전반에도 여러모로 이점이다.

현재 미국에서는 대학 진학에 관한 관심이 줄어들고 있다. 사실 이는 놀랄 일이 아니다. 공공 정책 때문에 많은 사람이 대학 교육에 상당한 재정적 부담을 느끼고 있다. 그리고 사회의 영향력 있는 인물들이 청소년들에게 교육의 가치를 깎아내리는 메시지를 끊임없이 주입하는 일이 10년 이상 지속되고 있다. 게다가 요즘 사람들은 공부가 사고력과 문제해결력을 키우고 윤리적이고 창의적인 인간으로 성장하는 데 도움이 되는지보다는 그저 돈을 더 많이 벌 수 있는지만 따지는 경향이 있다. 이 책에서 우리가 강조한 수많은 이점을 깊이 있게 연구해서 설명할 수 있는 사람을 찾기 힘들다. 미국은 돈을 지나치게 중시하다 보니 실망할 준비부터 하고 있다고 해도 과언이 아니다. 고등교육을 받았는데도 연봉이 높은 일자리를 얻지 못한 사람은 실패한 사람으로 여겨진다. 그 사람이 받은 교육이 자신과 사회 전반에 상당한 이점을 제공하더라도 말이다.

부모가 할 수 있는 것

아이가 학교에 다니며 보다 많은 것을 얻길 바란다면 사회 전체가 모든 단계의 교육에 재정 지원을 확대하도록 사회적·정치적으로 강력히 주장해야 한다. 이는 교육 당사자인 학생이나 그 학생의 가족이 짊어지는 경제적 부담을 줄이기 위해서일 뿐만 아니라 학습에 대한 연구 결과를 모든 교육기관에 적용하는 데 드는 비용을 줄이기 위해서다. 따라서 정부나 공공기관이 더 많은 예산을 배정하도록 조직적인 노력을 기울여야 한다. 지난 50여 년 동안 교육 현장에서는 교수학습에 관해 근거를 기반에 둔 접근 방식이 도입되어 크게 발전했지만 아직도 갈 길이 멀다.

학부모와 아이들은 고등교육의 비용을 낮추고 누구나 연구 결과 및 개인의 필요에 부합하는 방식으로 고등교육을 받을 수 있도록 변화를 주도하는 역할을 할 수 있다.

하버드대학교의 전 총장 데릭 복Derek Bok은 거의 20년 전인 2006년 《회귀하는 대학: 미국 대학 교육의 현실과 과제》Our Underachieving Colleges를 출간했다. 이 책은 대다수 대학이 거의 모든 분야의 연구를 중요하게 생각하고 지원하면서도, 정작 학습 방식과 학습을 발전시키는 방법에 대한 연구에는 관심을 기울이지 않는다고 지적했다. 세대가 바뀌어도 많은 교수가 인간의 학습이나 동기, 평가에 관한 최신 연구를 적용하지 않고 전통적인 방식으로 수업을 준비하거나 가르친다.[24]

교수학습지원센터와 학생 성공 프로그램의 도움에 힘입어 대학 교육 방식이 많이 달라지고 있다. 하지만 완전히 바뀐 것은 아니다. 여전히 학습 동기나 효과적인 교육 방법에 대한 최신 연구 결과를 반영하지 않은 채 해묵은 교수법에 의존하는 대학 수업이 넘쳐난다. 우리는 고등교육을 더욱더 개선하고 연구 결과를 기반으로 모든 교실에서 《슈퍼코스》가 알려주는 경험을 제공하며, 누구나 교육받을 수 있도록 교육 비용을 낮춰야 한다. 하지만 일부 학교에서는 학생들의 학습 환경을 개선할 수 있다고 검증된 프로그램의 예산을 오히려 줄였고, 교수지원센터에도 충분한 예산을 배정하지 않았다.[25]

부모와 성인이 된 자녀가 뒷걸음질하는 것을 멈추면 이 세상이 어떻게 달라질지 상상해보라. 자녀가 뭘 해야 할지 이해하고 실천하도록 도울 수 있다. 존스 교수와 같은 사람도 해고하기보다 더 나은 학습 환경을 조성하도록 그에 필요한 도움과 지원을 제공해야 한다.

모든 학생들이 고등교육을 받아야 할까?

이 책을 준비하면서 학부모 수백 명에게 학생이 반드시 고등교육을 받아야 한다고 생각하는지 물었다. 응답자 대다수는 고등교육을 어떻게 정의하느냐에 따라 대답이 달라진다고 했다.

"모든 사람에게 딱 맞는 하나의 교육 방식이나 유형은 없다."

어떤 사람은 교양 중심의 폭넓은 교육을 원할 것이고, 어떤 사람은 예술에 집중해 공부하려 할 것이다. 그런가 하면 자동차를 만들거나, 컴퓨터 프로그래밍을 하거나, 가전제품을 수리하거나, 인체에 관한 문제를 해결하는 것처럼 특정 분야의 기술을 배우려는 사람도 있을 것이다. 하지만 여기에는 한 가지 공통점이 있다. 모두 18세 이후에도 다양하고 깊은 학교 교육이 필요하다는 것이다.

그러자 또 다른 질문이 생겼다. 고등교육에는 보통 20년 이상의 교육과정을 거쳐야만 이룰 수 있는 주요 목표가 있어야 하는가? 그렇다면 어떤 목표인가? 무엇을 공부하든 학교가 모든 학생이 달성하도록 도와주어야 하는 공통 목표가 있을까? 아주 어린 시절부터 노력하기 시작해도 대다수 사람이 20대 초반이 되어서야 비로소 도달할 수 있는 그런 목표가 실제로 존재할까?

우리는 여러 반응을 모은 다음, 가장 자주 언급된 세 가지를 선택했다. 그다음 세 가지 반응을 사람들에게 객관식으로 제시하면서 원한다면 주어진 선택지가 아닌 다른 반응을 제시해도 된다고 말했다. 이렇게 하면 사람들에게서 매우 다양한 반응이 나올 거라고 예상했지만 결과는 그렇지 않았다. 절대다수가 선택지에 주어진 반응 중 하나를 선택했으며, 사실상 거의 모든 사람이 '학생들이 허위 정보를 분별하게 도와주는 것'이 필요하다는 데 동의했다.

그리고 여러 사람이 같은 사례를 들었다. 2020년 뉴저지 메트로 파크에서 워싱턴 D.C.까지 버밍햄 출신의 한 남성과 암트랙 열차를 함께 타고 갔는데 그는 이렇게 말했다.

"저는 5대째 공화당 가문에서 태어났지만 우리 민주주의에서 에드거 웰치Edgar Welch처럼 고통받는 사람이 더는 생기지 않게 해야 합니다."

우리는 매디슨이라는 이름을 그날 처음 들었고, 나중에 그 사람에 관해 알아보았다. 같은 이름을 가진 배우이자 극작가가 있긴 했지만 기차에서 만난 남성이 말한 사람은 아니었다. 웰치는 노스캐럴라이나 출신의 젊은이로, 힐러리 클린턴과 다른 저명한 민주당 인사들이 워싱턴 D.C. 북서부의 한 피자 가게 지하실에 아이들을 감금하고 있다는 인터넷 기사에 속아 넘어가 그런 말을 한 것이었다.

사실 그것은 전혀 근거 없는 주장이었다. 그런데도 웰치는 현실에서 감금 사태가 벌어지고 있다고 굳게 믿었고 2016년 어느 날 밤에 AR-15 소총을 들고 워싱턴으로 갔다. 이튿날 아침 그는 피자 가게에 난입해 총을 세 발 쏘았고 결국 출동한 경찰에 제압당했다. 그 사건 후에도 몇 달 동안 비슷한 음모론이 등장하여 몇몇 사람이 웰치와 비슷한 행동을 저질렀다.[26]

교육은 사람들이 허위 소문에 쉽게 휘둘리지 않도록 판단력을 길러줄 수 있을까? 이것이 교육의 목표라면 연봉을 높여주지는 못해도 사람의 생명은 구할지 모른다. 요즘 세상은 너무나 분열되고 혼란스러워서 가짜뉴스 확산에 대응하는 것이 교육의 목적을 논할 때 매우 중요한 사안이 되었다.

감사의 글

책을 집필하는 데 수많은 사람의 협업이 반드시 필요한 것은 아니지만 이 책은 정말 많은 도움이 필요했다. 《최고의 공부는 집에서 시작된다》를 완성하기까지 연구 자료, 전문 지식을 나눠주고 격려와 지원을 아끼지 않은 동료, 가족, 오랜 벗과 새로 알게 된 친구들에게 머리 숙여 감사드린다.

이 책에서는 수많은 작가, 연구진, 학자의 말과 연구를 인용했다. 그들의 업적이 이 세상에 좋은 영향을 미치는 것을 보면서 앞으로도 학습에 관해 더 많이 연구해 발표해주길 바란다. 그리고 창의적인 방법으로 심층 학습을 해내어 우리에게 깊은 인상을 주었던 수많은 교육자도 이 책을 읽으며 깊이 공감할 거라고 생각한다.

무엇보다 우리가 인터뷰하고 실제로 관찰했던 부모들이 생각난다. 그들이 베푼 도움과 지원이 이 책에서 정말 유용하게 쓰인 것을 직접 확인하길 바란다. 마치 그들이 매일매일 아이에게 긍정적인 영향을 주며 살아가는 것처럼 말이다.

이 책을 본격적으로 준비해온 20년이 넘는 시간 동안 두 가정을 계속 오가는 수고를 마다할 수 없었다. 현재 하버드대학교 출판부의 편집자인 샤르밀라 센Sharmila Sen은 작업 초반부터 기본 개념을 잡는 데 많은 도움을 주었다. 제임스 랭은 학습에 관한 연구 및 저술 활동에 그동안 크게 기여하며 이 책의 제목도 지어주었다(우리 이웃인 프레드 로드리게스는 이 책의 제목으로 '한 걸음 물러나요'를 제안했지만 랭에게 안타깝게 밀리고 말았다).

그밖에 수많은 사람이 초안을 읽고 피드백을 주거나 다양한 제안을 해줬다. 이 프로젝트를 이어받은 출판사의 편집자인 레이철 필드Rachel Field는 자신만의 독특한 통찰력을 담은 의견을 보내주었으며 전반적인 작업이 매끄럽게 진행되도록 도와주었다. 최종 원고를 넘긴 후에는 줄리아 커비Julia Kirby의 노력으로 이 책이 더욱 빛날 수 있었다. 그녀의 섬세한 편집과 따스한 격려 덕분에 이 책은 수많은 저자들이 바라는 놀라운 수준으로 다시 태어났다. 그리고 지난 1년간 우리의 건강과 행복을 돌봐주고 생산적인 삶을 지속하도록 도와준 의료진과 간병인에게 심심한 감사를 전한다.

무엇보다도 가족에게 가장 큰 빚을 진 기분이다. 그들은 우리에게 배움의 원천이 되어주었다. 이 책은 우리의 교육 여정의 최종 결과물이라고 할 수 있다. 그 여정은 우리가 어렸을 때 다른 아이들과 그들의 학습 방식을 관찰하면서 시작된 것 같다.

이 책의 핵심 주제는 교육이 단지 전문 교육자들만의 문제가 아니라는 것이다. 물론 다양한 분야의 교사에게 큰 빚을 지고 있지만 택시 기사, 사서, 예술가, 학생들 그리고 우리를 잠시 멈추고 사유하게 만든 여러 사람의 관찰과 깊이 있는 생각에 감사드리고 싶다.

집에서는 누구나 서로에게 배울 수 있다. 그런 의미에서 우리의 소중한 자녀와 손주들이야말로 우리에게 가장 큰 통찰과 영감을 주었기에 매우 고맙게 생각한다.

주

들어가는 글

1 Peter Gray, "The Decline of Play and the Rise of Psychopathology in Children and Adolescents," *American Journal of Play* 3, no. 4 (2011): 443-444.

2 개인정보 보호를 위해 가명 또는 여러 사람의 특징을 조합한 가상인물을 사용했다.

3 약 10년 전에 심리학자 앤절라 더크워스는 '성적보다 더 중요한 주요 자질'의 목록에 그릿(grit)을 추가했다. 우리는 그 제안을 긍정적으로 평가하지만 전적으로 동의하지는 않는다. Angela Duckworth, *Grit: The Power of Passion and Perseverance* (New York: Scribner, 2016).

4 하루가 다르게 급변하는 세상에서 직업을 잃지 않으려면 자신의 기술과 지식을 끊임없이 발전시켜야 한다는 인식이 매우 강해지다 보니 원래부터 그랬던 것은 아니라는 점을 잊기 쉽다. 10년 전에 켄은 워싱턴 D.C.에 있는 작은 국립대학교에서 2년간 교무처장을 지냈다. 그 학교는 고등교육 지원 제도인 랜드그랜트 프로그램(land grant program) 대상이어서 오랫동안 흑인 학생을 받아주었다. 켄은 학교 대표자로서 지역사회의 지도층과 자주 만나 이 학교에서 어떤 교육을 제공해야 하는지 자주 논의했는데 학생 대다수가 가난한 흑인이므로 '좋은 직업을 찾을 수 있도록 가르치라'는 조언을 자주 들었다. 하지만 그들이 말하는 좋은 직업은 지속적인 성장이나 변화가 필요하지 않은 매우 제한된 개념이었다. 사실 이러한 논의

는 적어도 20세기 초반까지 거슬러 올라간다. 당시 사회학자인 듀보이스(W. E. B. Du Bois)는 학생들을 지도자가 될 만한 인재로 준비시키기 위해 폭넓은 교육을 해야 한다고 주장했으나 미국의 교육자이자 흑인 사회의 대표적인 리더로서 활동한 부커 워싱턴(Booker T. Washington)은 직업 훈련만 강조했다.

5   안타깝게도 부모가 아이의 교육 문제에 관해 정보가 매우 부족한 경우가 많다. 부모를 무시하거나 깔보는 어조를 감추지 않는 책이 많으며, 일부 널리 알려진 연구들은 비합리적인 두려움을 부추기는 것처럼 보인다. 심지어 어떤 조언은 저자 개인의 취향에 불과하다. 결국 대부분의 부모들은 학습에 관한 중요한 연구에서 밝혀낸 내용을 알기 어렵다. 이 책의 목표 중 하나는 바로 이러한 상황을 바로잡는 것이다.

6   Ken Bain, *What the Best College Teachers Do* (Cambridge, MA: Harvard University Press, 2004); Ken Bain, *What the Best College Students Do* (Cambridge, MA: Belknap Press of Harvard University Press, 2012); Ken Bain with Marsha Marshall Bain, *Super Courses: The Future of Teaching and Learning* (Princeton, NJ: Princeton University Press, 2021).

7   베이커의 '능력 통합' 강의는 매우 유명하다. 그는 사람들이 4단계를 통해 개인적 성장을 추구한다고 가르치며 학생들에게 '4단계 집단'에 속해야 한다고 말한다. 4단계 집단은 '성장이란 정신과 마음의 역동적인 힘을 발견하는 것'이라고 생각하는 소수의 행복한 사람들이다. Paul Baker, *Integration of Abilities: Exercises for Creative Growth* (San Antonio, TX: Trinity University Press, 1972), 17. 창의성을 키우는 것에 관한 베이커의 접근 방식은 이 책의 뒷부분에서 더 살펴볼 것이다.

8   매사추세츠공과대학교(MIT)의 레멀슨-MIT 프로그램은 유명한 발명가 제롬 레멀슨(Jerome Lemelson)과 그의 아내 도로시의 작품이다. 이 프로그램은 1994년부터 다양한 배경을 지닌 아이들에게 '현실의 문제를 해결할 기술적 해결책'을 찾는 데 필요한 지식, 기술, 사고방식을 가르치고 있다. https://lemelson.mit.edu/forging-pathway-invention-education.

9   Giyoo Hatano and Kayoko Inagaki, "Two Courses of Expertise," in *Research and Clinical Center for Child Development Annual Report, 1982-1983*, ed. Kazuo Miyaki (Sapporo, Japan: Hokkaido University Faculty of Education, 1984): 27-36.

10 Jonny Beyer et al., "Environmental Effects of the Deepwater Horizon Oil Spill: A Review," *Marine Pollution Bulletin* 110, no. 1 (2016): 28-51; Mace G. Barron, "Ecological Impacts of the Deepwater Horizon Oil Spill: Implications for Immunotoxicity," *Toxicologic Pathology* 40, no. 2 (2012): 315-320; Thomas G. Safford, Jessica D. Ulrich, and Lawrence C. Hamilton, "Public Perceptions of the Response to the Deepwater Horizon Oil Spill: Personal Experiences, Information Sources, and Social Context," *Journal of Environmental Management* 113 (2012): 31-39.

11 George Sylvester Viereck, "What Life Means to Einstein," *Saturday Evening Post*, October 26, 1929, 117.

12 아이들은 원래 호기심이 많아서 처음 교실에 들어올 때면 배움에 대한 기대감으로 가득 차 있다. 하지만 불과 몇 년 사이에 그렇게 적극적인 태도는 사그라들고 만다. 소위 명문이라고 알려진 학교에서도 어린 시절에 가지고 있던 열정은 금세 꺼지는 불씨로 전락한다.

13 똑똑한 아이와 그렇지 않은 아이로 구분하는 낡은 고정관념을 버려야 한다. 연구에 따르면 아이들이 실패를 딛고 일어나서 성장하는 방법을 배우도록 도와주는 것을 목표로 삼고 이 목표를 위해 꾸준히 노력하면 아이의 학교생활은 물론이고 인생 전반에 매우 긍정적인 영향을 줄 수 있다.

14 이는 결코 쉽지 않다. 아이를 숨 막히게 할 정도로 늘 감시하는 '헬리콥터 부모'가 되지 말아야 하지만 그렇다고 해서 아이와 아이의 학업을 방치해서도 안 된다.

15 급변하는 시대에 어떻게 해야 아이가 창의적이고 새로운 것을 만들어내는 인생을 살아가는 법을 배울 수 있을까? 요즘 세상에서 성공하려면 문제의 정답만 외워서는 안 된다. 그런 지식은 별로 중요하지 않으며 그런 학습 방식을 요구하는 직업은 머지않아 사라질 수도 있다. 어떻게 해야 아이들이 새로운 세상을 상상하고 지금까지 없었던 방법을 찾을 수 있을까? 부모는 자신의 학력이나 교육 배경과 관계없이 아이가 창의적이고 상상력이 풍부한 인생을 살도록 도와줄 수 있다.

16 어떤 아이들은 단지 학습 요령을 몰라서, 그 의미를 이해하지 못하기 때문에 제대로 배우지 못하거나 심층 학습을 하지 못한다. 하지만 우리는 그런 아이들을 도울 수 있다. 과거에는 모범생도 효과적이지 않은 학습법으로 공부했고, 그로 인해 기억 인출이나 심층 이해에 문제가 생겼다. 그러나 지난 100년간의 연구는 이러한

낡아빠진 학습 방식에 의문을 제기하며 새로운 사고방식을 알려준다. 이제 가장 중요하게 생각해야 할 점은 다음과 같다. 아이는 어떻게 생각하는 법을 배우고, 현명한 결정을 내리며, 앞으로 마주할 수많은 아이디어와 정보를 제대로 활용하는 법을 배울 수 있을까?

17 아이들은 무엇을 공부해야 할까? 아이에게 폭넓은 교양 교육을 받게 할 것인가, 아니면 특정 직업이나 분야에 진출하도록 실용적인 준비를 하게 할 것인가? 단순히 돈만 생각해서 연봉이 가장 높은 직업을 얻으려는 목표는 과연 바람직할까? 그런 목표가 정말 실현될 수 있을까? 우리 사회는 바로 이 두 가지 사이에서 헤매는 것 같다. 특히 경제적으로 어려운 가정일수록 수입이 높은 직업을 가져야 한다는 압박이 매년 커지고 있다. 하지만 그것이 정말 최선일까? 적어도 현실적인 선택이라고 할 수 있을까?

18 Steven Johnson, "The Man Who Broke the World," *New York Times Magazine*, March 19, 2023, 38.

19 토머스 미즐리와 납 노출의 위험성에 관한 더 자세한 내용은 다음을 참고하라. Herbert L. Needleman, "The Removal of Lead from Gasoline: Historical and Personal Reflections," *Environmental Research* 84, no. 1 (September 1, 2000): 20-35; Kat Eschner, "Leaded Gas Was a Known Poison the Day It Was Invented," *Smithsonian Magazine*, December 9, 2016; Kat Eschner, "One Man Invented Two of the Deadliest Substances of the 20th Century," *Smithsonian Magazine*, May 18, 2017; David C. Bellinger, Karen M. Stiles, and Herbert L. Needleman, "Low-Level Lead Exposure, Intelligence and Academic Achievement: A Long-Term Follow-up Study," *Pediatrics* 90, no. 6 (December 1, 1992): 855-861; Bruce P. Lanphear et al., "Low-Level Environmental Lead Exposure and Children's Intellectual Function: An International Pooled Analysis," *Environmental Health Perspectives* 113, no. 7 (July 2005): 894-899; Howard W. Mielke and Sammy Zahran, "The Urban Rise and Fall of Air Lead (Pb) and the Latent Surge and Retreat of Societal Violence," *Environment International* 43 (August 1, 2012): 48-55; J. R. McNeill, *Something New Under the Sun: An Environmental History of the Twentieth-Century World* (New York: Norton, 2000), 111-114; Steven Johnson, "The

Brilliant Inventor Who Made Two of History's Biggest Mistakes," *New York Times Magazine*, March 15, 2023.

20   Adam Grant, *Think Again: The Power of Knowing What You Don't Know* (New York: Penguin, 2021), 25.

제1장 아이들이 다시 호기심을 갖게 하려면

1   Scott Hershovitz, "How to Do Philosophy with Kids," *Psyche*, December 21, 2022, https://psyche.co/guides/how-to-talk-about-philosophy-with-kids-so-you-think-together.

2   Michelle M. Chouinard, "Children's Questions: A Mechanism for Cognitive Development," *Monographs of the Society for Research in Child Development* 72, no. 1 (2007): i–129.

3   Richard M. Ryan and Edward L. Deci, "Intrinsic and Extrinsic Motivations: Classic Definitions and New Directions," *Contemporary Educational Psychology* 25, no. 1 (2000): 54–67.

4   Ken Bain, *What the Best College Teachers Do* (Cambridge, MA: Harvard University Press, 2004): 32–36.

5   Richard M. Ryan and Edward L. Deci, "Self-Determination Theory and the Facilitation of Intrinsic Motivation, Social Development, and Well-Being," *American Psychologist* 55, no. 3 (2000): 68–78.

6   부유층은 오래전부터 선행학습과 학교 교육을 받을 수 있는 유리한 입장에 있었다. 1960년대에 존슨 행정부가 저소득층 가정을 위해 헤드스타트(Head Start) 프로그램을 만들었고 1970년대 후반에 카터 행정부가 이 제도를 확대 시행했다.

7   더 깊이 생각하게 만드는 영화가 궁금하다면 다음을 참고하라. Julian Baggini et al., "I Watch Therefore I Am: Seven Movies that Teach Us Key Philosophy Lessons," *The Guardian*, April 14, 2015. 아이의 연령에 맞게 고르고 성장하면서는 더 깊은 이야기도 함께 만나보길 바란다.

8   찰스 다윈의 노트에 대해 더 알고 싶다면 다음을 참고하라. "Darwin's Notebooks

and Reading Lists," Darwin Online, https://darwin-online.org.uk/EditorialIntroductions/vanWyhe_notebooks.html; for Marie Curie's, see Marie Curie, "Notebook," Wellcome Collection, https://wellcomecollection.org/works/cywqefw4/items?canvas=9.

9 "Philosophy and Children's Literature," PLATO-Philosophy Learning and Teaching Organization, https://www.plato-philosophy.org/childrens-literature/.

10 Bob Hirshon, "These DIY Science Projects Let You Help Real-World Research," *Discover*, updated July 9, 2020, https://www.discovermagazine.com/the-sciences/these-diy-science-projects-let-you-help-real-world-research.

11 도널드 셰프(Donald Sheff)의 글에서 인용했다. " 'Izzy, Did You Ask a Good Question Today?' " letter to the editor, *New York Times*, January 19, 1988, A26.

12 Dan Rothstein and Luz Santana, *Make Just One Change: Teach Students to Ask Their Own Questions* (Cambridge, MA: Harvard Education Press, 2011).

13 Rothstein and Santana, *Make Just One Change*, 27.

14 이렇게 두 가지 퍼즐을 알려준 벨몬트대학교 수학과의 마이크 핀터(Mike Pinter) 교수에게 감사를 전한다.

15 "Compare the States," *Chronicle of Higher Education*, August 2, 2024, https://www.chronicle.com/article/almanac-states.

16 2020년 봄학기와 가을학기 분석 참고. Wan-Lae Cheng, Jonathan Law, and Duwain Pinder, "COVID-19 Crisis Pushes US Students into an Uncertain Job Market," McKinsey & Company, July 7, 2021, https://www.mckinsey.com/featured-insights/sustainable-inclusive-growth/future-of-america/covid-19-crisis-pushes-us-students-into-an-uncertain-job-market.

17 Molly Woodworth, quoted in Emily Hanford, "At a Loss for Words: How a Flawed Idea Is Teaching Millions of Kids to Be Poor Readers," *APM Reports*, April 22, 2019.

18 Hanford, "At a Loss for Words."

19 "NAEP Report Card: Reading," The Nation's Report Card, accessed April 5, 2024, https://www.nationsreportcard.gov/reading/nation/achievement/?grade=4.

20 Emily Hanford, *Sold a Story, podcast*, https://features.apmreports.org/sold-a-story/.

21 "Word of the Day App," accessed April 5, 2024, https://wordwordapp.com/.

22 이 앱은 대다수 앱스토어에서 무료로 다운로드할 수 있다. www.starfall.com 사이트에서도 읽기와 알파벳 관련 교육 자료를 제공한다. 과거에는 모두 무료였으나 지금은 일부 콘텐츠가 유료로 전환되었다. 하지만 무료로 제공되는 자료들은 여전히 유용하다. 다음 자료도 참고하길 바란다. Bonnie Terry, "Best Practices for Teaching Phonics," Scholar Within, February 23, 2022, https://scholarwithin.com/best-practices-for-teaching-phonics; Louisa Smith, "10 of the Best Phonics Books to Help Your Child Read," A Dime Saved, September 4, 2023, https://adimesaved.com/best-phonics-books.

제2장 아이들이 성공과 실패에 현명하게 대처하려면

1 허슈바크와 나눈 대화는 켄 베인의 책에서 인용한 것이다. *What the Best College Students Do* (Cambridge, MA: Belknap Press of Harvard University Press, 2012), 57.

2 Ken Bain with Marsha Marshall Bain, *Super Courses: The Future of Teaching and Learning* (Princeton, NJ: Princeton University Press, 2021), 25-26.

3 J. M. Barrie, *Peter Pan in Kensington Gardens* (New York: Charles Scribner's, 1916), 27.

4 Albert Bandura, "Self-Efficacy: Toward a Unifying Theory of Behavioral Change," *Psychological Review* 84, no 2 (1977): 191-215.

5 캐럴 드웩의 《마인드셋》을 참조했다(New York: Ballantine, 2006). 어떤 독자는 이 분야를 이미 잘 알 것이고 어떤 독자는 많이 안다고 착각할 것이다. 그런가 하면

이런 아이디어들을 처음 접하는 사람도 있을 것이다. 짧은 요약문이지만 이를 통해 많은 사람이 아직 생각해보지 못한 새로운 점을 발견하기를 바란다. 한 가지 분명한 점은 드웩의 아이디어와 연구가 아이에게 정말 큰 도움이 된다는 것이다.

6 Carol I. Diener and Carol S.Dweck, "An Analysis of Learned Helplessness: Continuous Changes in Performance, Strategy, and Achievement Cognitions Following Failure," *Journal of Personality and Social Psychology* 36, no. 5 (1978): 451-462. 이미 출간된 다른 책에서 이 실험에 대해 언급한 적이 있다. 학계의 높은 기준을 지키려는 신과 같은 사람들이 불쾌할 수 있지만 우리는 그런 위험을 감수하면서 그 실험을 좀 더 간결하게 제시했다. 이 실험에 대한 상세한 내용을 읽고 싶다면 이 책을 참조하길 바란다. *What the Best College Students Do* (Cambridge, MA: Belknap Press of Harvard University Press, 2012), 104-111.

7 Melissa L. Kamins and Carol S. Dweck, "Person Versus Process Praise and Criticism: Implications for Contingent Self-Worth and Coping," *Developmental Psychology* 35, no. 3 (1999): 835-847.

8 Jamie Amemiya and Ming-Te Wang, "Why Effort Praise Can Backfire in Adolescence," *Child Development Perspectives* 12, no. 3 (September 2018): 199-203. 우리가 말하는 '과업 칭찬'을 다른 책에서는 '노력 칭찬'(effort praise)이라고 표현하기도 한다.

9 Geoffrey L. Cohen, Claude M. Steele, and Lee D. Ross, "The Mentor's Dilemma: Providing Critical Feedback across the Racial Divide," *Personality and Social Psychology Bulletin* 25, no. 10 (1999): 1302-1318.

10 Claude M. Steele, "Thin Ice: Stereotype Threat and Black College Students," *The Atlantic*, August 1999: 44-54. 세 번째 접근 방식에 긍정적으로 반응한 사람들 중에는 고정관념으로 인한 위협에 수없이 시달려온 아프리카계 미국인 학생들도 있었다.

11 사람들이 고정 마인드셋과 성장 마인드셋에 관한 연구 결과를 잘 활용하지 못하는 또 다른 이유가 있다. 그것은 바로 '성적'을 기준으로 변화를 확인하려고 하기 때문이다. 하지만 성적은 좀처럼 믿기 어려운 것이다. 뒤에서 어느 역사 교수의 사례를 언급할 텐데 그는 그리스 역사 수업에서 파르테논 신전 외벽을 두른 대리석 조각을 세세히 외운 학생에게만 높은 점수를 줬다고 한다. 그 수업에서 고대 그리

스 사회나 문화의 주요 변화를 이해하는 일은 별로 중요하지 않게 여겨졌다. 학생들이 암기한 내용이 이후 역사를 바라보는 관점에 어떤 영향을 주었는지도 전혀 상관하지 않는 것 같았다.

12 Kyla Haimovitz and Carol S. Dweck, "Parents' Views of Failure Predict Children's Fixed and Growth Intelligence Mind-Sets," *Psychological Science* 27, no. 6 (2016): 859-869.

13 이 예시들은 하이모비츠와 드웩의 연구에서 가져온 것이다. "Parents' Views of Failure," 866.

14 Elizabeth A. Canning, Katherine Muenks, Dorainne J. Green, and Mary C. Murphy, "STEM Faculty Who Believe Ability Is Fixed Have Larger Racial Achievement Gaps and Inspire Less Student Motivation in Their Classes," *Science Advances* 5, no. 2 (February 15, 2019): eaau4734.

15 미적분을 비슷한 방식으로 공부한 대학생들의 잘 알려진 사례가 있다. Uri Treisman, "Studying Students Studying Calculus: A Look at the Lives of Minority Mathematics Students in College," *College Mathematics Journal* 23, no. 5 (November 1, 1992): 362-372.

16 "Our Story: The Story behind WeWantToKnow and the Development of DragonBox Games," https://dragonbox.com/about/story-story.

17 David S. Yeager and Carol S. Dweck, "What Can Be Learned from Growth Mindset Controversies?" *American Psychologist* 75, no. 9 (2020): 1269-1284, 1282.

18 Lisa Blackwell, "You Can Grow Your Intelligence: New Research Shows the Brain Can Be Developed Like a Muscle," Brainology Curriculum Guide for Teachers, www.brainology.us/websitemedia/youcangrowyourintelligence.pdf.

19 Joenna Driemeyer, Janina Boyker, Christian Graser, Christian Buchel, and Arne May, "Changes in Gray Matter Induced by Learning-Revisited," *PLoS ONE* 3, no. 7 (2008): e2669.

20 Susan Bobbitt Nolen, "Reasons for Studying: Motivational Orientation and Study Strategies," *Cognition and Instruction* 5, no. 4 (1988): 269-287.

21 Lisa S. Blackwell, Kali H. Trzesniewski, and Carol Sorich Dweck, "Implicit Theories of Intelligence Predict Achievement across an Adolescent Transition: A Longitudinal Study and an Intervention," *Child Development* 78, no. 1 (January-February 2007): 246-263.

제3장 배움이 자라는 집으로 만들려면

1 아이의 학교 전반의 학습이나 특정 과목에서 믿을 만한 연구나 근거가 있는 도움을 주고 싶은데 어떻게 해야 할지 모르겠다면 인터넷에서 도움을 받을 수 있다. 인터넷에 관련 자료가 많이 있는데 그중 한 가지 예시를 소개하면 다음과 같다. "How to Find Free Tutoring and Homework Help Near You," National School Choice Week, updated March 26, 2024, https://schoolchoiceweek.com/free-tutoring/.

2 성장 마인드셋을 주제로 하면서도 중학교 1학년 수준의 읽기 난이도에 맞춰 작성된 자료가 있다. "You Can Grow Your Intelligence: New Research Shows the Brain Can Be Developed Like a Muscle," Brainology Curriculum Guide for Teachers, https://www.mindsetworks.com/websitemedia/youcangrowyourintelligence.pdf.

3 파닉스와 관련해 집에서 활용할 수 있는 자료들은 다음과 같다. "How to Practice Phonics with Kids at Home," *Scholastic*, August 7, 2023, https://www.scholastic.com/parents/books-and-reading/reading-resources/developing-reading-skills/teach-phonics-home.html; "Early Learning at Home Reading Tips," Teach Your Child to Read, https://teachyourchildtoread.com/early-learning-at-home/.

4 스티브 리스의 2023년 인터뷰를 참고했다.

5 이 책의 뒷부분에서 폴 베이커에 관해 더 자세히 언급할 것이다. 그가 수업에서 사용한 자료들을 모두 보려면 다음을 참조하기 바란다. Paul Baker, *Integration of Abilities: Exercises for Creative Growth* (San Antonio, TX: Trinity University Press, 1972).

6 허슈바크의 어린 시절 모험에 대해서는 켄의 책에서 더 읽을 수 있다. *What the Best College Students Do* (Cambridge, MA: Belknap Press of Harvard University Press, 2012), 215-220.

7 제프리 호킨스의 이야기에 대해서는 다음을 참조하라. *What the Best College Students Do*, 32-34, 121-125.

8 James M. Lang, *Distracted: Why Students Can't Focus and What You Can Do about It* (New York: Basic Books, 2020).

9 Ken Bain with Marsha Marshall Bain, *Super Courses: The Future of Teaching and Learning* (Princeton, NJ: Princeton University Press, 2022), 16.

10 Candice Millard, *Destiny of the Republic: A Tale of Madness, Medicine, and the Murder of a President* (New York: Doubleday, 2011).

11 Bain, *What the Best College Students Do*, 133.

12 영국에 어린이를 위한 철학 프로그램을 도입하는 데 리프먼의 작업에 대한 다큐멘터리가 도움이 되었다. Matthew Lipman, *Philosophy for Children*, BBC, 1990, https://www.youtube.com/watch?v=fp5lB3YVnlE.

13 Renia Gasparatou and Maria Kampeza, "Introducing P4C in Kindergarten in Greece," *Analytic Teaching and Philosophical Praxis* 33, no. 1 (2012): 72-82.

14 교사들이 읽어준 이야기들은 모두 가까운 공공도서관에서 찾아볼 수 있다. Kathryn Cave, *Something Else* (London: Puffin Books, 1994); David McKee, *Elmer* (London: Andersen Press, 2007); and Steve Smallman, *The Lamb Who Came for Dinner* (Wilton, CT: Tiger Tales, 2007).

15 Gasparatou and Kampeza, "Introducing P4C," 75.

16 Gasparatou and Kampeza, "Introducing P4C," 76.

17 "Resources for Parents, Grandparents, and Family Members," PLATO, https://www.plato-philosophy.org/for-parents-and-grandparents/.

18 여기서 소개한 샌델의 강의 내용은 켄 베인의 책 내용을 참고했다. *What the Best College Teachers Do* (Cambridge, MA: Harvard University Press, 2004), 109-111.

19 Ken Bain, *What the Best College Teachers Do*, 109.

20 Ken Bain, *What the Best College Teachers Do*, 109.

21 Ken Bain, "What Makes Great Teachers Great?" *Chronicle of Higher*

Education, April 9, 2004.

22 Michael Sandel, "Justice:What's the Right Thing to Do?" Harvard University's Justice with Michael Sandel, http://justiceharvard.org/justicecourse/. 대학 진학을 앞둔 아이가 있다면 해당 수업을 온라인에서 무료로 수강할 수 있으나 수료증은 받을 수 없다. 수료증도 받고 자료를 제한 없이 사용하고 싶다면 유료 결제를 해야 한다. "HarvardX: Justice" EdX, accessed April 9, 2024, https://www.edx.org/learn/justice/harvard-university-justice?in.

23 Bain, *What the Best College Teachers Do*, 110.

24 Sandel, "Justice: What's the Right Thing to Do? Episode 01 'The Moral Side of Murder,' " YouTube, https://www.youtube.com/watch?v=kBdfcR-8hEY&t =11s.

제4장 창의적인 아이로 키우려면

1 Ken Bain, *What the Best College Students Do* (Cambridge, MA: Belknap Press of Harvard University Press, 2012), 191–198.

2 이 책은 켄이 베이커의 아이디어와 업적을 다룬 네 번째 책이다. 베이커의 가르침을 다시 살필 때마다 이전에는 충분히 알아차리지 못했던 새롭고 중요한 점들을 발견하기 때문에 계속해서 다루게 된다.

3 Paul Baker, *Integration of Abilities: Exercises for Creative Growth* (San Antonio, TX: Trinity University Press, 1972).

4 Sir Ken Robinson, "Do Schools Kill Creativity?" TED Talk, February 2006, https://www.ted.com/talks/sirkenrobinsondoschoolskillcreativity.

5 로튼에 관한 인용문은 로버트 플린(Robert Flynn)과 유진 매키니(Eugene McKinney)가 엮은 《폴 베이커와 능력의 통합》(Paul Baker and the Integration of Abilities)(Fort Worth, TX: TCU Press, 2003)의 책날개에 나온다. 하지만 우리는 이 말을 베이커의 딸인 로빈 플랫을 통해서 먼저 접했다. 그녀는 1950년대 베일러 극장에서 베이커와 함께 작업하다가 로튼이 언론 인터뷰에서 이 말을 하는 것을 들었다고 한다.

6   이 인용문은 켄이 1962년 베이커의 강의를 들으며 기록한 노트에서 가져왔다. first published in Bain, *What the Best College Students Do*, 3.

7   Baker, *Integration of Abilities*, 61, quoted in Bain, *What the Best College Students Do*, 14.

8   Albert Einstein, "What Life Means to Einstein," interview by George Sylvester Viereck, *Saturday Evening Post*, October 26, 1929.

9   Sherry Kafka, quoted in Bain, *What the Best College Students Do*, 16.

10 베이커의 강의를 들으며 기록한 켄의 노트에서 인용했다. Bain, *What the Best College Students Do*, 16.

11 베이커의 강의를 들으며 기록한 켄의 노트에서 인용했다.

12 Bain, *What the Best College Students Do*, 16.

13 베이커는 우리가 '일에 대한 저항감'을 극복할 필요가 있다고 자주 말했다.

14 《슈퍼 코스》에서 이러한 활동 중 몇 가지를 처음으로 제안했다. *Super Courses: The Future of Teaching and Learning* (Princeton, NJ: Princeton University Press, 2021), 134-135.

15 이 교사는 부커워싱턴예술고등학교의 케이트 워커(Kate Walker)다. 그녀는 무용 외에도 베이커의 능력 통합(Integration of Abilities) 과정과 비슷한 수업도 진행한다. 자세한 내용은 다음을 참조하길 바란다. Bain, *Super Courses*, 133.

16 Elizabeth Emery, "Have Students Interview Someone They Disagree With," *Heterodox Academy*, February 11, 2020, https://heterodoxacademy.org/blog/viewpoint-diversity-students-interview-someone/.

17 Wendy A. Suzuki, "Editorial: Exercise to Enhance Mental Health," Frontiers in *Human Neuroscience* 16 (November 24, 2022); Yuen Shan Christine Lee, Teresa Ashman, Andrea Shang, and Wendy Suzuki, "Effects of Exercise and Self-Affirmation Intervention after Traumatic Brain Injury," *NeuroRehabilitation* 35, no. 1 (January 1, 2014): 57-65; Julia C. Basso and Wendy A. Suzuki, "The Effects of Acute Exercise on Mood, Cognition, Neurophysiology, and Neurochemical Pathways: A Review," *Brain Plasticity* 2, no. 2 (January 1, 2017): 127-152.

18 탈리아는 가명이다. 개인정보를 보호하고 핵심 내용을 명확하게 전달하기 위해

이야기의 세부사항 몇 가지는 약간 바꿨다.

19 Karl Duncker, "On Problem-Solving," *Psychological Monographs* 58, no. 5 (1945).

20 Katherine W. Phillips, Gregory B. Northcraft, and Margaret A. Neale, "Surface-Level Diversity and Decision-Making in Groups: When Does Deep-Level Similarity Help?" *Group Processes and Intergroup Relations* 9, no. 4 (2006): 467-482. See also Shane Frederick, "Cognitive Reflection and Decision Making," *Journal of Economic Perspectives* 19, no 4 (2005): 25-42; and Katherine W. Phillips, "How Diversity Makes Us Smarter," *Scientific American* 311, no. 4 (2014): 43-47.

제5장 심층 학습을 하도록 도와주려면

1 개인정보 보호를 위해 이 이야기의 등장인물은 가명을 사용했다.

2 Ference Marton and Roger Saljo, "On Qualitative Differences in Learning: I-Outcome and Process," *British Journal of Educational Psychology* 46, no. 1 (February 1976): 4-11.

3 Noel Entwistle, "Motivational Factors in Students' Approaches to Learning," in *Learning Strategies and Learning Styles*, ed. Ronald R. Schmeck (Boston: Springer, 1988), 21-51; D. I, Newble and N. J. Entwistle, "Learning Styles and Approaches: Implications for Medical Education," *Medical Education* 20, no. 3 (1986): 162-175; Noel Entwistle and Bela Kozeki. "Dimensions of Motivation and Approaches to Learning in British and Hungarian Secondary Schools," *International Journal of Educational Research* 12, no. 3 (1988): 243-255.

4 싱가포르 듀크-NUS 의과대학에서 개발한 TeamLEAD 교육과정은 의학 교육에서 심층 학습 접근법의 효과를 보여주는 우수 사례다. "TeamLEAD at Duke-NUS," video, 9:03, November 28, 2011, https://www.youtube.com/watch?v=BlVPLYGdBLg. For earlier work on these issues, see Newble and

Entwistle, "Learning Styles and Approaches."

5   좀 더 자세한 내용은 다음을 참고하라. Ken Bain, *What the Best College Students Do* (Cambridge, MA: Belknap Press of Harvard University Press, 2011), 37–46.

6   Newble and Entwistle, "Learning Styles and Approaches"; John B. Biggs, "Assessing Student Approaches to Learning," *Australian Psychologist* 23, no. 2 (1988): 197–206.

7   Karen Arnold, *Lives of Promise: What Becomes of High School Valedictorians* (San Francisco: Jossey-Bass, 1995); D. W. MacKinnon, "The Nature and Nurture of Creative Talent," *American Psychologist* 17, no. 7 (1962): 484–495; Kay Cheng Soh, "Grade Point Average: What's Wrong and What's the Alternative?" *Journal of Higher Education Policy and Management* 33, no. 1 (December 31, 2010): 27–36; Leonard L. Baird, "Do Grades and Tests Predict Adult Accomplishment?" *Research in Higher Education* 23, no. 1 (March 1, 1985): 3–85; Adam Grant, "What Straight-A Students Get Wrong," *New York Times*, December 8, 2018; Louis Deslauriers et al., "Measuring Actual Learning versus Feeling of Learning in Response to Being Actively Engaged in the Classroom," *Proceedings of the National Academy of Sciences* 116, no. 39 (September 24, 2019): 19251–19257.

8   Jonathan Malesic, "The Key to Success In College Is So Simple, It's Almost Never Mentioned," *New York Times*, January 3, 2023.

9   아래에 제시한 질문은 아널드 애런스의 《물리학 입문 강의》(Teaching Introductory Physics)의 내용을 각색한 것이다. *Teaching Introductory Physics* (New York:Wiley, 1997), 376–382.

10 어린이를 위한 좋은 논리학 책을 골라 함께 읽고, 아침식사 시간에 문제를 풀며 즐겁게 보낼 수 있다. 인터넷이나 좋은 서점에서 다양한 자료들을 찾아보는 것도 가능하다. 아이가 흥미를 느끼는 책을 직접 고르게 하는 것도 좋은 방법이다. 책의 내용, 색감, 퍼즐 유형은 아이의 나이에 맞게 함께 골라야 한다.
고등학교 고학년이나 대학 초년생이라면 《논리학 입문》(Introduction to Logic, 제15판, New York: Routledge, 2019)을 추천한다. 이 책은 청소년을 대상으로 하는 논리학 도서 중에 가장 좋다고 알려져 있지만 굳이 살 필요는 없다. 정말 비싸기 때문이다. 근처 도서관에 이 책이 있는지 확인해보고 없으면 동네 서점에서 마음에 드는 책을 고르면 된다. 형식 논리와 비형식 논리를 모두 소개하는 게임과 퍼즐이 담긴 책이면 된다. 스티브 펄먼(Steve Pearlman)의 《비판적 사고 연구》(Critical Thinking Institute)도 모든 연령대의 아이들에게 적절한 비판적 사고력 향상 프로그램을 다양하게 보여준다. "Empowering the Next Generation of Critical Thinkers," Critical Thinking Institute, https://www.thectinstitute.com/brighter-minds-better-futures-main.

11　John B. Biggs and Kevin Collis, "Towards a Model of School-Based Curriculum Development and Assessment Using the SOLO Taxonomy," *Australian Journal of Education* 33, no. 2 (1989): 151-163.

12　소에 관한 예들은 모두 오르후스대학교에서 만든 빅스의 사상을 쉽게 소개한 자료에서 가져온 것이다. Claus Brabrand, "Teaching Teaching & Understanding Understanding," video, 19:00, 2006, https://www.youtube.com/watch?v=iMZA80XpP6Y.

13　John Biggs, "The Role of Metacognition in Enhancing Learning," *Australian Journal of Education* 32, no. 2 (August 1, 1988): 127-138, especially 134-136 for how to improve deep learning.

14　어떤 글을 네 번 반복해서 읽은 학생들과 그 글을 한 번만 읽고 기억나는 내용을 적어본 학생들을 비교해보니 전자가 시험에서 더 나쁜 성적을 받았다는 실험 결과도 있다. Henry L. Roediger III and Jeffrey D. Karpicke, "Test-Enhanced Learning: Taking Memory Tests Improves Long-Term Retention," *Psychological Science* 17, no. 3 (March 2006): 249-255.

15　Peter C. Brown, Henry L. Roediger III, and Mark A. McDaniel, *Make It Stick: The Science of Successful Learning* (Cambridge, MA: Belknap Press of Harvard University Press, 2014), 31-32.

16　물리든 다른 과목이든 심층 학습법이나 새로운 대안 접근법을 찾고 있다면 하버드대학교의 에릭 마주르 교수가 만든 새로운 교육방식을 찾아보길 바란다. Ken Bain with Marsha Marshall Bain *Super Courses: The Future of Teaching and Learning* (Princeton, NJ: Princeton University Press. 2021), 86-104.

17　'간격 반복'이라는 용어는 《어떻게 공부할 것인가》에 나온다. Brown, Roediger,

and McDaniel, *Make It Stick*, x.

18 Brown, Roediger, and McDaniel, *Make It Stick*, 201-202.
19 인출 연습에 관해 더 자세히 알고 싶다면 다음을 참고하길 바란다. Brown, Roediger, and McDaniel, *Make It Stick*, chap. 2.
20 《어떻게 공부할 것인가》에 나온 야구 사례를 변형했다.
21 Ellen J. Langer and Alison I. Piper, "The Prevention of Mindlessness," *Journal of Personality and Social Psychology* 53, no. 2 (1987): 280-287.
22 Langer and Piper, "Prevention of Mindlessness," 282.
23 최근 한 수업에서 이루어진 작업을 엿볼 수 있는 자료는 다음과 같다. Matt Goisman, "Reusable Rhythms: SEAS Students Present Musical Instruments Made from Found or Recycled Materials at Symposium Concert," press release, Harvard School of Engineering, December 13, 2021, https://seas.harvard.edu/news/2021/12/reusable-rhythms. Mazur's use of Abreu is also described in Bain, *Super Courses*, 96-97.
24 프로젝트 기반 학습 아이디어를 더 알고자 한다면 다음 자료를 참고하라. Buck Institute for Education, "PBLWorks," http://pblworks.org.
25 Bain, *Super Courses*, 81-84.
26 Daniel T. Willingham, *Why Don't Students Like School: A Cognitive Scientist Answers Questions about How the Mind Works and What It Means for the Classroom* (San Francisco: Jossey-Bass, 2009), 25.
27 Michael Gove, speech to Independent Academies Association, November 14, 2012, full text at "Secretary of State for Education Michael Gove Gives Speech to IAA," Gov.UK, https://www.gov.uk/government/speeches/secretary-of-state-for-education-michael-gove-gives-speech-to-iaa.
28 Peter Walker, "Tough Exams and Learning by Rote Are the Keys to Success, Says Michael Gove," *Guardian*, November 13, 2012; Sean Lyons, "Rethinking the Way We Learn: UVA Psychologist Debunks Myths about How the Brain Works," *Virginia Magazine*, Spring 2013, https://uvamagazine.org/articles/rethinkingthe_waywelearn. 보다 자세한 설명은 윌링햄의 개인 웹사이트에 게시된 글에서 확인할 수 있다. "Did Michael Gove Get the Science Right?,"

November 19, 2012, http://www.danielwillingham.com/daniel-willingham-science-and-education-blog/did-michael-gove-get-the-science-right.

29 자연스러운 비판적 사고를 학습하는 환경의 핵심 요소가 궁금하다면 다음 자료를 참고하라. Ken Bain, *What the Best College Teachers Do* (Cambridge, MA: Harvard University Press, 2004), 99–109.

제6장 학교에서 겪을 진짜 어려움에 대비하려면

1 Thomas Curran and Andrew P. Hill, "Perfectionism Is Increasing over Time: A Meta-Analysis of Birth Cohort Differences from 1989 to 2016," *Psychological Bulletin* 145, no. 4 (2019): 410–429.

2 Paul L. Hewitt et al., "Perfectionism and Its Role in Depressive Disorders," *Canadian Journal of Behavioural Science* 54, no. 2 (April 2022), 121–131; Fredrik Saboonchi and Lars-Gunnar Lundh, "Perfectionism, Self-Consciousness, and Anxiety," *Personality and Individual Differences* 22, no 6 (June 1997): 921–928; Tracey D. Wade, Anne O'Shea, and Roz Shafran, "Perfectionism and Eating Disorders," in *Perfectionism, Health, and Well-Being*, ed. Fuschia M. Sirois and Danielle S. Molnar (Cham, Switzerland: Springer, 2016), 205–222; Dora Gyori and Judit Balazs, "Nonsuicidal Self-Injury and Perfectionism: A Systematic Review," *Frontiers in Psychiatry* 12 (2021), 691147.

3 Jennifer Breheny Wallace, "Is Your Child a Perfectionist? Here's How to Help," *Washington Post*, March 8, 2022.

4 Graham Kates, "Lori Loughlin and Felicity Huffman Among Dozens Charged in College Bribery Scheme," CBS News, March 12, 2019, https://www.cbsnews.com/news/college-admissions-scandal-bribery-cheating-today-felicity-huffman-arrested-fbi-2019-03-12/.

5 Miriam Adderholt-Elliott, "Perfectionism and Underachievement," *Gifted*

Child Today Magazine 12, no. 1 (1989): 19-21. Paul L. Hewitt, Walter Mittelstaedt, and Richard Wollert, "Validation of a Measure of Perfectionism," *Journal of Personality Assessment* 53, no. 1 (1989): 133-144; Adina Schwartz, "Equality, Liberty, and Perfectionism," *Ethics* 92, no. 1 (1981): 134-137; D. Louise Mebane and Charles R. Ridley, "The Role-sending of Perfectionism: Overcoming Counterfeit Spirituality," *Journal of Psychology and Theology* 16, no. 4 (1988): 332-339; Thomas Curran and Andrew P. Hill, "Young People's Perceptions of Their Parents' Expectations and Criticism Are Increasing over Time: Implications for Perfectionism," *Psychological Bulletin* 148, no. 1-2 (January 2022): 107-128.

6   Curran and Hill, "Young People's Perceptions."

7   "Kids under Pressure: A Look at Student Well-Being and Engagement during the Pandemic," Challenge Success, May 14, 2021, https://challengesuccess.org/resources/kids-under-pressure-a-look-at-student-well-being-and-engagement-during-the-pandemic/.

8   "Map of Gun Deaths Shows Cities Have Lower Rates Than Rural Counties in the U.S.," NBC News, April 27, 2023, https://www.nbcnews.com/health/health-news/map-gun-death-rates-lower-cities-than-rural-counties-rcna81462; Curran and Hill, "Young People's Perceptions."

9   Thomas Curran, quoted in "Rising Parental Expectations Linked to Perfectionism in College Students," AAAS EurekAlert! March 31, 2022, https://www.eurekalert.org/news-releases/947889.

10 *The Great Santini*, directed by Lewis John Carlino (Burbank, CA: Warner Bros., 1979), film, 115 minutes. The film was adapted from Pat Conroy, *The Great Santini* (Boston: Houghton Mifflin, 1976).

11 Sho Chan et al., "Perfectionism and Worry in Children: The Moderating Role of Mothers' Parenting Styles," *Current Psychology* 42 (2023): 18291-18299.

12 2013~2019년 사이에 발생한 25건의 학교 총기 사건을 조사해보니 가해자 중 60퍼센트가 직접적인 괴롭힘 또는 온라인 괴롭힘을 경험한 것으로 드러났다.

Elizabeth Burgess Dowdell et al., "School Shooters: Patterns of Adverse Childhood Experiences, Bullying, and Social Media," *Journal of Pediatric Health Care* 36, no. 4 (July-August 2022): 339.

13 William E. Copeland et al., "Adult Psychiatric Outcomes of Bullying and Being Bullied by Peers in Childhood and Adolescence," *JAMA Psychiatry* 70, no. 4 (2013): 419-426; Maria N. K. Karanikola et al., "The Association between Deliberate Self-Harm and School Bullying Victimization and the Mediating Effect of Depressive Symptoms and Self-Stigma: A Systematic Review," *BioMed Research International* 2018 (2018), art. 4745791.

14 A. A. Mamun et al., "Adolescents Bullying and Young Adults Body Mass Index and Obesity: A Longitudinal Study," *International Journal of Obesity* 37 (2013): 1140-1146.

15 Sandra Jo Wilson and Mark W. Lipsey, "School-Based Interventions for Aggressive and Disruptive Behavior: Update of a Meta-Analysis," *American Journal of Preventative Medicine* 33, no. 2, Supplement (August 2007): S130-S143; Sturla Fossum et al., "Psychosocial Interventions for Disruptive and Aggressive Behaviour in Children and Adolescents: A Meta-Analysis," *European Child and Adolescent Psychiatry* 17 (2008): 438-451. Both articles are cited in David Scott Yeager, Kali H. Trzesniewski, and Carol S. Dweck, "An Implicit Theories of Personality Intervention Reduces Adolescent Aggression in Response to Victimization and Exclusion," *Child Development* 84, no. 3 (May/June 2013): 970-988.

16 Lucy Bowes et al., "Families Promote Emotional and Behavioural Resilience to Bullying: Evidence of an Environmental Effect," *Journal of Child Psychology and Psychiatry* 51, no. 7 (July 2010): 809-817.

17 Yeager, Trzesniewski, and Dweck, "Implicit Theories."

18 브라이언 셰이와 커비 윌리엄스는 우리가 인터뷰한 여러 아이들의 특성을 조합해서 만든 가상인물이다.

19 David Scott Yeager and Carol S. Dweck, "Mindsets That Promote Resilience: When Students Believe That Personal Characteristics Can Be

Developed," *Educational Psychologist* 47, no. 4 (2012): 302-314, 309.

20 괴롭힘에 대해 엄격한 무관용 정책이 오히려 더 많은 부작용을 초래했다는 근거는 다음 자료를 참고하길 바란다. Christopher Boccanfuso and Megan Kuhfeld, "Multiple Responses, Promising Results: Evidence-Based, Nonpunitive Alternatives to Zero Tolerance," ChildTrends Research-to-Results Brief, March 2011, https://web.archive.org/web/20150616072933/https://www.childtrends.org/wp-content/uploads/2011/03/Child_Trends-2011_03_01_RB_AltToZeroTolerance.pdf; Marvin J. Berlowitz, Rinda Frye, and Kelli M. Jette, "Bullying and ZeroTolerance Policies: The School to Prison Pipeline," *Multicultural Learning and Teaching* 12, no. 1 (2017): 7-25.

21 Peter Felten and Leo M. Lambert, *Relationship-Rich Education: How Human Connections Drive Success in College* (Baltimore: John Hopkins University Press, 2020).

22 Yeager, Trzesniewski, and Dweck, "Implicit Theories," 972.

23 Yeager, Trzesniewski, and Dweck, "Implicit Theories," 972-973.

24 Yeager, Trzesniewski, and Dweck, "Implicit Theories," 976.

25 Yeager, Trzesniewski, and Dweck, "Implicit Theories," 976.

26 Yeager, Trzesniewski, and Dweck, "Implicit Theories," 971.

27 Carol S. Dweck, Chi-yue Chiu, and Ying-yi Hong, "Implicit Theories and Their Role in Judgments and Reactions: A World from Two Perspectives," *Psychological Inquiry* 6, no. 4 (1995): 267-285; Lisa S. Blackwell, Kali H. Trzesniewski, Carol S. Dweck, "Implicit Theories of Intelligence Predict Achievement across an Adolescent Transition: A Longitudinal Study and an Intervention," *Child Development* 79, no. 1 (2007): 246-263.

28 문제해결력을 키우는 데 있어 능동적 학습이 수동적 학습보다 더 효과적임을 보여주는 연구 자료는 다음과 같다. Yunfeng He et al., "A Comparison between the Effectiveness of PBL and LBL on Improving Problem-Solving Abilities of Medical Students Using Questioning," *Innovations in Educationaland Teaching International* 55, no. 1 (2018): 44-54; Andis Klegeris, Manpeet

Bahniwal, and Heather Hurren, "Improvement in Generic Problem-Solving Abilities of Students by Use of Tutor-Less Problem-Based Learning in a Large Classroom Setting," *CBE—Life Sciences Education* 12 (Spring 2013): 73-79. 능동적 학습법을 사용하면 전통적인 방식으로 평가하는 학생 성취도를 향상할 수 있다는 근거 자료는 다음과 같다. Scott Freeman et al., "Active Learning Increases Student Performance in Science, Engineering, and Mathematics," *Proceedings of the National Academy of Sciences* 111, no. 23 (June 10, 2014): 8410-8415.

29 Yeager, Trzesniewski, and Dweck, "Implicit Theories," 976.

30 Yeager, Trzesniewski, and Dweck, "Implicit Theories," 976.

31 Yeager, Trzesniewski, and Dweck, "Implicit Theories," 978. 연구진은 또래 친구에게 소외당하는 일에 대한 민감도를 테스트하기 위해 키플링 윌리엄스(Kipling D. Williams)와 블레어 자비스(Blair Jarvis)가 개발한 방법을 사용했다. 이 방법은 2006년에 발표된 논문〈사이버볼: 대인관계적 소외와 수용에 대한 연구에 사용되는 프로그램〉(*Behavior Research Methods*, 38, 174-180)에 소개된 것이다.

32 Yeager, Trzesniewski, and Dweck, "Implicit Theories," 976.

33 온 가족이 뇌 전문가가 되어야 한다는 말은 아니다. 하지만 뇌가 어떻게 작동하는지 이해하는 데 아이에게 도움이 될 만한 자료들이 있다. 아직 아이가 어리다면 다음 자료를 참고하길 바란다. Donald M. Silver and Patricia J. Wynne, *My First Book about the Brain* (Mineola, NY: Dover, 2013); Baby Professor, *My Little Brain! Explaining the Human Brain for Kids* (Newark, DE: Speedy Publishing, 2016). 10대 청소년이라면 다음 자료들을 추천한다. Lara Boyd, "After Watching This, Your Brain Will Not Be the Same," November 14, 2015, TEDx Talks, video, 14:24, https://www.youtube.com/watch?v=LNHBMFCzznE; Jeanette Norden, *Understanding the Brain*, 36-lecture course, The Great Courses, video, https://www.thegreatcourses.com/courses/understanding-the-brain. 강의 중 하나는 지넷 노든(Jeanette Norden)의 자료로 무료 공개되어 있다. "The Neuroscience of Learning and Memory," March 27, 2014, video, 1:20:38, https://www.youtube.com/watch?v=wtu-yAm4xik.

34 American Psychological Association Zero Tolerance Task Force, "Are Zero

Tolerance Policies Effective in the Schools? An Evidentiary Review and Recommendations," *American Psychologist* 63, no. 9 (2008): 852-862, quote on 854.

35 Ps. 118:24.

36 5 Thess. 16-18.

37 George H. Gallup, "Thankfulness: America's Saving Grace," paper presented at the National Day of Prayer Breakfast, Thanks-Giving Square, Dallas TX, May 1998, cited in Robert A. Emmons and Michael E. McCullough, "Counting Blessings versus Burdens: An Experimental Investigation of Gratitude and Subjective Well-Being in Daily Life," *Journal of Personality and Social Psychology* 84, no. 2 (2000): 377-389.

38 Emmons and McCullough, "Counting Blessings," 378.

39 Emmons and McCullough, "Counting Blessings," 379.

40 Emmons and McCullough, "Counting Blessings," 386.

41 Lourdes Rey et al., "Being Bullied at School: Gratitude as Potential Protective Factor for Suicide Risk in Adolescents," *Frontiers in Psychology* 10 (March 2019), article 662.

42 On the harms of "downward social comparison," see Judith B. White et al., "Frequent Social Comparisons and Destructive Emotions and Behaviors: The Dark Side of Social Comparisons," *Journal of Adult Development* 13, no. 1 (March 2006): 36-44.

43 Jalen Brown and Meron Moges-Gerbi, "A Neighbor's Call to Police on a Little Black Girl while She Sprayed Lanternflies Exposes a Deeper Problem, Mom Says," CNN, November 23, 2022, https://www.cnn.com/2022/11/23/us/lanternflies-black-girl-new-jersey-police-reaj/index.html.

44 Maya King, "Someone Called the Police on a Girl Catching Lanternflies. Then Yale Honored Her," *New York Times*, February 3, 2023.

45 Brown and Moges-Gerbi, "A Neighbor's Call."

46 Grace Toohey, "Body Camera Video: 6-Year-Old Girl Cries, Screams for Help as Orlando Police Arrest Her at School," *Orlando Sentinel*, February

24, 2020, https://www.orlandosentinel.com/news/crime/os-ne-orlando-police-body-camera-6-year-old-arrest-20200224-rlg2ukttdvhehpoj2ki7irqe74-story.html.

47　Rebecca Epstein, Jamilia J. Blake, and Thalia Gonzalez, "Girlhood Interrupted: The Erasure of Black Girls' Childhood," Georgetown Law Center on Poverty and Inequality, 2017, https://genderjusticeandopportunity.georgetown.edu/wp-content/uploads/2020/06/girlhood-interrupted.pdf, 1, 9.

48　Phillip Atiba Goff et al., "The Essence of Innocence: Consequences of Dehumanizing Black Children," *Journal of Personality and Social Psychology* 106, no. 4 (April 2014): 526-545. 요약된 인용문은 다음을 참고하라. Epstein, Blake, and Gonzalez, "Girlhood Interrupted," 1.

49　Erica L. Green, Mark Walker, and Eliza Shapiro, "'A Battle for the Souls of Black Girls,'" *New York Times*, October 1, 2020. 미국시민자유연맹(ACLU)은 주마다 흑인 여학생이 학교에서 체포되는 비율이 백인 여학생과 얼마나 차이가 나는지를 보여주는 인터랙티브 지도를 공개했다. 일부 주에서는 흑인 여학생 대 백인 여학생의 비율이 무려 11대 1에 이른다. "Black-White Girl School Arrest Risk," American Civil Liberties Union, accessed July 30, 2024, https://www.aclu.org/issues/racial-justice/race-and-inequality-education/black-white-girl-school-arrest-risk.

50　Kayla Susalla, "The Costs of School Policing," Cato Institute, blog post, December 20, 2023, https://www.cato.org/blog/costs-school-policing.

51　Amy Stuart Wells, Lauren Fox, and Diana Cordova-Cobo, "How Racially Diverse Schools and Classrooms Can Benefit All Students," Century Foundation, February 9, 2016, https://tcf.org/content/report/how-racially-diverse-schools-and-classrooms-can-benefit-all-students/.

52　Wells, Fox, and Cordova-Cobo, "Racially Diverse Schools."

53　Claude M. Steele and Joshua Aronson, "Stereotype Threat and the Intellectual Test Performance of African Americans," *Journal of Personality and Social Psychology* 69, no. 5 (1995): 797-811.

54 연령 기반 고정관념 위협(age-based stereotype threat)에 관한 연구는 다음을 참조할 수 있다. Sarah J. Barber, "The Applied Implications of Age-Based Stereotype Threat for Older Adults," *Journal of Applied Research in Memory and Cognition* 9, no. 3 (September 1, 2020): 274-285.

55 다음 예를 참고하라. Steven J. Spencer, Claude M. Steele, and Diane M. Quinn, "Stereotype Threat and Women's Math Performance," *Journal of Experimental Social Psychology* 35, no. 1 (January 1999): 4-28; Arielle M. Silverman and Geoffrey L. Cohen, "Stereotypes as Stumbling-Blocks: How Coping with Stereotype Threat Affects Life Outcomes for People with Physical Disabilities," *Personality and Social Psychology Bulletin* 40, no. 10 (2014): 1330-1340.

56 고정관념 위협이 신체에 미치는 영향에 대해서는 다음 자료를 참고하라. Wendy Berry Mendes and Jeremy Jamieson, "Embodied Stereotype Threat: Exploring Brain and Body Mechanisms Underlying Performance Impairments," in *Stereotype Threat: Theory, Process, and Application*, ed. Michael Inzlicht and Toni Schmader(New York: Oxford University Press, 2012): 51-68.

57 고정관념 위협이 남학생의 교육에 미치는 영향에 관한 근거는 다음 자료에서 확인하라. Bonny L. Hartley and Robbie M. Sutton, "A Stereotype Threat Account of Boys' Academic Underachievement," *Child Development* 84, no. 5 (September / October 2013): 1716-1733.

58 Jean-Claude Croizet and Theresa Claire, "Extending the Concept of Stereotype Threat to Social Class: The Intellectual Underperformance of Students from Low Socioeconomic Backgrounds," *Personality and Social Psychology Bulletin* 24, no. 6 (1998): 588-594.

59 Thomas S. Dee, "Stereotype Threat and the Student-Athlete," *Economic Inquiry* 52, no. 1 (January 2014): 173-182.

60 Jason K. Clark, "Southern Discomfort: The Effects of Stereotype Threat on the Intellectual Performance of US Southerners," *Self and Identity* 10, no. 2 (2011): 248-262.

61 이어지는 내용에 다음을 참고하라. Akira Miyake et al., "Reducing the Gender Achievement Gap in College Science: A Classroom Study of Values Affirmation," *Science* 330, no. 6008 (November 26, 2010): 1234-1237.

62 Riana Elyse Anderson interviewed by Maryam Abdullah, "How Adults Can Support the Mental Health of Black Children," *Greater Good Magazine*, June 9, 2020.

63 "Starting Materials," SAPERE's P4C Resource Hub, https://p4c.com/topic/p4c-library/.

64 다음 책들은 좋은 선택지가 된다. Walter Dean Myers and Christopher Myers, *Looking Like Me* (Minneapolis: Carolrhoda, 2009); Jenn Bailey and Mika Song, *A Friend for Henry* (San Francisco: Chronicle, 2019); Kathryn Cave and Chris Riddell, *Something Else* (New York: Puffin, 1994); Hilda Eunice Burgos and Gaby D'Alessandro, *The Cot in the Living Room* (New York: Kokila, 2021); Fabian E. Ferguson, *Daddy's Arms* (Newark, NJ: F. Ferguson, 2018); Kofi Genfi, Dark Girl (self-pub., 2018); Blair Imani, *Modern HERstory: Stories of Women and Nonbinary People Rewriting History* (Berkeley, CA: Ten Speed Press, 2018); Cheryl Kilodavis and Suzanne DeSimone, *My Princess Boy* (New York: Aladdin, 2010).

Someles were suggested in "How to Help Your Black Child Develop Resilience in the Face of Racism and Discrimination," Texas Children's Hospital, https://www.texaschildrens.org/blog/how-help-your-black-child-develop-resilience-face-racism-and-discrimination. To discover more books for children by and about people of color, check out the We Read Too app, www.wereadtoo.com.

65 James H. Dee, "Black Odysseus, White Caesar: When Did 'White People' Become 'White'?" *Classical Journal* 99, no. 2 (December 2003 / January 2004): 157-167; Ibram X. Kendi, *Stamped from the Beginning: The Definitive History of Racist Ideas in America* (New York: Bold Type Books, 2016); Jacqueline Battalora, Birth of a White Nation: The Invention of White People and Its Relevance Today, 2nd ed. (New York: Routledge, 2021).

66 Ed Simon, "How 'White' People Were Invented by a Playwright in 1613," Aeon, September 12, 2017, https://aeon.co/ideas/how-white-people-were-invented-by-a-playwright-in-1613.

67 Megan Gannon, "Race Is a Social Construct, Scientists Argue," *Scientific American*, February 5, 2016, https://www.scientificamerican.com/article/race-is-a-social-construct-scientists-argue/.

68 Dee, "Black Odysseus, White Caesar."

69 Shuchen Xiang, "Why the Confucians Had No Concept of Race (Part I): The Antiessentialist Cultural Understanding of Self," *Philosophy Compass* 14, no. 10(2019): e12628.

70 David R. Roediger, "Historical Foundations of Race," National Museum of African American History and Culture, https://nmaahc.si.edu/learn/talking-about-race/topics/historical-foundations-race.

71 Michelle Alexander, *The New Jim Crow: Mass Incarceration in the Age of Colorblindness*, 10th anniversary ed. (New York: New Press, 2020); Richard Rothstein, The Color of Law: A Forgotten History of How Our Government Segregated America (New York: Liveright, 2017); Joe R. Feagin, *Systemic Racism: A Theory of Oppression* (New York: Routledge, 2006).

72 Erin Pahlke, Rebecca S. Bigler, and Marie-Anne Suizzo, "Relations Between Colorblind Socialization and Children's Racial Bias: Evidence from European American Mothers and Their Preschool Children," *Child Development* 83, no. 4(July / August 2012): 1164-1179.

73 Kate Kennedy-Moulton et al., "Maternal and Infant Health Inequality: New Evidence from Linked Administrative Data," NBER Working Paper no. 30693, November 2022, https://www.nber.org/papers/w30693.

74 Haley Weiss, "Study: Wealthiest Black Moms More Likely to Die in Childbirth Than Poorest White Moms," *Fatherly*, January 7, 2023, https://www.fatherly.com/health/wealthiest-black-moms-more-likely-die-childbirth-than-poorest-white-moms-study.

제7장 인생에 도움이 되는 고등교육을 받게 하려면

1   모리스 베이커는 수백 명의 고등학생과 대학생을 대상으로 실시한 인터뷰를 토대로 만든 가상 인물이다.
2   David J. Deming and Kadeem Noray, "Earning Dynamics, Changing Job Skills, and STEM Careers," *Quarterly Journal of Economics* 135, no. 4 (2020): 1965–2005.
3   David Deming, "In the Salary Race, Engineers Sprint, but English Majors Endure," *New York Times*, September 20, 2019.
4   Deming, "Salary Race."
5   Deming, "Salary Race."
6   National Association of Colleges and Employers, "Job Outlook 2024," November 2023, https://www.naceweb.org/docs/default-source/default-document-library/2023/publication/research-report/2024-nace-job-outlook.pdf.
7   Ken Bain with Marsha Marshall Bain, *Super Courses: The Future of Teaching and Learning* (Princeton, NJ: Princeton University Press, 2021), 49–56.
8   '확실한 비전을 제시'하는 강의계획서라는 개념은 켄의 책에 나와 있다. *What the Best College Teachers Do* (Cambridge, MA: Harvard University Press, 2004 74–75)에 나와 있다. 켄이 그 아이디어를 직접 만든 것이 아니라 당시 인터뷰했던 훌륭한 교수들이 실제로 하고 있던 것을 관찰했을 뿐이다.
9   개인정보 보호를 위해 가명을 사용했다.
10 Stephanie Saul, "At N.Y.U., Students Were Failing Organic Chemistry. Who Was to Blame?" *New York Times*, October 3, 2022.
11 켄은 밴더빌트대학교, 노스웨스턴대학교, 뉴욕대학교, 몽클레어주립대학교에 교수학습센터를 설립하고 운영했다. 학교 측은 이 센터를 적극적으로 지원했고, 덕분에 켄은 센터를 통해 많은 일을 해냈다. 하지만 그가 여전히 아쉬워하는 점이 있다. 학습과 교수법에 관한 연구 결과를 교육 현장에 반영하려는 교수학습센터의 지속적인 노력을 행정적으로 계속 지원하도록 학부모들이 도움을 베풀 방안을 마련하지 못한 것이다.

12　Leslie Berntsen, "How Not to Handle Student Failure," *Chronicle of Higher Education*, October 13, 2022, https://www.chronicle.com/article/how-not-to-handle-student-failure.

13　위대한 과학자도 실패를 겪는다는 점을 알게 되면 고등학생들이 실패를 바라보는 관점이 달라질 수 있다. Xiaodong Lin-Siegler et al., "Even Einstein Struggled: Effects of Learning about Great Scientists' Struggles on High School Students' Motivation to Learn Science," *Journal of Educational Psychology* 108, no. 3 (April 2016): 314-328.

14　2010년부터 2021년까지 고등교육기관에 등록한 전체 학생 수는 1,810만 명에서 1,540만 명으로 감소했다. 2023년에는 이 수치가 약간 회복되었지만 전문가들은 향후 몇 년간 계속 감소세가 이어질 것으로 예상한다. Alejandra O'Connell-Domenech, "College Enrollment Could Take a Big Hit in 2025. Here's Why," *The Hill*, January 10, 2024, https://thehill.com/changing-america/enrichment/education/4398533-college-enrollment-could-take-a-big-hit-in-2025-heres-why/.

15　Paul Tough, "Americans Are Losing Faith in the Value of College. Whose Fault Is That?" *New York Times Magazine*, September 5, 2023.

16　OECD data, reported in National Center for Education Statistics, "International Educational Attainment," *Condition of Education*, US Department of Education, Institute of Education Sciences, updated May 2024, https://nces.ed.gov/programs/coe/indicator/cac/intl-ed-attainment.

17　Tough, "Americans Are Losing Faith."

18　National Center for Education Statistics, "International Educational Attainment."

19　Philip Troustel, "It's Not Just the Money: The Benefits of College Education to Individuals and to Society," Lumina Issue Papers, October 14, 2015, https://www.luminafoundation.org/resource/its-not-just-the-money/.

20　Gallup and Lumina Foundation, "Education for What?" 2023, https://www.gallup.com/file/analytics/510092/Gallup-Lumina%20Education%20for%20What%20Report.pdf; Jan-Willem van Prooijen, "Why Education Predicts

Decreased Belief in Conspiracy Theories," *Applied Cognitive Psychology* 31, no. 1 (2017): 50-58.

21 Neeraj Kaushal, "Intergenerational Payoffs of Education," *Future of Children* 24, no. 1 (Spring 2014): 61-78.

22 April Rubin, "Life Expectancy Gap in America Widens Depending on College Education," Axios, October 16, 2023, https://www.axios.com/2023/10/16/life-expectancy-educated-adults-mortality-rate.

23 2022년에 고등학교를 졸업했거나 이에 준하는 교육과정을 마친 학생의 62퍼센트가 대학과 같은 고등교육기관에 진학했다. 이 수치는 2018년에 비해 7퍼센트 감소한 것이다. Melanie Hanson, "College Enrollment & Student Demographic Statistics," Education Data Initiative, August 31, 2024, https://educationdata.org/college-enrollment-statistics.

24 Derek Bok, *Our Underachieving Colleges: A Candid Look at How Much Students Learn and Why They Should Be Learning More* (Princeton, NJ: Princeton University Press, 2006).

25 See Colleen Flaherty, "A 'Growth' Field," *Inside Higher Ed*, May 29, 2014, https://www.insidehighered.com/news/2014/05/30/some-teaching-and-learning-centers-have-closed-after-recession-field-growing-over.

26 "North Carolina Man Sentenced to Four-Year Prison Term for Armed Assault at Northwest Washington Pizza Restaurant," press release, US Attorney's Office, District of Columbia, June 22, 2017, https://www.justice.gov/usao-dc/pr/north-carolina-man-sentenced-four-year-prison-term-armed-assault-northwest-washington; Jessica Taylor, " 'Lives Are at Risk,' Hillary Clinton Warns over Fake News, 'Pizzagate,' " NPR, December 8, 2016, https://www.npr.org/2016/12/08/504881478/lives-are-at-risk-clinton-warns-over-fake-news-pizzagate.